अपराध और भारतीय समाज की बदलती सोच

अपराध और भारतीय समाज की बदलती सोच

सम्पादित

सुफिया आकिल

रुद्र

First published in India in 2018 by
Rudra Publishers & Distributors, GZB

ISBN: 978-93-85496-95-0

Rudra Publishers & Distributors
S-1, 5/587, Sector-5
Vaishali, Ghaziabad-201002
Mobile No.: 9899744730
Email: rudrapubdis@gmail.com

Laser Typesetting
JEE-VEE Graphics, Delhi

Printed and Bound in
Delhi

Price: ₹ 995/-

प्रस्तावना

अपराध को एक ऐसी घटना माना है जो सम्पूर्ण विश्व में आग की तरह फैल चुकी है। फर्क केवल यही है कि कहीं यह अधिक है तो कहीं कम। किन्तु अनेक देशों में यह पूर्णतया फल-फूल रहा है। किन्तु अपराधविहीन समाज की कल्पना नहीं की जा सकती है। जहाँ तक यह प्रश्न है कि अपराध है क्या? इस बारे में यह कहा जा सकता है कि अपराध मानव-व्यवहार है किन्तु सभी प्रकार के मानव-व्यवहार अपराध नहीं हो जाते। उन्हीं मानव-व्यवहारों को अपराध कहा जा सकता है जो सामाजिक मूल्यों के विपरीत हों और जिससे समाज को क्षति पहुँचती हो। मनुष्य के ऐसे व्यवहार जिनका संबंध अपराध से होता है, सार्वभौमिक हैं। अपराध आदिम समाज से लेकर आधुनिक समाज तथा शिक्षित समाज से लेकर अशिक्षित समाज तक में पाया जाता है। अपराध को विचलनकारी व्यवहार का एक विशिष्ट रूप भी कहा जा सकता है। अपराध की व्याख्या समाजशास्त्रीय मनोवैज्ञानिक तथा वैधानिक तीनों दृष्टिकोणों से की जा सकती है।

मानव समाज में भ्रष्टाचार की समस्या कोई नहीं बात नहीं है। हर विकासशील समाज में भ्रष्टाचार की समस्या किसी-न-किसी रूप में पनपती है। लेकिन आज भ्रष्टाचार अपने चरम उत्कर्ष पर है यही कारण की भ्रष्टाचार आम चर्चा का विषय बन गया है। वर्तमान समय में प्रत्येक क्षेत्र व विभाग में भ्रष्टाचार ही भ्रष्टाचार नजर आता है। इससे समाज का कोई भी अंग अछूता नहीं बचा है। आधुनिक युग में सत्ता के शीर्ष से लेकर सबसे निचली पायदान तक भ्रष्टाचार का बोलबाला है। भ्रष्टाचार

की यह समस्या दिन-प्रतिदिन इतनी मुश्किल होती जा रही है कि इस पर नियंत्रण करना काफी मुश्किल है। देश के अधिकांश सत्ताधारी व्यक्तियों एवं प्रशासनिक अधिकारियों का जीवन, व्यवहार, कार्यक्रम एवं विचार, भ्रष्टाचार का एक अभिन्न अंग बन गया है।

अनुक्रमणिका

1

अपराध

अपराध एक सार्वभौमिक प्रक्रिया है जो किसी एक देश में नहीं बल्कि संपूर्ण विश्व में व्याप्त है परंतु अपराध की धारणा सार्वभौमिक नहीं है। यह धारणा एक देश व स्थान से दूसरे देश व स्थान से भिन्न है। अतः आज सभी समाजों में अपराध की घटना होती रहती है। केवल अंतर इतना है कि किसी समाज में अधिक और किसी समाज में कम होती है। अपराध शब्द का संकुचित अर्थ यह है कि अपराध मानव व्यवहार है परंतु सभी कार्यों एवं व्यवहारों को अपराध मानना उचित नहीं है। उन्हीं मानव व्यवहारों को अपराध की संज्ञा प्रदान की जा सकती है जो व्यवहार समाज के प्रतिकूल हो तथा समाज को हानि होती हो। अतः मानव के इस प्रकार के व्यवहार को जिनका संबंध अपराध से होता है, उसे सार्वभौमिक कहा जाता है। अपराध आदिम समाज से लेकर आधुनिक समाज तथा शिक्षित समाज से लेकर अशिक्षित समाज तक में पाया जाता है। अपराध को विचलनकारी व्यवहार का एक विशिष्ट रूप भी कहा जा सकता है। अपराध की व्याख्या समाजशास्त्रीयए मनोवैज्ञानिक तथा वैधानिक तीनों दृष्टिकोणों से की जा सकती है।

समाजशास्त्रीय अवधारणा के अनुसार अपराध समाज विरोधी-व्यवहार है, मनोवैज्ञानिक दृष्टिकोण से अपराध मनुष्य के असामान्य व्यवहार है एवं वैधानिक दृष्टिकोण से अपराध जो कानून विरोधी हों। अतः स्पष्ट है कि अपराध की

व्याख्या कई दृष्टिकोणों से की जा सकती है। अपराधी और अपराध दोनों ही समाज के लिए के हित में नहीं होते है। अतः समाज द्वारा इनका विरोध किया जाता है। अपराधी केवल सामाजिक कल्याण के लिए ही खतरनाक नहीं होता अपितु उससे व्यक्तिगत सम्पत्ति व स्वतंत्रता को भी नुकसान पहुँचता है। गिलीन ने इस संबंध में 'Criminology and Penology' में प्रकाश डाला है कि, ''अपराधी हमारे हृदय में हमारे अपने लिए तथा हमारी अपनी सम्पत्ति के लिए आशंका की जो भावना उत्पन्न कर देता है वह भावना ही अधिक महत्त्वपूर्ण है।'' हालाँकि अपराध एक सार्वभौमिक घटना है किन्तु इसकी व्याख्या में सार्वभौमिकता का अभाव पाया जाता है क्योंकि अपराध की अवधारणा स्थान, समय, सामाजिक मूल्यों, परिस्थितियों तथा आदर्शों से जुड़ी होती है। अतः अपराध को रिलेटिव अवधारणा की संज्ञा प्रदान की जाती है।

हलांकि अपराध एक ऐसा मानव-व्यवहार है जो लगभग सभी समाजों में पाया जाता है परंतु अपराधी व्यवहारों की सूची बनाना असंभव है क्योंकि एक स्थान विशेष में जो व्यवहार अपराध की श्रेणी में रखा जाता है वह दूसरे स्थान में अपराध की श्रेणी में नहीं गिना जाता है। जैसे भारत में किसी व्यक्ति की हत्या कर देना अपराध कहलाता है परंतु एस्कीमो जनजाति में अपने वृद्ध अभिभावकों या माता-पिता की हत्या कर देना अपराध नहीं कहलाता है बल्कि इस हत्या को संतान का एक प्रमुख कार्य मात्र कहा जाता है। इस तथ्य की व्यवस्था आर.ई.एल. फेरिस ने अपनी पुस्तक 'Social Disorganization' में की है। इसी प्रकार बलात्कार हमारे देश में एक गंभीर अपराध है जबकि कुछ देशों में इसे एक छोटी-सी भूल मानते हैं। शराब पीना किसी धर्म में (मुस्लिम) अपराध माना जाता है और किसी धर्म में (हिन्दू) इसे अपराध नहीं माना जाता है। इसी प्रकार एक ही समाज में एक समय में जो व्यवहार अपराध की परिधि के बाहर रहता है, दूसरे समय अपराध के क्षेत्र में सम्मिलित हो जाता है। उदाहरण के लिए प्राचीन भारत में सती प्रथा एक रूढ़ि थी परंतु आज इसे अपराध की श्रेणी में रखा गया है। इसी प्रकार हिन्दू अधिनियम 1955 के लागू होने के उपरांत एक से अधिक विवाह करना अपराध माना गया है। किसी भी स्त्री के साथ बिना उसकी स्वीकृति के यौन संबंध स्थापित कर लेना अपराध समझा जाता है परन्तु प्रत्येक परिस्थिति और हर स्थान पर नहीं। उदाहरण के तौर पर आस्ट्रेलिया की जनजातियों में यौन संबंधी नियमों का उल्लंघन करने पर दण्डस्वरूप उसी स्त्री पर यौन आक्रमण करना अपराध नहीं समझा जाता है। उपर्युक्त बातों से ज्ञात होता है कि अपराध

एक सार्वभौमिक घटना है किन्तु प्रत्येक स्थान पर इसका स्वरूप अलग-अलग होता है।

समाज स्थायी नहीं होता है अर्थात् समाज गतिशील है जिसके कारण समाज के आदर्श, परम्परागत प्रथाओं में हमेशा परिवर्तन होता रहता है। परिणामस्वरूप अपराध की व्याख्या भी परिवर्तित होती रहती है। सामाजिक तौर पर अपराध को निर्धारित करने वाले आदर्शों एवं मूल्यों में ही जब परिवर्तन होगा तब अपराध के स्वरूप में भी परिवर्तन होना स्वाभाविक है। साथ ही कानूनी तौर पर अपराध को निर्धारित करने वाले कानूनों में भी सदैव परिवर्तन आता रहता है। अतः अपराधी व्यवहारों की सूची प्रस्तुत करना सम्भव नहीं प्रतीत होता है। अपराध फ्रेंच शब्द 'क्राइम' का हिन्दी रूपान्तरण है। 'मानक अंग्रेजी-हिन्दी कोश' में 'क्राइम' के जो अन्य पर्याय दिए गए हैं वे निम्न प्रकार हैं जुर्म, अपकृत्य, पातक, पाप, कसूर, दोष, गुनाह आदि।

क्राइम शब्द लैटिन भाषा के क्रिमेन शब्द से लिया गया है जिसका अर्थ विलगाव से लगाया जाता है। सामान्य भाषा में अपराध एक ऐसा कार्य है जो व्यक्ति का सामाजिक विलगाव (अलगाव) पैदा करता है। अन्य शब्दों में अपराध एक ऐसा कार्य है जिसको करने वाले को समाज कभी स्वीकार नहीं करता है। अतः अपराध को किसी एक आधार पर परिभाषित नहीं किया जा सकता है।

अपराध की परिभाषा

विभिन्न विद्वानों ने अपराध की परिभाषाएँ पाँच अवधारणाओं के आधार पर प्रस्तुत की हैं। जो निम्नलिखित हैं

समाजशास्त्रीय दृष्टिकोण

अपराध को विभिन्न समाजशास्त्रियों द्वारा सामाजिक दृष्टिकोण एवं समाजशास्त्रीय अवधारणा के आधार पर पारिभाषित किया गया है। परन्तु प्रत्यक्ष या अप्रत्यक्ष रूप से सभी ने इस बात को स्वीकार किया है कि अपराध एक ऐसा कृत्य है जिससे समाज को क्षति पहुँचती है और जो सामाजिक आदर्श के खिलाफ होता है। हेकरवाल, सदरलैण्ड, टैफ्ट, रेडक्लिफ-ब्राउन, थॉमस एवं जैनेनिकी आदि विद्वानों ने सामाजिक तौर पर अपराध की अवधारणा को स्पष्ट करने का प्रयास किया है। अपराध की समाजशास्त्रीय अवधारणा इस बात पर आधारित है कि अपराध के लिए समाज उत्तरदायित्व है। इस बात की पुष्टि करते हुए महात्मा

गाँधी ने कहा है, "समाज का कर्त्तव्य है कि उन लोगों के प्रति, जो निश्चित रीतियों और परम्पराओं के खिलाफ काम कर बैठते हैं, हृदयहीन सौतेली माँ जैसा व्यवहार न करें। इस प्रकार के अपराध अलग प्रकार की बीमारियाँ हैं।"

महात्मा गाँधी के अनुसार गुप्त रूप से हम सभी अपराधी हैं। इस प्रकार यह पता चलता है कि सामाजिक रूप से परम्पराओं, सामाजिक मूल्यों तथा रूढ़ियों आदि का उल्लंघन करना अपराध कहलाता है। कभी-कभी व्यक्ति जान-बूझकर भी इसका उल्लंघन करता है तो कभी-कभी परिस्थितिवश भी। समाज ऐसा करने वालों को सामाजिक दण्ड देता है। अर्थात् सामाजिक रूप से भी अपराध करने पर सजा का प्रावधान होता है। अनेक विद्वानों द्वारा समाजशास्त्रीय रूप से दी गई परिभाषाओं का अवलोकन करने पर अपराध का स्वरूप और स्पष्ट हो जाएगा। विभिन्न विद्वानों द्वारा प्रस्तुत परिभाषाएँ निम्नांकित हैं

इलियट तथा **मेरिल** के अनुसार, "जब किसी व्यक्ति का आचरण असामाजिक ठहराया जाता है तो उसका आचरण उस मान्य आचरण से, जो उस समूह के माध्यम से उस स्थिति में निश्चित होता है, अलग होता है।"

थॉमस का मानना है कि, "अपराध एक ऐसा काम है जो उस समूह के स्थायित्व का विरोधी है जिसे कि व्यक्ति अपना समझता है।"

हेकरवाल के शब्दों में, "सामाजिक दृष्टिकोण से अपराध या बाल-अपराध एक ऐसा व्यवहार है जो कि उन मानव-संबंधों की व्यवस्था में अवरोध उत्पन्न करता है जिसे कि समाज अपने अस्तित्व के लिए मौलिक शक्ति के रूप में मानता है।"

ई.आर. मोवरर के अनुसार, "अपराध एक समाज-विरोधी काम है।"

गिलीन के अनुसार, "अपराध ऐसा काम है जो समाज के लिए हानिकारक साबित हो चुका है तथा समाज ऐसे व्यवहार को सकारात्मक दण्ड विधानों के अंतर्गत निषिद्ध करता है।"

रेडक्लिफ-ब्राउन के अनुसार, "अपराध उन प्रचलित रीतियों को तोड़ना है जो सजा की अभिमति के अभ्यास को जन्म देती है।"

रेकलेस के अनुसार, "समाज के बनाए और माने हुए रास्ते को तोड़ने का नाम अपराध है, अपराध समाजशास्त्रीय दृष्टिकोण से उन कामों का नाम है जो सामाजिक रूढ़ियों एवं प्रथाओं को तोड़ते हैं किन्तु इसके लिए यह जरूरी नहीं है कि आधुनिक युग की कानून की किताब में इसका उल्लेख ही हो।"

गैरोफेलो के अनुसार "दया और ईमानदारी की प्रचलित भावनाओं का उल्लंघन ही अपराध है।"

डॉ. राम आहूजा के अनुसार, ''समाजशास्त्रीय दृष्टिकोण से वह व्यवहार जो आदर्शमूलक समूहों के व्यावहारिक नियमों के अनुरूप है वह 'सामान्य' व्यवहार है और जो इन नियमों का उल्लंघन करता है वह 'समाज-विरोधी' व्यवहार है और यह 'अपराध' भी कहलाता है।''

सदरलैण्ड के अनुसार, ''एक मूल्य जो एक समूह द्वारा या उस समूह की राजनीतिक दृष्टि से महत्त्वपूर्ण अंग द्वारा मान्यता प्राप्त है, समूह के दूसरे भाग का उससे अलग होना अथवा सांस्कृतिक संघर्ष होना जिससे कि इस पृथक् भाग के सदस्य उस मूल्य की सराहना नहीं करते या बहुत कम सराहना करते हैं तथा फलस्वरूप उस मूल्य को खतरा पहुँचाने की ओर झुकते हैं, फिर उस अंग के द्वारा जो उस मूल्य की सराहना करता है उस अंग के लिए एक प्रभावपूर्ण दबाव की व्यवस्था जो उसकी सराहना नहीं करता। इस प्रकार अपराध व्यक्ति के जगह पर समूह या समाज की नजर से देखा जाता है जो इन्हीं उपर्युक्त संबंधों का एक जाल मालूम पड़ता है।''

समाजशास्त्रीय दृष्टिकोण के आधार पर अपराध की उक्त परिभाषाओं के अवलोकन से ज्ञात होता है कि समाज में प्रचलित रीतियों एवं परम्पराओं का उल्लंघन करना ही अपराध कहलाता है। इन परम्पराओं को तोड़ने अथवा उल्लंघन करने वाले व्यक्ति को समाज द्वारा दण्ड दिया जाता है। इसके अलावा सामाजिक एकता एवं संगठन को यदि किसी क्रिया द्वारा नष्ट किया जाता है तो उसे अपराध की श्रेणी में रखा जाता था।

मनोवैज्ञानिक दृष्टिकोण

अपराध के इस दृष्टिकोण में अपराधी के व्यवहार के अध्ययन पर प्रमुख रूप से ध्यान दिया गया है। अपराध का संबंध मानव-व्यवहार से है। किन्तु सभी मानव व्यवहार को अपराध नहीं कहा जा सकता है। मानव दो प्रकार का व्यवहार करता है सामान्य व्यवहार तथा असामान्य व्यवहार। अगर मानव के सामान्य व्यवहार को सामाजिक माना जाए तो असामान्य व्यवहार को अपराध की श्रेणी में रखा जायेगा। इस सन्दर्भ में थॉमस महोदय ने ठीक ही लिखा है कि अपराध वह प्रक्रिया है जिसमें सामान्य व्यवहार-प्रतिमान में विचलन होता है। अपराध की मनोवैज्ञानिक अवधारणा इस वास्तविकता पर बल देती है कि अपराध के लिए व्यक्ति परिवेश की तुलना में अधिक उत्तरदायी है।

व्यक्ति अपराधी व्यवहार का कारक स्वयं होता है वातावरण तो सिर्फ एक

साधन के रूप में होता है। हर मानव सामाजिक वातावरण में जीवन बिताता है परन्तु सभी लोग अपराधी नहीं बनते हैं क्योंकि ये लोग समाज के साथ समायोजन कर लेते है बाकी लोग अपराधी बन जाते हैं। अतः स्पष्ट है कि मनोवैज्ञानिक दृष्टिकोण के अनुसार व्यक्ति या उसका विघटनकारी व्यक्तित्व ही अपराध की उत्पत्ति करता है। इस संबंध में गौरेफेलो ने कहा है कि दया, ईमानदारी की भावना का दोषपूर्ण होना ही व्यक्ति को अपराधी बनाता है। इसी प्रकार गोडार्ड का कथन है कि अपराध मानसिक दुर्बलता का परिणाम है।

एडलर के अनुसार अपराधी मन से होता है। आटोरेन्फ के शब्दों में विघटित-व्यक्तित्व अपराध का कारक है। फ्रॉयड के अनुसार अपराध दमन की अभिव्यक्तियाँ हैं। उक्त विद्वानों के विचारों से यह ज्ञात होता है कि मनोवैज्ञानिक कारणों से व्यक्ति अपराधी बनता है। इसके लिए सामाजिक परिवेश उत्तरदायी नहीं होता अपितु व्यक्ति स्वयं जिम्मेदार होता है। इसलिए मनोवैज्ञानिक अवधारणा के आधार पर भी अपराध का स्वरूप स्पष्ट होता है।

प्रेतविद्या प्राचीन काल में अपराध को भूत-प्रेतों से सम्बन्धित माना जाता था। जब तक किसी औपचारिक सरकार की स्थापना नहीं हुई थी तब तक कुछ ऐसे कार्य थे जिन्हें अपराध की श्रेणी में रखा जाता था जो वर्ग या समुदाय हेतु भी अहितकर माने जाते थे। इन अपराधों में सबसे गंभीर अपराध किसी देवता का सार्वजनिक स्थान पर अपमान करना माना जाता था। लोगों का मानना था कि ऐसे अपराध से समूह एवं समाज दोनों की समृद्धि की क्षति होती है। देवताओं को रक्षक माना जाता था। ऐसा माना जाता था कि कोई व्यक्ति भूत-प्रेत का साया होने के कारण इस प्रकार का अपराध करता था। इस बारे में बार्न्स एवं टीटर्स ने न्यू हॉरीजोंज इन क्रीमिनोलॉजी; में प्रकाश डाला है कि "अपराध करने वाले व्यक्तियों पर भूत-प्रेतों का निवास या अधिकार होता था अतः अपराध के लिए सजा देने का प्रमुख उद्देश्य या तो इन भूत-प्रेतों को भगाना होता था या फिर उस व्यक्ति को ही समूह से निकाल दिया जाता था या उसको मार दिया जाता था जिसने भूतों के प्रभाव में आकर ऐसे व्यवहार किए, जो अपराध समझे गए। एक अंश में तो इस सिद्धान्त के पीछे समुदाय के अपराधी को और ज्यादा अपराधों से बचाने का विचार था। किन्तु इससे भी अधिक जरूरी बात यह थी कि देवताओं को प्रसन्न रखा जाए।" चूँकि वर्तमान वैज्ञानिक युग में भूत-प्रेत संबंधी विचारों की कोई उपयोगिता नहीं है। परन्तु कभी-कभी यह विचार समाज में पाया जाता है कि स्वेच्छाचारी व्यक्ति भूत-प्रेत के प्रभाव में रहते हैं अतः सजा देकर उनका भुद्धिकरण किया जाए।

कानूनी दृष्टिकोण

कानूनी अथवा विधिशास्त्रीय अवधारणा के आधार पर भी अपराध के अर्थ को परिभाषित करने की कोशिश की गई है। कानून का उल्लंघन करना अपराध समझा जाता है। हेकरवाल, मावरर, लैण्डिस एवं लैण्डिस, हाल्सबरी, सी. डैरो, मैकेन्जी, इलियट एवं मेरिल, माइकेल एवं एडलर तथा एम.जे. सेथाना आदि प्रमुख विद्वान हैं। इन विद्वानों ने प्रत्यक्ष या अप्रत्यक्ष रूप से अपराध का अर्थ कानूनों का उल्लंघन करना बताया है। इनमें से कुछ विद्वानों द्वारा प्रस्तुत परिभाषाएँ निम्नलिखित हैं

हेकरवाल के अनुसार, ''अपराध कानून का उल्लंघन है।''

ब्लैकस्टोन के शब्दों में, ''कोई सार्वजनिक कानून जो किसी व्यवहार के करने पर रोक लगाता है या ऐसा करने की अवज्ञा देता है, उसके उल्लंघनस्वरूप किया गया व्यवहार अपराध है।'' इस परिभाषा से ज्ञात होता है कि कानून द्वारा जिन व्यवहारों पर रोक लगायी जाती है उसका उल्लंघन करना अपराध कहा जाता है।

पॉल डब्ल्यू. टेपर के अनुसार, ''अपराध कानून का उल्लंघन है जो बिना किसी तर्कसंगति तथा प्रतिवाद के किया जाता है। विधिवेत्ताओं के अनुसार अपराध ऐसा आचरण है जो अपराध दण्ड संहिता के अंतर्गत है। अपराध की वैधानिक अवधारणा इस तरह के कार्य का राज्य शक्ति द्वारा निषिद्ध होना है।''

टैपन के अनुसार, ''अपराध कानून संहिता के उल्लंघन में जान-बूझकर किया गया एक व्यवहार है, जो बिना किसी आरक्षण के किया गया तथा जो राज्य द्वारा दण्डनीय है।''

मैकेन्जी के अनुसार, ''यह समाज के खिलाफ उन अपराधों से सम्बन्धित हैं जो राष्ट्रीय कानून द्वारा स्वीकृत हैं तथा जो दण्डनीय हैं।''

हाल्सबरी के शब्दों में, ''अपराध गैर-कानूनी क्रिया या गलती है जो जनता के खिलाफ अपराध है और इस क्रिया या गलती को करने वाला कानूनी सजा के योग्य है।''

लैण्डिस तथा लैण्डिस का मानना है कि, ''अपराध वह क्रिया है जिसे राज्य ने सामूहिक कल्याण के लिए हानिकारक घोषित किया है और जिसके लिए राज्य दण्ड देने की शक्ति रखता है।''

माइकेल तथा **एडलर** के शब्दों में, ''अपराध वह व्यवहार है जो दण्ड संहिता द्वारा निषिद्ध ठहरा दिया गया है।''

एडलर के शब्दों, ''व्यवहार का वह उदाहरण जो अपराधी-कानून द्वारा वर्जित है।''

सदरलैण्ड के अनुसार, ''अपराध सामाजिक दृष्टिकोण से जुड़े है। अपराधी-कानून का उल्लंघन करने वाला व्यवहार ही अपराधी-व्यवहार है।''

गिलीन एवं **गिलीन** के अनुसार, ''अपराध देश के खिलाफ किया गया व्यवहार है।''

मावरर के शब्दों में, ''अपराध वह क्रिया है जिससे कानून का उल्लंघन होता है।''

जस्टिन मिलर के शब्दों, ''जिन कार्यों को करने के लिए कानून प्रोत्साहित करता है या आज्ञा देता है उनको न करने और जिन कार्यों को कानून मना करता है उनको करने का नाम ही अपराध है। कानून को शक्तिशाली बनाने के लिए दण्ड होता है जो राज्य द्वारा प्रदान किया जाता है। कोई भी वह काम जो व्यक्तियों की अंतरात्मा को कितना ही खराब क्यों न लगे तब तक अपराध नहीं है जब तक कानून उसको मना न करे।'' अपराध पर प्रकाश डालते हुए प्रसिद्ध समाजशास्त्री सी. डैरो (C. Darrow) ने अपनी पुस्तक 'Crime: Its Causes and Punishment' में लिखा है, "Crime is an Act forbidden by the law of the land for which penality prescribed." इस परिभाषा से स्पष्ट होता है कि अपराध एक ऐसा काम है जो एक स्थान विशेष से जुड़ा होता है। जिस स्थान का कानून जिस काम को करना निषिद्ध घोषित करता है, उस काम को करना कानूनी तौर पर अपराध होता है।

जब एक विशेष प्रकार के काम को सामूहिक कल्याण के दृष्टिकोण से राज्य हानिकारक घोषित करता है तब वह काम अपराध की श्रेणी में आ जाता है। इसका अर्थ कानूनी दृष्टिकोण से वही काम अपराध समझा जाता है जो कानून द्वारा निषिद्ध होता है। इलियट तथा मेरिल के अनुसार, ''अपराध वह क्रिया है जो कानून द्वारा वर्जित है, जिसके लिए मृत्यु, कारावास, जुर्माना, कार्यगृह, सुधारगृह या जेल में रखकर दण्डित किया जा सकता है।'' अतः स्पष्ट है कि अपराध कानून द्वारा वर्जित क्रिया होती है व इसके लिए कानून में कई प्रकार से सजा का प्रावधान होता है। किसी काम को अपराध घोषित करने के लिए कर्त्ता का आपराधिक इरादे का होना भी जरूरी होता है। इसके अभाव में किये गये कार्य अपराध की श्रेणी में रखे जाते है। परन्तु ऐसा भी सार्वभौमिक नहीं है। इसलिए कोई काम अपराध है या नहीं, इसके लिए देखना चाहिए कि वह काम राज्य द्वारा

निषिद्ध है या नहीं तथा कर्त्ता के इरादे एवं व्यवहार (Intention and Behaviour) में कोई सहसम्बंध है या नहीं।

इसी प्रकार डी.आर. टैफ्ट ने भी लिखा है कि किसी भी काम को अपराध घोषित करने के लिए यह देखना जरूरी है कि इस काम को करने वाले कर्त्ता की आयु कितनी है। अगर कर्त्ता कम आयु का है तो उसका काम अपराध की श्रेणी में न आकर बाल-अपराध की श्रेणी में आएगा। अपराध कानूनी दृष्टिकोण से कानून द्वारा निषिद्ध काम है लेकिन इसका अर्थ यह नहीं है कि यदि समाज में अपराधी कानून हो तो अपराध नहीं होंगे। अपराधी कानून किसी काम को अपराध माने अथवा न माने, सामाजिक दृष्टि से अपराध की प्रवृत्ति प्रायः विद्यमान रहती है। इतना हो सकता है कि इनके स्वरूपों या प्रकारों में अंतर पाया जाए।

उपर्युक्त वर्णित विद्वानों द्वारा दी गयी अपराध की परिभाषाओं का विश्लेषण करने पर यह स्पष्ट होता है कि अपराध कानून द्वारा वर्जित व्यवहारों या कार्यों को करना है। अन्य शब्दों में यह कहा जा सकता है कि जिस काम को कानून निषिद्ध घोषित कर देता है उसे करना ही कानूनी या वैधानिक दृष्टिकोण से अपराध है। अतः कानून में दण्ड का प्रावधान भी रहता है। साथ ही समय व स्थान विशेष में कानून भी एक समान लागू नहीं होता है। भिन्न व्यवहारों को अपराध नहीं कहा जा सकता है।

अपराधी की प्रकृति

अपराधियों के वर्गीकरण से पूर्व यह जानना अत्यन्त आवश्यक है कि आखिर अपराधी कौन है? क्या वह, जैसा कि लोम्ब्रासो ने कहा था, नैतिक दृष्टिकोण से पतित व्यक्ति है? क्या वह मानसिक दृष्टि से अवकिसित व्यक्ति है? क्या वह वातावरण से घिरा हुआ असहाय व्यक्ति है और अपनी स्वेच्छा के वातावरण में रहना पसन्द करता है? क्या वह व्यक्ति बदलती सामाजिक परिस्थितियों के साथ सामंजस्य करने में असमर्थ रहा है? क्या वह अपराध केवल उत्सुकतावश करता है? इन सबसे महत्वपूर्ण प्रश्न यह है कि वह अपराधी क्यों है? और अपराधी कौन है? कानून तोड़ने वाले व्यक्ति को ही अपराधी की संज्ञा दी गई है।

आधुनिक युग में जब कानून और न्याय का समुचित विकास हो चुका है, अपराधी वह व्यक्ति है जो न्यायलय द्वारा घोषित दोषी व्यक्ति हो और उसके लिए कुछ दण्ड की भी व्यवस्था हो। अपराध की व्याख्या अनेक दृष्टियों से की जाती है। इसी प्रकार अपराधियों को भी अनेक दृष्टियों से समझने का प्रयत्न किया

जाता है। समाजशास्त्रीय दृष्टिकोण से अपराधी वह व्यक्ति है जो समाज की रीतियों, प्रथाओं और परम्पराओं की अवहेलना करता है।

सामाजिक कल्याण की दृष्टि से कुछ मूल्यों की स्थापना हर समाज करता है तथा इन मूल्यों की रक्षा करता है। जो व्यक्ति इन मूल्यों की निन्दा करते हैं उन्हें अपराधी कहा जाता है। गिलिन और गिलिन ने लिखा है कि "समाजशास्त्रीय दृष्टि से अपराधी वह है जो ऐसा कार्य करने का दोषी है जिस पर समाज का विश्वास है और इसे कार्यान्वित करने की शक्ति है, समाज के लिए खतरनाक है और अतः ऐसा करना निषिद्ध है।" जो व्यक्ति दण्ड संहिता का उल्लघंन करता है, कानून की दृष्टि से वह व्यक्ति अपराधी है। कानून तोड़ने वाला व्यक्ति ही अपराधी है। धार्मिक दृष्टि से धर्म और ईश्वर की अवहेलना करने वाला व्यक्ति अपराधी है, अतः उसे अधार्मिक की संज्ञा दी जाती है। नैतिक दृष्टि से नीतिशास्त्र के विरुद्ध काम करना ही अपराध है। सरल शब्दों में सदाचार का उल्लंघन अपराध है। बुरे आचरणों को ही अपराध कहा जाता है। कुछ भी हो, अपराधी अपने समाज के साथ संघर्षरत वह व्यक्ति है जो अपने समाज के साथ सामंजस्य और सहयोग करने में असमर्थ रहा है, उसकी इस असमर्थता की वजह से कुछ भी हो सकता है।

अधिकांश विद्वानों का मानना है कि अपराध सीखा हुआ मानव का एक व्यवहार है। जिस प्रकार कुशल शिक्षा और प्रशिक्षण किसी भी व्यक्ति को चिकित्सक बना देता है, ठीक इसी प्रकार अपराध भी सीखा जाता है और आगे चलकर यह व्यक्ति की आदत बन जाती है। जब वह अपनी इस आदत का समाज में प्रयोग करता है तो उसे अपराधी कहते है। रागाज गें कुछ व्यक्ति शक्तिशाली होते हैं जो दूसरे व्यक्तियों पर सामाजिक मूल्य लादते हैं। ये सामाजिक मूल्य क्षेत्रीय और सार्वभौमिक होते हैं। क्षेत्रीय सामाजिक मूल्य वे हैं जो एक क्षेत्र-विशेष तक ही सीमित रहते हैं जबकि सार्वभौमिक मूल्य वे हैं जो सभी समाजों में समान रूप से पाये जाते हैं। किसी संस्कृति में व्यक्ति का एक विशेष प्रकार का कार्य अपराध नहीं कहलाता है, जबकि दूसरे समाज में वही कार्य अपराध कहलाता है। जैसे मांस खाना सार्वभौमिक अपराध नहीं कहलाता है।

अपराध एवं अपराधियों का स्वरूप या प्रकार

अपराध के कई स्वरूप होते हैं हालांकि अपराध मानव द्वारा ही किया जाता है। अतः मानव का व्यवहार एक प्रकार का नहीं होता इसी कारण अपराध भी अलग-अलग प्रकार के होते हैं। समाजशास्त्रियों के अध्ययन का विषय अपराध

का अध्ययन न होकर अपराधियों का अध्ययन करना होता है। यदि अपराधी का अध्ययन हो जाए तो अपराध का अध्ययन स्वयं हो जाता है। यहाँ विभिन्न विद्वानों द्वारा प्रस्तुत अपराधियों के वर्गीकरण का उल्लेख निम्न प्रकार से किया जा सकता है

ई.एच. सदरलैण्ड ने निम्न श्रेणी के अपराधी तथा श्वेतवस्त्रधारी अपराधी इन दो प्रकार के अपराधियों का उल्लेख किया है

सामाजिक एवं आर्थिक रूप से पिछड़ा हुआ व्यक्ति अगर कोई अपराध करता है तो वह साधारण या निम्न श्रेणी के अपराध के अधीन आता है। ऐसे अपराधी उचित न्याय पाने में भी असमर्थ होते हैं। उन अपराधियों को श्वेतवस्त्रधारी अपराधी कहा जाता है जिनकी सामाजिक तथा आर्थिक स्थिति समाज में उच्च होती है। उनके अपराध पर कोई शीघ्र विश्वास भी नहीं करता। किन्तु वे अपराध करते हैं। ऐसे लोग अपने व्यवसाय के दौरान अपराध करते हैं जिसका लोगों को पता नहीं चलता है जैसे डॉक्टर प्राइवेट प्रैक्टिस के दौरान, वकील अपने पेशे के दौरान व उच्च अधिकारी भी रिश्वत आदि लेकर इस तरह का अपराध करते हैं। इस प्रकार के अपराध का कोई पता नहीं चलता तथा अधिकतर अपराधी को इस प्रकार के अपराध के लिए कोई सजा भी नहीं मिलती है।

बार्न्स व टीटर्स के अनुसार श्वेतवस्त्रधारी अपराधी वह है जो सन्देहपूर्ण आचार द्वारा व्यापार करते हैं। गबन, रिश्वत, कर-चोरी, धोखाधड़ी, मिलावट, काला-बाजारी आदि इस प्रकार के अपराध कहे जा सकते हैं। काल्डवेल, टेपन, जार्ज बोल्ड एवं कुछ अन्य विद्वानों ने सदरलैण्ड द्वारा प्रस्तुत इस वर्गीकरण की आलोचना की है। उनका मानना है कि सदरलैण्ड द्वारा कोई ऐसा निश्चित लक्षण नहीं बतलाया गया है जिसके आधार पर अपराधी के प्रकार को निश्चित किया जाए।

सीजर लोम्ब्रोसो ने 383 इटालियन अपराधियों का अध्ययन कर उन्हें वर्गीकृत किया। उन्होंने अलग-अलग आधारों पर अपराधियों का वर्गीकरण प्रस्तुत किया हैं

प्रथम प्रकार के अपराधी को जन्मजात अपराधी कहा जाता है जिनमें कुछ विशिष्ट शारीरिक विशेषताएँ पाई जाती हैं। लोम्ब्रोसो ने 19 विशिष्ट शारीरिक विशेषताओं का वर्णन किया है व बताया है कि इनमें से किसी पाँच या उससे अधिक लक्षण अगर किसी व्यक्ति में पाये जाएं तो वह अवश्य अपराधी प्रवृत्तिवाला व्यक्ति होगा।

दूसरे प्रकार के अपराधी पागल अपराधी होते हैं। ये मानसिक बीमारी के कारण अपराध कर बैठते हैं।

तीसरे तरह के अपराधी कामुक अपराधी होते हैं। ऐसे अपराधी अपनी काम-पिपासा शान्त करने हेतु अपराध करते हैं।

चौथे प्रकार के अपराधी आकस्मिक अपराधी हैं। इस प्रकार के अपराधी मानसिक व शारीरिक दोषों से स्वतंत्र होते हैं। ये बाह्य परिस्थितियों के कारण अपराध कर बैठते हैं। आकस्मिक अपराधी को कई उपश्रेणियों में बांटा जा सकता है जिनमें मिथ्या अपराधी, अभ्यस्त अपराधी तथा अपराधी सममिथ्या अपराधी प्रमुख है।

हैण्डर्सन ने 'Atlantic Monthly' में अपराधियों को आदतन अपराधी नहीं, जो ऊपरी तौर पर अपराध करते हों तथा जिनकी आदत ही अपराध करने की हो गई है। इस प्रकार की तीन श्रेणियों में विभाजित किया है।

लेमर्ट महोदय ने अपराध को स्थितिजन्य अपराध, नियोजित अपराध तथा विश्वासघातक अपराध इन तीन प्रकार के अपराधों की चर्चा की है।

उपर्युक्त वर्णित तथ्यों का अध्ययन करने से यह स्पष्ट होता है कि विभिन्न विद्वानों ने अपराधियों का अलग-अलग वर्गीकरण प्रस्तुत किया है।

स्थितिजन्य अपराध को मानव स्वयं जानबूझकर अन्जाम नहीं देता है। ऐसी परिस्थितियाँ आ जाती हैं जिनमें ये अपराध हो जाते हैं। अर्थात् यह कहा जा सकता है कि मनुष्य स्वभावतः समाज-विरोधी काम नहीं करना चाहता है। क्योंकि इस प्रकार के अपराध परिस्थितिवश होते हैं अतः इनमें व्यक्ति की इच्छा एवं अनिच्छा का प्रश्न ही नहीं उत्पन्न होता। इस प्रकार के अपराध प्रायः देखने को मिलते रहते हैं।

विश्व के अन्य देशों की अपेक्षा भारत में बेरोजगारी की समस्या सर्वाधिक है। यदि सभी तरह से योग्य व्यक्ति को रोजगार नहीं मिलता है और इससे ऊबकर अगर वह आत्महत्या कर लेता है तो ऐसे अपराध को परिस्थितिजन्य अपराध कहा जाता है। नियोजित अपराध वह अपराध कहलाता है जो सोच-विचारकर नियोजित तरीके से किया जाता है। आज विभिन्न प्रकार के अपराधों में वृद्धि हो रही है। चोरी करना, लूटना, डाका डालना, सरकारी अध्यादेशों का उल्लंघन करना तथा धारा 144 का उल्लंघन करना आदि नियोजित अपराध के प्रमुख उदाहरण है।

ऐसे अपराध परिस्थितिवश नहीं होते अपितु इसमें अपराध करने वाले की इच्छा प्रबल होती है। विश्वासघात ऐसा अपराध है जिसमें अपराध करने वाला व्यक्ति पहले लोगों का विश्वास पाता है तथा उसके उपरांत में उनके साथ अपराध

करता है। इस अपराध को ठगी की संज्ञा दी जा सकती है। अपराधों का वर्गीकरण दो बातों के आधार पर हेज ने किया है। इनमें प्रथम आधार अपराधी का उद्देश्य है तथा द्वितीय आधार अपराध की प्रेरक शक्तियाँ हैं। इन दो तत्त्वों के आधार पर हेज ने अपराधों को व्यक्ति के खिलाफ अपराध, सम्पत्ति के खिलाफ अपराध तथा व्यवस्था के खिलाफ अपराध तीन भागों में बांटा है।

व्यक्ति के खिलाफ अपराध ऐसे अपराध को कहा जाता है जो किसी व्यक्ति विशेष या व्यक्तियों को क्षति पहुँचाती हो। सम्पत्ति के खिलाफ अपराध ऐसे अपराध को कहा जाता है जो सम्पत्ति को प्राप्त करने या उसे क्षति पहुँचाने के लिए किया जाता है। व्यवस्था के खिलाफ अपराध ऐसे अपराध को कहा जाता है जब किसी व्यवस्था के प्रति रोष व्यक्त करते हुए कोई अपराध किया जाता है।

बोंजर ने अपराधों का वर्गीकरण प्रयोजन के आधार पर किया है। इस आधार पर आर्थिक, यौन-संबंधी, राजनीतिक तथा विविध। उन्होंने इन चार प्रकार के अपराधों की चर्चा की है।

आर्थिक अपराध वैसे अपराध को कहा जाता है जिसका प्रयोजन आर्थिक कल्याण को साधना होता है। यौन-संबंधी अपराध वैसे अपराध हैं जिनमें यौन-संबंधी आवश्यकता की पूर्ति अनैतिक माध्यम से की जाती है। राजनीतिक अपराध वैसे अपराध हैं जो राजनीति के क्षेत्र में होते हैं। जब राजनेता राजनीतिक रूप से कोई अपराध करते हैं तब उसे राजनीतिक अपराध कहा जाता है। अन्य अपराध के अधीन कई प्रकार के अपराध आते हैं। अपराधों की कोई कमी नहीं है। अतः अनेक प्रकार के अपराध विविध अपराध के अधीन रखे जाते हैं। अपराध के उपर्युक्त वर्गीकरणों के अलावा कुछ अन्य वर्गीकरणों की चर्चा की जा सकती है जो निम्नलिखित हैं

गंभीरता के आधार पर अपराध को दो वर्गों साधारण और गंभीर में विभक्त किया जा सकता है।

साधारण अपराध वैसे अपराध को कहा जाता है जिनकी प्रकृति सामान्य होती है। अर्थात् इस प्रकार के अपराध के कोई गंभीर परिणाम नहीं होते। गंभीर अपराध वैसे अपराध को कहा जाता है जिनसे समाज तथा देश को हानि पहुँचती है। अतः ऐसे अपराधों की प्रकृति गंभीर होती है।

संख्या के आधार पर सरकार ने अपराध को पाँच वर्गों : व्यक्ति के खिलाफ अपराध, सम्पत्ति के खिलाफ अपराध, राज्य के खिलाफ अपराध, व्यवस्था के खिलाफ अपराध तथा न्याय के खिलाफ अपराध में विभाजित किया है।

अपराध के लक्षण या विशेषताएं

अपराध की प्रकृति एक समान नहीं होती है। इसी कारण प्रत्येक समाज में अपराध का रूप व प्रकार भी अलग-अलग होता है। अपराध के कुछ लक्षण या विशेषताएँ होती है जिनके आधार पर मानव की गतिविधियों को अपराध की श्रेणी में रखा जाता है। इस शीर्षक में अपराध की प्रमुख विशेषताओं व लक्षणों को निम्न पंक्तियों द्वारा स्पष्ट किया गया है।

1. यदि कोई व्यक्ति अपराध के बारे में सोचता है और उसे करता नहीं है तो वह अपराध नहीं कहलाएगा। साथ ही यह क्रिया समाज अथवा कानून द्वारा निषिद्ध भी होनी चाहिए। यदि कोई क्रिया समाज अथवा कानून द्वारा निषिद्ध नहीं है तो वह अपराध की श्रेणी में नहीं आती। उदाहरणार्थ अगर कोई व्यक्ति ट्रेन में डाका डालने की सोचता है तो उसका ऐसा सोचना अपराध नहीं कहलाएगा। जब वह अपनी सोच को कार्यान्वित करेगा तो उसे अपराध कहा जाएगा। साथ ही अगर आत्मरक्षार्थ कोई विवश होकर क्रिया करे तो वह भी अपराध की श्रेणी में नहीं रखी जाती है। यदि कोई व्यक्ति किसी लड़की की अस्मत लूट रहा हो और अपने आत्मरक्षार्थ यदि वह गोली चलाती है जिससे उस व्यक्ति की मृत्यु हो जाती है तो ऐसी क्रिया अपराध नहीं कहलाएगी। कहने का अभिप्राय यह है कि ऐसी क्रिया जान-बूझकर नहीं की गई है तथा अपने आत्मरक्षार्थ बाध्य होकर की गई है। इस प्रकार यह पता चलता है कि व्यवहार में लाकर या क्रिया करके ही अपराध किए जा सकते हैं, केवल सोचने से नहीं। अतः क्रिया अपराध की एक विशेषता कही जा सकती है।
2. अपराध द्वारा किसी-न-किसी प्रकार की क्षति अवश्य होती है चाहे वह हानि व्यक्तिगत हो या सामूहिक। अपराधी क्रिया के अधीन वे ही क्रियाएँ आती हैं जिनसे समाज को नुकसान हो। इस परिप्रेक्ष्य में सदरलैण्ड ने लिखा है, "अपराध हानिकारक क्रिया है, केवल मानसिक या भावात्मक क्रिया ही पर्याप्त नहीं है।" इस तरह यह कहा जा सकता है कि अपराध किसी-न-किसी रूप में व्यक्ति या समाज को क्षति ही पहुँचाता है।
3. अपराध के लिए दण्ड निर्धारित रहता है। दण्ड का निर्धारण न्यायालयों के माध्यम से होता है। सजा भी किसी को यूं ही नहीं दे दी जाती।

पहले कोई व्यक्ति अभियुक्त होता है। यानी जब किसी व्यक्ति पर कोई अभियोग लगाया जाता है तो उस पर न्यायालय में मुकदमा चलाया जाता है। इस समय व्यक्ति अपराधी न होकर अभियुक्त होता है। जब न्यायालय किसी अभियुक्त को अपराधी मानकर उसे सजा सुना देता है तब उस व्यक्ति को अपराधी कहा जाता है। यदि व्यक्ति को सजा नहीं दी जाती है तब वह अपराधी नहीं कहलाता है। इसलिए यह पता चलता है कि अपराध के लिए दण्ड निर्धारित किया जाता है।

4. अपराध कानून द्वारा निषिद्ध होता है। कहने का अभिप्राय यह है कि जब तक कोई क्रिया या व्यवहार कानून द्वारा निषिद्ध घोषित नहीं किया जाता है तब तक वह अपराध नहीं कहा जाता। भले ही उस क्रिया या व्यवहार से व्यक्ति तथा समाज को कितना ही क्षति क्यों न हो रही हो। इस संबंध में सदरलैण्ड (Sutherland) ने भी कहा है, "समाज-विरोधी व्यवहार को तब तक अपराध नहीं कहा जा सकता जब तक कि वह कानून के द्वारा निषिद्ध न हो।" इस तथ्य का समर्थन करते हुए गिलीन एवं गिलीन ने यह प्रकाश डाला है कि, "किसी भी देश के कानून के खिलाफ किया गया काम अपराध है।" इससे यह ज्ञात होता है कि कानून के खिलाफ किया गया काम अपराध है। इसे एक उदाहरण से स्पष्ट किया जा सकता है। प्राचीन भारत में जब सती-प्रथा को अपराध नहीं माना जाता था परन्तु आज इस प्रथा को अपराध माना जा रहा है। हालाँकि सती-प्रथा अमानवीय प्रथा थी व इससे धन एवं जन दोनों की क्षति होती थी किन्तु यह कानून द्वारा अपराध घोषित नहीं किया गया था तो यह अपराध नहीं था। पी. गोस्वामी ने लिखा है, "कोई भी हानि जो अपराध है या कहा जा सकता है, निश्चित रूप से कानूनी दृष्टि से वर्जित काम होना चाहिए।" इस प्रकार यह मालूम होता है कि कोई भी काम जब तक वह कानून द्वारा निषिद्ध घोषित नहीं किया गया हो तब तक उसे अपराध की संज्ञा नहीं प्रदान की जा सकती है।

5. अपराध में उद्देश्य और नीयत इन दो तत्त्वों का मिश्रण होता है। यदि अपराधी का उद्देश्य कितना ही उच्च क्यों न हो किन्तु यदि वह कानून द्वारा वर्जित है तो वह अपराध की श्रेणी में ही आएगा। यदि कोई निर्धन स्त्री अपने भूख से तड़पते बच्चे को देख नहीं पाती है व विवश

होकर उसका गला दबा देती है। इस काम में माँ का प्रयोजन गलत नहीं है लेकिन उसकी नीयत समाज विरोधी है और इसे अपराध कहा जाएगा। किन्तु ऐसा सार्वभौमिक नहीं है।

2

अपराध हेतु उत्तरदायी कारक

अपराध एक सार्वभौमिक घटना है जो विश्व के सभी देशों में विद्यमान है। अपराध मुख्य रूप से समाज एवं कानून के खिलाफ किये गये व्यवहार को कहा जाता है। अपराध मानव प्रक्रिया की उपज है। हर समाज में अपराध की प्रक्रिया एक समान नहीं होती है। मानव व्यवहार सभी अवधियों में एक समान नहीं होता है। इस प्रकार अपराध के कारण भी विभिन्न प्रकार के हो सकते है। इसके कारण असंख्य हो सकते हैं। इसीलिए काल्डवेल्स ने 'क्रिमिनोलॉजी' में अपराध के कारणों के संबंध में बहुकारवाद के सिद्धान्त का प्रतिपादन किया। अनेक विद्वानों ने अपराध के कारणों की सूची प्रस्तुत की है। नीचे कुछ विद्वानों द्वारा प्रस्तुत अपराध के कारणों की सूची प्रस्तुत की गयी है

डेविड ड्रैस्लर ने अपराध के कारणों की एक सूची प्रस्तुत की जिनमें विभिन्न तत्वों व कारकों को सम्मिलित किया गया है। ये तत्व प्रमुख है अत्यधिक दमनकारी पुलिस व्यवस्था, सिनेमा घरों से हिंसा का बढ़ता हुआ प्रदर्शन, तलाक तथा पारिवारिक या गृह-विच्छिन्नता, बाल्यावस्था में अभिभावकों का अधिक स्नेह, बाल्यावस्था में अभिभावकों का अपर्याप्त प्रेम, घर में अधिक शारीरिक दण्ड, अपराध साहित्य एवं जासूसी, अति दबावमूलक धार्मिक प्रशिक्षण, परिवार में अपर्याप्त शारीरिक दण्ड, परिवार में असंगत शारीरिक दण्ड, निर्धन बाल्यकाल, अधिक सम्पन्न बाल्यकाल, अधिक शिक्षा, अपर्याप्त शिक्षा, धार्मिक प्रशिक्षण की

कमी, भग्न परिवार या घर, पुलिस की सख्त व्यवस्था, धनाढ्यता, गरीबी, बौद्धिक कुशाग्रता तथा मन्द-बुद्धिता।

सिरील बर्ट ने 'दि यंग डेलिन्क्वेंट' में अपराध के कारणों की एक सूची प्रस्तुत जिसमें दोषपूर्ण नैतिक तथा सामाजिक परिस्थितियाँ, शारीरिक दुर्बलता, जर्जर तथा थका हुआ शरीर, दोषपूर्ण ग्रन्थि, अभिभावकों में नियंत्रण का अभाव, शराब तथा नशीली दवाइयों का सेवन, दान व आय का असमान वितरण, अपूर्ण मनोरंजन सुविधाएँ, भावनात्मक असन्तुलन, शिक्षा का अभाव, मजदूरों का शोषण, अस्थायी पागलपन, व्यक्तिवादी अराजकता, स्वच्छन्दतावादी दृष्टिकोण, सामाजिक अपूर्णता, अवैध तरीके से धनोपार्जन, विभाजित परिवार, धार्मिक भ्रष्टाचार, पुलिस का भ्रष्टाचार तथा प्रेम का अभाव जैसे कारणों को सम्मिलित किया गया है।

डेविड ड्रैस्लर और (सिरील) बर्ट दोनों विद्वानों द्वारा प्रस्तुत की गयी उपरोक्त सूचियों के अध्ययन करने पर यह स्पष्ट होता है कि अपराध के एक कारण नहीं बल्कि अनेक कारण जिम्मेदार होते हैं। इसके सभी कारणों को स्पष्ट करना संभव नहीं प्रतीत होता है। अपराध के कारण से जुड़े विभिन्न विद्वानों ने विभिन्न सिद्धान्तों का प्रतिपादन भी किया है जिनमें से कुछ प्रमुख सिद्धान्तों पर संक्षिप्त प्रकाश निम्न बिन्दुओं में डाला गया है

1. क्लासिक सिद्धान्त इस सिद्धान्त का प्रतिपादन सी. बेकारिया महोदय ने किया है। बेकारिया के अनुसार अपराध का कारण यह है कि अपराध करने पर व्यक्ति को दुःख की अपेक्षा सुख की अधिक अनुभूति होती है। अर्थात् अपराध का कारण दुःख की तुलना में सुख की ज्यादा अनुभूति है। यह सिद्धान्त काल्पनिक विश्वासों पर आधारित है क्योंकि अपराधी एक एकाउण्टेंट नहीं होता जो अपराध करने से पूर्व उससे मिलने वाले दुःख और सुख का हिसाब जोड़ ले।

2. जियोग्राफिक सिद्धान्त इसका प्रतिपादन क्वेटलेट एवं गुरे महोदय ने किया था। उनका मानना है कि भौगोलिक स्थितियाँ यथा मौसम, वातावरण तथा इसी प्रकार की अन्य स्थितियाँ अपराध के लिए उत्तरदायी होती हैं। अर्थात् इनके विचार में भौगोलिक स्थितियाँ अपराध की प्रकृति और मात्रा को निश्चित करती हैं। अपराध के कारण से सम्बन्धित यह सिद्धान्त उचित नहीं प्रतीत होता है। अगर भौगोलिक स्थितियाँ अपराध का कारण है तो एक समान भौगोलिक स्थितियों के दो समाजों में अपराध की प्रकृति, स्वरूप एवं मात्रा एक जैसी होनी चाहिए। किन्तु ऐसा नहीं होता है। अतः अपराध के कारण से सम्बन्धित इस सिद्धान्त को सही नहीं माना जा सकता है।

3. टाइपोलॉजिकल सिद्धान्त इस सिद्धान्त के प्रवर्तकों में लोम्ब्रोसो, फेरी, गैरोफेलो व हूटन, आदि का नाम प्रमुख है। इन लोगों का कहना है कि अपराधी जन्मजात होते हैं। इनके अनुसार अपराध का गुण आनुवंशिक प्रक्रियाओं के माध्यम से एक पीढ़ी से दूसरी पीढ़ी को हस्तांतरित होता रहता है। टाइपोलॉजिकल सिद्धान्त के प्रवर्तकों का मत भी उचित नहीं प्रतीत होता है। अगर अपराधी जन्मजात होते तो सभी समाजों में अपराध की समान प्रकृति पाई जाती क्योंकि व्यक्ति की जैवकीय क्षमताएँ हर समाज या जगह पर एक समान होती है। इस प्रकार यह सिद्धान्त भी अपराध के कारणों पर उचित प्रकाश डालने में असमर्थ होता है। अगर यह भी मान लिया जाए कि 'अपराधी जन्मजात होते हैं' तब इस बात को स्वीकार करना होगा कि अपराध के लिए दण्ड देने से कोई लाभ नहीं होगा क्योंकि जन्मजात प्रवृत्ति को परिवर्तित नहीं जा सकता है। लेकिन ऐसे भी उदाहरण इतिहास में हैं कि दुर्दांत अपराधियों का भी हृदय परिवर्तन हुआ है और वे समाज की धारा में जुड़ गए हैं।

स्वर्गीय जयप्रकाश नारायण द्वारा चम्बल के दुर्दांत डाकुओं का आत्मसमर्पण कराना इस बात का प्रत्यक्ष उदाहरण है। इसलिए यह सिद्धान्त भी अपराध के कारणों को स्पष्ट नहीं कर पाता है। अपराध के कारणों से सम्बन्धित एक सिद्धान्त समाजशास्त्रीय सिद्धान्त के नाम से जाना जाता है। इस सिद्धान्त के आधार पर अपराध विभिन्न कारकों की उपज है। किन्तु इस सिद्धान्त के अनुसार अपराधी व्यवहार सामाजिक दशाओं के द्वारा ही निर्धारित होता है या उसी का नतीजा है। समाजशास्त्रीय सिद्धान्त भी अपराध के कारणों पर सही प्रकाश नहीं डाल पाता है।

यह सिद्धान्त मानता है कि सामाजिक दशाएँ ही अपराध में महत्त्वपूर्ण भूमिका अदा करती हैं, जो उचित नहीं प्रतीत होता। इसलिए यह सिद्धान्त भी पूर्णरूपेण मान्य नहीं कहा जा सकता है। अपराध के कारणों से सम्बन्धित उपर्युक्त सिद्धान्तों के अवलोकन से ज्ञात होता है कि कोई भी सिद्धान्त अपराध के कारणों पर उचित प्रकाश नहीं डाल पाया है। इसका कारण यह है कि हर सिद्धान्त अपराध के लिए किसी खास कारक को ही जिम्मेदार मानता है। दरअसल अपराध का निर्धारण किसी एक विशेष कारण या कारक के आधार पर नहीं किया जा सकता। इस विषय में मैक्स वेबर तथा परेटो ने लिखा है कि अपराध के एक कारण नहीं होकर अलग-अलग कारण हैं। इस प्रकार यह कहा जा सकता है कि अपराध किसी एक कारक का नतीजा नहीं होता है अपितु इसके

विभिन्न कारण होते हैं। अर्थात् अपराध के कई कारण होते हैं जिनमें से कुछ प्रमुख कारणों पर संक्षिप्त प्रकाश निम्न बिन्दुओं के अन्तर्गत स्पष्ट किया गया है

1. बौद्धिक स्थितियाँ अधिकांश विद्वानों का मानना है कि अपराधी वे व्यक्ति हैं जिनमें बुद्धि की कमी है या कम बुद्धिमान है। कम बुद्धिवाले व्यक्तियों के मस्तिष्क का वांछित विकास नहीं हो पाता है। अतः उनमें तार्किक शक्ति का अभाव पाया जाता है। इसके कारण व्यक्ति समाज-विरोधी कार्य करने लगता है। कुछ मानसिक दशाएँ एवं बीमारियाँ व्यक्ति को अपराध की ओर प्रेरित करती हैं जो निम्नांकित हैं

(क) मानसिक दुर्बलता मानसिक कमजोरी या मानसिकहीनता अपराध का एक प्रमुख कारण है। विभिन्न अध्ययनों से यह बात स्पष्ट है। एच.एच. गोडार्ड ने अपने अध्ययन के आधार पर यह निष्कर्ष निकाला कि 80% अपराधी मानसिक दृष्टि से दुर्बल होते हैं। इसी आधार पर गोडार्ड ने 'मानसिक परीक्षा संबंधी सम्प्रदाय' की भी स्थापना की। गोरिंग ने 1913 में अपराधियों की बुद्धि परीक्षा के माध्यम से यह निष्कर्ष निकाला था कि अपराधी कम बुद्धि के होते हैं। गैरोफेलो ने भी अपने अध्ययन के आधार पर यह निष्कर्ष निकाला कि अपराधी 'मनोवैज्ञानिक प्रकार' के होते हैं। उनकी मानसिक दशाएँ एक पीढ़ी से दूसरी पीढ़ी तक हस्तांतरित होती रहती हैं। सामाजिक और नैतिक स्वास्थ्य समिति के अनुसार अधिकतर वेश्याएँ मानसिक दृष्टिकोण से हीन होती हैं और मानसिक कमजोरी वेश्यावृत्ति का एक मुख्य कारण है। क्लारा चासेल कूपर के अनुसार अपराधी कम बुद्धिवाले होते हैं। इसी प्रकार विलियम हीली तथा ब्रानर ने शिकागो (अमेरिका) में अपराधियों का अध्ययन कर यह निष्कर्ष निकाला कि 91% अपराधी मानसिक दृष्टि से कमजोर थे।

स्कलैप तथा स्मिथ ने भी मानसिक दुर्बलता को अपराध का एक प्रमुख कारक माना है। निम्न बुद्धिवाले व्यक्तियों में उचित और अनुचित कार्यों में अंतर महसूस करने की क्षमता का अभाव होता है। फलस्वरूप गलत रास्तों पर मुड़ जाना मुश्किल नहीं होता है। इसी प्रकार कुछ मानसिक बीमारियाँ, यथा साइकोसिस आदि मानसिक सन्तुलन को प्रभावित कर व्यक्तियों को समाज-विरोधी व्यवहार की तरफ बढ़ाती हैं। यहाँ यह स्पष्ट करना आवश्यक प्रतीत होता है कि निम्न श्रेणी के अपराध बुद्धिहीनता के कारण हो सकते हैं किन्तु जालसाजी तथा गबन आदि अपराध उच्च श्रेणी के बुद्धिवाले ही कर सकते हैं। इस प्रकार यह पता चलता है कि अधिक अपराध बुद्धिहीनता या मानसिक दुर्बलता के ही कारण होते

हैं। कभी-कभी उच्च श्रेणी के बुद्धिवाले भी अपराध करते हैं। इसलिए मानसिक दुर्बलता अपराध का एक प्रमुख मानसिक कारक कहा जाता सकता है। हीनता की भावना के कारण भी अपराध पनपता है।

(ख) भावात्मक अस्थिरता हीनता की भावना व्यक्तित्व को कुंठित कर देती है। इससे व्यक्ति का विकास अवरुद्ध होता है। हीनता की भावना के कारण भावात्मक अस्थिरता का जन्म होता है, मानसिक सन्तुलन बिगड़ता है, क्रोध तथा कायरता आदि की भावना विकसित होती है। हीनता की भावना के कारण व्यक्ति कुंठित हो जाता है और वह अपराध की ओर प्रेरित हो जाता है। व्यक्ति भावात्मक अस्थिरता के कारण भी अपराध की ओर उन्मुख होता है। यदि व्यक्ति में भावात्मक अस्थिरता है तो उसका प्रभाव उस पर मानसिक रूप से पड़ता है।

(ग) मानसिक संघर्ष मानव एक चिन्तनशील प्राणी है जिनके भीतर हमेशा मानसिक संघर्ष चलता रहता है और वह झूठ एवं सच में अंतर नहीं अनुभव कर पाता है। परिणामस्वरूप वह अपराधी बन जाता है। अपराध के उक्त मानसिक दशाओं एवं बीमारियों के अतिरिक्त मानसिक विकृति, मस्तिष्क का क्रियाकलाप तथा व्यवहार का प्रेरक आदि ऐसे अनेक मानसिक कारक है जिसकी वजह से अपराध का जन्म होता है। यही कारण है कि मानसिक दशाएँ एवं बीमारियाँ विभिन्न रूपों में अपराध को पनपाने में सहायक साबित होती हैं। इसलिए मानसिक दशाएँ एवं बीमारियाँ अपराध का एक मुख्य कारण साबित होती हैं। ऐसा अनेक अध्ययनों से सिद्ध भी हो चुका है कि मानसिक कारणों से अपराध फैलता है।

2. शारीरिक स्थितियाँ शारीरिक स्थितियों के कारण भी मानव अपराध ा करता है। विभिन्न विद्वानों जैसे लोम्ब्रोसो, फेरी, हूटन, गैरोफेलो, गोडार्ड, एडोल्फ लेन्जे तथा गोरिंग ने शारीरिक परिस्थितियों को अपराध का कारण बताया है। इन बिन्दुओं के अनुसार अपराधी प्रवृत्तियाँ एक पीढ़ी से दूसरी पीढ़ी को आनुवंशिकता की प्रक्रिया के माध्यम से हस्तांतरित होती रहती हैं और इस तरह आनुवंशिकता अपराध का एक कारण माना जा सकता है। हूटन ने 1939 में 13,873 अपराधियों तथा 3,000 गैर-अपराधियों का अध्ययन किया और निष्कर्ष निकाला कि प्रजातीय लक्षणों के कारण अपराध फैलता है। इसी तरह अमेरिका के पूर्वी राज्य के 'Peniten siyati' नामक सुधार गृह ने 1986 में 63 अपराधियों का अध्ययन किया। यह अध्ययन वैयक्तिक अध्ययन पद्धति द्वारा किया गया। इस अध्ययन से निकले निष्कर्षों से यह स्पष्ट होता है कि अपराधी लक्षण आनुवंशिकता

की प्रक्रिया द्वारा एक पीढ़ी से दूसरी पीढ़ी को हस्तांतरित होता रहता है। इसी प्रकार डूगेल एवं एस्टाब्रूक ने ज्यूक तथा इडवार्ड परिवारों का अध्ययन कर यह निष्कर्ष निकाला कि आनुवंशिकता अपराध का एक मुख्य कारण है। अतः स्पष्ट है कि आनुवंशिकता के कारण अपराध पनपता है।

विभिन्न अपराधों से यह स्पष्ट हुआ है कि अवस्था के अनुसार अपराधों में कमी और वृद्धि होती है। किशोरावस्था से प्रौढ़ावस्था के बीच अपराधों की संख्या में वृद्धि होती है। इसी प्रकार इण्डियाना में किए गए यौन-अपराधों के अध्ययन से यह स्पष्ट हुआ है कि 50 वर्ष से ज्यादा उम्र के लोगों द्वारा अधिकांश यौन-अपराध किए गए थे। बर्क ने 909 अपराधी लड़कों का अध्ययन कर यह यह पता लगाया कि अधिकतर अपराधी बच्चों की आयु 19 वर्ष की थी। इसी प्रकार सदरलैण्ड ने अपने अध्ययन के आधार पर यह निकर्ष निकाला कि उम्र एवं अपराध में सह-संबंध है।

शारीरिक दशाओं के अधीन लिंग भी आता है। लिंग के आधार पर भी अपराध का जन्म होता है।

अमेरिकन समाज में एक अध्ययन के दौरान यह पाया गया कि इस समाज में महिलाओं की अपेक्षा पुरुष 20 गुणा अधिक अपराध करते हैं। इसका कारण यह है कि महिलाओं को बहुत कारणों से अपराध की ओर से विमुख होना पड़ता है। इस बारे में सदरलैण्ड का कहना है कि चूँकि नारी को गर्भ रह जाता है अतः इस प्रत्यक्ष प्रमाण के कारण उन्हें मर्यादित रहना पड़ता है। इसके विपरीत पुरुष को इसका कोई डर नहीं रहता। अतः वे उच्छृंखल हो जाते हैं और यौन-अपराधों में बढ़ोतरी होती है। जन्म-क्रम के कारण भी अपराध होता है। इस बात का वर्णन स्टेटो ने, अमेरिकन जनरल ऑफ सोशियोलॉजी में किया है। स्टेटो ने अपने अध्ययन के आधार पर निष्कर्ष निकाला कि बड़े लड़के और लड़कियाँ कनिष्ठों की अपेक्षा अधिक अपराध करते हैं। वे लड़कियाँ, जिनके भाई नहीं हैं परन्तु बहनें हैं, उन लड़कियों की अपेक्षा कम अपराध करती हैं जिनकी बहनें नहीं हैं परन्तु भाई हैं। इस प्रकार यह पता चलता है कि जन्म-क्रम के आधार पर भी अपराध होते हैं। पॉलक ने अध्ययन करके यह निकर्ष निकाला कि कुछ विशेष प्रकार के अपराध स्त्रियों द्वारा ही किए जाते हैं। इन अपराधों में बलात् धन प्राप्त करना, भ्रूण हत्या, ठगना और गर्भपात करना तथा उठाईगिरी आदि प्रमुख हैं। शारीरिक भिन्नता भी अपराध का एक कारण है। शारीरिक भिन्नता से अभिप्राय शरीर के बाह्य आकार-प्रकार में भिन्नता से लिया जाता है। लोम्ब्रोसो ने

बताया है कि शारीरिक भिन्नता के आधार पर अपराधी और गैर-अपराधी का निर्धारण होता है।

लोम्ब्रोसो के अनुसार किसी-किसी व्यक्ति में कम चौड़ा व ढालू मत्था, बहुत बड़े-बड़े, काफी अधिक गोल भौंहें और बाहर निकले हुए कान, बायाँ हाथ अधिक सक्रिय, साधारण व्यक्तियों की तुलना में दर्द कम मालूम होना, सूँघने, देखने, सुनने और चखने की शक्तियाँ असाधारणतया कम होना तथा नैतिकता का लगभग अभाव आदि होता है। इनका स्वभाव बहुत ही आततायी तथा हिंसात्मक होता है।

गोरिंग एवं बोआस ने 1912 में अंग्रेज कैदियों पर अध्ययन किया तथा इस बात से घोर असहमति व्यक्त की कि अपराधियों के शारीरिक बनावट में अंतर आती है। इन लोगों ने लोम्ब्रोसो द्वारा दिए गए विचारों की आलोचना भी की। गोरिंग ने इतना जरूर पाया कि कुछ आनुवंशिक कारण होते हैं जो अपराध की ओर व्यक्तियों को प्रेरित करते हैं। उसी तरह क्रैशमर, किनबर्ग तथा मोर एवं गण्डलैक आदि विद्वानों ने भी शारीरिक बनावट या शारीरिक अंतर के आधार पर अपराधों का निर्धारण किया है। शारीरिक विकास भी अपराध के निर्धारण में काफी सीमा तक अपनी भूमिका निभाता है।

कभी-कभी शारीरिक विकास से भी अपराध कर बढ़ता है। उदाहरण के लिए यदि किसी लड़की का शारीरिक विकास उसकी आयु की तुलना में ज्यादा हो जाता है तो लड़की अपनी आयु की लड़कियों के साथ रहने में शर्म का अनुभव करती है तथा अपने से प्रौढ़ों के साथ सामाजिक स्वीकृति के अभाव के कारण नहीं रह सकती है। इस प्रकार की स्थिति में उसके भीतर अपराध करने की भावना विकसित हो सकती है।

यदि यही बात किसी लड़के के साथ है तो साथी लड़के उसका हँसी-मजाक उड़ाते हैं जिससे वह आक्रमणकारी प्रवृत्ति का हो जाता है तथा ऐसी स्थिति में वह अपराध की ओर अग्रसर हो जाता है। स्थायी रूप से शारीरिक दुर्बलता होने पर भी व्यक्ति अपराध की ओर बढ़ने लगता है। प्रायः शारीरिक रूप से कमजोर व्यक्ति में विक्षोभ, निराशा, अपमान तथा चिड़चिड़ापन आदि पाया जाता है। परिणामस्वरूप उनमें अपराधी प्रवृत्ति पनपती है तथा वह अपराध की ओर मुड़ जाता है। शारीरिक परिस्थितियों में बीमारी, अवयवी विचलन, अंग-भंग, कान दर्द, आँख दोष, नाक-गले की तकलीफ, बाएँ हत्था, हकलाना तथा ग्रंथि असन्तुलन आदि कई ऐसे कारण है जिनकी वजह से व्यक्ति अपराधी प्रवृत्ति की ओर प्रेरित होता है व अपराधी बन जाता है।

३. आर्थिक स्थितियाँ आर्थिक कारणों से अनेक अपराध जन्म लेते हैं। जिनकी आर्थिक दशा दयनीय होती है वे किसी-न-किसी माध्यम से अपनी जरूरतों की पूर्ति करना चाहते हैं। 'वुभुक्षितम् किम न करोति पापम्' यह कहावत भी इस बात को चरितार्थ करती है। मावरर का भी कहना है कि आर्थिक दशाएँ अपराध के लिए मुख्य भूमिका अदा करती हैं। अपराध का मुख्य उद्देश्य प्रत्यक्ष या अप्रत्यक्ष रूप से आर्थिक ही होता है। अतः अपराध को आर्थिक दशाओं की देन कहकर भी पुकारा जाता है। विभिन्न आर्थिक दशाएँ अपराध का कारण बनती हैं जिनमें से कुछ प्रमुख कारणों पर संक्षिप्त प्रकाश नीचे डाला गया है।

(क) निर्धनता निर्धनता की अपराध को जन्म देने में महत्त्वपूर्ण भूमिका होती है। आगबर्न ने भी अपने लेख 'Factors in the variation of crime among cities' में 62 शहरों का तुलनात्मक अध्ययन कर उसके आधार पर यह निष्कर्ष निकाला कि 'निर्धनता एवं अपराध' में महत्त्वपूर्ण संबंध है। इसी तरह डोरोथी, थॉमस, बोंगर तथा बर्ट आदि विद्वानों ने यह कहा है कि आर्थिक तंगी के समय में अपराध की दरों में वृद्धि होती है। निर्धनता के कारण वेश्यावृत्ति, जूआ, नशाखोरी, भिक्षावृत्ति, डकैती एवं लूट-पाट आदि असामाजिक तत्वों का जन्म होता है। इस विषय में डॉ. हेकरवाल महोदय ने लिखा है कि "अपराध के थर्मामीटर का पारा अच्छी और बुरी फसल के साथ ही गिरता और उठता है", अपराध के प्रसारण में आर्थिक कारकों के महत्त्व को स्पष्ट करता है।

(ख) व्यापार-चक्र व्यापार के सन्दर्भ में वानकेन ने लिखा है, "सम्पत्ति के खिलाफ अपराधों का प्रायः अप्रत्यक्ष कारण बुरी आर्थिक दशा होती है। इसके प्रत्यक्ष कारण घोर दरिद्रता और आर्थिक आवश्यकताएँ हैं।" अतः स्पष्ट है कि न सिर्फ Condition of Economic Depression अपराधी समस्या उत्पन्न करने के लिए उत्तरदायी है अपितु Condition of Economic Prosperity भी अपराधी घटना के लिए उत्तरदायी है। सैलीन ने भी व्यापार-चक्र और अपराध के संबंधों का अध्ययन कर यह निष्कर्ष निकाला कि व्यापार की अवनति के समय अपराध बढ़ जाते हैं। जब व्यापार समृद्ध होता है तो उस समय शराब तथा यौन-अपराधों में वृद्धि होती है। इसी प्रकार लैफर्ग ने भी गेहूँ की कीमत और अपराध की दरों का तुलनात्मक अध्ययन किया और यह निष्कर्ष निकाला कि जैसे ही गेहूँ के मूल्यों में बढ़ोतरी होती है वैसे ही अपराध भी बढ़ जाते हैं तथा जैसे ही गेहूँ के मूल्यों में कमी होती है वैसे ही अपराध भी कम हो जाते हैं।

(ग) अकाल अपराधों को उत्पन्न करने में अकाल का भी मुख्य सहयोग

है। अकाल सबसे बुरी आर्थिक स्थिति होती है। हालाँकि भारत एक कृषि प्रधान देश है। किन्तु यहाँ भी अकाल की नौबत आने पर भुखमरी की स्थिति उत्पन्न हो जाती है। यहाँ बाढ़ और सूखा दोनों ही अकाल की स्थिति पैदा करते हैं। अकाल की स्थिति में चोरी, राहजनी, डकैती तथा लूट आदि अपराध जन्म लेते हैं। इस संबंध में हेकरवाल ने भी लिखा है, ''क्षुधा और भुखमरी व्यक्ति को अपराध के आसान एवं कुत्सित कार्यों को करने के लिए मजबूर करते हैं।'' इसलिए यह पता चलता है कि अकाल के कारण भी अपराध उत्पन्न होते हैं।

4. पारिवारिक स्थितियाँ बालक के समाजीकरण में परिवार का प्रमुख व बिशिष्ट योगदान होता है। परिवार ही एक ऐसा ज्ञान मन्दिर कहलाता है जहाँ से बालक परिवार से ही व्यक्ति के व्यक्तित्व के संगठन एवं विभाजन की प्रक्रिया आरम्भ होती है। वर्तमान में परिवार संक्रमण के दौर से गुजर रहा है जिससे पारिवारिक कारणों रो भी अपराध के प्रचार-प्रसार में वृद्धि हो रही है। कुछ ऐसी पारिवारिक दशाएँ एवं बीमारियाँ होती हैं जिनके कारण अपराध पनपते हैं। वे दशाएँ निम्नांकित हैं

(क) पारिवारिक विभाजन पारिवारिक विघटन व विभाजन की भी अपराध को जन्म देने में महत्त्वपूर्ण भूमिका होती है। परिवार का निर्माण स्त्री और पुरुष में एकमत के आधार पर होता है। यदि दोनों के बीच इस मत का लोप हो जाए तो पारिवारिक विभाजन की स्थिति उत्पन्न होती है। एकमत के अभाव के विभिन्न कारण हो सकते हैं। वर्तमान युग में स्त्री और पुरुष दोनों को आर्थिक स्वतंत्रता मिल जाने के कारण पारिवारिक विभाजन की स्थिति उत्पन्न हुई है। साथ ही औद्योगीकरण, आधुनिकीकरण, नगरीकरण तथा पाश्चात्यीकरण के चकाचौंध ने इसको और अधिक बढ़ावा दिया है।

पारिवारिक विभाजन होने से बच्चों की स्थिति काफी सोचनीय हो जाती है। उनका समाजीकरण उचित रूप में नहीं हो पाता है और वे अपराधी प्रवृत्ति के हो जाते हैं। विभिन्न अध्ययनों से भी इस बात का पता चला है। हीली एवं ब्रोनर के अनुसार कम-से-कम 25% अपराधी टूटे हुए परिवार की उपज होते हैं। इसी प्रकार डॉ. हेकरवाल ने भी अपने अध्ययन के आधार पर बताया कि लगभग 60% बाल अपराधी इन्हीं टूटे हुए परिवारों से असमर्थता, अज्ञानता तथा मानसिक-दोषों के कारण उत्पन्न होते हैं। ऐसे परिवारों में पिता का बच्चों पर नियंत्रण नहीं रहता है। परिवार के सदस्यों में कलह, ईर्ष्या, द्वेष तथा घृणा की भावना पाई जाती है। ऐसे परिवारों में बेकारी तथा आर्थिक संकट की स्थिति उत्पन्न हो जाती है।

परिणामस्वरूप बच्चों का अपराध की ओर अग्रसर होना स्वाभाविक है। इस तरह यह पता चलता है कि टूटे हुए परिवार या पारिवारिक विभाजन अपराध को जन्म देते हैं।

(ख) दुःखद वैवाहिक संबंध दुःखद वैवाहिक संबंध भी अपराध को पनपाने का एक कारण कहा जा सकता है। अनेक सर्वेक्षणों से यह सिद्ध हो चुका है कि बहुत-सी स्त्रियाँ अपने पति द्वारा सताए जाने या मजबूर किए जाने के कारण वेश्यावृत्ति का व्यवसाय अपनाती हैं। इसलिए यह पता चलता है कि दुःखद वैवाहिक संबंधों के कारण अपराध पनपता है। अपराधी अभिभावक या अपराधी भाई-बहन के कारण भी अपराध को बढ़ाने में सहायक है। ज्यादातर यह देखा जाता है कि जिनके अभिभावक या माता-पिता में से कोई एक भी अपराधी है तो उसके बच्चे भी अपराधी बन जाते हैं। इसका कारण यह है कि बच्चों में सीखने की प्रवृत्ति ज्यादा होती है। वे अपने अभिभावक या भाई-बहन की अपराधी प्रवृत्ति देखकर उस ओर आकर्षित हो जाते हैं। फलस्वरूप अपराध पनपता है।

(ग) वैवाहिक स्थिति वैवाहिक स्थिति भी अपराध का एक मुख्य कारण है। दुर्खीम के आत्महत्या संबंधी आँकड़ों से यह ज्ञात होता है कि विवाहित व्यक्तियों की तुलना में अविवाहित व्यक्तियों में तथा तलाकशुदा व्यक्तियों में आत्महत्या की दर अधिक होती है। एक तरफ अगर पारिवारिक जीवन में स्नेह का अभाव या नियंत्रण की कमी अपराधों की संख्या में बढ़ोतरी करती है तो दूसरी तरफ आवश्यकता से अधिक स्नेह और जरूरत से ज्यादा नियंत्रण भी अपराध की उत्पत्ति का कारण बन जाता है।

(घ) परिवर्तित यौन-नैतिकता परियर्तित यौन-नैतिकता भी अपराध का एक कारण कहा जा सकता है। वर्तमान में यौन-नैतिकता में तेज गति से बदलाव हो रहा है। आज न केवल परिवार यौन सन्तुष्टि का माध्यम रह गया है अपितु वेश्यालय, क्लब, थियेटर, होटल आदि इसके केंद्र बन गए हैं। इससे यौन सन्तुष्टि के बदले यौन अशांति मिलती है। इस यौन अशांति के कारण अपराध को प्रश्रय मिलता है। इस बारे में एलिस ने लिखा है, "यौन-संबंधी शान्ति के असफल होने पर विवाह का ढाँचा ढलती हुए बालू पर खड़ा होता है।"

(ङ) अनैतिक परिवार अनैतिक परिवार के कारण भी अपराध जन्म लेता है। घर में यदि अनैतिकता का वातावरण होगा तो स्वाभाविक है कि उसका प्रभाव बच्चों पर भी पड़ेगा। नशाखोरी हो, घर में चाहे जूआखोरी हो, व्याभिचार हो या अन्य किसी प्रकार का अपराध हो बच्चे उससे प्रभावित अवश्य होते हैं। विभिन्न

विद्वानों ने अपने अध्ययन के आधार पर इस तरह का निष्कर्ष निकाला है। हीले ने 823 व्यक्तियों का अध्ययन किया। उन्होंने अपने अध्ययन में पाया कि 823 में से 157 अर्थात् 18% व्यक्तियों के परिवारों में मद्यपान या ऐसी ही अन्य कोई बात जरूर थी। 28 व्यक्तियों अर्थात् 3.4% व्यक्तियों के घर का वातावरण अनैतिक था। हीले एवं ब्रोनर ने एक अन्य अध्ययन में पाया कि उन व्यक्तियों में से जिन पर अध्ययन आधारित था करीब 21% के घर में मद्यपान, अनैतिकता तथा असामान्य स्थितियाँ थीं। इस बारे में यह भी कहा जा सकता है कि ये सभी अपराध के प्रत्यक्ष कारण नहीं कहे जा सकते हैं। इस संबंध में हीले एवं ब्रोनर ने भी कहा है कि परिवार की खराब बात का प्रभाव बालक पर तभी पड़ता है जब इससे उसका कुछ संबंध हो, उसका कुछ स्वार्थ हो। उक्त विवरणों से ज्ञात होता है कि विभिन्न पारिवारिक दशाओं एवं बीमारियों के कारण अपराध पैदा होते हैं।

(च) सहोदर स्थिति सहोदर स्थिति भी अपराध का एक कारण माना जा सकता है। परिवार के बच्चों के बीच किसी बालक या सभी बालकों का क्या स्थान है, इस सन्दर्भ में कई विद्वानों ने अध्ययन किया है। न्यूयार्क क्राइम कमीशन ने अपने अध्ययन से यह निष्कर्ष निकाला की अवस्था में दूसरा बालक प्रायः अपराधी होता है और सबसे छोटे बालक से बड़ा बालक सबसे कम अपराध करता है। इस अध्ययन के निष्कर्ष सर्वमान्य है। हालांकि यह अध्ययन अधिक बालकों पर नहीं किया गया था। स्लेटो के अनुसार जब परिवार में अकेला बालक होता है तो उसके साथ अभिभावकों का व्यवहार अलग तरीके का होता है और जब कई बालक होते हैं तो अभिभावकों का व्यवहार भी बदल जाता है। इस संबंध में स्लेटो का मानना है कि ''अपराध का अर्थ होता है सांस्कृतिक स्तरों से असहमति होना। यह असहमति उस परिवार के बच्चों में अधिक पायी जाती है जिन परिवार में कई बच्चे होते हैं।'' अतः स्पष्ट है कि बच्चों का अधिक संख्या में होना भी अप्रत्यक्ष रूप से अपराध बढ़ाता है। अभिभावकों और बालकों के मध्य असन्तोषजनक संबंध भी अपराध का एक कारण कहा जा सकता है। इस सन्दर्भ में बुशांग महोदय ने यह प्रकाश डाला है कि साधारण वातावरण में रहने वाले बच्चे जितने अपराध करते हैं, उससे तीन गुणा अधिक अपराध अशान्त परिवार में रहने वाले बच्चे करते हैं। उन्होंने यह भी लिखा है कि इनमें 1:3 का अनुपात है। इसी तरह हीली और ब्रोनर ने 153 बाल-अपराधियों का विस्तृत अध्ययन किया। इनके पारिवारिक वातावरण को भी ध्यान में रखा गया था। अध्ययन में उन्होंने पाया कि केवल 20% परिवारों में सन्तोषजनक संबंध था। इसलिए यह ज्ञात होता है कि

पारिवारिक वातावरण या अभिभावकों और बालकों के मध्य असन्तोषजनक संबंध का अपराध से बहुत सीमा तक संबंध है।

(छ) बालकों पर नियंत्रण की कमी यदि माता-पिता एवं अभिभावक किसी कारणवश अपने बच्चों पर उचित नियंत्रण नहीं रख पाते हैं या उनकी देखरेख उचित तरीके से नहीं कर पाते हैं तो बालकों का अपराध की ओर झुकाव हो जाता है। इस संबंध में बर्ट ने अंग्रेज बाल-अपराधियों का अध्ययन किया तथा पाया कि अपराधी बालकों में गैर-अपराधी बालकों की अपेक्षा करीब 4.5 गुणा अनुशासन न होने और देख-रेख की कमी जैसी गड़बड़ियाँ थीं। परन्तु कुछ अध्ययन इस प्रकार के भी हुऐ जिनसे यह पता चलता है कि घर में नियंत्रण की कमी होने या अशान्त वातावरण होने पर भी बहुत से बच्चे अपराधी नहीं बने। उदाहरण के लिए हीले एवं ब्रोनर ने 105 अपराधी बालकों का अध्ययन किया और पाया कि उनके अन्य भाई-बहन और साथ रहने वाले बालक अपराधी नहीं थे। इसलिए यह कहा जा सकता है कि नियंत्रण एवं देख-रेख के अभाव में बालकों के अपराधी बनने की सम्भावना रहती है किन्तु यह जरूरी नहीं है कि सभी अपराधी बन ही जाएँ चूँकि अध्ययनों से इस बात की पुष्टि होती है।

उपर्युक्त कारणों के अतिरिक्त कुछ और पारिवारिक कारणों को बताया जा सकता है जिनके कारण अपराध उत्पन्न होते हैं। इन कारणों में पति-पत्नी का विरोधी स्वभाव, अत्यधिक स्नेह, तिरस्कृत बालक तथा शराब आदि प्रमुख हैं जिनके कारण अपराध पनपते हैं। इस तरह पारिवारिक दशाएँ एवं बीमारियाँ अपराध का एक प्रमुख कारक स्पष्ट होती हैं।

5. सामाजिक-सांस्कृतिक स्थितियाँ अपराध का एक कारण सामाजिक-सांस्कृतिक दशाएँ एवं बीमारियाँ हैं। हर समाज में कुछ ऐसी प्रथाएँ पाई जाती हैं व कुछ ऐसे रीति-रिवाज पाए जाते हैं जिनके कारण मानव समाज को क्षति पहुँचती है। भारतवर्ष का अगर उदाहरण लिया जाए तो यह कहा जा सकता है कि दहेज प्रथा, बाल विवाह, विधवा विवाह पर रोकथाम आदि की प्रथाओं ने यौनिक अपराधों की मात्रा में बढ़ोतरी करने में योगदान दिया है। साथ ही पहले समाज में प्रचलित देवदासी प्रथा ने भी वेश्यावृत्ति को प्रश्रय देने में महत्त्वपूर्ण भूमिका निभायी है। ऐसा Committee on thc Social and Moral Hygiene की रिपोर्ट से पता चलता है। धर्म की ओट में मन्दिरों एवं चर्चों में यौन अपराध होते हैं। धार्मिक अंधविश्वास के कारण भी अपराध पनपता है। इस बारे में एस. वेनुगोपाल राव ने 'Facets of Crime in India' में कहा है, "भौतिक सम्पदा

प्राप्त करने के लिए आवेगों एवं बलिदानों में अटूट विश्वास अपराध का एक सामान्य कारण है।''

(क) बेरोजगारी बेरोजगारी के कारण भी अपराध की उत्पत्ति होती है। बेरोजगारी एक ऐसी दशा है जिसमें व्यक्ति शारीरिक एवं मानसिक रूप से सक्षम होते हुए भी कोई रोजगार प्राप्त नहीं कर सकता है। ऐसी स्थिति में व्यक्ति में क्षोभ एवं आक्रोश पैदा होता है। इस प्रकार व्यक्ति समाज के साथ सामंजस्य करने के बजाय विद्रोह कर बैठता है। वह अपराधी प्रवृत्ति की ओर बढ़ जाते हैं जिससे वह अपनी आवश्यकताओं की पूर्ति कर सके। इस प्रकार बेरोजगारी भी अपराध को बढ़ावा देने का काम करता है।

(ख) मनोरंजन उद्योग मनोरंजन के व्यावसायिक साधनों ने भी अपराध को बढ़ावा देने में मदद की है। आधुनिक युग में सिनेमा, थियेटर, क्लब, पार्टी तथा सामूहिक नृत्य आदि मनोरंजन के साधन बन गए हैं। इन सभी में पैसे की आवश्यकता होती है। जिनको इनकी लत पड़ जाती है वे अपराध के द्वारा ही पैसा जमा कर अपना मनोरंजन करते हैं। इस प्रकार यह कहा जा सकता है कि अप्रत्यक्ष रूप से व्यावसायिक मनोरंजन के साधनों से भी अपराध में वृद्धि हुई है।

(ग) सामाजिक संगठन की कमी सामाजिक संगठन की कमी के कारण अपराध पनपता है। सामाजिक संगठन के अभाव में सामाजिक नियंत्रण के साधन अप्रभावकारी होते हैं। सामाजिक नियंत्रण के साधनों में प्रभावहीनता की स्थिति से अपराधी व्यवहारों में वृद्धि होती है। उक्त वर्णनों से ज्ञात होता है कि पृथक्-पृथक् सामाजिक-सांस्कृतिक कारकों के कारण भी अपराध पनपता है।

अपराध के उपरोक्त लिखित कारकों के अलावा विभिन्न कारकों के अंतर्गत अपराध के अनेक कारणों की चर्चा की जा सकती है। औद्योगीकरण, शराब, छपे हुए आलेख, राजनीतिक भ्रष्टाचार, जेल, मित्रता और संग-साथ का कारण, सामुदायिक परिस्थितियाँ, गुटबन्दी तथा कुल बैर, वयस्कों द्वारा बच्चों का शोषण, मनोरंजन और संदेशवाहन के साधन, युद्ध, न्यायालय, पुलिस तथा शिक्षा आदि प्रत्यक्ष या अप्रत्यक्ष रूप से अपराध को फैलाने में भूमिका निभाते हैं इनमें से कुछ कारकों की चर्चा यहाँ की जा रही है।

शराब शराब के सेवन से मानसिक एवं शारीरिक दोनों प्रकार के रोग होते है। जिसकी वजह से स्मरण-शक्ति, मानसिक चेतना तथा उचित तथा अनुचित में अंतर महसूस करने की शक्ति का ह्रास होता है। ऐसी स्थिति में व्यक्ति अपराध कर बैठता है। राबर्ट स्ट्रॉस तथा एस.डी. बेकन ने इस सन्दर्भ में लिखा है कि

मद्यपान से यौन अपराधों में वृद्धि होती है। साथ ही व्यक्ति अपनी शराब की आवश्यकताओं की पूर्ति के लिए सम्पत्ति को बेच डालता है। इस प्रकार डकैती, चोरी, लूटपाट आदि अपराधों में बढ़ोतरी होती है। ब्रूसेल्स में हुए On International Panitentiary Congress की रिपोर्ट के अनुसार यह ज्ञात होता है कि शराब के कारण लगभग 50% अपराध होते हैं।

सिनेमा सिनेमा का अपराध को बढ़ाने में कम भूमिका नहीं है। सिनेमा में तरह-तरह से नए अपराध दिखाए जाते हैं और Law of Limitation के कारण व्यक्ति अपराधी व्यवहारों को अपना लेते हैं और अपराधी बन जाते हैं।

औद्योगीकरण औद्योगीकरण और अपराध का भी घनिष्ठ संबंध है। आधुनिक युग औद्योगीकरण का युग है। औद्योगीकरण के कारण समाज के परम्परागत ढाँचे में परिवर्तन हो रहा है और फलस्वरूप अपराध की संख्या में वृद्धि हो रही है। औद्योगीकरण के कारण संयुक्त परिवारों का विभाजन हो रहा है। एकाकी परिवारों में पति-पत्नी के मध्य सामंजस्य का अभाव पाया जाता है। साथ ही इस असमंजस्यता को सुलझाने के लिए भी कोई दूसरा रास्ता नहीं है। फलस्वरूप पारिवारिक विभाजन बढ़ रहा है और यह विभाजन अपराध की ओर प्रेरित करता है।

आवास औद्योगीकरण के कारण आवास की समस्या उत्पन्न हो रही है और मलिन बस्तियों का विकास हो रहा है। इन क्षेत्रों में बच्चे प्रायः घर से बाहर रहते हैं और गलत वातावरण के कारण बुरी संगति में पड़कर अपराध की ओर झुक जाते हैं। भीड़-भाड़ के वातावरण में गोपनीयता की कमी रहती है। बच्चे तनावग्रस्त रहते हैं और यौन-अपराध की ओर प्रेरित हो जाते हैं। इस संबंध में डॉ. सेथाना लिखते हैं, "युवकों का मस्तिष्क अधिक परामर्श ग्रहण करने योग्य रहता है क्योंकि भीड़भाड़ का उनके जीवन पर सर्वाधिक प्रभाव पड़ता है। एक ही कमरे में सोने से बच्चे अभिभावकों की बातों को सुनते हैं और उनकी क्रियाओं का अनुकरण करते हैं। इसका परिणाम यह होता है कि अभिभावकों के प्रति बालकों में ईर्ष्यालु दृष्टिकोण की उत्पत्ति होती है। अभिभावकों द्वारा जब उनकी भावनाओं को दबाया जाता है, तो वे अचेतन में जाकर बैठ जाती हैं, परन्तु पूर्णतया खत्म नहीं होती हैं। कुछ ऐसी परिस्थितियाँ आती हैं, कि आखिर में दबी ये भावनाएँ अभिभावकों के प्रति घृणा के रूप में बदल जाती हैं और समाज-विरोधी कार्यों का जन्म होता है।" औद्योगिक क्षेत्रों में यौन-अनैतिकता भी पाई जाती है। ऐसा विभिन्न रिपोर्टों से ज्ञात हुआ है। इसका कारण यह है कि वहाँ पुरुषों की अपेक्षा

स्त्रियों की संख्या कम रहती है। परिणामस्वरूप यौन-अनैतिकता का पनपना कोई बड़ी बात नहीं होती। औद्योगिक क्षेत्रों में जनसंख्या गतिशील रहती है। इस वजह से वहाँ अनेक जाति एवं धर्म के लोग निवास करते हैं।

सभी के व्यवहार प्रतिमान अलग-अलग होते हैं। जीवन-व्यापारों में अंतर के कारण सामंजस्य नहीं हो पाता है और अपराधियों की संख्या में बढ़ोतरी होती है। साथ ही औद्योगिक क्षेत्रों में मजदूरों को अधिक श्रम करना पड़ता है। अपनी थकान मिटाने के लिए वे शराब का सहारा लेते हैं और वेश्यागमन करते हैं। इस प्रकार अपराधों को बढ़ावा मिलता है। इस प्रकार यह पता चलता है कि औद्योगीकरण के कारण भी विभिन्न रूपों में अपराधों की बढ़ोतरी होती है। मनोरंजन एवं संदेशवाहन के साधनों में समाचार पत्र भी काफी सीमा तक अपराध फैलाने के लिए जिम्मेदार हैं। इस संबंध में डी.आर. टैफ्ट का मानना है कि अधिकतर समाचार पत्रों का उद्देश्य ज्यादा-से-ज्यादा धन कमाना होता है।

समाचार एवं पत्रिकाएँ

आधुनिक युग में समाचार पत्र एवं पत्रिकाएँ एक प्रकार के व्यवसाय बन चुके हैं। समाचार पत्र का द्वितीय उद्देश्य नेतागिरी है और इसी के आस-पास समाचारों का प्रकाशन है। छापेखाने एक प्रकार से मनोरंजन के अंग होते हैं। टैफ्ट ने अपराध और विधि बताकर, अपराध को सामान्य बनाकर, अपराध को आकर्षक दिखाकर, अपराध को लाभदायक दिखाकर, अपराधी की प्रतिष्ठा देखकर, अपराधी के प्रति सहानुभूति दिखाकर तथा न्याय को प्रभावित करके आदि विधियाँ बताई हैं जिनसे अपराधों की संख्या में वृद्धि होती है।

इस प्रकार समाचार पत्र भी अप्रत्यक्ष रूप से अपराध में वृद्धि करते हैं। मनोरंजन के साधनों में सिनेमा, टेलीविजन एवं विलासी साहित्यों के द्वारा भी विभिन्न रूपों में अपराध पनपते हैं। मित्रता और संग-साथ के कारण भी अपराध को प्रश्रय मिलता है। मनुष्य एक सामाजिक प्राणी है और इसके कारण उसे बहुत से व्यक्तियों से सम्पर्क करना पड़ता है। अंतर्क्रिया वाले समूहों का अपराध के साथ गहरा संबंध होता है। अलग-अलग प्रकार के अध्ययनों से भी इस बात की पुष्टि हो चुकी है कि समूह में अपराध होते हैं। शॉ और मैके ने 'Social Factors in Juvenile Delinquency' में इस बात का वर्णन किया है। उन्होंने 1928 में शिकागो बाल न्यायालय में आने वाले बाल-अपराधियों में सिर्फ 18% ऐसे अपराधी पाए जिन्होंने अकेले अपराध किया था। ऐसे अकेले अपराधी को भीषण

अपराधी कहते हैं। बाकी सभी अपराधियों ने तब अपराध किए थे जब उनके कुछ अन्य साथी भी थे। ऐसे अपराधों की संख्या बहुत थी जिसमें अपराधी के साथ एक अन्य व्यक्ति या बालक ने साथ दिया था। अपराधी के साथ उसके दो मित्र हों इस प्रकार के अपराधों की संख्या भी कुछ कम नहीं थी। इस प्रकार यह मालूम होता है कि अपराध, मित्रता और संग-साथ के कारण पनपता है।

मित्रता वेल्स ने भारतीय अपराधों के विषय में 'Indian Village Crimes' में कहा है, "इंग्लैण्ड में प्रायः अकेला व्यक्ति ही अपराध करता है। वहाँ प्रति अपराध व्यक्तियों का औसत ऐसा पता चला है कि दो व्यक्तियों से कम ही बैठता है। संयुक्त प्रान्त (अब उत्तर प्रदेश) में प्रति अपराध व्यक्तियों का औसत कम-से-कम दस व्यक्ति आता है। इसका मुख्य कारण यह है कि खेत में पानी आदि को लेकर काफी झगड़े होते रहते हैं। इसके अतिरिक्त बहुत से सामुदायिक झगड़े, डाका आदि कुछ ऐसे अपराध थे जिनके कारण अपराध में सम्मिलित होने वाले व्यक्तियों की औसत संख्या बढ़ जाती है।" इस तरह यह मालूम होता है कि अपराध मित्रता और संग-साथ के कारण अपराध होता है। इस सन्दर्भ में हीले ने भी अध्ययन किया है। उन्होंने 823 व्यक्तियों के अध्ययन से यह निष्कर्ष निकाला कि अपराध करने में मित्रता 44 अपराधियों में प्रमुख कारण था। 279 अपराधियों में बहुत-से कारणों में से एक कारण मित्रता भी था, जो पूरे अपराधियों का 34% था। अतः स्पष्ट होता है कि मित्रता और संग-साथ के कारण भी अपराध पनपता है।

उपरोक्त वर्णित तथ्यों का विश्लेषण करने के बाद यह स्पष्ट रूप से कहा जा सकता है कि अपराध की वृद्धि में किसी एक कारण की भूमिका नहीं होती है बल्कि उसमें अनेक कारणों का योगदान होता है। इस प्रकार किसी एक कारण के आधार पर अपराध के विषय में भली-भांति समझा नहीं जा सकता था। अपराध शब्द को सम्पूर्ण रूप से समझने के लिए विभिन्न कारकों का अध्ययन किया जाना चाहिए।

3

भ्रष्टाचार

भ्रष्टाचार एक सामाजिक समस्या है जो विश्व के सभी विकसित एवं विकासशील देशों में परोक्ष एवं अपरोक्षी दोनों रूपों में व्याप्त है। चूंकि भ्रष्टाचार प्राचीन मानव समाज में भी व्याप्त था परन्तु आज की तरह उस समय इसकी जड़े इतनी मजबूत नहीं थी। वर्तमान दौर में भ्रष्टाचार अपनी चरम सीमा पर पहुंच चुका है। आज समाज के सभी पक्षों पर उसका प्रभाव परिलक्षित हो रहा है। भ्रष्टाचार की समस्या दिनोंदिन बढ़ती जा रही है जिस पर काबू पाना कोई सरल कार्य नहीं है। देश के अधिकांश सत्ताधारी व्यक्तियों एवं प्रशासनिक अधिकारियों का जीवन, व्यवहार, कार्यक्रम एवं विचार, भ्रष्टाचार का एक महत्त्वपूर्ण हिस्सा बन गया है। प्रजातंत्र, स्वच्छ प्रशासन, समाजवाद, सामाजिक न्याय एवं राष्ट्रीय चरित्र आज केवल दिखावा मात्र रह गया है। यहाँ के प्रबुद्ध जन, प्रशासक, राजनीतिज्ञ एवं अन्य व्यक्ति भ्रष्टाचार पर लम्बे-लम्बे भाषण देते है। परंतु दुःख तब होता है जब इनकी कथनी एवं करनी में अंतर दिखाई देता है। देश की जनता भी अब भ्रष्टाचार को झेलने की आदी हो गई है और अब यह जीवन का अंग बन चुका है।

आज भ्रष्टाचार अधिकांश लोगों के जीवन का एक प्रमुख अंग बन चुका है। भ्रष्टाचार के बारे में गुन्नार मिरडल ने अपने दिए गये वक्तव्य में इसे दक्षिण-पूर्व एशिया के देशों की एक लोक-रीति बताया। इनके वक्तव्य से ज्ञात होता है कि

वर्तमान में भ्रष्टाचार इस रूप में पनप चुका है कि लोग इसे लोक-रीति की तरह अपना चुके हैं। इससे छुटकारा पाना एक मुश्किल काम है। पुराने समय में समुदाय छोटे होते थे और उनमें भी लोग एक-दूसरे को जानते थे। जब समुदाय के आकार में बढ़ोतरी हुई तो नियंत्रण का अधिकार शासकों के हाथों में आ गया। पुराने समय में लोग परम्परा व धार्मिक नीतियों के नियम से बंधे हुए थे। आज यह दिखाई नहीं पड़ता है।

यूरोप में सोलहवीं तथा सत्रहवीं सदी में निरपेक्षतावादी राष्ट्रों ने (Absolutist Nation States) व उन्नीसवीं सदी में लोकतांत्रिक राष्ट्रों के उदय के साथ राजनीतिक संस्थाओं एवं जन प्रशासन के कार्यों में काफी परिवर्तन हुए। कार्यकुशलता सीमित करने वाले विभिन्न प्रतिबन्धों के विरोधस्वरूप निरपेक्षतावादी राष्ट्रों का जन्म हुआ था। राज्य के प्रतिबन्ध व चर्च और जागीरदारी व्यवस्था के प्रतिबन्ध कुछ ऐसे ही प्रतिबन्धों के उदाहरण हैं। पुराने समय में राज्यों के छोटे-छोटे आकार के कारण लोग एक-दूसरे से परिचित रहते थे और उनका कार्यक्षेत्र भी सीमित था जिससे भ्रष्टाचार की समस्या इतनी गंभीर नहीं थी।

इस सम्बन्ध में Report of the Committee on Prevention of Corruption में कहा गया है, "प्राचीन तथा मध्ययुगीन समाजों में सार्वजनिक अधिकारियों का क्षेत्र न्यूनतम था। अनेक काम जो पहले समुदाय द्वारा किए जाते थे अब राज्य द्वारा सम्पन्न होने लगे हैं। बहुधा पद वंशानुगत होते थे और आवश्यक गुण जो आज उत्कोच को बढ़ावा देते हैं उस समय निष्ठा और ईमानदारी के प्रचलित लक्षण माने जाते थे। उस समय राज्यों के कार्यों के सीमित क्षेत्र और लेन-देन के तरल साधनों की कमी के कारण भ्रष्ट होने व भ्रष्ट करने के अवसरों एवं क्षमता को नियंत्रित किया गया था।" शनैः शनैः समय परिवर्तित होता गया एवं समुदायों के बढ़ते आकार एवं परिवेश ने भ्रष्टाचार को बढ़ावा दिया। हर विकासशील समाज में भ्रष्टाचार की समस्या किसी-न-किसी रूप में पनपती है। वर्तमान में भ्रष्टाचार एक फैशन बन गया है। जो अधिकारी रिश्वत नहीं लेते या भाई-भतीजावाद नहीं करते उन्हें आउटडेटेड मानकर उपहास का पात्र बताया जाता है। इस प्रकार यह ज्ञात होता है कि भ्रष्टाचार की समस्या पुराने समय में गंभीर नहीं थी जबकि वर्तमान में यह एक गंभीर समस्या बन चुकी है।

भ्रष्टाचार का अर्थ

आधुनिक युग में भ्रष्टाचार एक गंभीर सामाजिक समस्या बन चुका है।

मेकाईवर के कथनानुसार "समाज सामाजिक सम्बन्धों का जाल है, इस तथ्य की पुष्टि करता है कि समाज में सामाजिक सम्बन्धों की मुख्य भूमिका होती है।" सामाजिक सम्बन्ध समय के साथ परिवर्तित होते रहते हैं। यह एक गतिशील व्यवस्था है। सामाजिक सम्बन्ध मनुष्य के आचार-व्यवहार के तौर-तरीकों को निर्धारित करता है। मानव-समाज में पाए जाने वाले आचार-विचार को प्रमुख दो भागों में विकसित किया गया है जिन्हें निम्न बिन्दुओं के तहत स्पष्ट किया गया है

(1) शिष्टाचार शिष्टाचार में मानव शिष्ट और शालीन व्यवहार करता है तथा मनुष्य के क्रियाकलापों और व्यवहार को समझता है। उसे शिष्टाचार कहा जाता है।

(2) भ्रष्टाचार भ्रष्टाचार में मानव शिष्टाचार के विपरीत आचरण करता है। मनुष्य द्वारा निर्धारित आचार व्यवहारों का उल्लंघन करने को भ्रष्टाचार की संज्ञा दी गई है।

भ्रष्टाचार की परिभाषा विभिन्न विद्वानों ने भ्रष्टाचार के अर्थ को भिन्न-भिन्न ढंगों से परिभाषित किया जिनमें से कुछ विद्वानों द्वारा दी गयी परिभाषा को नीचे स्पष्ट किया गया है।

ई.ए. रॉस के अनुसार, ''भ्रष्टाचार सामान्य नैतिकता पर विपरीत प्रभाव डालता है क्योंकि यह अविश्वास और आस्थाहीनता की प्रवृत्तियों को बढ़ावा देता है। इस प्रकार सामाजिक विभाजन की स्थिति का निर्माण करता है।'' इस परिभाषा से ज्ञात होता है कि भ्रष्टाचार नैतिकता के विपरीत होता है। इससे अविश्वास उत्पन्न होता है।

राबर्ट सी. ब्रुक्स के अनुसार, ''कोई प्रत्यक्ष या अप्रत्यक्ष व्यक्तिगत लाभ प्राप्त करने हेतु जान-बूझकर प्रदत्त कर्त्तव्य का पालन न करना, राजनीतिक भ्रष्टाचार है। भ्रष्टाचार हमेशा किसी स्पष्ट अथवा अस्पष्ट लाभ के लिए कानून और समाज के विरोध में किया जाने वाला काम होता है।'' इस परिभाषा के अनुसार भ्रष्टाचार जान-बूझकर अपने लाभ के लिए किया जाता है। इससे समाज एवं कानून दोनों के नियमों का उल्लंघन होता है।

आर.बी. गुप्ता के शब्दों में, ''भ्रष्टाचार का आशय उन व्यक्तियों द्वारा अर्जित अनुचित लाभ से है, जो सार्वजनिक कल्याण को तिलांजलि देकर सामाजिक प्रतिष्ठा, पद तथा धन के कारण कानून की आँखों में धूल झोंकने में समर्थ होते हैं।'' इस परिभाषा से यह पता चलता है कि भ्रष्टाचार में लिप्त व्यक्ति अनुचित

लाभ के लिए सार्वजनिक भलाई को तिलांजलि दे देते हैं। ऐसे व्यक्ति कानून की आँखों में धूल झोंकने में समर्थ होते हैं।

भ्रष्टाचार निरोधक समिति के अनुसार, "शब्द के व्यापक अर्थ में, एक सार्वजनिक पद या जनजीवन में उपलब्ध एक विशेष स्थिति के साथ संलग्न शक्ति तथा प्रभाव का अनुचित या स्वार्थपूर्ण उपयोग ही भ्रष्टाचार है।"

प्रो. पी.एस. मुहार के अनुसार, "भ्रष्टाचार अनेक रूप धारण कर सकता है। इसका अभिप्राय राजनैतिक या अन्य प्रकार के किसी अनुचित प्रभाव का उपयोग सार्वजनिक कार्यतंत्र अधिकारी पर करना मात्र भी हो सकता है या यह कुछ अदृश्य पारिवारिक या जातिगत बन्धनों का परिणाम भी हो सकता है और इसका कारण कुछ आर्थिक प्रलोभन भी हो सकते हैं। इसका स्वरूप कोई भी हो सकता है परन्तु इसका आवश्यक तत्त्व उचित या साधारण प्रक्रिया को बाहरी ओर से प्रभावित करने का प्रयत्न होता है। इसका परिणाम अल्प होता है, भले ही यह प्रभाव सुधार, कार्य-साधन या पृथक्करण की दिशा में ही क्यों न हो।"

इलियट एवं मेरिल के अनुसार, "किसी प्रत्यक्ष या अप्रत्यक्ष लाभ प्राप्त करने के लिए जान-बूझकर कर्त्तव्य का पालन न करना भ्रष्टाचार है। भ्रष्टाचार हमेशा किसी स्पष्ट अथवा अस्पष्ट लाभ के लिए कानून तथा समाज के विरोध में किया जाने वाला काम है।" इस परिभाषा से यह ज्ञात होता है कि अपने लाभ के लिए कर्त्तव्य का पालन न करना भ्रष्टाचार है। क्योंकि इससे समाज एवं कानून दोनों के नियमों का उल्लंघन होता है।

जे.पी. मिन्टरो के अनुसार, "भ्रष्टाचार वह काम है जिसमें अधिकार सम्पन्न व्यक्ति अपने पद, स्तर या प्रभाव का उपयोग अनुचित लाभ की प्राप्ति हेतु अनुपयुक्त एवं स्वार्थपूर्ण तरीके से करता है।" इस परिभाषा से ज्ञात होता है कि भ्रष्टाचार अधिकार-सम्पन्न व्यक्तियों द्वारा किया जाता है। ऐसे व्यक्ति अपने पद का उपयोग अनुचित लाभ के लिए करते हैं।

भारतीय दण्ड संहिता की धारा 161 के अनुसार "कोई भी सार्वजनिक कर्मचारी वैध पारिश्रमिक के अलावा अपने या किसी दूसरे व्यक्ति के लिए जब कोई लाभ इसलिए लेता है कि सरकारी निर्णय पक्षपातपूर्ण तरीके से किया जाए तो यह भ्रष्टाचार है तथा इससे सम्बन्धित व्यक्ति भ्रष्टाचारी है।" इस विचार से ज्ञात होता है कि किसी भी सरकारी कर्मचारी का अपने वैध वेतन के अतिरिक्त कुछ भी ग्रहण करना, इस उद्देश्य से कि सरकारी निर्णय में पक्षपात हो भ्रष्टाचार कहलाता है।

फ्रीमैन तथा जोन्स के अनुसार, "वे सभी काम जो लोक सेवकों, प्रशासनिक

कर्मचारियों तथा सामान्य नागरिकों की ईमानदारी एवं सत्यनिष्ठा को नष्ट करते हैं और जो प्रभुता एवं अधिकार-सम्पन्न व्यक्तियों को अपने सम्मान-कर्त्तव्यपरायणता तथा निष्ठापूर्वक उत्तरदायित्व को निभाने की भावना को त्यागकर रिश्वत एवं अन्य प्रकार के अनुचित लाभों को प्राप्त करने का अवसर या प्रेरणा प्रदान करते हैं, भष्टाचार है।"

उपर्युक्त वर्णित विभिन्न परिभाषाओं का अध्ययन करने के उपरान्त यह स्पष्ट रूप से कहा जा सकता है कि भ्रष्टाचार एक सामाजिक समस्या है। इस समस्या का जन्म प्रायः सम्पन्न वर्ग के लोगों द्वारा किया जाता है। ऐसे व्यक्ति अपने अधिकार एवं पद का दुरुपयोग अपने अनुचित लाभ के लिए करते हैं। ये रिश्वत इत्यादि लेकर अवैध तरीकों से दूसरों को लाभ पहुँचाते हैं। ऐसे व्यक्ति समाज तथा कानून दोनों के नियमों का उल्लंघन करते हैं एवं समाज और कानून को भी बहुत सीमा तक प्रभावित करने की क्षमता रखते हैं। भ्रष्टाचार में संलग्न मनुष्य अपने निजी स्वार्थों के लिए समाज एवं राष्ट्र को भूल जाता है। उसका इससे कोई वास्ता नहीं रहता है कि उसके द्वारा किए गये कार्यों से समाज तथा राष्ट्र का कितना नुकसान होगा परन्तु वह अपने हित व लाभ को ही देखता है।

भ्रष्टाचार के प्रमुख कारण

भ्रष्टाचार मनुष्य के आचरण का एक प्रकार है ,भ्रष्टाचार से जुड़े मानव-आचरण को समाज द्वारा मान्यता प्राप्त नहीं होती है, इस आचरण का उद्देश्य व्यक्तिगत लाभ कमाना होता है, इस मानव-आचरण में व्यक्तिवादी भावना की प्रधानता होती है, ऐसा मानव-आचरण व्यक्ति को स्वेच्छा से जान-बूझकर कर्त्तव्यों के उल्लंघन के लिए प्रेरित करता है।

ई.एस.एम. प्रकाशम ने 'Corruption in Government Servants' में भ्रष्टाचार के कुछ तत्त्वों पर प्रकाश डाला है जिनमें प्रमुख है

चेतन अवस्था में किया गया कोई भी काम जो नियम या व्यवस्था के खिलाफ हो, ऐसा कोई भी काम जो न्याय एवं नैतिकता के मान्य सिद्धान्तों के खिलाफ हो, ऐसा कोई भी काम जो सार्वजनिक कर्त्तव्यों के पालन में पक्षपात पर आधारित हो, जान-बूझकर किसी काम को विलम्ब से संपादित करना, जान-बूझकर ऐसी सूचना या रिपोर्ट देना जिससे व्यक्ति गुमराह हो, किसी प्रमाण या तथ्य को दबाना या उसकी गलत व्याख्या करना, जानते हुए भी दूसरे व्यक्तियों के कार्यों अथवा गलतियों को न रोकना।

भ्रष्टाचार के विभिन्न कारण होते है जिसे निम्न पंक्तियों में स्पष्ट किया गया हैं

1. अत्यधिक जनसंख्या के कारण हर नागरिक के जान-पहचान का दायरा सीमित होता है। इससे उनमें भाईचारे की भावना नहीं पनप पाती है। अतः उन्हें एक-दूसरे का गला घोंटकर मारने में किसी भी हिचक का अनुभव नहीं होता। परिचित व्यक्ति से रिश्वत लेने में हिचक का अनुभव होता है जबकि अपरिचित व्यक्ति से रिश्वत लेने में लोग किसी तरह के हिचक का अनुभव नहीं करते हैं। इसलिए आबादी की भिन्नता भ्रष्टाचार का एक कारण कहा जा सकता है।
2. आधुनिक प्रतिस्पर्द्धात्मक युग में जीवन के प्रत्येक क्षेत्र में मनुष्य को कड़ी प्रतियोगिता का सामना करना पड़ता है। चाहे वह आर्थिक क्षेत्र हो, धार्मिक क्षेत्र हो, सामाजिक क्षेत्र हो या राजनीतिक क्षेत्र हो। जब इस प्रतियोगिता की दौड़ में व्यक्ति जायज या कानूनी तरीके से सफल नहीं हो पाता है तब वह भ्रष्ट तरीकों को भी अपनाने से नहीं हिचकते। लोगों में यह गलत धारणा घर कर गई है कि प्रेम, राजनीति तथा व्यापार में कुछ भी अनुचित नहीं है। अतः वे अनुचित व भ्रष्ट तरीके को भी प्रतिस्पर्द्धा के दौरान अपनाते हैं। इस तरह के विकृत आदर्श के कारण भ्रष्टाचार पनपता व बढ़ता है। इसलिए अत्यधिक प्रतिस्पर्द्धा का होना भ्रष्टाचार का ही एक कारण कहा जा सकता है।
3. प्राचीन काल में समाज तथा समुदाय का आकार सीमित होने के कारण स्थानीय शासन व्यवस्था लागू थी। सरकार सामूहिक इच्छा के अनुसार काम करती थी। आज स्थितियाँ बदल चुकी है। समाज के स्वरूप में भी विस्तार हो गया है तथा राजनीति का क्षेत्र भी विशाल हो गया है। अतः सरकारी मशीनरियों का दुरुपयोग हो रहा है। बड़े-बड़े राजनीतिज्ञ, उच्च अधिकारी से लेकर छोटे अधिकारी एवं संसद सदस्य तक अपने पद का दुरुपयोग करते हैं एवं अपने व्यक्तिगत कल्याण के लिए सामूहिक हितों को तिलांजलि दे देते हैं। ये भ्रष्टाचार में आकण्ठ तक डूबे हुए हैं। ये छोटे-से-छोटे कार्यों में भी भ्रष्टाचार का सहारा लेते हैं। इस तरह भ्रष्टाचार का एक कारण राजनीति का विशाल क्षेत्र भी जिम्मेदार होता है।
4. पदलोलुपता एवं व्यक्तिगत स्वार्थ भ्रष्टाचार की जननी है। स्वार्थवाद के

प्रबल होने पर भ्रष्टाचार की उत्पत्ति होती है। जब स्वार्थवाद अपने चरम पर पहुँच जाता है तो भ्रष्टाचार भी बढ़ जाता है। कहने का अभिप्राय यह है कि स्वार्थवाद व भ्रष्टाचार का चोली एवं दामन का साथ है। भ्रष्टाचार तो हमारे समाज में नीचे स्तर तक व्याप्त है। घी में डालडा मिलाना, दूध में पानी मिलाना, नकली दवाइयों का उत्पादन एवं गलत विज्ञापनों के द्वारा लोगों को ठगना आदि भ्रष्टाचार का जीता-जागता उदाहरण है। इस प्रकार यह कहा जा सकता है कि पूर्ण स्वार्थवाद भ्रष्टाचार का एक कारण है।

5. जागरूकता के अभाव में भी भ्रष्टाचार पनपता एवं बढ़ता है। लोग भ्रष्टाचार के प्रति जागरूक नहीं रहते हैं। प्रायः जनता की यह सोच रहती है कि जो कुछ हो रहा है उससे उनका कोई लेना-देना नहीं है। इस तरह वे गलत कार्यों को देखकर भी अनदेखा कर देते हैं। इस प्रकार भ्रष्ट कार्यों को जनता की अनेदखी करना ही भ्रष्टाचार को बढ़ावा देती है।
6. हालांकि भ्रष्टाचार खुले तौर पर नहीं किया जाता है जिनके कारण आम लोगों को इस भ्रष्टाचार के बारे में जल्दी पता नहीं लगता है। यह जनता की नजरों से छुपाकर किया जाता है। इसकी प्रकृति में कुछ निश्चित गोपनीयता पाई जाती है। इसी गोपनीयता के कारण कानूनों को भी स्वेच्छा से तोड़ा-मरोड़ा जाता है। इस तरह गोपनीयता भ्रष्टाचार का एक कारण कहा जा सकता है।
7. अमूमन प्रजातांत्रिक पद्धति में सत्ता के परिवर्तन होने के साथ ही, सरकारी अधिकारियों एवं कर्मचारियों का स्थानांतरण कर दिया जाता है। यह प्रजातंत्रीय सरकारों की विकृति का एक जीता-जागता नमूना है। बगैर किसी दोष या कारण के अधिकारियों एवं कर्मचारियों का तबादला कर देना भ्रष्टाचार का एक कारण बन जाता है। चुनाव जीतकर आए नेता अपनी मनमानी या अपने हितों को साधने के लिए इस प्रकार का काम करते हैं और भ्रष्टाचार को बढ़ावा देते हैं। इस तरह भ्रष्टाचार का एक कारण प्रजातंत्रीय सरकार की विकृत व्यवस्था को भी कहा जा सकता है।
8. भ्रष्ट राजनीतिज्ञों एवं बड़े-बड़े व्यापारियों, उद्योगपतियों के मध्य गठबंधन के कारण भ्रष्टाचार को बढ़ावा मिलता है। इनके गठबन्धन के कारण

भ्रष्टाचार पनपता है। जनता के कल्याण में कोई भी कदम सरकार ही उठाती है। व्यापारियों एवं राजनीतिज्ञों की गठबंधन की वजह से ऐसे फैसले लिए जाते हैं जिनसे व्यापारियों को अधिक से अधिक मुनाफा प्राप्त हो सके। जनता के हितों को ताक पर रख दिया जाता है। बड़े-बड़े व्यापारी चुनाव के समय में राजनीतिज्ञों की मदद करते हैं और बाद में ये राजनीतिज्ञ ऐसी नीति तय करते हैं जिससे व्यापारियों को ज्यादा-से-ज्यादा लाभ मिल सके। टैक्स आदि जो जनता पर लगाया जाता है उसका निर्णय सरकार ही करती है। वह इस तरह की नीति तय करती है ताकि व्यापारियों को राहत मिले। जनता का उन्हें कोई ध्यान नहीं रहता है।

9. प्रजातांत्रिक देश होने के कारण भारतीय कानून में अनेक खामियां हैं। जिनके कारण भ्रष्ट व्यक्ति साफ-साफ बच जाता है। इसका पूर्ण लाभ कानून के जानकार या इससे जुड़े लोग उठाते हैं। पैसा लेकर वे लोगों को कानून की कमियाँ बताते हैं तथा उससे बचने के उपाय भी बताते हैं। इसके कारण व्यापारी वर्ग अनुचित लाभ उठाते हैं और ऐसे लोग इनसे पैसा ऐंठते हैं। इस तरह यह कहा जा सकता है कि कानून की कमियाँ भ्रष्टाचार की उत्पत्ति है।
10. भ्रष्टाचार का एक मुख्य कारण नागरिकों में असाक्षरता व सुझबूझ की कमी होना भी है। प्रायः समाचार-पत्रों में लुभावने रूप से यह विज्ञापन दिया जाता है कि 100 या 150 रु. में मोबाइल या घड़ी मंगाएँ। लोग अज्ञानता के कारण इस झाँसे में आ जाते हैं और पैसे गँवाकर भी सामान नहीं पाते हैं। अगर जनता को इतना ज्ञान हो कि 100 या 150 रु. में मोबाइल या घड़ी नहीं प्राप्त की जा सकती तो वे इस प्रकार का काम नहीं करेंगे। किन्तु इनमें असाक्षरता पाई जाती है जिसका लाभ व्यापारी उठाते हैं। इस तरह समाज में भ्रष्टाचार पनपता है। इसलिए अज्ञानता भ्रष्टाचार का एक कारण कहा जा सकता है।
11. आधुनिक युग भौतिकवादी युग है। भौतिकवाद में धन तथा भोग-विलास पर अधिक बल दिया जाता है। जिनके पास ज्यादा धन होता है तथा भोग-विलास के साधन उपलब्ध होते हैं उन्हें समाज में सम्मान की नजर से देखा जाता है। उनकी स्थिति (Status) समाज में ऊँची मानी जाती है। अधिक धन अर्जित करने की अभिलाषा प्रत्येक व्यक्ति के मन में

होती है। लोग यह नहीं सोचते कि धन जायज या कानूनी तरीके से कमाया जाए अथवा नाजायज या गैर-कानूनी तरीके से कमाया जाए। वे सिर्फ धन कमाना चाहते हैं। नाजायज या गैर-कानूनी तरीके से धन अर्जित करना भ्रष्टाचार का दूसरा नाम है। भ्रष्टाचार का बोलबाला धार्मिक स्थलों में भी देखने को मिलता है। प्रायः मन्दिर के पण्डे-पुजारी भक्तजनों द्वारा चढ़ाये गये प्रसाद में से अधिकांश भाग निकाल लेते हैं एवं एक जगह जमा कर दुकानदारों के हाथों बेच देते हैं। वे इस भ्रष्ट तरीके से धन इकट्ठा करना चाहते हैं। इस प्रकार यह कहा जा सकता है कि भ्रष्टाचार सभी जगह व्याप्त है।

12. भ्रष्टाचार उन्मूलन सम्बन्धी कार्य करने वाले किसी सक्षम संगठन का न होना भी भ्रष्टाचार को पनपाता या बढ़ाता है। इस संगठन के अभाव में भ्रष्टाचार उन्मूलन का काम नहीं हो पा रहा है। इस बारे में 'Report of the Committee on Prevention of Corruption' में कहा गया है, ''भ्रष्टाचार की वृद्धि करने वाले तत्वों में से दो विशेष इस प्रकार हैं प्रथमतः, भ्रष्ट एवं अकार्यकुशल सरकारी कर्मियों (Public Servants) के साथ कठोर व्यवहार करने की आंशिक अनिच्छा और, द्वितीयतः भारत में सार्वजनिक सेवाओं को प्रदत्त अधिक संरक्षण जो अन्य विकासशील देशों की निन्दा बहुत ही ज्यादा करता है।''

13. वर्तमान समय में विभिन्न राजनीतिक दलों का तो जन्म हुआ है परन्तु उन पर नियंत्रण के लिए जरूरी आचार संहिताओं का विकास नहीं हुआ है। जिस दल के हाथ में राजनीतिक सत्ता होती है वे सत्ता का जमकर दुरुपयोग करते हैं। सांसदगण, मंत्रीगण, बड़े-बड़े उद्योगपति तथा उच्च अधिकारीगण अपनी सत्ता एवं पद की आड़ में अपनी स्वार्थ-सिद्धि के लिए भ्रष्ट-से-भ्रष्ट तरीके को अपनाते हैं। सर्वसाधारण जनता देखती ही रह जाती है। वह उपेक्षित रह जाती है। इस तरह यह कहा जा सकता है कि परिवर्तित राजनीतिक व शासकीय संरचना के कारण भ्रष्टाचार को दिन-प्रतिदिन प्रोत्साहन मिल रहा।

14. सामान्य रूप से सामान्य लोग अदालती कार्यवाहियों से किनारा करते है। अतः वह पुलिस अधिकारी, आबकारी अधिकारी, टैक्स अधिकारी एवं अन्य अधिकारियों को रिश्वत देकर अदालती कार्यवाही से बचने

का प्रयत्न करते हैं। इस तरह भ्रष्टाचार की बढ़ोतरी होती है। इसलिए जनता का अदालत के झंझटों से दूर रहने की चाहत के कारण भ्रष्टाचार को बढ़ावा मिलता है।

15. मुद्रा अर्थव्यवस्था के प्रसार से पैसे का लेन-देन सरल हो गया है। भ्रष्ट व्यक्ति गलत तरीके से कमाये गये धन को आसानी से छिपा सकते हैं। इस तरह मुद्रा-अर्थव्यवस्था के कारण भ्रष्टाचार को बढ़ावा मिलता है। जब कागजी मुद्रा का प्रचलन नहीं था एवं बैंकों का प्रचलन नहीं था उस समय धन को एकत्रित करके उसे सुरक्षित रखना आसान नहीं था। इसलिए इससे भी भ्रष्टाचार कम था। किन्तु मुद्रा-अर्थव्यवस्था के प्रचलन के कारण भ्रष्टाचार पनपता और बढ़ता गया।

16. प्रायः भ्रष्ट अभिभावकों की संतान अपने अभिभावक की देखा-देखी भ्रष्ट बन जाते हैं। इनकी देखा-देखी इनके बच्चे भी भ्रष्ट हो जाते हैं। वातावरण का प्रभाव मानव-जीवन पर पड़ता है। इसलिए बच्चा जिस वातावरण में पलता है उससे प्रभावित होना स्वाभाविक ही है। इस तरह अभिभावकों के भ्रष्ट होने से बच्चों के भ्रष्ट होने की सम्भावना में बढ़ोतरी होती जाती है। इसलिए अभिभावकों का भ्रष्ट होना भी भ्रष्टाचार को जन्म देता है।

17. सरकारी क्रियाकलाप के कारण भी भ्रष्टाचार फलता-फूलता है। सरकारी काम-काज में जितनी बढ़ोतरी होती है भ्रष्टाचार की मात्रा भी उतनी ही बढ़ती जाती है। इसका एक कारण यह भी है कि राज्य के कार्यों के लिए कोई एक व्यक्ति जिम्मेदार नहीं होता है। बड़े-बड़े अधिकारीगण, राजनीतिज्ञ तथा व्यापारीगण आदि इस व्यवस्था का लाभ उठाकर सामुदायिक कोषों का प्रयोग अपने हितों के लिए करते हैं। जहाँ कहीं शक्ति एवं स्वनिर्णय का अवसर साथ-साथ मिलता है, वहाँ अधिकारों के दुरुपयोगों की सम्भावनाएँ हमेशा बनी रहती हैं। इस तरह यह कहा जा सकता है कि सरकार के व्यापक क्रियाकलाप के कारण भ्रष्टाचार में बढ़ोतरी होती है। उपरोक्त विवेचन से पता चलता है कि भ्रष्टाचार का जनक कोई एक कारण नहीं है। यह अनेक कारणों का सम्मिलित परिणाम है।

18. वर्तमान शिक्षा पद्धति दोषपूर्ण है। वर्तमान की शिक्षा-व्यवस्था गलत दिशा में जा रही है। आज शिक्षा प्राप्त करने का उद्देश्य ज्यादा-से-ज्यादा

नम्बर प्राप्त कर किसी पद के पाने तक सीमित हो गया है। पद पर पहुँचकर अपनी प्रतिष्ठा को बढ़ाने एवं धन कमाने के लिए भ्रष्ट तरीकों का सहारा लेता है। इस प्रकार भ्रष्टाचार में बढ़ोतरी होती है। शिक्षा का रूप इस प्रकार का होना चाहिए कि व्यक्ति में प्रारम्भ से ही गलत तरीकों को अपनाने की भावना का विकास न हो। इस दिशा में नैतिक शिक्षा का योगदान कारगर साबित हो सकता है। शिक्षा का उद्देश्य केवल पढ़-लिखकर धन कमाना ही नहीं होना चाहिए। अतः भ्रष्टाचार न बढ़े इसके लिए यह जरूरी है कि उचित शिक्षा की व्यवस्था की जाए। इस प्रकार अच्छी शिक्षा का अभाव भ्रष्टाचार का एक कारण कहा जा सकता है।

भ्रष्टाचार का स्वरूप

भ्रष्टाचार के कई स्वरूप व प्रकार होते है। जिनपर प्रकाश भ्रष्टाचार करने वाले के आधार पर डाला जा सकता है। वर्तमान दौर में विश्व में भारत एक ऐसा देश है जिसमें भ्रष्टाचार का सर्वाधिक बोलबाला है। इसके बारे में जितना भी प्रकाश डाला जाएं उतना भी कम होगा। विभिन्न समाचार-पत्रों एवं पत्रिकाओं में भ्रष्टाचार के मामले नित्य-प्रति उजागर होते रहते हैं। स्पेशल पुलिस स्थापन, दिल्ली द्वारा समय-समय पर प्रकाशित रिपोर्ट से भी ज्ञात होता है कि व्याभिचार, भ्रष्टाचार, उच्च स्तरीय अपराध एवं अन्य गैर-कानूनी कार्यों के मामले में अधिकांश डायरेक्टर ऑफ सप्लाइज एवं डिसपोजल्स, अभियंता, वन अधिकारी, सेना के कमीशण्ड अधिकारी, आय-कर एवं बिक्री-कर अधिकारी, सार्वजनिक निर्माण विभाग के अधिकारी एवं मंत्रीगण आदि ही फँसे हुए होते हैं। इस प्रकार यह कहा जा सकता है कि भारतीय जीवन में भ्रष्टाचार कूट-कूट कर भरा हुआ है। यह सभी जगह व्याप्त है। विभिन्न स्तरों पर भ्रष्टाचारों का विवरण या भ्रष्टाचार के विभिन्न स्वरूप है जिस पर संक्षिप्त प्रकाश नीचे डाला गया है।

1. उद्योगपतियों से सम्बन्धित भ्रष्टाचार वर्तमान दौर में लगभग हर सम्पन्न व धनी वर्ग अपना कार्य करवाने में कम से कम धन खर्च करना चाहता है। इस उद्देश्य को पूरा करने के लिए वह नियम-कानूनों को ताक पर रखते हैं तथा अपने कर्मचारियों का शोषण करते हैं। इस शोषण के द्वारा वे लोग अधिक से अधिक धन कमाना चाहते हैं। इन उद्योगपतियों की पहुँच ऊपर तक राजनीतिक हलकों में भी रहती है। इसका भी वे अनुचित लाभ उठाते हैं। असत्य विज्ञापन,

पेटेण्ट ट्रेडमार्क एवं कापीराइट का उल्लंघन, आर्थिक ठगी एवं इसी प्रकार के अन्य क्रियाकलापों के माध्यम से वे भ्रष्टाचार को जन्म देते है। अधिकांश समाजशास्त्रियों व विद्वानों ने उद्योगपतियों के सम्बन्ध में अपने अध्ययन के दौरान पाया कि उद्योगपतियों के स्वामित्व में चल रहे कारपोरेशनों की कार्यकारिणी के सदस्य स्वयं तो पर्याप्त धनराशि बोनस के रूप में लेते थे एवं साझेदारों को कोई भी लाभ नहीं मिलता था।

वार्षिक रिपोर्टों में जनता को धोखा देने के लिए कॉरपोरेशन की आर्थिक स्थिति के सम्बन्ध में झूठी सूचना प्रकाशित कर दी जाती थी। विज्ञापनों में भी असत्य कथन प्रकाशित किया जाता था। इससे बड़ा भ्रष्टाचार और क्या हो सकता है? मजदूरों के आर्थिक शोषण का मामला तो जगजाहिर है। न सिर्फ पुरुष श्रमिकों का शोषण किया जाता है अपितु महिला तथा बाल श्रमिकों का भी शोषण उद्योगपति करते हैं। इन मजदूरों से वे काम अधिक और मजदूरी कम देते है। यदि कोई महिला श्रमिक गर्भवती हो जाती है तो उसे शीघ्र ही काम से निकाल दिया जाता है जिसमें मातृत्व हितलाभ न देना पड़े। यदि किसी मजदूर की कार्यस्थल पर किसी दुर्घटना में कोई शारीरिक क्षति हो जाती है। तो पूंजीपति वर्ग उसकी भरपायी अथवा मुआवजा नहीं देते है। थोड़ा-बहुत हर्जाना देकर उनसे कोरे कागज पर हस्ताक्षर या अंगूठे लगवा लिए जाते हैं और उन्हें यह धमकी दी जाती है कि यदि उचित मुआवजे की माँग करोगे तो काम से निकाल दिये जाओगे। मौसमी कारखानों में तो यदि कोई दुर्घटना होती है तो उसे चुपचाप दबा दिया जाता है। इस प्रकार यह ज्ञात होता है कि उद्योगपति विभिन्न विधियों से भ्रष्टाचार में संलग्न रहते हैं। इसलिए यह कहा जा सकता है कि भ्रष्टाचार का एक प्रकार उद्योगपतियों से सम्बन्धित भ्रष्टाचार है।

2. राजनैतिक भ्रष्टाचार भ्रष्टाचार का एक प्रमुख प्रकार व स्वरूप राजनीति है। वर्तमान दौर में लगभग हर क्षेत्र में भ्रष्टाचार का बीज बोने के राजनीतिक प्रमुख रूप से जिम्मेदार है। आज छोटे-से-छोटे राजनीतिक कार्यकर्त्ता से लेकर सत्ता के शीर्ष पद पर अधीन व्यक्ति तक भ्रष्टाचार के दलदल में फँसे हुए हैं। आये दिन मीडिया में इस बात की चर्चा होती रहती है कि आज अमुक मंत्री भ्रष्टाचार के मामले में संलग्न हैं तो कल अमुक मंत्री। यह बात अलग है कि इनमें से अधिकांश मामले या तो दबा दिए जाते हैं या फिर उजागर होने के बावजूद सम्बन्धित व्यक्तियों का बचाव हो जाता है। कभी-कभी ऐसा हो भी जाता है कि भ्रष्टाचार से सम्बन्धित तथ्य उजागर हो जाने पर सम्बन्धित व्यक्ति

न्यायालयों के जाल में फंस जांय लेकिन अधिकांश मामले रफा-दफा कर दिये जाते हैं। ऐसा सम्बन्धित व्यक्तियों की राजनीतिक पहुँच के कारण होता है। ये बड़े-बड़े राजनीतिक नेता नीचे के स्तरों पर भी भ्रष्टाचार के बीज का रोपण करते है।

बड़े-बड़े नेता छोटे-छोटे राजनीतिक कार्यकर्त्ताओं को ज्यादा-से-ज्यादा मत प्राप्त करने के लिए मोहरे की तरह इस्तेमाल करते हैं। वे वोट प्राप्त करने हेतु इन्हें भ्रष्ट तरीकों से राजनीतिक संरक्षण प्राप्त कराते हैं जिससे नीचे के कार्यकर्त्ताओं में भी भ्रष्टाचार का जन्म होता है। वे अपने आकाओं की छत्रछाया में विभिन्न प्रकार के भ्रष्टाचार में लिप्त रहते हैं। इतना ही नहीं वे बड़ी-बड़ी आपराधिक घटनाओं को भी अंजाम देते हैं और अपने आकाओं की सहायता से सुरक्षित बच जाते हैं। नेताओं या पहुँच वाले व्यक्तियों के इशारे पर नौकरी आदि पाना तो भ्रष्टाचार का एक आम उदाहरण है। नेताओं के बल पर बहुत-से अयोग्य व्यक्ति भी नौकरी पा जाते हैं एवं योग्य व्यक्ति नौकरी से वंचित रह जाते हैं। इससे बड़ा भ्रष्टाचार और क्या हो सकता है? भारतीय राजनीति में भाई-भतीजावाद एक साधारण बात हो गयी है। इसी प्रकार अपने समर्थित व्यवसायियों को ज्यादा-से-ज्यादा लाभ पहुँचाने का ये नेतागण प्रयास करते हैं। सरकार की जिन नीतियों से व्यवसायियों को लाभ पहुँचता है वही नीति सरकार अपनाती है। इसके बदले व्यवसायी एवं उद्योगपति चुनाव के समय में अपने समर्थित राजनीतिक दलों की आर्थिक सहायता करते हैं। इस प्रकार के भ्रष्टाचार के मामले में लेन एवं देन की नीति अपनाई जाती है।

राजनीति का अपराधीकरण तो आज भारतीय राजनीति का पर्याय बन गया है, भारतीय राजनीति में यह सामान्य बात हो गई है। आज जिनके पास बाहुबल हो, आपराधिक तत्त्वों का जमावड़ा हो और जो किसी भी बुरे काम को अंजाम देने में सक्षम हो आज सांसद या विधायक वही बन पाते हैं। वर्तमान मूल्यों की राजनीति करने वाले सांसद या विधायक बनने की कल्पना भी नहीं कर सकते। सरकार चाहे किसी भी दल की रहे उसके अधिकतर मंत्री आपराधिक चरित्र के होते हैं तथा उनके ऊपर भ्रष्टाचार का मामला कभी-न-कभी आ ही जाता है। प्रधानमंत्री के पद तक जब भ्रष्टाचार पहुँच चुका है तो इससे यह स्वतः ही सिद्ध हो जाता है कि भ्रष्टाचार की जड़ें राजनीति के क्षेत्र में अपनी कितनी गहरी जड़ें बना चुकी है।

भारतीय राजनीति के इतिहास में प्रधानमंत्री तक भ्रष्टाचार के मामले में घसीटे जा चुके हैं। भले ही उनके द्वारा भ्रष्टाचार का किया गया रूप जो भी हो। जब सर्वोच्च शिखर तक यह पहुँच गई तो नीचे की स्तर की बात करना एक

बेईमानी होगी। शायद ही कोई वर्ष ऐसा व्यतीत होगा हो जिसमें राजनीतिक भ्रष्टाचार के मामले प्रकाश में न आते हों। यह अलग बात है कि इनमें से अधिकांश मामले दबा दिए जाते हैं अथवा राजनीतिक गलियारों में भटककर रह जाते हैं। लाइसेंस देने, परमिट देने एवं अन्य इसी तरह के कार्यों में मंत्रीगण अपने पद का खुल्लमखुल्ला दुरुपयोग करते हैं। ऐसे मामले प्रकाश में भी आए हैं। इस सम्बन्ध में स्टुआर्ट चैपिन (Stuart Chapin) ने लिखा है, ''कानून तोड़कर अपराध किये जाते हैं और भ्रष्ट राजनैतिक कार्यकर्त्ता अपराधियों का साथ देकर समाज के संभ्रान्त व्यक्तियों के लिए एक समस्या उत्पन्न करते हैं। प्रायः अपराध ी प्रवृत्ति के व्यक्ति अर्थात जो अपराध में संलग्न होते हैं उनके पास आय का स्रोत होता है और अपने अपराध को दबाने के लिए अधिकारियों को रिश्वत देते है।'' इस प्रकार यह ज्ञात होता है कि आज राजनीति और भ्रष्टाचार एक तरह से चोली एवं दामन का साथ बन गया है। भ्रष्टाचार मुक्त राजनीति की कल्पना करना वर्तमान युग में एक कोरी कल्पना होगी।

3. व्यक्ति एवं भ्रष्टाचार वर्तमान समय में मानव के हर क्षेत्र में भ्रष्टाचार ही भ्रष्टाचार नजर आ रहा है। जैसे अधिकांश दुकानदार कम लाभ दिखाकर कम टैक्स अदा करते हैं। यह भी भ्रष्टाचार ही है। भ्रष्टाचार सिर्फ अधिकारियों को रिश्वत देना ही नहीं टैक्स चोरी भी भ्रष्टाचार को जन्म देता है। इस बारे में 'Report of the Committee on Prevention of Corruption' में कहा गया है, ''आय कर जाँच आयोग ने 1,058 मामलों में 48 करोड़ रुपये के गुप्त धन का पता लगाया था। स्वैच्छिक प्रकटीकरण योजना के अंतर्गत 20,912 मामलों में स्वयं निर्धारितियों द्वारा 30 करोड़ रुपया छिपाये गये धन के रूप में स्वीकार किया गया था और इस तरह व्यक्त की गयी धनराशि उस राशि से छह गुनी ज्यादा थी जो मूलतः होनी बतायी गयी थी।''

केंद्रीय राजस्व परिषद का एक अनाधिकारिक आकड़ा है कि ''उच्चतर आय-समूह के निर्धारिणों द्वारा वार्षिक रूप से लगभग 45 करोड़ रुपये का कर छिपाया जाता है और इस तरह छिपायी गई राशि लगभग 230 करोड़ रुपये होगी। इस कर का अधिकतर भाग बिना किसी कर निन्दा के सिर्फ किसी सरकारी कर्मचारी की मदद से ही बचाया जाता है।'' इस प्रकार यह ज्ञात होता है कि व्यक्ति द्वारा विभिन्न रूपों में करों की चोरी करने से भ्रष्टाचार में बढ़ोतरी होती हैं। भ्रष्टाचार का सम्बन्ध अपराध से भी है। इलियट एवं मेरिल (Elliott and Merrill) के अनुसार, ''यथार्थ में, राजनैतिक भ्रष्टाचार और संगठित अपराध में

इतना गहरा सम्बन्ध है कि एक के विषय में बात करते समय दूसरे को छोड़ना बहुत मुश्किल है।'' इस कथन से पता चलता है कि भ्रष्टाचार एवं अपराध में गहरा सम्बन्ध है। इस तरह यह कहा जा सकता है कि भ्रष्टाचार का एक प्रकार व्यक्ति से सम्बन्धित भ्रष्टाचार है।

4. व्यापारियों से सम्बन्धित भ्रष्टाचार फुटकर व थोक विक्रेता भी अनुचित विधियों से अधिकाधिक लाभ कमाना चाहते हैं। वे अपने व्यापार में ऐसी गलत विधियों का प्रयोग करते हैं जिससे वे ज्यादा-से-ज्यादा लाभ अर्जित कर सकें। भ्रष्टाचार को बढ़ावा देने में व्यापारी वर्ग का बहुत बड़ा हाथ होता है। असत्य विज्ञापन, अवैध प्रतिस्पर्द्धा, पेटेण्ट ट्रेडमार्क एवं कॉपीराइट के नियमों का उल्लंघन, मिलावट और कालाबाजारी बड़े तथा प्रतिष्ठित व्यापारी करते हैं। प्रायः यह समाचार पढ़ने या सुनने को मिलता है कि मिलावट या कालाबाजारी के आरोप में अमुक व्यापारी पकड़ा गया। लेकिन भ्रष्टाचार की जड़ें इस देश में इतनी गहरी हैं कि ऐसे व्यापारी सजा से वंचित रह जाते हैं। युद्ध जैसे आपातकाल में भी ये व्यापारी अपने काले कारनामों से बाज नहीं आते अपितु उस समय तो ये वस्तुओं की कृत्रिम कमी देश में उत्पन्न कर देते हैं जिससे उन वस्तुओं के मूल्य बढ़ जाएँ और ये ज्यादा-से- ज्यादा लाभ कमा सकें। जब देश पर विदेशी आक्रमण होता है एवं संकट के बादल छाये रहते हैं उस समय भी ये कालाबाजारी करने से नहीं चूकते। ये नकली दवाइयाँ बेचते हैं एवं खाने-पीने की चीजों में मिलावट कर देते हैं जिससे कई बार कई मासूमों को अपनी जिन्दगी से हाथ धोना पड़ता है।

वर्तमान में बाजार में किसी चीज की शुद्धता की गारंटी नहीं है तो इसका कारण ये व्यापारी हैं क्योंकि ये बिना मिलावट के बाजार में कुछ आने ही नहीं देते। हर वस्तु का कोई-न-कोई विकल्प इन व्यापारियों ने ढूँढ लिया है। ये व्यापारी बादाम या अखरोट की जगह मूँगफली का उपयोग करते हैं, खोए में शकरकंद मिलाया जाता है एवं और अन्य किसी भी चीज में जो इन्हें उपर्युक्त लगता है उसकी मिलावट कर देते हैं। घी एवं दूध का शुद्ध-शुद्ध मिलना तो अब दिवास्वप्न जैसा हो गया है। अब इससे बढ़कर भ्रष्टाचार का और नमूना क्या हो सकता है कि अपने कल्याण के लिए ये हर वस्तु को दूषित कर देते हैं। इतना ही नहीं ये देश में बनाई हुए वस्तुओं पर विदेशी लेबल चिपकाकर भी ज्यादा-से-ज्यादा मुनाफा अर्जित करते हैं एवं लोगों को गुमराह करते हैं। बड़े-बड़े व्यापारी सरकार को आयकर एवं बिक्री कर के मामले में धोखा देते हैं। वे विभिन्न प्रकार से करों की चोरी करते हैं।

इस तरह यह सिद्ध होता है कि व्यापारियों द्वारा अपनाए गए अनेक तरीकों से भ्रष्टाचार में बढ़ोतरी होती है।

व्यापारियों के भ्रष्टाचार पर टिप्पणी करते हुए 'Report of the Committee on Prevention of Corruption' में कहा गया है, ''जब तक कोई भी भ्रष्ट करने की इच्छा तथा उसकी क्षमता रखने वाला व्यक्ति उपस्थित है तब तक भ्रष्टाचार की जड़े सूखने के बजाए हरी-भरी होती रहेगी। यह अत्यन्त दुःख की बात है कि भ्रष्ट करने की इच्छा तथा क्षमता दोनों ही औद्योगिक तथा व्यापारी वर्गों में व्यापक मात्रा में पाई जाती है। उनके लिए भ्रष्टाचार न सिर्फ अनुपार्जित बड़े लाभों की प्राप्ति का एक सुगम तरीका है, बल्कि यह उसके व्यवसाय को चलाते रहने या अपने प्रतिस्पर्द्धियों के बीच अपनी स्थिति सुरक्षित रखने का एक जरूरी साधन भी है। ये वही लोग होते हैं जो कर-परिहार तथा अपवंचन का अधिभोग करते हैं, विभिन्न विधियों से बिना लेखा रखे गये विपुल धन का संग्रह करते हैं। उनके तरीके हैं, झूठी फर्मों तथा व्यक्तियों के नाम से अनुज्ञप्तियाँ प्राप्त करना, अनुज्ञप्तियों का व्यापार करना, लाभों पर करों तथा अन्य वैध स्वत्वों से बचने के लिए लेखा-पुस्तकों में हेर-फेर करके लाभांश को कम दिखाना, बिना लेखा रखे हुए धन के विषयों व लेखा पुस्तकों में हेर-फेर करके धन हासिल करना और अचल सम्पत्ति का कम बताना।'' इस प्रकार व्यापारियों की विभिन्न गतिविधियों में भ्रष्टाचार की गन्ध आती है। इनके माध्यम से किए गये अनगिनत भ्रष्टाचार हैं जिसकी गिनती करना संभव नहीं है।

5. सरकारी अधिकारी एवं भ्रष्टाचार इस युग का लगभग सभी प्रशासनिक अधिकारी रिश्वतखोर हो चुका है। किसी भी दफ्तर या कार्यालय में बिना रिश्वत लिए जनता का कार्य अधिकारी नहीं करते है। इन अधिकारियों पर जनता का विश्वास उठ चुका है। भ्रष्टाचारी अधिकारी ठेके के काम में इतने उदार हो जाते हैं कि कोई फर्म बहुत खराब सामान भेजकर भी ज्यादा लाभ कमा लेती है। कभी-कभी तो काल्पनिक ठेकेदार ही दिखाये जाते हैं। अधिकारी स्वयं ही उत्पादकों से सामान खरीदकर फर्जी ठेकेदारों के नाम से सरकार को दे देते हैं और बहुत अधिक लाभ लेते हैं। सरकारी अधिकारी किसी भी काम को अपना कर्त्तव्य समझकर समय पर संपादित नहीं करते। जब लोग अधिकारियों के पास दौड़ते-दौड़ते थक जाते हैं तो वे मजबूरन अपना काम करवाने के लिए इन अफसरशाहों व अधिकारियों को घूस के रूप में कुछ रुपये देते है तब जाकर उनका काम होता है।

सरकारी अधिकारियों के भ्रष्टाचारों को देखकर यदि यह कहा जाए तो गलत नहीं होगा कि देश में सबसे अधिक भ्रष्टाचार इनमें व्याप्त है। प्रत्यक्ष या

अप्रत्यक्ष रूप से प्रत्येक भ्रष्ट काम के लिए सरकारी अधिकारी ही जिम्मेदार होते हैं। यदि आज सरकारी अधिकारियों में भ्रष्टाचार खत्म हो जाए और वे ईमानदारीपूर्वक अपने कार्यों को अंजाम देने लगें तो इस देश का कायाकल्प हो जाएगा। भ्रष्टाचार बहुत सीमा तक इस देश से खत्म हो जाएगा। सरकारी अधिकारियों की रिश्वत लेने की प्रवृत्ति के कारण ही चोरी, डकैती, बलात्कार एवं अन्य गंभीर-से-गंभीर अपराध होते हैं। आज अपराधी या कोई भी पेशेवर व्यक्ति रिश्वत देकर नाजायज-से-नाजायज काम करवा लेता है। पेशेवर चोर या अपराधी सरकारी अधिकारियों को बँधी-बँधायी रकम प्रति माह पहुँचाते हैं और बदले में अपनी मनमानी करते हैं। सरकारी अधिकारियों को खुश रखकर जूओं के अड्डे, स्मलिंग का व्यापार, अवैध शराब का व्यापार तथा वेश्यालय आदि खुलेआम चलाये जाते हैं एवं इसी प्रकार के न जाने कितने जाने-अनजाने अपराध किए जाते हैं। यहाँ तक कि चौराहे पर खड़ा ट्रैफिक पुलिस भी दस-बीस रुपये लेकर ट्रैफिक के नियमों का उल्लंघन करने की आज्ञा दे देता है। सरकारी अधिकारियों के द्वारा सफेदपोश अपराध भी फलता-फूलता है। इस प्रकार के अपराधियों से भी इनका सम्बन्ध होता है। अन्य कार्यालयों के सरकारी अधिकारियों की तरह ही न्यायपालिका का क्षेत्र भी आज इससे अछूता नहीं है। यदि यह कहा जाए कि वर्तमान में न्याय बिकता है तो यह गलत नहीं होगा।

न्यायालय का एक निम्न श्रेणी का चपरासी भी बगैर रुपये लिए किसी फाइल को जल्दी नहीं ढूढ़कर निकालता है उससे ऊपर के कर्मचारियों एवं अधिकारियों की तो बात ही अलग है। रेलवे में बिना टिकट के यात्री बेखौफ यात्रा कर सकते हैं यदि वह किराये की आधी रकम टी. टी. को पकड़ा दे। इस प्रकार यह कहा जा सकता है कि आधुनिक युग में सम्पूर्ण सरकारी तंत्र भ्रष्टाचार में डूब गया है और भ्रष्टाचार का नंगा नाच हो रहा है। इसलिए यह कहा जा सकता है कि भ्रष्टाचार का एक प्रकार सरकारी अधिकारियों से सम्बन्धित भ्रष्टाचार है।

6. ठेकेदार से सम्बन्धित भ्रष्टाचार ठेकेदारी के पेशे से जुड़े लोगों द्वारा भी भ्रष्टाचार में बढ़ोतरी होती है। हमारे देश में पी.डब्ल्यू. डी., एम.ई.एस., कागज, सीमेंट, खान एवं रेलवे विभागों में अधिकांश काम ठेकेदारों के द्वारा ही करवाया जाता है। ये ठेकेदार अपने अनुकूल ठेका लेने के लिए सम्बन्धित अधिकारियों को रिश्वत देते हैं। इस रिश्वत का चौगुनी रकम वह अपने ठेके से वसूल करता है। प्रायः ठेकेदार अपने ठेके के दौरान जो भी कार्य करता है वह ठेके के नियमों के विपरीत करता है। उसका उद्देश्य अच्छा काम करना नहीं अपितु अच्छी कमाई होती है। जाँच करने वाले अधिकारी भी रिश्वत लेकर ठेकेदार द्वारा बनाई गई

चीजों को पास कर देते हैं। यही कारण है कि इस देश में बनाए गये पुल, बाँध एवं ठेके के माध्यम से बनवाई गई अन्य चीजें समय से पहले ही टूट जाती हैं। इंजीनियरों एवं ओवरसियरों को एक निश्चित रकम ठेकेदारों द्वारा प्राप्त होती है और वे हर प्रकार से ठेकेदारों द्वारा किए गये गलत कार्यों पर अपनी मुहर लगा देते हैं। इन सभी बातों की जानकारी मंत्री स्तर तक रहती है किन्तु इन पर कोई कारवाई नहीं की जाती। क्योंकि जो भी सरकारी काम होता है उसमें मंत्री स्तर से लेकर नीचे के स्तर तक सभी का हिस्सा (Share) पहले से ही निर्धारित रहता है और सभी इस रकम की बंदरबाट कर लेते हैं।

कामों से किसी को कोई मतलब नहीं रहता। वह चाहे घटिया-से-घटिया स्तर का क्यों न हो उस पर सरकारी मुहर लग ही जाती है। इस प्रकार यह पता चलता है कि सरकारी अधिकारियों के सहयोग से ठेकेदार भ्रष्टाचार को अंजाम देते हैं। वे मजदूरों के हितों का भी ध्यान नहीं करते। वे श्रमिकों को कम से कम पारिश्रमिक देते हैं। साथ ही किसी प्रकार की दुर्घटना हो जाने पर भी वे श्रमिकों को कोई मुआवजा आदि नहीं देते। अर्थात् वे विभिन्न विधियों से श्रमिकों का भी शोषण करते हैं। ये ठेकेदार स्त्री-श्रमिकों का नैतिक शोषण भी करते हैं अर्थात् उनका यौन शोषण भी करते हैं। इस तरह यह कहा जा सकता है कि ठेकेदार विभिन्न तरीकों से भ्रष्टाचार में लिप्त रहते हैं। इसलिए भ्रष्टाचार का एक प्रकार ठेकेदार से जुड़ा भ्रष्टाचार कहा जा सकता है।

7. चिकित्सक से सम्बन्धित भ्रष्टाचार सरकारी डॉक्टर भी अस्पतालों में न बैठकर निजी क्लिनिक में बैठना अधिक पसंद करते हैं। डॉक्टरों को समाज में सम्मान की नजर से देखा जाता है। उनकी अपनी सामाजिक प्रतिष्ठा होती है। मनुष्य को नया जीवन देने वाले के रूप में भी इनकी गिनती होती है। किन्तु यह बहुत ही अफसोस एवं शर्मनाक बात है कि आज इस पेशे में भी बहुत-सी खामियाँ आ गई हैं। धन के लालच में तो बहुत-से डॉक्टर धीमे-धीमे असर करने वाले जहरीले इंजेक्शन तक का उपयोग करने लगे हैं जिससे सम्बन्धित व्यक्ति की मृत्यु हो जाए।

प्रायः ऐसा सुनने को मिल जाता है कि डॉक्टर धन लेकर इन गलत विधियों का भी उपयोग करने लगे हैं। इसी प्रकार अवैध भ्रूण हत्या एवं जाली प्रमाण-पत्र देकर अपराधी को फाँसी के तख्ते से बचाना, शव परीक्षा में वास्तविकता को छिपाकर गलत रिपोर्ट देना तथा अन्य इसी प्रकार के न जाने कितने ही जालसाजी कार्यों को ये अंजाम देते हैं। अपराधी को बचाने हेतु यह प्रमाणित करने के लिए

कि अपराध के समय अपराधी घटना स्थल पर विद्यमान था ही नहीं, ये उसका नाम अपने क्लिनिक के रजिस्टर में दर्ज कर लेते हैं एवं इस प्रकार सबूत की कमी से गंभीर-से-गंभीर अपराधी भी सजा से बच जाता है।

इन समस्त कार्यों के पीछे उनका उद्देश्य भ्रष्ट तरीकों से धन कमाना ही होता है। समाज में वे सम्मानित व्यक्ति होते हैं और इन पर किसी को जल्दी ही संदेह भी नहीं होता। इसी आड़ में वे विभिन्न प्रकार के सफेदपोश अपराधों को करते हैं और भ्रष्टाचार की सभी सीमाओं को पारकर जाते हैं। उन्हें यह डर नहीं रहता कि लोग उन्हें गलत समझेंगे या अपने कार्यों के लिए वे सजा पाएँगे। इसी प्रकार नशाखोरों एवं निद्राकारी द्रव्यों का उपयोग करने वालों को भी झूठा पर्चा लिखकर ये भ्रष्टाचार करते हैं। आज के डॉक्टर अब मरीजों को फँसाने के लिए दलालों को भी रखने लगे हैं।

प्रत्येक मरीज पर दलालों का कमीशन तय रहता है। हर डॉक्टर दवा की दुकान एवं जाँच-घरों आदि के सम्पर्क में रहते हैं एवं अपने पास आये मरीजों को वहीं से दवा खरीदने एवं जाँच करवाने की सलाह देते हैं। साथ ही जिन एक्सरेघरों एवं अल्ट्रासाउण्ड घरों से उन्हें कमीशन मिलता है वहीं मरीजों को भेजते हैं। इतना ही नहीं जो बीमारी उनकी समझ में नहीं आती या जिन रोगों के इलाज के विषय में वे कुछ नहीं जानते है तब भी उन रोगियों को अपने लाभ के लिए अपने पास रोके रखते है। और जब बीमारी काबू से बाहर हो जाती है तब अन्यत्र दिखाने की सलाह देते हैं। इस तरह ये मरीजों के जीवन से खिलवाड़ करते हैं। बहुत से डॉक्टर ऐसे भी होते हैं जो सरकारी कर्मचारियों को झूठी बीमारी के बिल बनाते हैं। इस प्रकार प्रतिवर्ष कई करोड़ रुपये की राष्ट्रीय क्षति होती है। अतः स्पष्ट है कि डॉक्टर ज्यादा-से-ज्यादा धन कमाने के लालच के कारण भ्रष्ट से भ्रष्टतम विधि को अपनाते हैं। वे अपनी सारी मानवता एवं नैतिकता को भूल जाते है उनके लिए धन कमाना ही उनके जीवन का प्रमुख उद्देश्य बन जाता है। अतः डॉक्टरों को भी भ्रष्टाचार का एक जड़ कहना गलत नहीं होगा।

8. शैक्षणिक संस्थाएँ एवं भ्रष्टाचार कालेज भ्रष्टाचार की चपेट में इस कदर आ गए हैं कि वहाँ से बच कर निकलना अत्यन्त कठिन हो जाता है। जहाँ पढ़ाई के नाम पर मोटी रकम वसूल की जाती है। सरकारी संस्थाओं में व्यापक रुप से भ्रष्टाचार व्याप्त है। शिक्षक मनमानी रकम लेकर प्राइवेट ट्यूशन करते है। शोध कार्यों के लिए मनमानी रकम वसूली जाती है। ये सभी शैक्षणिक संस्थाओं एवं शैक्षणिक जगत में व्याप्त भ्रष्टाचार के ही उदाहरण हैं। यह तो भ्रष्टाचार का

एक रूप हुआ जो अध्यापकों द्वारा किये जाते हैं। इसके दूसरे रूप में प्राइवेट शिक्षण संस्थाओं के प्रबंधक एवं उनसे जुड़े लोगों का तांडव नृत्य होता है।

पुस्तकालय के लिए पुस्तक खरीदने, स्कूल या कालेज के भवन निर्माण करने एवं अध्यापकों को वेतन देने के नाम पर प्रबन्धक एवं कमेटी के अन्य सदस्य मोटी रकम हजम कर जाते हैं। महीनों अध्यापकों को उचित वेतन नहीं देते एवं उनसे अनुचित सेवाएँ भी लेते हैं। कहने का अभिप्राय है कि प्रबंधक एवं इससे सम्बन्धित अन्य लोगों द्वारा भ्रष्टाचार को व्यापक रूप में अंजाम दिया जाता है। प्रायः ऐसी संस्थाओं में जिनकी तगड़ी पैरवी रहती है उन्हीं की नियुक्ति की जाती है। ऐसा सरकारी संस्थाओं के विषय में भी दिखाई देता है। इस तरह यह ज्ञात होता है कि शिक्षण संस्थाएँ भी भ्रष्टाचार के मामले में किसी से कम नहीं हैं। इसलिए भ्रष्टाचार का एक प्रकार शिक्षण संस्थाओं से सम्बन्धित भ्रष्टाचार कहा जा सकता है।

9. वकील और भ्रष्टाचार अधिकांश वकील पैसे के लालच में सही केस को गलत साबित कर देते है जिसके कारण भ्रष्टाचार का बीज पनपता है। वास्तव में भ्रष्टाचार एक ऐसा रोग हो गया है जिससे समाज का सभी वर्ग प्रभावित है। वकील या अटार्नी अपने मुवक्किलों की पूँजी का अनुचित उपयोग करते हैं, गवाहों से झूठी शहादत दिलवाते हैं और मोटर-गाड़ी दुर्घटना का पता लगाकर उसमें फँसे हुए व्यक्तियों से चालबाजी से मुआवजा वसूल कर लेते हैं। धन के लालच में एक वकील गंभीर-से-गंभीर अपराधी को बचाने हेतु एड़ी-चोटी तक का बल लगा देता है। मुजरिमों से रिश्वत लेकर अपने मुवक्किलों की ओर से उचित रूप से वे जिरह नहीं करते।

अधिकतर वकील के पास कुछ सदस्य अथवा दलाल भी होते है। निरक्षर एवं भोले-भाले लोगों को फाँसना तथा उनका आर्थिक शोषण करना वकीलों का आज व्यवसाय बन गया है। बहुत-से वकील अपने मुवक्किलों को यह भी झाँसा देकर धन ऐंठते हैं कि उनका न्यायाधीश से सम्पर्क है और वे मनचाहा फैसला करवा देंगे। यही वजह है कि लोगों का शनैः शनैः न्यायपालिका एवं न्याय-व्यवस्था से विश्वास उठता जा रहा है। इस प्रकार यह ज्ञात होता है कि वकील भी ज्यादा-से-ज्यादा धन कमाने की लालसा में भ्रष्टतम तरीकों को अपनाने लगे हैं। वे भ्रष्टाचार के दलदल में इस तरह फँसे रहते हैं कि उसमें से उनका निकलना मुश्किल हो जाता है।

10. धार्मिक संस्थाओं में भ्रष्टाचार वर्तमान समय में प्रत्येक धार्मिक संस्था में भ्रष्टाचार व्याप्त है। बड़े-बड़े अभिजात अपराधी धर्म के नाम पर बड़ा-से-बड़ा भ्रष्टाचारी कदम उठाने में किसी भी प्रकार से हिचकता नही हैं।

विभिन्न तीर्थ स्थानों पर गये तीर्थ यात्रियों का आज जिस प्रकार से धर्म के नाम पर पंडों द्वारा शोषण किया जाता है उससे ज्ञात होता है कि धार्मिक भ्रष्टाचार किस हद तक बढ़ गया है। धर्म एवं अंधविश्वास के नाम पर लोगों को डरा-धमका कर लोगों से धन वसूल किया जाता है। धर्म की आड़ में महिलाओं की इज्जत भी लूटी जाती है। कहीं धार्मिक प्रथा के नाम पर तो कहीं और किसी नाम पर महिलाओं को देवदासी बनाकर तो कभी नित्यमंगली बनाकर उनके साथ खिलवाड़ किया जाता है। आज बहुत से धर्मस्थल गांजा, अफीम, चरस आदि नशीले पदार्थों के अड्डे बन गए है अब इन बातों से बढ़कर और ज्यादा धार्मिक भ्रष्टाचार क्या हो सकता है। जब शरणस्थली ही भक्षणस्थली बन जाएँ तो इससे बड़ी विडम्बना और क्या हो सकती है। इस प्रकार यह ज्ञात होता है कि वर्तमान में धार्मिक भ्रष्टाचार का भी चारों ओर बोलबाला है। इसलिए धार्मिक या धर्म से सम्बन्धित भ्रष्टाचार, भ्रष्टाचार का एक प्रकार कहा जा सकता है।

11. संगठित अपराध एवं भ्रष्टाचार वर्तमान में अपराधियों ने संगठित होकर सिंडिकेट स्थापित कर लिया है। वर्तमान में विभिन्न भ्रष्टाचारों को अंजाम देने के लिए संगठित रूप से भी अपराध किए जाते हैं। जिस कस्बा, नगर व शहर में राजनीतिक भ्रष्टाचार अधिक होता है वहां पर अवैध कार्य अधिक से अधिक होते हैं। भ्रष्टाचार एक अपराध है। ऐसे अपराध को थोड़े से व्यक्ति अपनी भलाई के लिए अंजाम देते हैं एवं सामाजिक कल्याण और सामाजिक उन्नति में अवरोध उत्पन्न करते हैं। कुछ अपराध राजनीतिक कार्यकर्त्ताओं के भ्रष्ट होने के कारण ही पनपते हैं। अगर अपराधियों एवं राजनीतिक कार्यकर्त्ताओं का सम्बन्ध न रहे तो संगठित अपराधों की संख्या में निश्चित रूप से कमी आयेगी। इस प्रकार यह पता चलता है कि संगठित अपराध एवं राजनैतिक कार्यकर्त्ताओं के बीच अत्यधिक गहरा संबंध होता है।

निम्न स्तर के अपराध करने वाले अपराधियों को गिरफ्तार करके उन्हें सजा दी जाती है और बड़े-बड़े अपराधी राजनीतिक संरक्षण मिलने के कारण स्वतंत्रत रूप से घूमते है। इस सम्बन्ध में 'Report of the Committee on Prevention of Corruption' में कहा गया है, ''जब कभी भ्रष्टाचारी अधिकारी पकड़े जाते हैं तो उनको कायदे से दण्ड बहुत ही कम दिया जाता है। इसका कारण यह है कि न्यायालय भी राजनीति से प्रभावित होता है। अगर भ्रष्ट राजनीतिज्ञों का सम्बन्ध अपराधी वर्गों से न रहे तो संगठित अपराधों को कम किया जा सकता है।'' अतः स्पष्ट है कि संगठित अपराधों के पीछे राजनीतिज्ञों की महत्त्वपूर्ण भूमिका होती है।

संगठित अपराधों में जूआ, ठगी, तस्कर, ठगी व्यापार, भिक्षावृत्ति एवं अपहरण आदि को सम्मिलित किया जा सकता है। ये सभी संगठित रूप से होते हैं एवं भ्रष्टाचार को बढ़ावा देते हैं। इसलिए भ्रष्टाचार के एक प्रकार से संगठित अपराध से सम्बन्धित भ्रष्टाचार कहा जा सकता है। उपरोक्त विवेचन से स्पष्ट है कि भ्रष्टाचार अनेक प्रकार के हैं और ये विविध प्रकार भ्रष्टाचार से परस्पर सम्बन्धित हैं।

भारत में व्याप्त भ्रष्टाचार

वर्तमान समय में भ्रष्टाचार हर समाज के लिए अभिशाप बन गया है। भ्रष्टाचार की जड़े आज इतनी मजबूत हो चुकी है कि इसका जड़ से नास्तबूद करना सम्भव नहीं तो कठिन अवश्य है। स्पष्ट है कि कोई भी समस्या एक या दो दिनों में या कुछ समय में इतनी गहरी पैठ नहीं बना सकता है जितना कि भ्रष्टाचार शनैः शनैः गहरी पैठ बनाने में कामयाब है। भारतवर्ष में बहुधा अपराध ऐसे होते हैं जिनकी कोई रिपोर्ट नहीं रहती है। जिन अपराधों की रिपोर्ट होती है उनकी तो जाँच कर अपराधियों को पकड़ने का काम किया जाता है एवं उन्हें दण्ड दिलवाने का प्रयत्न होता है। किन्तु जिन अपराधों की रिपोर्ट नहीं होती एवं जिनका कोई लेखा-जोखा नहीं रहता है वैसे ही अपराध भ्रष्टाचार की श्रेणी में आते हैं। चूँकि इसे करने वाले समाज में उच्च स्थान रखते हैं एवं सामर्थ्यवान भी होते हैं अतः वे खुलेआम अपने कार्यों को अंजाम देते हैं। इनके इसी मनमाने पूर्ण कार्यों के कारण अपराध एवं भ्रष्टाचार के क्षेत्र का विस्तार होता है।

भ्रष्टायार व संगठित अपराधों द्वारा बहुत-सी हानियाँ होती हैं। इरारो सामुदायिक विभाजन के साथ-साथ समुदाय के साधनों पर भी बुरा प्रभाव पड़ता है। एक ओर बड़े-बड़े उद्योगपतियों से कम कर वसूला जाता है तथा दूसरी ओर बड़े-बड़े ठेकेदारों को जरूरत से ज्यादा धन दिया जाता है। जिसका प्रभाव समाज के आर्थिक दृष्टि से विपन्न वर्ग पर व्यापक रूप से पड़ता है। भ्रष्टाचार उत्कोच तथा अनाचारों के अभियोगों का पता लगाना बहुत ही कठिन काम होता है। भ्रष्टाचार निरोधक समिति, 1964 ने यह उल्लेख किया है कि भ्रष्टाचार में बढ़ोतरी द्वितीय विश्वयुद्ध के दौरान हुई और उसरो भी ज्यादा बढ़ोतरी स्वतंत्रता प्राप्ति के बाद हुई। 1939 से 1945 के मध्य हुए युद्ध प्रयासों ने अनेक साधनों द्वारा धन प्राप्त करने के अपूर्व मौके प्रदान किए थे, जब सभी प्रकारों की आपूर्तियों एवं प्रसंविदाओं पर सैकड़ों-करोड़ों रुपये का वार्षिक व्यय हुआ करता था।

अनेक विनियमों, नियंत्रणों, अनुज्ञप्तियों तथा अनुमति पत्रों की आर्थिक क्रियाओं के प्रसार ने भी भ्रष्टाचार को और बढ़ने का सुअवसर प्रदान किया। उस समय भ्रष्ट राजनीतिज्ञों के लिए कोई संगठन नहीं था और कानून के द्वारा सिर्फ सरकारी अधिकारियों पर ही दृष्टि रखी जा सकती थी। इससे सिर्फ सरकारी अधिकारियों में व्याप्त भ्रष्टाचारों का ही पता चल पाता था। भ्रष्ट राजनीतिज्ञों के भ्रष्टाचार का कोई पता नहीं चल पाता था। शनैः शनैः भ्रष्टाचार के सभी मामलों का पता चलने लगा और भ्रष्टाचार से जुड़े आँकड़ों में बढ़ोतरी होने लगी। विभिन्न जाँच एजेंसियों के प्रसार के कारण भ्रष्टाचार के मामले प्रकाश में आने लगे और मीडिया ने भ्रष्टाचार के मामलों को उजागर करने में महत्त्वपूर्ण भूमिका निभाई है।

वर्तमान में उच्च स्तरीय भ्रष्टाचार का भी पता चल जाता है। भले ही इससे सम्बन्धित व्यक्तियों के खिलाफ जो कार्यवाई की जाए। यह मीडिया एवं जाँच एजेंसियों का ही कमाल है जिससे बड़े-बड़े लोगों के भ्रष्टाचार के मामले प्रकाश में आये हैं।

उदाहरण के तौर पर पूर्व प्रधानमंत्री नरसिंह राव, पूर्व केंद्रीय मंत्री सुखराम, बिहार के पूर्व मुख्यमंत्री लालू प्रसाद यादव एवं अन्य मंत्रियों एवं उच्च पदों पर अधीन व्यक्तियों से सम्बन्धित भ्रष्टाचार के मामले समय-समय पर उजागर होते रहे हैं। हाल ही में आदर्श सोसाइटी, कामनवेल्थ गेम, 2G स्पेक्ट्रम इत्यादि जैसे मामले सामने आये हैं। पहले ये मामले सामने नहीं आते थे। 20वीं सदी के पूर्व जब भारत पर अंग्रेजों का शासन रहा तब यह कहा जाता था कि भ्रष्टाचार चपरासियों तथा राजस्व विभाग में लघु कर्मचारियों तक ही सीमित था, लेकिन आज इस संभावना से मना नहीं किया जा सकता कि भ्रष्टाचार उच्च स्तरों में नहीं है। यह बात अब छिपी नहीं है कि सरकारी खरीद में भी, चाहे सामान की हो, देश के सुरक्षा के बहाने अस्त्र-शस्त्रों की हो या विमानों आदि की हो, उसमें एक रिवाज के तौर पर ऊँचे-से-ऊँचे राजनीतिक नेताओं तथा आधिकारियों की दलाली या कमीशन निश्चित होती है। अतः स्पष्ट है कि आज उच्च स्तरीय भ्रष्टचार के मामले भी प्रकाश में आने लगे हैं जिससे भ्रष्टाचार के क्षेत्र का विस्तार हो गया है। भ्रष्टाचार की समस्या एक व्यक्ति, एक विभाग, एक सामाजिक क्षेत्र तथा कुछ विशिष्ट वर्गों तथा व्यक्तियों की समस्या नहीं है। यह समस्या पूरे समाज की है। इसमें दोषी भ्रष्टाचार करने वाला व्यक्ति ही नहीं है अपितु वे सभी व्यक्ति हैं जो अपने संकीर्ण हितों की शीघ्रातिशीघ्र पूर्ति करने के लिए अवैध नियमों का प्रयोग करते है। ऐसे व्यक्तियों के लिए जनहित का कोई महत्व नहीं है।

किसी भी समाज में भ्रष्टाचार उस समाज की दशाओं पर निर्भर करता है। अर्थात् वह समाज जिस सीमा तक अपने नागरिकों को भ्रष्टाचार करने का जितना अवसर देगा उस सीमा तक भ्रष्टाचार में बढ़ोतरी होगी। विभिन्न प्रकार की शासन-प्रणालियाँ, पद्धतियाँ आदि ऐसी होती हैं जिनमें व्यक्ति आचार विचलन के अच्छे मौके देखकर उन्हीं की ओर मुड़ जाता है। गुन्नार मिरडल के अनुसार दक्षिण-पूर्वी एशिया के देशों में भ्रष्टाचार का बोलबाला है और लोगों में नैतिकता का अभाव है। लोगों में यह सोचने की प्रवृत्ति खत्म हो गई है कि इससे देश के औद्योगिक, सामाजिक तथा नैतिक प्रगति में बाधा आ गई है। भ्रष्टाचार की समस्या के लिए दो वर्ग उत्तरदायी होते हैं। एक वर्ग तो भ्रष्टाचार करने वालों का होता है और दूसरा वर्ग जनता का होता है जो भ्रष्टाचार सहने को मजबूर हैं। वह इसके विरुद्ध कोई प्रतिक्रिया नहीं करती बल्कि रुपये अथवा रिश्वत देकर अपना काम करवाना चाहती है। इस प्रकार यह कहा जा सकता है कि भारत में भ्रष्टाचार का विस्तार-क्षेत्र व्यापक है और यह शनैः शनैः बढ़ता ही जा रहा है। इसका मुख्य कारण जन-जागृति का अभाव एवं लोगों के नैतिक स्तर में गिरावट है। अगर जनता जागरूक हो जाए एवं व्यापक स्तर पर इसका विरोध हो तो बहुत सीमा तक इस समस्या का हल निकल सकता है। किन्तु वर्तमान समय में इसकी संभावना बहुत कम नजर आती है। यदि लोगों में थोड़ी भी नैतिकता आ जाए और वे गलत विधियों से धन कमाने को अनुचित समझने लगें तो इस समस्या का समाधान काफी सीमा तक अपने-आप हो जाएगा। किन्तु वर्तमान स्थिति को देखते हुए इसकी संभावना नजर नहीं आती है। अतः आज चारों ओर भ्रष्टाचार का बोलबाला है और इसके क्षेत्र का दिन-प्रतिदिन विस्तार होता जा रहा है।

भ्रष्टाचार रोकने के उपाय

भ्रष्टाचार की समस्या ने बहुत ही भयानक रूप धारण कर लिया है। यह सभी क्षेत्रों में व्यापक रूप से आग की तरह फैल चुकी है। राजनीतिज्ञ, व्यापारी, राजनीतिक व्यवस्था, अधिकारी एवं साधारण जनता तक भ्रष्टाचार के दलदल में डुबे हुए हैं। सरकार की संसदीय व्यवस्था जिसमें एक से अधिक राजनीतिक दल होते हैं सबसे अच्छे प्रकार की सरकार मानी जाती है किन्तु आज इसमें भी भ्रष्टाचार का बोलबाला हो गया है। सरकार कानून का निर्माण करने में पक्षपात करती है जिससे व्यापारी वर्ग को विशेष लाभ हो। इस तरह यह भ्रष्टाचार को बढ़ावा देती है। इस बारें में सलीवन (Sallivan) ने कहा है, "असल में संगठित

अपराध का बिना भ्रष्ट राजनीतिज्ञों के प्रोत्साहन के जीवित रहना नामुमकिन है, इसके साथ ही उसको भ्रष्टाचारी पुलिस का वरदहस्त प्राप्त होना भी आवश्यक है।" नागरिक भ्रष्टाचार से परेशान तो रहते हैं किन्तु वे अपनी आजीविका के पीछे इतना व्यस्त रहते हैं कि इस ओर वे ध्यान नहीं दे पाते। असल में लोग जब सजग हो जाएँगे और इस ओर ध्यान देंगे तभी भ्रष्टाचार की समस्या का मुकाबला किया जा सकता है। लेकिन दुर्भाग्यवश ऐसा संभव नहीं हो पा रहा है। राजनीतिक भ्रष्टाचार, भ्रष्ट व्यवसाय एवं संगठित अपराध मिलकर सामुदायिक विभाजन के लिए अच्छा खासा वातावरण तैयार कर देता है। प्रसिद्ध मनोवैज्ञानिक फ्रायड का विचार है कि हर व्यक्ति की अच्छी एवं बुरी भावनाओं के मध्य एक युद्ध का मैदान है। अच्छी भावनाएँ नैतिकता का निर्माण करती हैं एवं बुरी भावनाएँ व्यक्ति को अनैतिक बनाकर भ्रष्टाचार को बढ़ावा देती हैं। इस प्रकार यह कहा जा सकता है कि व्यक्ति के अंदर अंतर्द्वन्द की भावना सदैव बनी रहती है। अच्छी एवं नैतिक शिक्षा द्वारा ही इस पर नियंत्रण किया जा सकता है। इससे व्यक्तियों में नैतिकता का विकास होगा एवं स्वार्थ की भावना में कमी आएगी। जब ये दोनों चीजें मनुष्य के अंदर आ जाएँगी तो भ्रष्टाचार नाम की कोई समस्या नहीं उभर सकेंगी।

भ्रष्टाचार को रोकने या इसके निवारण के लिए अग्रलिखित उपाय सुझाए जा सकते हैं

1. पुलिस अधिकारियों की मनोवृत्ति में सुधार पुलिस अधिकारियों के ईमानदार होने से कुछ भ्रष्टाचार स्वयं खत्म हो जायेगा। आज की पुलिस से लोग डरते नहीं हैं। वे सोचते हैं कि कोई भी अपराध या भ्रष्ट काम करके पुलिस को रिश्वत देकर बचा जा सकता है। पुलिस की ऐसी छवि के कारण भ्रष्टाचार में वृद्धि होती है। यदि पुलिस ईमानदार हो जाए एवं भ्रष्ट व्यक्तियों के खिलाफ कानूनी कार्यवाई करे तो भ्रष्टाचार का सफाया होना निश्चित है। इसके लिए पुलिस अधिकारियों को ईमानदार बनना होगा। पुलिस के कर्मचारियों को पूर्ण प्रशिक्षित होने के साथ-साथ उनको कानून के विषय में पर्याप्त जानकारी होना अति आवश्यक है। अपराध शास्त्र तथा समाजशास्त्र का पूर्ण ज्ञान होना चाहिए। उन्हें इस तरीके से प्रशिक्षित किया जाना चाहिए जिसमें वे असामाजिक तत्त्वों की पहचान कर सकें। इसका तात्पर्य यह है कि उन्हें प्रशिक्षण के दौरान सभी प्रकार से योग्य बनाने की जरूरत है ताकि वे किसी भी परिस्थिति का मुकाबला कर सकें। इसके अलावा पुलिस के कर्मचारियों एवं अधिकारियों को समुचित वेतन भी मिलना चाहिए ताकि वे रिश्वत आदि की ओर आकर्षित न हो सकें। इस प्रकार

विभिन्न उपायों को अपनाकर पुलिस अधिकारी एवं कर्मचारी स्वयं ही भ्रष्टाचार मुक्ततंत्र की स्थापना कर सकते हैं।

2. राजनीतिज्ञों के नैतिक स्तर में सुधार आधुनिक प्रशासनिक व्यवस्था को सबसे अधिक राजनीतिज्ञों ने ही असन्तुलित किया है। नैतिक रूप से गिरे हुए राजनीतिज्ञों द्वारा संचालित सरकार भी गिरी हुई ही होगी। ये लोग ऐसे नियम व कानून बनाते है जिससे आज उन्हीं के समर्थकों को लाभ मिलता है। इनके द्वारा निर्मित कानूनों से खास उद्योगपतियों एवं व्यवसायियों को भी फायदा पहुँचता है। राजनीतिज्ञों के आचरण का समाज पर बुरा प्रभाव पड़ता है। अतः अच्छी एवं व्यवस्थित सरकार के लिए यह आवश्यक है कि राजनीतिज्ञ ईमानदार हों। भ्रष्टाचार विरोध समिति के अनुसार, ''इस धारणा के सम्बन्ध में व्यापक सहमति पायी गयी कि कर्त्तव्यनिष्ठा की नयी परंपरा को सिर्फ तभी स्थापित किया जा सकता है जब उन लोगों अर्थात् केंद्रीय तथा राज्य सरकारों के मंत्रीगणों द्वारा आदर्श प्रस्तुत किया जाए, जो भारत के अधिशासन का चरम उत्तरदायित्व संभालते हैं।'' अतः स्पष्ट है कि राजनीतिज्ञों का नैतिक स्तर सुदृढ़ होने से भ्रष्टाचारी राजनीतिज्ञों में सुधार हो। इसके लिए यह आवश्यक है कि नेतृत्व के लिए योग्यता का निर्धारण; राजनीतिक दलों का नैतिक स्तर; राजनीतिक अपराधीकरण पर रोक; सस्ती नेतागिरी को हतोत्साहन तथा जनजागरूकता जैसे तत्त्वों को शामिल किया जाए।

3. न्यायपालिका वर्तमान में भ्रष्टाचार के पंक से न्याय का मंदिर कहलाने वाली न्यायपालिका भी नहीं बच सकी है। इस पर आरोप है कि न्याय खरीदा जाता है अर्थात् इसमें भ्रष्टाचार की पैठ गहरी है। अगर न्यायालय में पक्षपात एवं भ्रष्टाचार होगा तो इसका प्रभाव समाज पर भी पड़ेगा। इसलिए यह जरूरी है कि न्यायाधीश पक्षपात रहित एवं राजनीति से बिना प्रेरित हुए अपना न्याय सुनावें। दुर्भाग्यवश आज इस बात का अभाव है। यहाँ भी भ्रष्टाचार घर कर चुकी है। न सिर्फ न्यायाधीशों में अपितु यहां के कनिष्ठ स्तरीय कर्मचारियों तक में भ्रष्टाचार व्याप्त है। बिना रिश्वत के न्यायालय में कोई काम नहीं होता। वकीलों की तो बात ही अलग है। वे तो धन कमाने के चक्कर में इतने भ्रष्ट हो चुके हैं कि यह जानते हुए कि अमुक व्यक्ति बहुत गंभीर अपराधी है किन्तु धन के लिए उसे सजा से वंचित करा देते हैं। इस तरह यह स्पष्ट है कि न्यायपालिका भी भ्रष्टाचार का केंद्र बन चुकी है। इसलिए भ्रष्टाचार को रोकने के लिए यह जरूरी है कि न्यायपालिका से भ्रष्टचार को खत्म किया जाए।

4. अन्य अधिकारियों की मनोवृत्ति में सुधार अन्य शीर्ष अधिकारियों में बिक्री कर, आय कर, आबकारी एवं कस्टम अधिकारी, सार्वजनिक निर्माण विभाग के अधिकारी एवं रेलवे अधिकारी आदि आते हैं। इन अधिकारियों का प्रत्यक्ष सम्बन्ध जनता से नहीं अपितु आमदनी के साधनों एवं रुपये-पैसे से होता है। अतः इनके भ्रष्ट होने की संभावना ज्यादा रहती है। वर्तमान समय में इन विभागों में भ्रष्टाचार बहुत ज्यादा व्याप्त है। इन अधिकारियों में ईमानदारी आए इसके लिए यह आवश्यक है कि भ्रष्टाचार निरोध विभाग व सी.आई.डी. विभाग के अधिकारी स्वयं को भ्रष्टाचार से दूर रखें। यदि वे स्वयं भ्रष्ट होंगे तब सम्बन्धित अधिकारियों के खिलाफ कोई कारवाई नहीं कर पाएँगे। इसलिए उनका स्वयं ईमानदार होना जरूरी है।

5. चारित्रिक एवं नैतिक विकास चरित्र मनुष्य की एक ऐसी संपदा है जिससे व्यक्ति का चारित्रिक एवं नैतिक विकास होता है। चरित्रवान व्यक्ति कभी भ्रष्ट नहीं हो सकता। अतः भ्रष्टाचार को खत्म करने के लिए यह जरूरी है कि चरित्र-निर्माण किया जाए। यह कहावत प्रसिद्ध है कि 'Character is lost everything is lost' अर्थात् अगर चरित्र खो दिया तो सब कुछ खो दिया। अतः चारित्रिक सबलता जरूरी है। यदि व्यक्ति का व्यक्तित्व उचित दिशा में विकसित होगा तो उनमें सामुदायिक भावना का विकास स्वतः ही हो जाएगा। सामुदायिक भावना के कारण राष्ट्रीय चरित्र का विकास होगा। अगर राष्ट्रीय चरित्र का विकास हो गया तब भ्रष्टाचार को खत्म करना सरल हो जाएगा। इसलिए भ्रष्टाचार पर प्रतिबंध लगाने के लिए यह जरूरी है कि राष्ट्रीय चरित्र का निर्माण किया जाए।

6. व्यापारियों एवं उद्योगपतियों में व्याप्त भ्रष्टाचार का उन्मूलन बड़े व्यवसायियों एवं उद्योगपतियों की पहुँच शीर्ष राजनेताओं तथा मंत्रियों तक होती है। ये चुनाव के समय राजनीतिज्ञों की सहायता करते हैं एवं सत्ता में आने पर मनचाहा कानून बनवाते हैं जो इनको लाभ पहुँचाता है। सरकार इनके इशारे पर ही कानून बनाती है। ये उद्योगपति मजदूरों का जमकर शोषण करते हैं एवं इनका उद्देश्य भ्रष्टतम विधियों को अपनाकार ज्यादा-से-ज्यादा धन इकट्ठा करना होता है। इसी तरह व्यापारी वर्ग विभिन्न खाद्यान्नों में मिलावट करके एवं वस्तुओं का कृत्रिम अभाव उत्पन्न करके ज्यादा-से-ज्यादा मुनाफा कमाना चाहते हैं। कहने का आशय यह है कि व्यापारी एवं उद्योगपति दोनों ही भ्रष्ट-से-भ्रष्ट तरीके अपनाकर अधिकाधिक धन एकत्रित करते हैं। इसमें इनकी सहायता राजनीतिज्ञ करते हैं।

इस प्रकार यह ज्ञात होता है कि व्यापारियों एवं उद्योगपतियों में भी भ्रष्टाचार व्याप्त है। इनमें फैलने वाले भ्रष्टाचार को खत्म कर भ्रष्टाचार को नष्ट किया जा सकता है।

7. जनता में जागरुकता का विकास भ्रष्टाचार के खिलाफ राष्ट्रीय स्तर पर व्यापक अभियान चलाकर नियंत्रण पाया जा सकता है। सक्रिय प्रचार के माध्यम से लोगों को यह समझाया जाये कि भ्रष्टाचार न केवल समाज-विरोधी है अपितु व्यक्ति-विरोधी भी है। लोगों में इस प्रकार की जागरूकता लानी होगी कि रिश्वत लेना एवं रिश्वत देना दोनों ही अपराध एवं भ्रष्ट कार्य है। इसके लिए विभिन्न प्रचार माध्यमों का सहारा लिया जा सकता है। जब जनता जागरूक हो जाएगी तब ही भ्रष्टाचार को बहुत सीमा तक खत्म किया जा सकता है।

8. अर्थव्यवस्था में सुधार अर्थव्यवस्था व भ्रष्टाचार में अन्योन्याश्रय संबंध है। अधिकतर गैर-कानूनी कार्य धन के लिए ही किये जाते हैं। यह विश्वासपूर्वक नहीं कहा जा सकता कि आर्थिक विकास करने से भ्रष्टाचार खत्म हो जाएगा। किन्तु इतना जरूर कहा जा सकता है कि इस विकास से भ्रष्टाचार को खत्म करने में सहायता अवश्य मिलेगी। यह कहावत प्रसिद्ध है कि 'विभूक्षितः किम् न करोति पापम्' अर्थात् भूखा पेट कोई भी पाप कर सकता है। इसलिए यह आवश्यक है कि भूखे को भोजन दिया जाए। इसके लिए देश की अर्थव्यवस्था में सुधार करना जरूरी है। अर्थव्यवस्था में सुधार के लिए एवं भ्रष्टाचार नष्ट करने के लिए विभिन्न सुधार किये जा सकते हैं जिनमें निर्धनता का उन्मूलन, कोटा तथा परमिट व्यवस्था का समापन, एकाधिकार पद्धति का खात्मा, रोजगार की सुविधाओं में बढ़ोतरी तथा समाज में व्यावसायिक नैतिकता को प्रोत्साहन आदि प्रमुख है।

9. शिक्षा में सुधार आधुनिक युग की शिक्षा प्रणाली रोजगारोन्मुखी नहीं होने के कारण दोषपूर्ण है। पढ़े-लिखे छात्र बेरोजगार रहने पर हीन-भावना के शिकार बन जाते हैं। अतः शैक्षणिक व्यवस्था में सुधार होना जरूरी है। शैक्षणिक व्यवस्था में सुधार लाने के लिए विभिन्न उपाय किए जा सकते हैं जिनमें प्रमुख है : एक निश्चित स्तर के पश्चात् शिक्षा के लोक व्यापारीकरण पर रोक लगाई जाए, नैतिक शिक्षा का प्रसार, चारित्रिक शिक्षा के महत्त्व पर अधिक जोर देना, शैक्षणिक जागरूकता का विकास, परम्परात्मक शिक्षा पद्धति में परिवर्तन तथा समस्त संकायों की शिक्षा का उत्तरदायित्व सरकार ग्रहण करे आदि।

10. फर्जी विज्ञापनों पर रोक फर्जी विज्ञापन पर प्रतिबंध लगाकर भी

काफी सीमा तक भ्रष्टाचार को फलने-फूलने से रोका जा सकता है। यह रकम परीक्षा फीस या अंतर्वीक्षा फीस के नाम पर वसूल की जाती है। इसी प्रकार कम दाम में रेडियो एवं घड़ी प्राप्त करने आदि का विज्ञापन भी दिया जाता है तथा लोगों से रकम ठगी जाती है। इस तरह के भ्रष्टाचार को रोकने के लिए फर्जी विज्ञापनों पर सरकारी स्तर पर प्रतिबंध लगाना चाहिए।

11. अधिनियम में सुधार कठिन कानूनी प्रक्रिया तथा सरकारी नियमों के कारण भ्रष्ट जन आर्थिक शोषण करते हैं। अगर कानून आसान होगा तो हर व्यक्ति इसे समझ सकेगा एवं रिश्वत आदि के चक्कर में नहीं पड़ेगा। इसलिए कानून का सरलीकरण होना चाहिए। इससे भ्रष्टाचार को खत्म करने में बहुत मदद मिल सकेगी।

12. प्रशासकीय स्तर पर सुधार भ्रष्टाचार एवं सरकारी मशीनरी में सकारात्मक सहचर्चा होती है। इसी कारण यह आवश्यक है कि प्रशासनिक स्तर पर सुधार किया जाए। इस सुधार प्रक्रिया में प्रशासकीय प्रशिक्षण का विकास, प्रशासकीय कुशलता में वृद्धि, अधिकाधिक समस्याओं को निपटाने की क्षमता, कठोर कार्यकुशलता और कर्मठता, सेवा की भावना, उत्तरदायित्व को वहन करने की इच्छा तथा प्रशासकीय नैतिकता के विकास पर अधिक बल दिया जाए।

13. जनकल्याण की भावना का विकास जनकल्याण की भावना लोगों के दिल में जागृत करने से उन्हें यह एहसास होगा कि व्यक्तिगत स्वार्थ सामुदायिक स्वार्थ के आगे तुच्छ है। साथ ही उन्हें समाज तथा राष्ट्र के प्रति जिम्मेदारियों का भी ज्ञान कराना होगा। इसके अलावा उनकी आर्थिक स्थिति में भी सुधार लाना होगा। सरकारी कर्मचारियों का वेतन कम है जिससे उन्हें मजबूरन रिश्वत आदि का सहारा लेना पड़ता है जिससे भ्रष्टाचार को बढ़ावा मिलता है। इस स्थिति में सुधार लाना अत्यन्त आवश्यक है।

14. कठोर सजा की व्यवस्था प्रायः ऐसा होता है कि कानून तो बन जाता है पर उसे सख्ती से लागू नहीं किया जाता है। इसका परिणाम यह होता है कि कानून के होने के बावजूद भ्रष्टाचार को बढ़ावा मिलता है। साथ ही इन कानूनों को अमीर एवं गरीब सभी पर समान रूप से लागू किया जाना चाहिए जिससे भ्रष्टाचार को रोकने में सहायता मिले। भ्रष्टाचारियों के लिए चाहे वह किसी भी स्तर का हो बिना किसी भेदभाव के कठोरतम सजा की व्यवस्था होनी चाहिए।

15. सामाजिक प्रथाओं में सुधार सामाजिक मूल्यों व आदर्शों में सुधार

करकर भ्रष्टाचार को नियंत्रित किया जा सकता है। सदरलैण्ड ने भी अपने अध्ययन में यह पाया कि अपराध करने की प्रवृत्ति हर मनुष्य में पाई जाती है। आजकल समाज में धन को आदर मिलता है। अर्थात् जिस व्यक्ति के पास ज्यादा धन रहता है उसे सम्मान एवं आदर की दृष्टि से देखा जाता है। अगर इस प्रकार के सामाजिक मूल्यों में परिवर्तन लाया जाए या धन को आदरणीय नहीं समझा जाए तो लोगों में धन अर्जित करने की इच्छा बलवती नहीं होगी। अगर यह इच्छा नहीं रहेगी तो व्यक्ति भ्रष्ट तरीके से धन कमाने में दिलचस्पी नहीं लेंगे। इससे भ्रष्टाचार को रोकने में बहुत सहायता मिलेगी। इस प्रकार यह कहा जा सकता है कि भ्रष्टाचार को रोकने के लिए सामाजिक मूल्यों में परिवर्तन लाना जरूरी है। उपरोक्त अध्ययन से पता चलता है कि भ्रष्टाचार एक कोढ़ की तरह पूरे समाज में फैल चुका है। कारगर कानून बनाकर ही उसका खात्मा किया जा सकता है।

16. जनता को ईमानदार बनाना इस सन्दर्भ में भ्रष्टाचार निरोधक समिति ने कहा है, "यह एक गंभीर चिंता का विषय है कि आधुनिक समय में शिक्षा को मानव-मस्तिष्क को इस विचार से प्रखर बनाने का साधन माना गया है कि उसका उपयोग भौतिक लक्ष्यों के लिए किया जा सके। दशाओं तथा साधनों का चुनाव इस प्रकार करना है कि युवकों की महत्त्वाकांक्षाओं में आदर्शवाद एवं देशभक्ति का जरूरी समावेश हो। नैतिक उत्साह का अभाव, जो नये वर्गों का एक स्पष्ट लक्षण रहा है, ही एक ऐसा अकेला कारक है जो कर्त्तव्यनिष्ठा एवं कार्यकुशलता की पावन परम्परा के विकास में अवरोधक उत्पन्न कर लेते हैं। यह भी जरूरी है कि जनता को समुचित रूप से सूचित किया जाए और अधिकारियों तक की पहुँच को सुगम बनाया जाए।"

भ्रष्टाचार उन्मूलन सम्बन्धित कार्य

भ्रष्टाचार उन्मूलन के लिए अब तक विभिन्न प्रयत्न किये जा चुके हैं। किन्तु भ्रष्टाचार की समस्या का हल अभी तक संभव नहीं हो सका है। 1941 ई. में भारत सरकार ने विशेष पुलिस की स्थापना की थी। इसकी स्थापना द्वितीय विश्वयुद्ध के प्रयोग के लिए सामान के क्रय-विक्रय में रिश्वत एवं भ्रष्टाचार बाधक बनाने के लिए की गई थी। 1942 में इसे रेलवे विभाग के भ्रष्टाचार के मामलों के जाँच का काम सौंपा गया। 1946 में इसे गृह विभाग का अंश बताते हुए इसके अधिकारों का विस्तार किया गया। 1953 में इसमें भ्रष्टाचार निरोधक शाखा में बढ़ोतरी हुई। 1963 में इसे केंद्रीय जाँच ब्यूरो के एक खंड के रूप में स्थानान्तरित

कर दिया गया। 1964 में भारत सरकार ने संथानम समिति के सुझावों को ध्यान में रखकर एक केंद्रीय सतर्कता आयोग की स्थापना की। इस आयोग का काम लोक सेवकों के खिलाफ लगाये गये आरोपों की जाँच करना था।

सरकार की सबसे प्रमुख जाँच एजेंसी केंद्रीय पुलिस ब्यूरो की स्थापना अप्रैल 1963 में की गई। 1963 में इस संगठन के कार्यालय को बड़ा कर दिया गया। 1967 में प्रशासनिक सुधार आयोग की सिफारिश पर लोकपाल प्रस्ताव को संसद में प्रथम बार 1968 में सरकार द्वारा प्रस्तावित किया गया। यह प्रस्ताव 1969 में लोकसभा द्वारा पारित किया गया। फिर बीच में ही संसद भंग हो जाने के कारण इस पर कोई विचार नहीं हो सका। 26 अगस्त, 1985 को लोकपाल विधेयक लोकसभा में दोबारा लाया गया। उस समय के राजीव गाँधी सरकार ने इस विधेयक की दोबारा समीक्षा की एवं इस विधेयक के स्थान पर दूसरा संशोधित विधेयक लाने हेतु इसे वापस ले लिया। तब से कागजी घोड़े की तरह यह विधेयक दौड़ रहा है। वर्तमान में अन्ना हजारे के नेतृत्व में इस विषय पर आन्दोलन हो रहा है एवं सरकार विधेयक बनाने की सहमति दे चुकी है।

प्रशासनिक सुधार आयोग के प्रतिवेदन के पश्चात राज्यों ने लोकायुक्त की नियुक्ति की। महाराष्ट्र, राजस्थान, उत्तर प्रदेश, बिहार, आन्ध्र प्रदेश, हिमाचल प्रदेश, केरल एवं मध्य प्रदेश आदि लोकायुक्त की नियुक्ति के मामले में अग्रणी राज्य रहे। इसके अतिरिक्त भी भ्रष्टाचार के उन्मूलन के लिए कई समितियों का गठन हुआ। बावजूद इसके उचित तरीके से क्रियान्वयन नहीं होने के कारण ये समितियाँ निष्प्रभावी रहीं। उपरोक्त विवरणों से यह ज्ञात होता है कि भ्रष्टाचार को नष्ट करने के लिए समय-समय पर विभिन्न कानून बनाये गये। कानून के अतिरिक्त अन्य प्रयास भी किये गये, लेकिन परिणाम संतोषजनक नहीं रहा। भ्रष्टाचार रूपी दानव समाज में विकराल रूप धारण कर चुका है। वह दिनोंदिन बढ़ता ही जा रहा है। अतः जो भी कानून बनाए जाए उनपर विशेष रूप से अमल किया जाए और सख्ती से लागू किया जाए। कानून को लागू करने में किसी भी बात का पक्षपात या भेदभाव न किया जाए। अधिकतर भ्रष्टाचार सम्पन्न व उच्च वर्ग के लोग करते है। इसलिए उनपर विशेष रूप से ध्यान दिया जाना चाहिए और उनपर कानून का शिकंजा कसना चाहिए।

4

दुष्कृति, पाप, दुराचार और अनैतिकता

अपराध वह अनैतिक प्रक्रिया है जिसे वर्तमान समाज में मान्यता प्रदान नहीं की जाती है। अपराध कई प्रकार के होते है जो बच्चों से लेकर बूढ़े तक करते है। परन्तु इसका स्वरूप एक समान नहीं होता हैं। अपराध सार्वभौमिक प्रक्रिया है, किन्तु इसकी धारणा सार्वभौमिक नहीं है। यह धारणा एक स्थान से दूसरे स्थान में भिन्न है। इसके साथ ही अपराध के कुछ समानार्थी शब्द भी हैं। जिनसे अपराध का बोध होता है। कभी-कभी इन शब्दों और अपराध में अन्तर करना कठिन हो जाता है। अपराध तथा इसके प्रमुख समानार्थी शब्दों पर इस अध्याय में संक्षिप्त प्रकाश डाला गया है।

दुष्कृति

दुष्कृति का वैयक्तिक अपराध विकास इतिहास से जुड़ा है। दुष्कृति का इतिहास मानव-क्रियाओं को भी कहा जाता है। दुष्कृति शब्द टॉर्ट का रूपान्तर है जो फ्रेंच भाषा से लिया गया है। टॉर्ट शब्द फ्रेंच शब्द से निकला है, जिसका सरल अर्थ होता है 'गलती'। दुष्कृति एक दीवानी गलती है जिससे आम जनता के अधिकारों का उल्लंघन होता है और जिसमें गलती होने पर जुर्माना वसूल किया

जाता है। सरल शब्दों में, "दुष्कृति वह गलत कार्य या भूल है जो कानून द्वारा वर्जित है तथा जिसमें मुआवजे का तत्त्व महत्त्वपूर्ण होता है।"

दुष्कृति की परिभाषा

दुष्कृति के अर्थ को विभिन्न विद्वानों ने विभिन्न प्रकार से परिभाषित किया है। जिनमें से कुछ प्रमुख विद्वानों द्वारा दी गयी परिभाषा को नीचे स्पष्ट किया गया है।

सामाजिक विज्ञान शब्दकोश के अनुसार "दुष्कृति का अर्थ विधि सम्बन्धी उन कर्त्तव्यों को न करना है जिनको पूरा करने की आशा की जाती है। इस उत्तरदायित्व का प्रतिकार क्षतिपूर्ति द्वारा हो सकता है।"

रतनलाल धीवजलाल का मानना है कि "दुष्कृति वह क्षतिपूर्ण अथवा अनुचित कार्य है जिसका उदय संविदा को भंग करने के कारण हुआ हो और जिस क्षति को पूरा करने का एकमात्र उपाय क्षतिपूर्ति हो।"

विनफील्ड के शब्दों में "कई विद्वानों ने दुष्कृति की परिभाषा निम्न प्रकार दी है दुष्कृतिपूर्ण दायित्व कानून द्वारा पहले से ही निश्चित किसी कर्त्तव्य को भंग करने से होता है। यह कर्त्तव्य व्यापक रूप से व्यक्तियों के प्रति होता है और इसके भंग होने पर उपाय अनिर्धारित हर्जाने के लिए लाए गए किसी मुकदमें द्वारा किया जाता है।"

सालमण्ड के अनुसार "दुष्कृति के अन्तर्गत केवल वे अपकारपूर्ण कार्य रखे जाते हैं जिनमें कि क्षति सर्वसाधारण के कर्त्तव्यों को पूरा करने के कारण हुई हो और जिस क्षति की पूर्ति करने के लिए मुआवजा देना पड़े।"

दुष्कृति की विशेषताएँ

उपरोक्त वर्णित परिभाषाओं का अध्ययन करने के उपरान्त यह स्पष्ट रूप से कहा जा सकता है कि कर्तव्य का उल्लंघन करना ही दुष्कृति कहलाता है। अधिकार और कर्तव्य दोनों ही सापेक्ष शब्द हैं। यदि अधिकार और कर्त्तव्य दोनों को दृष्टि में रखककर उपरोक्त परिभाषाओं पर विचार करें, तो दुष्कृति में विभिन्न विशेषताए झलकती है जो निम्नलिखित है

1. दुष्कृति दीवानी गलती का एक भेद है, लेकिन केवल यही एक भेद नहीं हैं, बल्कि और भी भेद हैं जैसे संविदा भंग करना, विश्वासघात आदि। ये दुष्कृति के दायरे में नहीं आते, फिर भी उन्हें दिवानी गलती के नाम से जाना जाता है।

2. किसी अधिकार या कर्तव्य की अवहेलना करना ही दुष्कृति व्यवहार कहलाता है जिसका सम्बन्ध किसी समझौते से नहीं होता है जिसको दोनों पक्ष मिलकर निश्चित करते हैं। ये दोनों पक्ष समझौते के द्वारा दुष्कृतिपूर्ण दायित्व को पैदा नहीं कर सकते हैं और न वे आपस में समझौते के द्वारा इसकी सत्ता को समाप्त कर सकते हैं। इसके लिए मनुष्य कर्त्तव्य के अधीन होता है अर्थात् मनुष्य का यह कर्त्तव्य है कि वह दूसरे पर आक्रमण न करे, दूसरे की भूमि का अपहरण न करे और दूसरे के विरुद्ध कोई दूसरी दुष्कृति भी न करें। ऐसा किसी समझौते के द्वारा वर्जित नहीं हैं, बल्कि कानून स्वयं ऐसा करने को कहता है।
3. कर्त्तव्य का पालन न करना उसके अधिकारों का उल्लंघन करना इसके लिए सरकार क्रमांक के रूप में हर्जाना वसूलती है। अनिर्धारित हर्जाना वह है जो पहले से निश्चित नहीं होता है। उदाहरण के लिए एक व्यक्ति किसी अनुचित कार्य द्वारा दूसरे व्यक्ति की आँख फोड़ देता है। ऐसी स्थिति में आँख फोड़ने वाले व्यक्ति के प्रति हर्जाने के लिए मुकदमा चलाने का अधिकार व्यक्ति को है। वह व्यक्ति 10,000 रूपये की क्षतिपूर्ति का दावा कर सकता है और ऐसा सम्भव है कि उसे इतने पैसे मिल भी जाएँ। किन्तु जब तक आज्ञप्ति न मिल जाए, व्यक्ति ऐसा नहीं कह सकता है कि उसे 10,000 रूपये पाने का अधिकार है, क्योंकि यह निश्चित करना कि क्षतिग्रस्त व्यक्ति को कितनी रकम मिलनी चाहिए, न्यायाधीश के स्वविवेक पर आधारित है। ऐसा भी हो सकता है कि क्षतिग्रस्त व्यक्ति को कुछ भी न मिलें।
4. अधिकार और कर्त्तव्य व्यापक रूप से व्यक्तियों के प्रति होते हैं। और दुष्कृति एक ऐसे अधिकार का उल्लंघन है जो व्यापक रूप से व्यक्तियों के प्रति होता है। उदाहरण के लिए कानून ऐसा नहीं कहता कि आप राम और श्याम पर आक्रमण न कीजिए बल्कि यह कहता है कि आप मानव-समाज पर आक्रमण न करें। यही संविदा और दुष्कृति में भेद है। इससे यह बोध होता है कि इसमें किसी अवांछनीय कार्य के करने से जो दुर्व्यवस्था होती है उससे है।
5. यदि हानि पहुँचाने में वैध कानून का उल्लंघन नहीं होता है तो हानि के खिलाफ कार्यवाही करने का कानून द्वारा कोई अधिकार नहीं है। जब तक कानून का उलंघन नहीं होता तब तक व्यक्ति को जुर्माना नहीं अदा करना पड़ेगा।

दुष्कृति के निर्धारक कारक

दुष्कृति के निर्धारक तत्वों में निम्नलिखित कारकों की महत्त्वपूर्ण भूमिका होती है।

1. इस क्रिया के द्वारा क्षतिग्रस्त व्यक्ति के मुआवजे की व्यवस्था हो।
2. इस क्रिया के द्वारा दूसरे व्यक्ति को क्षति पहुँचाना अतिआवश्यक है।
3. दुष्कर्त्ता द्वारा क्रिया का किया जाना अनिवर्य है। इस क्रिया के अभाव में दुष्कृति कल्पना नहीं है।

अपराध और दुष्कृति में अन्तर

सामान्य तौर पर अपराध एवं दुष्कृति दोनों को एक दूसरे का पर्यायवाची मान लिया जाता है। परन्तु इन दोनों के मध्य सूक्ष्म अन्तर पाया जाता है। जिसे नीचे की सारणी में स्पष्ट किया गया है

1. दुष्कृति एक ऐसा कार्य है जो व्यक्ति के खिलाफ किया जाता है।
   अपराध समस्त जनता के प्रति किया गया कानून का उल्लंघन है।
2. दुष्कृति में मुआवजा क्षतिग्रस्त व्यक्ति को दिया जाता है।
   अपराध में जुर्माना राज्य को प्राप्त होता है।
3. दुष्कृति में व्यक्तिगत अधिकारों का अपहरण होता है,
   अपराध में सामाजिक अधिकारों का अपहरण होता है।
4. दुष्कृति में वादी मुआवजे का दावा करता है,
   अपराध में अभियोजक नुकसान करने वाले को दण्ड दिलाने का प्रयास करता है।
5. दण्ड की अनिवार्यता अपराध की मौलिक विशेषता है। एक बार दण्ड सुना देने के बाद अपराधी को दण्ड भुगतना ही पड़ता है।
   दुष्कृति में जब चाहे समझौता कर सकता है, या क्षतिग्रस्त व्यक्ति की अनुमति से अपने दायित्व से छुटकारा पा सकता है।
6. दुष्कृति में मुआवजा क्षतिग्रस्त व्यक्ति को दिया जाता है,
   अपराध में जुर्माना राज्य को प्राप्त होता है।
7. दुष्कृति दीवानी गलती का एक प्रकार है,
   अपराध दण्ड-सम्बन्धी दोष का कोई भेद नहीं है।
8. दुष्कृति में नीयत महत्त्वपूर्ण है।

अपराध में नीयत का तत्त्व महत्त्वपूर्ण नहीं है।

9. दुष्कृति आदिकालीन समाजों में अधिक महत्त्वपूर्ण थी, अपराध वर्तमान युग से सम्बन्धित है।

पाप

पाप और पुण्य दो शब्द है। पाप से ऐसे बुरे कार्यों का बोध होता है जिसे मनुष्य करने के बाद पश्चात् करता है। पाप और पुण्य सापेक्ष अवधारणाएँ हैं। इन्हें एक-दूसरे से अलग करके नहीं समझाया जा सकता है। इसके साथ ही दोनों का अस्तित्व एक-दूसरे से जुड़ा हुआ है। पाप और पुण्य की धारणा देश, काल और परिस्थिति में भिन्न-भिन्न रही है। अमेरिका में पाप जैसी किसी चीज का उल्लेख नहीं मिलता है। अमेरिकन इण्डियन में 'पाप' जैसी धारणा पाई जाती है। जिसका अर्थ दोष अथवा पातक से लगाया जाता है। बैबीलोनिया में पाप की धारणा अनेक धार्मिक और नैतिक ग्रन्थों में मिलती है। वहाँ पाप को मुख्य रूप से दो भागों में वर्गीकृत किया गया है।

1. धार्मिक और उत्सव सम्बन्धी पाप इसके अन्तर्गत धर्म की अवहेलना करना, ईश्वर की आज्ञाओं को न मानना और उत्सव-सम्बन्धी विधियों का उल्लंघन करना आदि सम्मिलित हैं।

2. नैतिक और राजनीति पाप इसके अन्तर्गत हां और नहीं के विचार से जो नहीं करना चाहिए ऐसे कार्यों को करना, तथा राज्य की प्रतिष्ठा और जनहित के विरूद्ध कार्य करना सम्मिलित है।

पाप केवल करने से नहीं होता विचारों में आने पर पाप की श्रेणी में आता है। महात्मा गांधी के अनुसार, "पाप करने का अर्थ यह नहीं है कि जब वह आचरण में आ जाए तब ही उसकी गिनती पाप में हुई। पाप तो जब हमारी दृष्टि में आ गया, विचार में आ गया वह हमसे हो गया।" पाप का सम्बन्ध धर्म से घनिष्ठ रूप से जुड़ा हुआ है। प्रत्येक देश और परिस्थितियों का एक धर्म होता है जो उस समय के व्यक्तियों के द्वारा धारण किया जाता है। अतः धर्म का धारण न करना ही पाप है। पाप को इसीलिए एक प्रकार का अंधेरा कहा गया है जो ज्ञान के आते ही इनकी समाप्ति हो जाती है।

पाप की परिभाषा

विभिन्न विद्वानों ने पाप को निम्न प्रकार से परिभाषित किया है

बालगंगाधर तिलक के अनुसार, "संसार में सब प्राणी स्वतन्त्र और स्वाभाविक जीवन व्यतीत करने के लिए आए हैं, उनको स्वार्थ के लिए कष्ट पहुँचाना ही पाप है।"

महात्मा गाँधी के कथानुसार, "जिस कार्य में आत्मा का पतन होता है वही पाप है।"

भगवतीचरण वर्मा ने पाप को परिभाषित करते हुए लिखा है, "संसार में पाप कुछ भी नहीं है। यह केवल मनुष्य के दृष्टिकोण में विषमता का दूसरा नाम है।" **विक्टर ह्यूगो** ने लिखा है कि "दरिद्रता और ऐश्वर्य तुलनात्मक पाप हैं।"

पी.बी. काणे का मानना है कि "पाप का पातक एक ऐसा शब्द है जिसका आचारशास्त्र की अपेक्षा धर्म से अधिक सम्बन्ध है। सामान्यतः ऐसा कहा जाता है कि यह एक ऐसा कृत्य है जो ईश्वर या इसके द्वारा प्रकाशित किसी व्यवहार (कानून) के उल्लंघन अथवा जानबूझकर उसके विरोध करने से उद्‌भूत होता है। यह ईश्वर की उस इच्छा का विरोध है जो किसी प्रामाणिक ग्रंथ में अभिव्यक्त रहती है अथवा यह उस ग्रन्थ में पाए जाने वाले नियमों के पालन में असफलता का परिचायक है।"

पाप का उदभव एवं विकास

विभिन्न पवित्र ग्रन्थों के अनुसार पाप की उत्पत्ति एवं विकास निम्न प्रकार हुआ है

1. ब्राह्मणोपनिषद् पाप का मूल केन्द्र-बिन्दु ईश्वर है। ईश्वर ही व्यक्ति को पाप और पुण्य करवाता है। जिन व्यक्तियों को ईश्वर ऊँचा उठाना चाहता है, उन्हें पुण्य कार्यों को सम्पादित करने की प्रेरणा देता है; इसके विपरीत जिन व्यक्तियों को नीचे गिराने का प्रयास करता है, उन्हें पाप-कार्यों को सम्पादित करने की प्रेरणा देता है।

2. ऋग्वेद हिन्दुओं का एक पवित्र ग्रन्थ है जिसमें यह उल्लेख किया गया है कि पाप किसी व्यक्ति की शक्ति के कारण नहीं होता है, अपितु इसकी उत्पत्ति सुरा, क्रोध, जुआ, असावधानी, तथा भाग्य आदि कारणों द्वारा होती है।

3. महाभारत महाभारत में पाप और पुण्य को मानव-प्रवृत्तियों के साथ जोड़ने का प्रयास किया गया है। मानव में सत्, रज एवं तम ये तीन प्रकार की प्रवृत्तियां पायी जाती है। रजोगुण से उत्पन्न विषयेक्षा एवं क्रोध मनुष्य के शत्रु हैं जो उसे पाप की ओर प्रेरित करते हैं।

4. गौतम गौतम ऋषि ने पाप की उत्पत्ति के जो वर्जित है उसे करना, जो व्यवस्थित है उसे न करना, अयोग्य व्यक्तियों द्वारा यज्ञ करने से, जो कहने योग्य न हो उसे कहना, तथा निषिद्ध भोजन करना आदि कारण बतलाएं हैं।

पाप का वर्गीकरण

विभिन्न विद्वानों ने पाप को भिन्न-भिन्न वर्गो में वर्गीकृत किया है।

1. महात्मा बुद्ध महात्मा बुद्ध ने पाप को शारीरिक, मानसिक एवं वाचिक इन तीन भागों में विभाजित किया है जिस पर संक्षिप्त प्रकाश नीचे डाला गया है

(क) शारीरिक शारीरिक पाप वे हैं जो शरीर के माध्यम से किए जाते हैं। प्रमुख शारीरिक पाप ये हैं प्राणघात या हत्या, चोरी, और व्यभिचार इसके प्रमुख उदाहरण है।

(ख) मानसिक मानसिक पाप में महात्मा बुद्ध ने असत्य, हिंसा, दया-दान में अश्रद्धा, पर-धन की इच्छा, तथा दूसरे की बुराई की इच्छा इन पाँच पापों को सम्मिलित किया है।

(ग) वाचिक वाचिक पाप वे हैं जिनका सम्बन्ध वाणी से होता है। वाणी से होने वाले पापों में झूठ बोलना, कटु वचन, निन्दा करना, तथा व्यर्थ भाषण आदि प्रमुख।

2. छान्दोग्य उपनिषद छान्दोग्य उपनिषद् में ब्रह्म-हत्या, सुरापान, महापात की संसर्ग, सोने की चोरी, गुरू-अंगनागमन (गुरू पत्नी के साथ यौन-सम्बन्ध) इन पाँच प्रकार के पापों का उल्लेख किया गया है।

3. आपस्तम्ब धर्मसूत्र इसके अनुसार पाप दो प्रकार के होते हैं

(क) **पतनीय** वे पाप जिनके सम्पादित करने से जाति से बहिष्कृत कर दिया जाता है।

(ख) **अशुचिकर** इनसे अशुद्धता प्राप्त होती है।

अपराध और पाप में अन्तर

अपराध और पाप में पाये जाने वाले प्रमुख अन्तरों को निम्नलिखित पंक्तियों में स्पष्ट किया गया है

	अपराध	पाप
1.	पाप का सम्बन्ध अचारशास्त्र से है	जबकि अपराध का विधिशास्त्र से।
2.	पाप की अवधारणा के अनुसार	जबकि अपराध के दण्ड का भुगतान

	इसका दण्ड इस लोक में नहीं, तो परलोक में भुगतान पड़ता है।	इसी लोक में करना पड़ता है।
3.	हर पाप अपराध नहीं होता।	जबकि हर अपराध पाप की सीमा में आता है।
4.	अपराध सामाजिक अवधारणा है।	जबकि पाप का सम्बन्ध धार्मिक अवधारणा से है।
5.	पाप का सम्बन्ध प्रायश्चित से है।	जबकि अपराध का दण्ड से।
6.	पाप और हानि अन्तः सम्बन्धित नहीं हैं।	जबकि अपराध और हानि एक-दूसरे से घनिष्ठ रूप से सम्बन्धित हैं।
7.	पाप का निर्धारण तत्कालीन समाज के मूल्यों द्वारा किया जाता है।	जबकि अपराध का निर्धारण पुलिस और न्यायालय करते हैं।
8.	पाप का निर्धारण मन, वचन और कर्म द्वारा होता है।	जबकि अपराध का निर्धारण क्रिया, निर्यात और दण्ड के द्वारा किया जाता है।

दुराचार

दुराचार का अर्थ खराब आचरण या व्यवहार से लगाया जाता है। दुराचार दो शब्दों दुः+आचार से मिलकर बना है। दुः का अर्थ हुआ खराब या बुरा आचार का अर्थ हुआ आचरण। जिन कार्य को करने से खुद को अच्छा न लगे तथा अपने साथ-साथ दूसरे लोगों को भी वह कार्य पसन्द न आये वह दुराचार की श्रेणी में आता है। इससे व्यक्ति के साथ-साथ समाज को भी क्षति पहुँचती है।

दूराचार का सम्बन्ध मानव आचरण से है। प्रायः प्रत्येक समाज कुछ नैतिक मूल्यों और मान्यताओं पर आधारित होता है।

प्रत्येक देश में मानव-व्यवहारों का निर्धारण करने के लिए नैतिक संहिता होती है। नैतिक संहिता में जिन कार्यों का वर्णन होता है उन्हें आदर्श माना जाता है।

जो व्यक्ति इन नैतिक संहिताओं में वर्णित कार्यों को करते है उन्हें आदर्श माना जाता है। इन आदर्श कार्यों के विरूद्ध कार्य ही दुराचरण है।

दुराचार के सन्दर्भ में **मैकेन्जी** ने लिखा है कि, ''नैतिक दोषों को या तो आन्तरिक या बाहरी स्वरूपों में यानी चारित्रिक दोष या बुरे कर्मो में माना जाता है। दुराचार गुण से सम्बन्धित शब्द है जो बाह्य क्रिया के स्थान पर

आन्तरिक तनाव परिलक्षित करता है। बाहरी पक्ष से हम उसे अपराध भी कह सकते है।"

दुराचार को एक उदाहरण के माध्यम से भी समझा जा सकता है। एक व्यक्ति सड़क पर चलती हुई एक सुन्दर स्त्री को देखता है और उसके बारे में बुरे विचार करता है। इससे उस सुन्दर स्त्री को तो किसी प्रकार की हानि नहीं होती है, किन्तु स्वयं देखने वाले मनुष्य के चरित्र में सड़ान्ध उत्पन्न हो जाती है। इस प्रकार दुराचार का स्वयं की हानि से सम्बन्ध है, दूसरों से नहीं। किन्तु इसका तात्पर्य यह नहीं है कि दुराचार का समाज पर कोई बुरा असर नहीं पड़ता है। इससे समाज में अनेक प्रकार की बुराइयां उत्पन्न होने लगती है तथा समाज पर इसका दुष्प्रभाव पड़ता है। इससे सामाजिक विघटन की प्रक्रिया प्रारम्भ हो जाती है। इसी प्रकार शराब पीना भले ही कानून की दृष्टि से वर्जित न हो किन्तु चारित्रिक दृष्टि से शराब व्यक्तिगत विघटन की पहली सीढ़ी है। जुआ, वेश्यावृत्ति आदि दुराचार के अन्य उदाहरण हैं। यही कारण है कि समाज में दुराचार की निन्दा की गई है। और जो कार्य लोग अच्छे करते है उससे उनको समाज में सम्मान मिलता है। लोग अच्छे दृष्टिकोण से उनके प्रति सोचते है।

दुराचार और अपराध में समानता

दुराचार मानव-मस्तिष्क को विकृत कर देता है, उसमें सड़ान्ध पैदा कर देता है। फिर यह समाज में छूत की बीमारी की भाँति फैलता है। यह बीमारी भी अपराधों की संख्या में वृद्धि के लिए उत्तरदायी है। दुराचार मानव-सम्बन्धों में मधुरता की भावना को समाप्त करता है। माधुर्य की इस भावना के समाप्त हो जाने से अनेक सामाजिक समस्याओं का जन्म होता है। किसी समाज में समस्याओं का जन्म लेना विघटन और अपराधों की संख्या में वृद्धि के लिए उत्तरदायी है। दुराचार सदाचार का उल्लंघन है। इससे मानवीय सम्बन्धों की व्यवस्था में विघटन होता है और समाज के नैतिक मूल्य गिरते हैं। किसी भी समाज में नैतिक मूल्यों और आदर्शों का गिरना सामाजिक अव्यवस्था को उत्पन्न करता है, जिससे अपराधों की संख्या में वृद्धि होती है।

दुराचार और अपराध में अन्तर

दुराचार और अपराध में पाये जाने वाले प्रमुख अन्तरों को निम्न पंक्तियों में स्पष्ट किया गया है

(क) दुराचार मानव के आन्तरिक आचरण की ओर संकेत करता है।	जबकि अपराध उसके बाहरी आचरण से सम्बन्धित है।
(ख) दुराचार में सदाचार के नियमों का उल्लंघन होता है।	जबकि अपराध कानून के उल्लंघन की प्रक्रिया है।
(ग) दुराचार में व्यक्ति की नीयत खराब होती है	जबकि अपराध व्यक्ति की क्रियाओं के विघटन से सम्बन्धित है।
(घ) दुराचार जैसा करना, वैसा भरना के सिद्धान्त पर आधारित है।	जबकि अपराधी को राज्य की ओर से दण्ड दिया जाता है।
(ङ) दुराचार व्यक्तिगत हानि को प्रोत्साहित करता है। इससे दुराचारकर्त्ता को स्वयं हानि होती है।	जबकि अपराध व्यक्तिगत हानि के साथ ही सामाजिक हानि को भी उत्पन्न करता है।

अनैतिकता

किसी चीज का उलंघन करना तथा ऐसा अवाछंनीय कार्य करना जिससे समाज को ठेस पहुँचे अनैतिकता की श्रेणी में आता है। 'सत' और 'असत' दो चीजें मानी गई है। सत का अर्थ है नियमानुसार।

जब कोई कर्म किसी आचार विषयक नियम से संगति रखता है तो उसे 'सत' कहा जाता है। असत का अर्थ है नियम के विपरीत। आचार विषयक नियम का व्यक्तिक्रम जिससे होता है उसको असत्य कर्म कहते हैं। असत्य कर्मों को ही अनैतिकता के नाम से जाना जाता है।

मानव-मस्तिष्क में विचार की उत्पत्ति होती हैं इन विचारों को वह क्रिया के रूप में परिणत करता है। उसकी इस क्रिया का अनुसरण समाज के अन्य व्यक्ति करते हैं।

धीरे-धीरे यह सामूहिक क्रिया जनरीति का रूप धारण कर लेती है तथा इसका स्वरूप रूढ़ियों, प्रजाओं और परम्पराओं के रूप में परिवर्तित हो जाता है। इनको स्वीकार न करना अनैतिकता की श्रेणी में आता है।

अनैतिकता की मान्यताएं आदर्शात्मक न होकर तर्क पर, भाग्यवादी सिद्धान्तों पर, आध्यात्मिक चरित्र पर, तथा ईश्वर के अस्तित्व पर आधारित नहीं होती है।

इसके अलावा अनैतिकता में आत्मा के अमरता को अस्वीकार किया जाता है और यह आत्मनिर्णय पर आधारित न होकर बाह्य परिस्थितयों की उपज होती है।

अनैतिकता एवं अपराध में समानताएं और असमानताएं

अनैतिकता व्यक्ति के आचरण को विघटित करती है। व्यक्तियों में आचरण विघटना की यह प्रक्रिया भी अपराधों को प्रोत्साहित करती है। अनैतिक व्यक्ति सामाजिक मूल्यों और आदर्शो की अवहेलना करता है। इससे अपराधों की संख्या में वृद्धि होती है। दोनों ही प्रक्रियाएँ व्यक्ति को अपराध भुगतान के लिए प्रेरित करती है।

अनैतिकता और अपराध में सबसे बड़ी असमानता यह है कि अनैतिकता का सम्बन्ध 'मनसावाचाकर्मणा' से है जबकि अपराध का सम्बन्ध क्रियाओं से है। इसके अलावा इन दोनों के मध्य यह भी अन्तर पाया जाता है कि अनैतिकता का दण्ड जन-उपहास के रूप में मिलता है और अपराध का दण्ड जेल, जुर्माना, शारीरिक दण्ड आदि रूपों में मिलता है।

5

हिंसा

प्राचीन काल से ही मानव समाज में हिंसा व्याप्त है। आज के समाज में हिंसा का होना कोई नई बात नहीं है। हालांकि प्राचीन समाज में हिंसा की प्रवृत्ति कम थी परन्तु मानव समाज का जैसे-जैसे विकास होता गया वैसे-वैसे हिंसा की प्रवृत्ति भी समाज में बढ़ती गई।

आधुनिक समाज में हिंसा की प्रवृत्ति अधिक पायी जा रही है। सभी समाजों या वर्गों में हिंसा की प्रवृत्ति एक समान नहीं है। अतः भिन्न-भिन्न समाजों में हिंसा के भिन्न-भिन्न तरीकों का इस्तेमाल किया जा रहा है। आदिम समाज में हिंसा फैलाने के साधनों के रूप में लाठी, पत्थर आदि का उपयोग होता था, आधुनिक समय में विज्ञान की वृद्धि ने हिंसा के नए-नए साधन विकसित किये हैं। हिंसा के आधुनिकतम साधन के रूप में "इराक द्वारा अमेरिका पर चेचक के वायरस द्वारा हमले की आशंका से पूरा संसार चिन्तित था।"

हिंसा के बारें में विभिन्न विद्वानों के विचारों में भिन्नता भी पायी जाती है परन्तु, किन्तु सामान्य रूप से हिंसा के विषय में कहा जा सकता है कि "हिंसा किसी व्यक्ति या समाज के खिलाफ किया गया ऐसा आपराधिक काम है, जिसमें व्यक्ति या समाज को मानसिक डर एवं कष्ट हो।" अतः स्पष्ट है कि हिंसा किसी व्यक्ति या समाज के विरुद्ध किया गया ऐसा काम है जिसमें व्यक्ति अथवा समाज को मानसिक दर्द होता है व शारीरिक पीड़ा भी होती है।"

हिंसा की उत्पत्ति

हिंसा की उत्पत्ति के सम्बन्ध में निम्नांकित मुख्य कारण हैं

(1) बदले की भावना बदले की भावना हिंसा को जन्म देती है। वर्तमान समाज में बदले की भावना के अंतर्गत ही हिंसा का भयानक रूप स्पष्ट नजर आता है। एक व्यक्ति दूसरे से बदला लेने के लिए उसकी हत्या भी कर देता है। एक देश दूसरे देश पर जैविकीय हथियारों के हमले से डर का वातावरण उत्पन्न कर देता है। यह सब बदले की भावना ही है जिससे हिंसा में वृद्धि होती है।

(2) आवश्यकता की पूर्ति आवश्यकता की पूर्ति हिंसा का मूल कारण है। वर्तमान समय में बेरोजगार युवकों के माध्यम से अकेले या समूह बनाकर हिंसात्मक काम अपनी आवश्यकता पूर्ति के लिए किए जा रहे हैं। आज के माहौल में युवकों को जब उचित रोजगार नहीं मिल रहा है तो वे अकेले अथवा समूह बनाकर लूट-पाट के कार्यों की ओर अग्रसर हो रहे हैं। अक्षरधाम मन्दिर में फायरिंग करने वाले 20-22 वर्ष के नवयुवक को उनकी जरूरत ने आतंकवादी बनने पर विवश कर दिया।

(3) भय पैदा करना आधुनिक समाज में अनेक ऐसे संगठन बन गए हैं जिनका उद्देश्य जनसमुदाय में भी डर उत्पन्न करना है। उदाहरण के लिए लादेन के संगठन 'अलकायदा' के द्वारा अमेरिका के विश्व प्रसिद्ध टावर को ध्वस्त कर अमेरिका की सरकार एवं जनता में भय उत्पन्न कर दिया था। संसार में इस तरह के संगठनों की संख्या में भी वृद्धि हो रही है।

(4) हिंसा का प्रसार हिंसा का भी पूरा प्रसार विज्ञान एवं प्रौद्योगिकी के विकास ने किया है। अमेरिकी टावर ध्वस्त की घटना पूरे संसार में प्रसारित की गई। भारतीय संसद पर किए गए हमले का मीडिया ने खूब प्रचार किया।

हिंसा के प्रचार-प्रसार का सबसे मुख्य साधन चलचित्र है। आधुनिक समय में प्रतिदिन लाखों लोग सिनेमा घरों में हिंसात्मक दृश्य देखते हैं। आज का बच्चा केवल नेटवर्क के माध्यम से हर रोज लगभग 50 हिंसात्मक दृश्य देखता है, उसका उसके दिमाग पर क्या प्रभाव पड़ रहा है यह शोध का विषय बन गया है। इस तरह स्पष्ट है कि मीडिया ने हिंसा का प्रचार-प्रसार किया है।

हिंसा के स्वरूप

हिंसा के कई स्वरूप व प्रकार है जिनमें से कुछ प्रमुख स्वरूपों पर संक्षिप्त प्रकाश नीचे डाला गया है।

मानसिक हिंसा

मानसिक हिंसा निम्न प्रकार की होती हैं

(1) समाज के विरुद्ध हिंसा जब समाज में रह रहे विभिन्न लोगों को मानसिक रूप से कष्ट होता है तब उसे समाज के लिए हिंसा कहा जाता है। उदाहरण के लिए भारत पाकिस्तान के सम्बन्धों को लेकर परमाणु हथियारों के उपयोग का डर दोनों देशों के नागरिकों को है तथा इराक एवं अमेरिका के सम्बन्धों को लेकर चेचक के वायरस द्वारा हमले का भय सम्पूर्ण विश्व को रहा है।

(2) मानव के विरुद्ध हिंसा यह हिंसा उस हिंसा को कहा जाता है जिनमें किसी व्यक्ति को बौद्धिक रूप से सताया अथवा पीड़ित किया जाता है। उदाहरण के लिए जैसे विवाह के बाद भी अनेक महिलाओं को इस बात के लिए मानसिक कष्ट दिया जाता है कि वह अपने मायके से और धन की व्यवस्था करे। इसके अलावा ताने मारना, गाली-गलौज करना, धमकी देना, भावनात्मक दबाव डालकर वह सब करवाना जो स्त्री मन से करना नहीं चाहती है। अगर किसी व्यक्ति के बच्चे का अपहरण कर उसे धमकी दी जाए कि अगर उसे बच्चा चाहिए तो इतनी रकम लेकर यहाँ पहुँचा जाओ, यह भी मानसिक हिंसा का ही उदाहरण है क्योंकि इसमें मनुष्य को बहुत अधिक मानसिक पीड़ा पहुँचती है।

शारीरिक हिंसा

सामान्य रूप से शारीरिक हिंसा को भी दो भागों में विभाजित किया गया है जो निम्नलिखित है

(1) समाज के खिलाफ हिंसा शारीरिक हिंसा समाज के खिलाफ वह हिंसा है जिसमें समाज में रह रहे अलग-अलग लोगों को शारीरिक कष्ट होता है। जैसे अमेरिका द्वारा जापान क्रे दो मुख्य शहरों (हीरोशीमा, नागासाकी) पर परमाणु बम से हमला करना जिसमें अत्यधिक धन-जन की क्षति हुई समाज के खिलाफ शारीरिक हिंसा का उदाहरण है। गुजरात के अक्षरधाम मंदिर में हुआ आतंकवादी हमला एवं मुम्बई के ताजमहल होटल में हुआ आतंकी हमला शारीरिक हिंसा का उदाहरण है।

(2) व्यक्ति के खिलाफ हिंसा इस प्रकार की हिंसा में व्यक्ति को शारीरिक रूप से दर्द होता है। भारत में स्त्रियों के खिलाफ होने वाले अपराधों में व्यक्ति के खिलाफ हिंसा को स्पष्ट रूप से देखा जा सकता है। भारत में इस हिंसा का सबसे अधिक शिकार महिलाएं है। विवाह के पश्चात कई घरों में नारी को

उसकी सास, ननद, देवर एवं पति द्वारा बेरहमी से पीटा जाता है, यहाँ तक की उसे कभी-कभी **जला भी दिया** जाता है। राह चलती लड़की का **बलात्कार** किया जाता है। **मानव संसाधन विकास मंत्रालय** के महिला एवं विकास विभाग द्वारा निकाले गये आकड़ों के अनुसार हर 45 मिनट पर भारत में एक महिला का बलात्कार होता है। हर 102 मिनट पर एक दहेज हत्या होती है। प्रत्येक सात मिनट पर परिवार के अन्दर एक महिला के खिलाफ कोई न कोई हिंसक घटना होती है। महिलाओं के खिलाफ हिंसा की घटनाओं की पूरे विश्व में वृद्धि हो रही है। अमेरिका जैसे राष्ट्र में प्रत्येक 15 सेकेण्ड में एक महिला अपने पति द्वारा पीटी जाती है। यह सब व्यक्ति के खिलाफ हिंसा का ही उदाहरण है। इसमें व्यक्ति को शारीरिक कष्ट होने के साथ ही साथ ही मानसिक कष्ट भी होता है।

यह स्पष्ट है कि जब भी व्यक्ति या समाज के विरुद्ध शारीरिक हिंसा होती है तो उसमें मानसिक हिंसा भी स्पष्ट नजर आती है।

हिंसा के प्रमुख कारक

हिंसा के मुख्य आवश्यक तत्व निम्नांकित हैं

(1) मानसिक एवं शारीरिक कष्ट हिंसात्मक काम में हिंसा पीड़ित तथा हिंसात्मक व्यक्ति दोनों को ही दर्द होता है। हिंसा पीड़ित व्यक्ति को मानसिक एवं शारीरिक दोनों कष्ट होते हैं तो हिंसात्मक व्यक्ति को भी कहीं न कहीं मानसिक पीड़ा जरूर होती है।

(2) अपराध हिंसा का एक मुख्य तत्व अपराध है, हिंसात्मक काम से ही अपराध का ज्ञान हो जाता है। अपराध के बिना हिंसा असभंव है। जैसे सरकार द्वारा जब किसी व्यक्ति को फांसी दी जाती है तो हम इसे हिंसात्मक काम नहीं कहेंगे, किन्तु जब कोई व्यक्ति किसी सड़क पर चलते व्यक्ति को चाकू मारकर उसका बैग छीन ले जाता है तो यह काम हिंसात्मक है।

हिंसा की प्रमुख समस्या

बदलाव की रणनीति में हिंसा और संघर्ष की भूमिका का समाजशास्त्रियों ने विश्लेषण किया है। सामाजिक बदलाव और हिंसक राजनीति के आपसी रिश्तों में दो मुख्य बातें सम्मिलित हैं। पहली बात तो यह है कि तनाव और हिंसा सामाजिक बदलाव के स्वाभाविक कारण हो सकते हैं। दूसरा, परिवर्तन के मन्त्रों के रूप में हिंसा और संघर्ष को लिया जा सकता है। संसार में इन दोनों विषयों पर बराबर

जिरह जारी है। यहाँ सामाजिक बदलाव के लिए उन हिंसक साधनों की चर्चा की गई है जो सोच-समझकर उपयोग किए जाते हैं। मार्क्सवादी संघर्ष को क्रान्ति का औजार मानते हैं। उनका इतिहास संघर्षों से भरा हुआ है। वे क्रान्ति लाने हेतु खूनी संघर्ष से भी परहेज नहीं करते हैं।

इसका एक अच्छा उदाहरण भारत में नक्सलवादी आन्दोलन है। प्रायः समस्त हिंसक प्रतिक्रियाओं का उद्देश्य लक्ष्य को प्राप्त करना नहीं होता है। कई लोग माल-असबाब, धन-दौलत इत्यादि जमा करने के लिए भी इन हिंसक प्रवृत्तियों में जुटे देखे जा सकते हैं। वे मौकों की खोज में रहते हैं और उन व्यावसायियों को लूट लेते हैं, जिन्होंने कभी उनकी सहायता नहीं की थी। अतः साधारणतया हिंसक प्रवृत्तियों को सामाजिक बदलाव का एक उपर्युक्त साधन नहीं माना जाता है। चूँकि हिंसा का प्रयोग समाज में शान्ति को समाप्त करता है इससे विकास की योजनाएँ प्रभावित होती हैं। प्रजातन्त्र में हिंसा को मान्यता नहीं दी जा सकती।

हिंसा पर प्रतिबन्ध

आधुनिक समाज में हिंसा के विकास से विभिन्न विकास सम्बन्धी कार्यों पर बुरा प्रभाव पड़ रहा है। हिंसा को रोकने के लिए निम्नलिखित उपाय अपनाने चाहिए।

(1) प्रशासनिक उपाय विभिन्न प्रशासन द्वारा हिंसा को रोकने के लिए विभिन्न उपाय किये गये है। जैसे आतंकवादियों के खिलाफ सख्त रवैया, पोटा लागू करना, बेरोजगारों के लिए विभिन्न रोजगार योजनाएँ जैसे प्रधानमन्त्री रोजगार योजना इत्यादि योजनाओं द्वारा सरकार का प्रयत्न हिंसा को कम करना भी है।

(2) गैर-प्रशासनिक उपाय ब्रह्म समाज, आर्य समाज आदि संस्थाएं एवं संगठन का प्रचार-प्रसार को गैर-प्रशासनिक उपाय कहा जाता है। अतः यह उपाय हिंसा को कम करने में सहायक हैं। जैन धर्म एवं बौद्ध धर्म में भी हिंसा को कोई जगह नहीं है।

प्रत्यक्ष तौर पर सरकारी या गैर-सरकारी उपायों का प्रमुख उद्देश्य हिंसा दूर करना नहीं परन्तु अप्रत्यक्ष तौर पर उनके उपरोक्त कार्यक्रम बहुत सीमा तक हिंसा को कम करते हैं।

6

श्वेतपोश अपराध

वर्तमान समय में कोई भी समुदाय या समाज अपराध से अछूता नहीं है। इसका अर्थ यह है कि आज हर समाज में अपराध का बोलबाला है। आज अपराध एक ऐसी घटना बन चुका है जो पूरे विश्व में आग की भांति फैल रहा है मात्र अन्तर इतना ही है कि कहीं पर अधिक है तो कहीं कम है। परन्तु स्पष्ट रूप से यह कहा जा सकता है कि अपराध का स्वरूप दिनोंदिन बदलता जा रहा है। हर समाज में और हर समय में इसके स्वरूप में भिन्नता पाई जाती है। साथ ही एक समाज में भी विभिन्न समयों में इसके स्वरूपों में भिन्नता होती है। आयु के आधार पर अपराध को विभिन्न भागों में विभक्त किया गया है। इसी प्रकार अपराधियों की प्रस्थिति के आधार पर भी अपराध, सफेदपोश अपराध तथा बाल-अपराध इन भागों में अपराध को विभाजित किया जा सकता है।

प्राचीन काल की अपेक्षा आज का मानव समाज काफी बदल चुका है। जिसे एक जटिल समाज भी कहा जा सकता है। यह अत्यधिक गत्यात्मक है। इस गतिशीलता के कारण सामाजिक ढांचे और संरचना में मुश्किलें आती जा रही है। आज समाज में अनेक समस्याओं की उत्पत्ति हो रही है जो जटिलता का ही परिणाम है। वर्तमान में अपराध गरीबी एवं मानसिक विकृति के लिए ही नहीं किया जाता है अपितु संपन्न एवं उच्च स्तर के लोगों के द्वारा भी किया जाता है। ऐसे अपराधों के लिए कानून द्वारा सजा की कोई व्यवस्था नहीं रहती है। किन्तु

ऐसे अपराध समाज एवं राष्ट्र के लिए अत्यधिक घातक होते हैं। इस प्रकार यह ज्ञात होता है कि अनेक अपराध ऐसे भी होते हैं जिनका पता नहीं चलता तथा वे दण्ड की परिधि से बाहर होते हैं। ऐसे अपराध उन व्यक्तियों द्वारा किए जाते हैं जो समाज में उच्च पद प्राप्त किए रहते हैं। इस प्रकार के अपराध को सफेदपोश अपराध कहा जाता है। ऐसे अपराध पेशे के दौरान किए जाते हैं। कुछ विद्वानों का मत है कि ऐसा नहीं है कि इस प्रकार के अपराध आज हो रहे हैं, अपितु ऐसे अपराध प्राचीन समय से ही समाज में उपलब्ध हैं। पुरानी संस्कृति में इन अपराधों को 'समरथ को नहिं दोष गुसाईं, की कहावत के आधार पर नजरअंदाज कर दिया जाता था। 1872 में लंदन में हुए अपराध निदान संबंधी अंतर्राष्ट्रीय कांग्रेस में, 'आपराधिक पूंजीपति' नामक शोधपत्र में एडविन सी. हिल ने समाज के उच्चवर्गीय व्यक्तियों द्वारा किए जाने वाले अपराधों की ओर सदस्यों का ध्यान आकर्षित किया था। इसी प्रकार प्रो. अल्बर्ट मोरिस ने 1984 में समाज के प्रतिष्ठित एवं धनाढ्य व्यक्तियों द्वारा किए जाने वाले अपराधों के प्रति आवश्यक कदम उठाने के लिए समाज का सशक्त आह्वान किया था। इसलिए स्पष्ट होता है कि सिर्फ वर्तमान समय में ही इस प्रकार के अपराध नहीं किए जाते हैं अपितु पुराने समय में भी इस प्रकार के अपराधों का बोलबाला था।

श्वेतपोश अपराध का अर्थ

यह ऐसा अपराध है जो समाज के उच्च प्रतिष्ठित व्यक्ति अपने पेशे के दौरान करते हैं। उदाहरणार्थ एक जज अपने पेशे के दौरान फैसला देने के लिए घूस लेता है, एक वकील का अपने मुवक्किल से ज्यादा फीस वसूल करना आदि। इस प्रकार के अपराध का ज्यादातर पता नहीं चलता है क्योंकि ऐसे अपराध समाज के उच्च प्रतिष्ठित व्यक्तियों द्वारा किया जाता है। साथ ही ऐसे अपराध वे व्यक्ति अपने पेशे के दौरान करते हैं। इस तरह के अपराध के लिए किसी प्रकार की सजा की भी कोई व्यवस्था नहीं रहती है। सफेदपोश अपराध सामान्य अपराध से बहुत सीमा तक अलग होता है। विलहेलम ओबर्ट ने लिखा है कि सफेदपोश अपराध सामान्य अपराध से बहुत रूपों में अलग है। उन्हीं के शब्दों में, ''White-collar crime differs from other crime, not only in the methods of dealing with it but in the status of the offender's toleration of the public, and the support which offenders may receive from other groups in the society.'' इस परिभाषा का अध्ययन करने से यह स्पष्ट होता है कि दण्ड देने की दृष्टि से सफेदपोश अपराध सामान्य अपराध से भिन्न है। अन्य प्रकार के

अपराधों के लिए व्यक्ति दण्ड का भागी होता है। इसके विपरीत सफेदपोश अपराध के लिए व्यक्ति प्रायः सजा नहीं पाता है। विलहेलम ओबर्ट के अनुसार सफेदपोश अपराध और सामान्य अपराध में भिन्नता का आधार और भी है। अपराधियों की स्थिति के आधार पर भी दोनों में अन्तर पाया जाता है। स्तरीकरण की प्रक्रिया के कारण समाज विभिन्न प्रस्थिति वर्गों में बंटा हुआ है। यदि समाज के भीतर कोई सम्मानित व्यक्ति अपराध करता है तो उसे सफेदपोश अपराध की संज्ञा प्रदान की जाती है जबकि निम्न स्तर के लोगों द्वारा किया जाने वाला अपराध सामान्य अपराध की श्रेणी में आता है। साथ ही सफेदपोश अपराध सामान्य अपराध से समाज के अन्य समूहों द्वारा प्राप्त होने वाली सहायता की नजर से भी अलग है। प्रायः जनता सफेदपोश अपराध का विरोध नहीं करती क्योंकि इसका स्वरूप प्रत्यक्ष नहीं होता है।

परिभाषा

श्वेतपोश अपराध को विभिन्न विद्वानों ने अपने-अपने तरीके से पारिभाषित किया है। कुछ प्रमुख विद्वानों द्वारा प्रस्तुत निम्नांकित परिभाषाएं प्रस्तुत की जा रही है

हार्टंग के शब्दों में "श्वेतपोश अपराधी वह होता है जो समाज के उच्च, सम्पन्न परिवार से आता है और सुशिक्षित व्यक्ति होता है।"

सदरलैण्ड का मानना है कि, "प्रतिष्ठित एवं उच्च सामाजिक पद के व्यक्ति के माध्यम से अपने व्यवसाय के समय में किया गया अपराध ही 'श्वेतपोश अपराध' है।"

वाल्टर सी. रेकलेस ने लिखा है "श्वेतपोश अपराध उन व्यवसायियों के अपराधों का प्रतिनिधित्व करते हैं जो व्यवसायों की नीति तथा कार्यक्रम निर्धारित करते हैं।"

डी.आर.टैफ्ट के अनुसार, "श्वेतपोश अपराध, अपराध का वह प्रकार है जो उच्च वर्ग के व्यक्तियों द्वारा संपादित किया जाता है।"

प्रो. पी. गोस्वामी के शब्दों में, "उच्च प्रतिष्ठा प्राप्त व्यक्तियों द्वारा अपनी प्रतिष्ठा की आड़ में किया गया कानून का उल्लंघन ही श्वेतपोश अपराध है।"

अतः स्पष्ट है कि समाज में उच्च प्रतिष्ठित व्यक्ति या उच्च स्थिति प्राप्त व्यक्ति अपने पेशे के दौरान जो अपराध करते हैं वह अपराध सफेदपोश अपराध के नाम से जाना जाता है। चूंकि ऐसे अपराध समाज के उच्च स्थिति प्राप्त व्यक्ति

करते हैं इसलिए ऐसे अपराधों का पता भी नहीं चल पाता एवं व्यक्तियों द्वारा इसका कोई विरोध भी नहीं किया जाता है। इस प्रकार के अपराध का कोई लेखा-जोखा पुलिस रिकार्ड में भी नहीं मौजूद रहता है अतः ऐसे अपराधों के लिए कोई सजा निश्चित नहीं है।

सफेदपोश अपराध का स्वरूप

प्रायः सफेदपोश अपराध लोग अपने व्यवसाय के समय में करते है। सामान्य रूप से इस प्रकार का अपराध व्यवसाय की प्रकृति के अनुसार ही होते हैं। अप्रत्यक्ष होने के कारण सफेदपोश अपराध के बहुत से प्रकार का पता ही नहीं चलता। अपराधशास्त्रियों के अनुसार सफेदपोश अपराध निम्न प्रकार के होते हैं

1. खाद्यान्नों एवं औषधियों में मिलावट श्वेतपोश अपराधी अधिक लाभ लेने के उद्देश्य से खाद्य पदार्थों एवं दवाईयों में मिलावट कर देते हैं। जिनके कारण अनेक लोगों की मृत्यु हो जाती है। कई घर नष्ट हो जाते हैं।

2. व्यापार में कपटपूर्ण व्यवहार ऐसे अपराध में ठेकों (bids) की बिक्री एवं पूँजी लगाने के मामलों में कपटपूर्ण व्यवहार आदि आते है।

3. चिकित्सा व्यवसाय में अनाचार अवैध गर्भपात, एल्कोहल, छिपे हुए अपराधियों का इलाज एवं अन्य नशीली द्रव्यों की अवैध बिक्री, जाली विशेषज्ञ तथा दुर्घटना के बारे में झूठी रिपोर्ट देना आदि को इस प्रकार के अपराध में शामिल किया जाता है। अतः स्पष्ट है कि सफेदपोश अपराध के द्वारा चिकित्सा व्यवसाय में अनेक अनाचार होते हैं।

4. आपराधिक कार्यों के लिए न्यास, उत्पादक संघ, व्यापार संघ एवं सिंडीकेट आदि का गठन आज के दौर में इस प्रकार का अपराध अधिक हो रहा है। इस प्रकार से सफेदपोश अपराधों की उत्पत्ति को बढ़ावा मिल रहा है।

5. स्वस्थ प्रतियोगिता में अविश्वास आज सफेदपोश अपराधी स्वस्थ प्रतियोगिताओं में विश्वास नहीं रखते अपितु वे अस्वस्थ तरीके से छल-कपटपूर्ण प्रतियोगिताओं में विश्वास रखते हैं।

6. झूठा विज्ञापन अधिकांश व्यवसायी ज्यादा-से-ज्यादा मुनाफा गलत तरीकों से कमाना चाहते हैं। वे समाचार पत्रों एवं पत्रिकाओं में गुमराह करने वाले आकर्षक विज्ञापन छपवा देते हैं जिससे लोग उनके झाँसे में आ जाएँ। जनता भी ऐसे लुभावने विज्ञापनों से आकर्षित हो जाती है व उसमें फँसकर अपना पैसा गँवा

बैठती है। इस प्रकार सफेदपोश अपराध का एक कारण गुमराह करने वाले विज्ञापन कहे जा सकते हैं।

7. वकील व्यवसाय अक्सर वकील अपने पेशे के दौरान साक्ष्यों को तोड़-मरोड़कर पेश करते हैं जिससे कई बार असली अपराधी दण्ड से वंचित हो जाते हैं। साथ ही वे दुर्घटना आदि के विषय में झूठे दावे भी पेश करते हैं। इतना ही नहीं ये निकायों के आपराधिक एवं अर्द्ध-आपराधिक गतिविधियों का मार्गदर्शन करते हैं। उनके द्वारा किए गए ये समस्त अपराध सफेदपोश अपराध के अंतर्गत आते हैं।

8. भ्रष्टाचार वर्तमान में चारों ओर भ्रष्टाचार का बोलबाला है। लोक-अधिकारीगण भ्रष्टाचार में आकंठ तक डूबे हुए हैं। इस प्रकार से सफेदपोश अपराध में बढ़ोतरी हो रही हैं। इसलिए लोक-अधिकारियों द्वारा रिश्वत लेना तथा भ्रष्टाचार को सफेदपोश अपराध का एक प्रकार कहा भी जा सकता है।

श्वेतपोश अपराध के प्रमुख कारण

इस प्रकार के अपराध के अनेक कारण हैं। कुछ प्रमुख कारण निम्नलिखित है

1. सफेदपोश अपराध के विकास का एक प्रमुख कारण सजा या दण्ड का अभाव भी कहा जा सकता है। ऐसे अपराध के लिए सजा की कोई व्यवस्था नहीं रहती है। सदरलैण्ड ने भी सफेदपोश अपराध पर प्रकाश डाला है कि इस प्रकार के अपराध के लिए अपराधी दण्ड से वंचित रहता है। चूँकि सफेदपोश अपराध के लिए किसी प्रकार के दण्ड का प्रावधान नहीं है अतः इनकी अपराधी प्रवृत्तियों में कोई बदलाव नहीं आता है। अपराधी प्रवृत्तियों में सुधार लाने हेतु विभिन्न साधन हैं जिनमें कानून का भी एक प्रमुख स्थान है। कानून में इसके उल्लंघनकर्त्ता को सजा देने की भी व्यवस्था रहती है जो उल्लंघनकर्त्ता में भय उत्पन्न करती है। और व्यक्ति सजा पाने के डर से अपराधी प्रवृत्तियों के भय से स्वयं को दूर रखने का प्रयास करता है। परन्तु सफेदपोश अपराधी प्रायः सजा से वंचित रहते हैं। इसलिए उन्हें अपराध करते समय कोई भय नहीं रहता है और वे स्वतंत्र व निर्भीक होकर अपराध को अन्जाम दे डालते है।

2. अधिक लाभ कमाने का उद्देश्य सफेदपोश अपराध का एक प्रमुख कारण है। ऐसा अपराध अधिक मुनाफा कमाने के उद्देश्य से किया जाता है। ऐसा नहीं है कि सभी प्रकार के सफेदपोश अपराध का मुनाफा कमाना ही एकमात्र कारण है। दरअसल कोई भी परिणाम किसी एक कारक की उपज नहीं होती है। इन विभिन्न कारकों में मुनाफा कमाने का उद्देश्य या आर्थिक प्राप्ति की मनोवृत्ति भी एक कारक है। इन कारकों को कुछ उदाहरणों के द्वारा समझाया जा सकता है। सफेदपोश अपराध की अवधारणा से ही यह स्पष्ट होता है कि इस प्रकार के अपराधी को समाज में उच्च स्थिति प्राप्त रहती है। प्रस्थिति के निर्धारण हेतु बहुत से कारक उत्तरदायी हैं जिनमें अर्थ भी एक मुख्य स्थान रखता है। अन्य शब्दों में यह कहा जा सकता है कि आर्थिक स्थिति भी प्रस्थिति का एक निर्धारक तत्त्व है। पैसे की स्थिति के कारण भी किसी मनुष्य को समाज में उच्च स्थिति प्राप्त हो सकती है। ऐसे व्यक्ति भी अपराध करते हुए देखे जा सकते हैं। यथा आयकर बचाने के उद्देश्य से अमीर व्यक्ति गलत सूचना देते हैं। धनी व्यवसायी अनुपयोगी वस्तुओं के बारें में गलत विज्ञापन देते हैं। इसी प्रकार ये व्यवसायी बैंड वैगन डेविस का सहारा लेकर लोगों को भ्रम में डालकर अधिक से अधिक वस्तुओं को बेचकर तथा लोगों को ठगते हैं। इसी प्रकार डॉक्टर का जाली सर्टिफिकेट देना, मरीज को ऐसी दुकानों पर दवा खरीदने के परामर्श देना जहाँ Expiry Date की दवाइयाँ मिलती हैं आदि सफेदपोश अपराध हैं और ये सभी मुनाफा कमाने के उद्देश्य से किए जाते हैं। इसी प्रकार इंजीनियर तथा प्रशासनिक पदाधिकारी का रिश्वत लेना आदि का उद्देश्य भी आर्थिक प्राप्ति या मुनाफा होता है।

3. अज्ञानता भी सफेदपोश अपराध का एक प्रमुख कारण है। छल-कपट विधि प्रचार की एक प्रमुख प्रविधि है। जनता अपनी अज्ञानता के कारण छल-कपट विधि के द्वारा किए जाने वाले प्रचार का शिकार हो जाती है और सफेदपोश अपराधियों के उद्देश्यों की पूर्ति हो जाती है। इसी प्रकार समाचार पत्रों एवं पत्रिकाओं में गलत विज्ञापन देकर लोग जनता को ठगने का काम करते हैं। कुछ लोग इस तरह के प्रचार का शिकार हो जाते हैं। इस तरह के प्रचार का शिकार हो जाना जनता की

अज्ञानता एवं नासमझी का परिणाम है। अगर लोगों को इस बात का ज्ञान हो जाए कि इतने कम रुपयों में इतना मंहगा सामान मिलना असंभव है तो शायद इस प्रकार के अपराध कम हो सकते हैं।

4. सफेदपोश अपराध का एक प्रमुख कारण गोपनीयता का होना भी माना जाता है। गोपनीयता का एक प्रमुख गुण व विशेषता यह है कि इस तरह के अपराध का जनता द्वारा कोई विरोध नहीं किया जाता है। इसकी वजह यह है कि इस तरह का अपराध समाज में उच्च स्थिति प्राप्त किए हुए लोगों द्वारा किया जाता है। उच्च स्थिति वाले व्यक्तियों को जनता का विश्वास प्राप्त रहता है और इस विश्वास की ओट में वे अपराध करते हैं। इसलिए यह कहा जा सकता है कि इस तरह के अपराध का स्वरूप अप्रत्यक्ष होता है। यही वजह है कि जनता इस तरह के अपराध का विरोध नहीं करती है।

5. मानव जीवन पर धर्म का प्रभाव कम होना भी सफेदपोश अपराध के विकास का एक प्रमुख कारण है। नगरीकरण, औद्योगीकरण तथा पाश्चात्यीकरण आदि प्रक्रियाओं के कारण मनुष्य के जीवन पर धर्म का प्रभाव कम होने लगा है। फलस्वरूप धर्म के आचरणों का उल्लंघन करने में व्यक्ति नहीं हिचकता है। पाप-पुण्य की अवधारणा खत्म होने लगी है। इसी प्रकार हिंदू धर्म के पुनर्जन्म की व्याख्या भी अर्थहीन समझी जाने लगी है। वर्तमान में मनुष्य के सामने मुख्य समस्या मोक्ष की प्राप्ति नहीं रह गई है। इसलिए धार्मिक विश्वासों के विपरीत आचरण करते हुए उसे किसी तरह का डर नहीं रहता है। अतः समाज में उच्च स्थिति प्राप्त व्यक्ति भी रिश्वत लेना, दूसरों को ठगना या विश्वासघात करना तथा दूसरों का शोषण करना पाप कर्म नहीं समझते हैं।

6. सफेदपोश अपराध का एक प्रमुख कारण जन-जागरूकता की कमी का होना भी माना जा सकता है। जन-जागरूकता की कमी में जनता सफेदपोश अपराध का विरोध नहीं करती है। अक्सर यह सुनने में आता है कि पुलिस अधिकारी निर्दोष व्यक्तियों को भी रिश्वत देने के लिए मजबूर करते हैं और तरह-तरह से उनका शोषण करते हैं। जनता द्वारा शोषण को सहन करना और रिश्वत देना जन-जागरूकता के अभाव का ही परिणाम है। इसी प्रकार अगर कहीं डॉक्टर के प्राइवेट

प्रैक्टिस पर प्रतिबंध लगा दिया जाता है फिर भी वे प्राइवेट प्रैक्टिस करते हुए नजर आते हैं जो सफेदपोश अपराध का उदाहरण कहा जा सकता है। यह जानते हुए भी कि प्राइवेट प्रैक्टिस पर रोक लग गई है जनता प्राइवेट फीस देकर अपना इलाज करवाती है। साथ ही साधारण जनता अपनी आँखों के सामने सफेदपोश अपराध होते हुए देखकर भी उसका कोई विरोध नहीं करती है तो इसका कारण जन-जागरूकता का अभाव ही कहा जा सकता है।

7. सफेदपोश अपराध का एक महत्त्वपूर्ण कारण यथार्थवाद को भी माना जा सकता है। जब मनुष्य स्वार्थ के वशीभूत हो जाता है तो वह इसके लिए गंभीर-से-गंभीर अपराध करने के लिए भी सदैव तैयार रहता है। सफेदपोश अपराधी भी शीघ्रताशीघ्र धन कमाना चाहते हैं जो कि उनके स्वार्थ को स्पष्ट करता है। ये लोग नकली दवाइयों का निर्माण, खाद्य पदार्थों में मिलावट तथा अन्य कई गलत एवं अनैतिक तरीकों से अपने स्वार्थ के वशीभूत होकर जल्द-से-जल्द धन कमाने के लिए इस प्रकार के अपराध करने के लिए उत्सुक होते है।
8. पूंजीवादी व्यवस्था सफेदपोश अपराध का एक प्रमुख कारण है क्योंकि इस व्यवस्था में पूँजी कुछ ही लोगों के हाथों में केंद्रित होकर रह जाती है। जिनके हाथों में पूँजी होती है वे सही एवं गलत तरीकों से अधिकाधिक उद्योग-धंधों पर कब्जा कर लेते हैं। साथ ही वे वैधानिक तथा अवैधानिक सभी विधियों से धन अर्जित करना चाहते हैं। ऐसे लोगों के खिलाफ सरकार भी कोई सख्त कदम उठा नहीं पाती है क्योंकि आर्थिक शक्ति के जोर पर इनका राजनीतिज्ञों के भविष्य पर दबाव रहता है।
9. कानून की जटिलता सफेदपोश अपराध का एक प्रमुख कारण मानी जाती है। कानून में इतनी जटिलता है कि वह जनसाधारण की समझ से बाहर है। सफेदपोश अपराधी अमीर एवं अभिजात्य वर्ग से जुड़े होते हैं। उन्हें विधि का ज्ञान भी होता है और यदि नहीं भी होता है तो वे अच्छे-से-अच्छे विधिवेत्ताओं की सेवा लेने में समर्थ होते हैं। इसलिए वे कानून को मनमाने तरीके से तोड़-मरोड़कर प्रयोग करते हैं।
10. सफेदपोश अपराध का एक प्रमुख कारण औद्योगीकरण की प्रगति का होना भी माना जा सकता है। औद्योगीकरण के कारण व्यवसाय का

क्षेत्र बड़ा हो गया है। मशीनीकरण के कारण प्रतिस्पर्द्धा में वृद्धि हुई है। उद्योगपति वैध या अवैध तरीके से किसी भी तरह की प्रतिस्पर्द्धा में दूसरों को नीचा दिखाने का प्रयास करते हैं। इसके लिए वे गलत तरीकों का प्रयोग करते हैं जो सफेदपोश अपराध को बढ़ावा देने का एक कारण बन जाता है।

11. तकनीकी तथा वैज्ञानिक कारण भी सफेदपोश अपराध का एक कारण कहा जा सकता है। समाज में व्यापारिक प्रतिष्ठानों की बढ़ोतरी से नियंत्रण कमजोर हो गया है जिससे एकाधिकार, प्रबंधक वर्ग का उदय आदि को प्रोत्साहन मिलता है। इस प्रकार की नवीन आर्थिक व्यवस्था, सामाजिक व्यवस्था एवं राजनीतिक व्यवस्था आदि को सुचारु रखने के लिए नैतिकता का जटिलता से पालन करना अनिवार्य होता है। समाज के सभी वर्ग इस आवश्यकता की पूर्ति में असमर्थ होते हैं। फलस्वरूप सफेदपोश अपराध का उदय एवं विकास होता है।
12. न्यायिक पक्षपात भी सफेदपोश अपराध की उत्पत्ति का एक कारण कहा जा सकता है। चूँकि सफेदपोश अपराधी उच्च वर्ग से जुड़े होते हैं अतः न्यायिक व्यवस्था भी अक्सर उनका पक्ष लेती है। कहने का अभिप्राय यह है कि न्यायिक व्यवस्था भी पक्षपातपूर्ण रवैया अपनाती है। इसका एक कारण यह भी होता है कि सरकार में भी अधिकांश उसी वर्ग के लोग होते हैं जिसके कारण पक्षपात की संभावना बनी रहती है।

श्वेतपोश अपराध की विशेषताएँ

चूँकि यह अपराध सामान्य अपराध से अलग है अतः इसकी विशेषता भी साधारण अपराध से अलग है। सफेदपोश अपराध की निम्नलिखित विशेषताएँ कही जा सकती हैं

1. यह अपराध समाज के उच्च प्रतिष्ठित व्यक्तियों द्वारा किया जाता है। इसका विचार कि प्रत्येक स्थिति के व्यक्तियों द्वारा किया जाने वाला अपराध सफेदपोश अपराध नहीं है अपितु समाज के उच्च स्थिति प्राप्त व्यक्तियों द्वारा किया जाने वाला अपराध सफेदपोश अपराध के अंतर्गत सम्मिलित किया जाता है। जैसे डॉक्टर, इंजीनियर, प्रोफेसर तथा प्रशासनिक अधिकारी आदि को समाज में उच्च स्थिति प्राप्त रहती है।

इसलिए इन लोगों द्वारा किया जाने वाला अपराध सफेदपोश अपराध कहा जाता है।

2. इस प्रकार के अपराध का पुलिस रिकार्ड में कोई लेखा-जोखा नहीं रहता है। सदरलैण्ड के अनुसार सफेदपोश अपराध सर्वत्र व्याप्त है। किन्तु इसकी यह एक विशेषता है कि इसका लेखा-जोखा पुलिस रिकार्ड में नहीं रहता है। अतः इस प्रकार के अपराध के बारें में वास्तविक आँकड़ा प्राप्त करना असंभव होता है।

3. सफेदपोश अपराधी अविश्वास उत्पन्न करता है। इस सन्दर्भ में सदलैण्ड महोदय ने लिखा है कि चूँकि सफेदपोश अपराध वह अपराध है जो समाज के उच्च स्थिति प्राप्त व्यक्तियों के माध्यम से किया जाता है और इन व्यक्तियों पर जनता का यह विश्वास रहता है कि ये कभी अपराध नहीं कर सकते हैं। अतः यदि उच्च प्रतिष्ठावाले व्यक्ति अपराध करते हैं तब सदरलैण्ड तथा रोसेक आदि विद्वानों के अनुसार इनके इस काम को विश्वासघात करना कहा जा सकता है। चूँकि इस प्रकार के अपराधी जनता के साथ विश्वासघात करते हैं अतः ऐसे अपराधों के फलतः जनता में Feeling of distrust उत्पन्न होता है। एक प्रकार इसे सफेदपोश अपराध की विशेषता के अंतर्गत शामिल किया जा सकता है और दूसरी तरफ इसे सफेदपोश अपराध का परिणाम भी कहा जा सकता है।

4. इस प्रकार के अपराध के लिए अपराधी सजा नहीं पाते हैं। कहने का तात्पर्य यह है कि सफेदपोश अपराध के लिए व्यक्ति न्यायालयों द्वारा दण्ड के भागी नही होते हैं। सदरलैण्ड ने सफेदपोश अपराध की विशेषता की चर्चा करने के साथ-साथ उन कारणों पर प्रकाश डाला है कि जिसकी वजह से इस प्रकार के अपराधी प्रायः सजा नहीं पाते हैं। इनके अनुसार समाज के उच्च स्थिति प्राप्त व्यक्ति विभिन्न आधारों पर समाज में उच्च स्थिति प्राप्त कर सकते हैं। उच्च स्थिति प्राप्त करने का आधार राजनीति व अर्थ दोनों हो सकता है। इन व्यक्तियों का समाज में अधिक बोलबाला रहता है और इन्हें दण्ड देने का कोई साहस नहीं करता है। साथ ही अपने वित्तीय महत्त्व के कारण भी इस प्रकार के अपराधी रिश्वत देकर सजा से वंचित हो जाते हैं। अक्सर यह देखने में

आता है कि पुलिस अधिकारी भी ऐसे ही व्यक्तियों के विरुद्ध चार्जशीट पेश करते है जिनकी आर्थिक एवं राजनैतिक स्थिति मजबूत नहीं होती है। पुलिस को यह डर रहता है कि नेता के खिलाफ आरोप लगाने पर नेता उनका ऐसी जगह पर तबादला करवा सकता है जहाँ आय का दरवाजा बंद हो या उसके कारगुजारियों का विधानसभा के मंच पर भंडा फोड़कर उन्हें निलंबित करवा सकता है या गलत आरोप लगाकर दंडित करवा सकता है। इस प्रकार यह ज्ञात होता है कि सफेदपोश अपराधियों का समाज में इतना ज्यादा बोलबाला रहता है कि वे प्रायः सजा से वंचित रहते हैं।

5. ऐसे अपराध का प्रभाव मुख्यतः संस्थाओं एवं सामाजिक संगठनों पर ज्यादा पड़ता है। इसका अर्थ यह नहीं है कि सामान्य अपराध का प्रभाव सामाजिक संस्थाओं तथा सामाजिक संगठनों पर नहीं पड़ता है। साधारण अपराध का प्रभाव भी विभिन्न सामाजिक संस्थाओं एवं सामाजिक संगठनों पर पड़ता है किन्तु सफेदपोश अपराध की अपेक्षा कम पड़ता है।
6. इसका संबंध अर्थ प्राप्ति के उद्‌देश्य से होता है। कहने का तात्पर्य यह है कि यह कहा जा सकता है कि इस प्रकार का अपराध आर्थिक प्राप्ति हेतु से किया जाता है। अमीर व्यक्तियों का गलत इनकम टैक्स रिटर्न देना, डॉक्टर का जाली सर्टिफिकेट देना तथा ऑफिसर का रिश्वत लेना आदि आर्थिक प्राप्ति हेतु किए जाने वाले अपराध हैं। सदरलैण्ड ने सफेदपोश अपराध की परिभाषा में भी इस बात का उल्लेख किया है कि पेशे के दौरान एक प्रतिष्ठित एवं उच्च सामाजिक पदवाले व्यक्तियों के माध्यम से किया गया अपराध सफेदपोश अपराध है। इस बात से भी मना नहीं किया जा सकता कि किसी भी अपराध के पीछे व्यक्तियों का उद्‌देश्य धन की प्राप्ति रहता है। इसलिए आर्थिक उद्‌देश्य की प्राप्ति भी सफेदपोश अपराध की एक विशेषता कही जा सकती है।
7. जन साधारण द्वारा इसका विरोध नहीं किया जाता है क्योंकि ऐसा अपराध समाज के उच्च स्थिति प्राप्त व्यक्तियों द्वारा किया जाता है। सोरोकिन के अनुसार एक क्षेत्र में जिसे उच्च स्थिति प्राप्त रहती है उसे ज्यादातर दूसरे क्षेत्र में भी उच्च स्थिति प्राप्त रहती है। इस सन्दर्भ में इलियट एवं मेरिल महोदय ने लिखा है कि ये राष्ट्र के उद्‌देश्यों को

अपने लाभ में बदलने की इच्छा रखते हैं। ऐसी स्थिति में जनता ऐसे अपराधियों का विरोध करने की इच्छा नहीं रखती है। साथ ही इस प्रकार के अपराधियों को समाज में उच्च प्रतिष्ठा प्राप्त रहती है और जनता इनको आदर की नजर से देखती है। ये जनता के बहुत अधिक विश्वास प्राप्त होते हैं और विश्वास की ओट में ही अपराध करते हैं। जनता इनकी अपराधिक गतिविधियों से अनभिज्ञ रहती है। इसी कारण ऐसे वातावरण में इस प्रकार से अपराधियों का जनता द्वारा विरोध करने का प्रश्न ही नहीं उठता है।

8. ऐसा अपराध मुख्य रूप से व्यावसायिक तथा राजनीतिक क्षेत्रों में पाया जाता है। इसका अर्थ यह नहीं है कि अन्य क्षेत्रों में इस प्रकार के अपराध नहीं पाए जाते हैं। कहने का अभिप्राय यह है कि विभिन्न क्षेत्रों में इस प्रकार के अपराध पाए जाते हैं। परन्तु मुख्यतः इस तरह के अपराध व्यवसायियों एवं राजनीतिक नेताओं द्वारा किए जाते हैं।

श्वेतपोश अपराध का समाज पर पड़ने वाला प्रभाव

श्वेतपोश अपराध का समाज पर विभिन्न प्रकार से प्रभाव पड़ता है। जिनमें से कुछ विशिष्ट प्रभावों को निम्न बिन्दुओं के अन्तर्गत स्पष्ट किया गया है।

1. सफेदपोश अपराध का एक प्रभाव भावी पीढ़ी के शत्रु के रूप में सामने आता है। श्वेतपोश अपराधी अपनी आगामी पीढ़ी को भी सफेदपोश अपराध करना सिखा देती है जिससे उनकी आगामी पीढ़ी भी सफेदपोश अपराधी बन जाती है और शोषण का मार्ग अपना लेती है। इसका प्रभाव समाज एवं राष्ट्र पर बुरे रूप में पड़ता है।
2. सफेदपोश अपराध का एक प्रभाव कर विभाग को हानि पहुँचाने के रूप में सामने आता है। अक्सर सफेदपोश अपराधी अभिजात वर्ग से होते हैं। वे शिक्षित भी होते हैं। इसलिए वे विभिन्न प्रकार से जालसाजी कर तथा कानून को तोड़-मरोड़कर करों की चोरी करते हैं। इसका परिणाम यह होता है कि कर विभाग को करोड़ों की क्षति होती है। इसका प्रभाव सरकार पर पड़ता है क्योंकि धन की कमी के कारण सरकार विभिन्न योजनाओं को लागू करने में असमर्थ हो जाती हैं। इस प्रकार राष्ट्र को क्षति होती है।
3. सफेदपोश अपराध का एक प्रभाव अनैतिकता को प्रोत्साहन देने के रूप

में सामने आता है। श्वेतपोश अपराधी अपनी आर्थिक स्थिति के जोर पर समाज में मान-सम्मान तथा आदर पाते हैं। निर्धन लोग भी इनके चंगुल में फँसकर अपराधी बन जाते हैं। गरीब अपनी निर्धनता से स्वतंत्रता पाने के लिए इनके झाँसे में आ जाते हैं व अनैतिक रास्तों पर चलकर अपराधी बन जाते हैं। कुछ लोग ऐसे भी होते हैं, जो सफेदपोश अपराधियों की अमीरी एवं चमक-दमक से प्रभावित होकर इस प्रकार के अपराध की ओर अग्रसर हो जाते हैं। इनके लिए धर्म एवं नैतिकता की कोई कीमत नहीं होती है। इनके मन में यह धारणा घर कर जाती है कि मनुष्य को धन से ही इज्जत मिलती है। इनके लिए नैतिकता का कोई मूल्य नहीं होता। सफेदपोश अपराधी ऐसे लोगों में आग में घी डालने का काम करते हैं। अर्थात् वे अपने आस-पास के लोगों तथा वातावरण में अनैतिकता का प्रसार करते हैं। सफेदपोश अपराधी अधिकारियों को भी रिश्वत आदि देकर अपना कार्य करवाते हैं। इस प्रकार ये अपराधियों को भी भ्रष्ट एवं रिश्वतखोर बनाकर अनैतिकता का रास्ता दिखा देते हैं।

4. सफेदपोश अपराध का एक प्रभाव आर्थिक असंतुलन के रूप में सामने आता है। श्वेतपोश अपराध के माध्यम से आर्थिक असंतुलन की स्थिति उत्पन्न होती है। इस तरह के अपराध के द्वारा बड़े-बड़े उद्योगपति अनुचित तरीके से लाभ कमाते हैं। इस तरह सफेदपोश अपराध के द्वारा पूंजीपति और अधिक पूंजीपति होते चले जाते हैं और गरीब और अधिक गरीब होते चले जाते हैं। इस तरह समाज में आर्थिक असंतुलन की स्थिति उत्पन्न होती है। साथ ही निर्धनता एवं अमीरी की खाई भी बढ़ती चली जाती है।

5. सफेदपोश अपराध ही एक ऐसा तत्व है जिसमें अमीर-गरीब की दीवार खडी की है। अमीर एवं उद्योगपति सफेदपोश अपराधों के द्वारा और अधिक अमीर बन जाते हैं जबकि गरीब की निर्धनता कायम रहती है। इस प्रकार की स्थिति समाजवाद के मार्ग में अवरोध उत्पन्न करती है। साथ ही अधिक संपन्न सफेदपोश अपराधी सरकारी नीतियों को प्रभावित कर समाजवाद के मार्ग में बाधक बनते हैं। अतः स्पष्ट है कि सफेदपोश अपराध का एक प्रभाव समाजवाद में बाधक के रूप में सामने आता है।

6. सफेदपोश अपराध का प्रभाव राष्ट्रद्रोह कहा जा सकता है। श्वेतपोश अपराधियों का राष्ट्र कल्याण एवं मानव सेवा में कोई विश्वास नहीं रहता है। अपने धन कमाने के उद्देश्य को वे राष्ट्र कल्याण एवं मानवता से ऊपर रखते हैं। राष्ट्र के ऊपर कितना भी संकट क्यों न हो वे इससे मतलब नहीं रखते। वे तो ऐसे समय में और ज्यादा-से-ज्यादा लाभ कमाकर अपने धन को दोगुना करने में लगे रहते हैं। ऐसे अपराधी राष्ट्र को धोखा देते हैं और राष्ट्रद्रोही होते हैं। ये प्राकृतिक विपदा, युद्ध एवं ऐसे ही अन्य गंभीर संकटों के समय वस्तुओं का कृत्रिम अभाव उत्पन्न कर देते हैं व उसके द्वारा ज्यादा-से-ज्यादा लाभ कमाते हैं। इनका उद्देश्य केवल अपना लाभ कमाना होता है। ऐसे अपराधी समाज एवं राष्ट्र के लिए एक कोढ़ के समान होते हैं। दुर्भाग्यवश आज ऐसे ही लोगों का समाज एवं राष्ट्र में सम्मान है।

श्वेतपोश अपराध को रोकने के उपाय

निम्नलिखित उपायों के द्वारा सफेदपोश अपराध को रोका जा सकता है

1. आर्थिक विकास किसी भी देश की अर्थव्यवस्था से सफेदपोश अपराध का विशेष रूप से सम्बन्ध होता है। अर्थव्यवस्था में बदलाव लाकर सफेदपोश अपराध का उन्मूलन बहुत हद तक किया जा सकता है। अतः रोजगार की सुविधाएँ, निर्धनता, व्यावसायिक नैतिकता का विकास व परमिट व्यवस्था का उन्मूलन तथा एकाधिकार का अंत करना आवश्यक प्रतीत होता है। इन सभी प्रयत्नों से देश का आर्थिक विकास होगा तथा अत्यधिक सीमा तक सफेदपोश अपराध कम होगा।

2. राष्ट्रीय चरित्र का विकास राष्ट्रीय चरित्र का निर्माण करके भी सफेदपोश अपराध को रोका जा सकता है। सफेदपोश अपराध मुख्य रूप से नागरिकों के चारित्रिक अधःपतन के कारण ही होता है। अतः यह आवश्यक है कि नागरिकों के अच्छे चरित्र का निर्माण किया जाए। इसके लिए नागरिकों की सामुदायिक भावना, व्यक्तित्व का विकास एवं राष्ट्रीय भावना आदि को जागृत करना अनिवार्य है। इन समस्त कारणों से बहुत सीमा तक सफेदपोश अपराधों का उन्मूलन हो सकता है।

3. अपराध-प्रक्रिया संहिता में वांछित सुधार श्वेतपोश अपराधी को न्यायालय में दोष सिद्ध करने हेतु अपने प्रभाव का प्रयोग करने से रोका जाना चाहिए।

4. कठोर सजा की व्यवस्था श्वेतपोश अपराध के उन्मूलन का एक उपाय यह है कि बेईमानी, कपट, टैक्स-चोरी तथा सार्वजनिक संपत्ति की बेइंतजामी के लिए कठोर सजा की व्यवस्था की जानी चाहिए।

5. निवारक दण्ड की व्यवस्था इस प्रकार के अपराधियों के लिए मामूली जुर्माना कहीं से भी न्यायसंगत एवं तर्कसंगत नहीं है क्योंकि ये आर्थिक रूप से संपन्न होते हैं। इनके लिए जुर्माने के स्थान पर सम्पत्ति की जब्ती, राजनीतिक अधिकारों की समाप्ति, विशेषाधिकारों की समाप्ति एवं सजा के रूप में दण्ड की व्यवस्था होनी चाहिए।

इन उपायों को अपनाकर ही सफेदपोश अपराधों का उन्मूलन संभव है। उपरोक्त उपायों के अलावा मनुष्य को स्वयं अपनी सोच में परिवर्तन करने की आवश्यकता है। ये सभी उपाय तो मनुष्य को अपराध करने के पश्चात उसे रोकने के लिए हैं।

किन्तु यदि मानव स्वयं नैतिकता के आधार पर यह सोच ले कि वह जो कुछ कर रहा है उससे समाज, मानव तथा राष्ट्र तीनों को अपार हानि पहुँच रही है केवल अपने लाभ के लिए इतने लोगों को खतरा पहुँचाना किसी भी प्रकार से उचित नहीं कहा जा सकता है।

यदि मनुष्य की यह सोच हो जाए तो स्वयं ही इस समस्या का उन्मूलन हो सकता है। ऐसा होना मुश्किल है, किन्तु असंभव नहीं है।

6. आपराधिक-विधि में सुधार संपति एवं अर्थ से जुड़े आपराधिक व्यवहार पर जारी होने वाली विधि में मूलभूत बदलाव करने की जरूरत है। आपराधिक व्यवहार के उन्मूलन के लिए छोटे-मोटे सुधारों से लाभ नहीं होता है।

7. राजनीतिक सुधार श्वेतपोश अपराध को बढ़ावा देने गें राजनीतिक नेताओं का अत्यधिक योगदान रहता है। इसलिए आवश्यकता इस बात की है कि राजनीतिक सुधार करके इस अपराध का उन्मूलन किया जाए।

राजनीतिक जीवन में कुछ सुधारों को प्रोत्साहित करके सफेदपोश अपराधों को नियंत्रित किया जा सकता है। इन सुधारों में नेतृत्व हेतु योग्यता निर्धारण, राजनैतिक दलों में नैतिक स्तर का विकास, सस्ती नेतागिरी को हतोत्साहित करना, नेतृत्व हेतु नैतिक संहिता का निर्माण व जन-जागरूकता का विकास आदि प्रमुख हैं। राजनीतिक सुधार कर सफेदपोश अपराध का उन्मूलन बहुत कुछ सीमा तक संभव है।

8. शिक्षा में सुधार शैक्षणिक व्यवस्थाओं में सुधार विभिन्न रूपों में किया

जा सकता है। इनमें व्यावसायिक शिक्षा की व्यवस्था, शैक्षणिक जागरूकता का विकास, जैविक एवं चारित्रिक शिक्षा की व्यवस्था, परम्परागत शिक्षा व्यवस्था में बदलाव व सभी संकायों में स्वतंत्र शिक्षा की व्यवस्था आदि को सम्मिलित किया जा सकता है। साथ ही शिक्षा जगत में फैले भ्रष्टाचार एवं भाई-भतीजावाद आदि को खत्म करके भी सफेदपोश अपराध का उन्मूलन किया जा सकता है।

7

बाल अपराध

प्राचीन युग की अपेक्षा आधुनिक युग का मनुष्य अधिक धनवान तथा शिक्षित है। वह अपनी संतानों को ऊंची से ऊंची शिक्षा दिलाने का सिर्फ प्रयत्न ही नहीं करता है बल्कि उसे सभी तरह की सुविधा देने का प्रयास करता है। जिससे वह प्रगति के मार्ग पर नई इबादत लिख सके। अभिभावक की ओर से इतनी सुविधा मिलने के बाद भी बाल अपराधियों की संख्या में लगातार हो रही वृद्धि गंभीर चिन्ता का विषय है।

आज वैज्ञानिक और मशीनी युग में जिस तरह दिन-प्रतिदिन नए बदलाव हो रहे है उस बदलाव का साफ असर समाज के परंपरागत मूल्यों, विश्वासों, भूमिकाओं पर भी देखा जा सकता है। उसने सामाजिक व्यवस्था, संगठन स्थितियों एवं ढाँचे को भी बदल कर रख दिया है। मानवीय जीवन से सम्बन्धित कई वस्तुओं और सम्बन्धों के ताने-बाने विश्रृंखलित होकर विघटित हो गये हैं। औद्योगिक क्षेत्र में अधिक विकास को प्राप्त कर चुके देशों में कृषि-प्रधान तथा अर्द्ध-विकसित देश की तुलना में बाल-अपराध की समस्या ज्यादा भयावह और गंभीर है। औद्योगिक क्षेत्र में जहाँ आर्थिक ढाँचे में उन्नति हो रही है, वहाँ नगरीकरण की प्रक्रिया में बढ़ोतरी हो रही है। सामाजिक आर्थिक मूल्यों में नगरीकरण के प्रभाव से परिवर्तन हो रहा है। इन परिवर्तनों से नगरों में बाल-अपराधियों की संख्या में वृद्धि हो रही है। कृषि आधुनिकीकरण के लिए भारतीय किसान समाज भी आगे बढ़ रहा है। परन्तु यह भी स्पष्ट तौर पर

दिखाई दे रहा है कि वह औद्योगिक तथा नगरीकरण के प्रभाव से वंचित नहीं है। बड़े विशाल नगर एवं महानगर औद्योगीकरण की प्रक्रिया में काफी आगे निकल चुके हैं। यहाँ पर जीवन-निर्वाह करने वाले करोड़ों व्यक्तियों का जीवन-दर्शन परिवर्तित हो चुका है। उनके जीवन के साथ परम्परात्मक विश्वासों का स्तर नजर नहीं आता है। न तो उसके ऊपर अब संयुक्त-परिवार का नियंत्रण है और न पास-पड़ोस या समुदाय का ही है। वे स्वतंत्र और मुक्त हैं, जैसा चाहें वैसा कर सकते हैं।

नगरों में संयुक्त-परिवार की जगह पर एकाकी परिवार है। एकाकी-परिवार का सम्बन्ध न तो अपने सम्बन्धियों से है और न ही अपने चारों ओर निवास करने वाले व्यक्तियों से है। इन परिवारों का जीवन अपने सदस्यों के अहम् के चारों तरफ मंडराता है। उन्हें केवल अपनी चिन्ता है। दूसरों के प्रति प्रायः वे उदासीन रहते हैं। नगर में परम्परागत नियंत्रण के साधनों में बदलाव हो गये हैं जिसने नगर समाज को परम्परा से पृथक् बना दिया है। नगरीकरण एवं औद्योगिकीकरण के आकर्षण ने ग्रामीण व्यक्ति को अपनी तरफ आकर्षित किया है। बड़ी संख्या में ग्रामीण व्यक्ति नगर में आकर बसने लगे। विशेष तौर पर उन नगरों में जो औद्योगिक क्षेत्र में काफी प्रगति कर चुके हैं। इन नगरों में व्यक्ति मशीन की तरह काम करता है और स्वयं भी मशीन हो जाता है जिसमें भावना नाम की वस्तु बड़ी कठिनाई से अनुभव करने को मिलती है। भावना के अभाव में व्यक्ति, व्यक्ति से दूर और अलग-अलग हो जाता है।

अपराध ब्यूरो रिपोर्ट के अनुसार "व्यक्ति को भावनात्मक मदद समुदाय से मिलती रही है। इसके अभाव में यह स्वयं में टूटता जा रहा है। यह सच है कि यह भावनात्मक मदद आर्थिक और सामाजिक मदद से कहीं अधिक रही है, जिसने परिवार के सदस्यों को एक सूत्र में बाँधने का काम किया था।"

बाल-अपराध क्या है? इसकी परिभाषा क्या है? इस बात पर आश्रित है कि अलग-अलग देशों के कानून, सरकार तथा अन्य विचारक बाल-अपराधियों का किस दृष्टिकोण से अध्ययन करते हैं। वे उनके लिए कौन-सी मान्यताएँ या कार्यों को तय करते हैं, जिनके अंतर्गत बाल-अपराधी आता है। इस प्रकार बाल अपराध की परिभाषा देश-विदेश के कानून तथा सामाजिक परिस्थितियों पर आश्रित होती है। यही कारण है कि विभिन्न देशों में बाल-अपराध की उम्र में अंतर पाया जाता है।

प्रत्येक विचारक और समाज-सेवक अपने अनुभव और दृष्टिकोण के आधार पर बाल-अपराध की परिभाषा देने का प्रयास करता है। अतः इस समस्या

की एक परिभाषा न होकर अनेक परिभाषाएँ हैं, जो विविध विचारकों के अलग-अलग दृष्टिकोणों को प्रकट करती हैं। कुछ परिभाषाएँ निम्नांकित हैं

डॉ. सेठना के अनुसार, "उस समय बने कानून द्वारा निर्धारित, एक निश्चित आयु के बालकों या युवकों के द्वारा किया गया अनुचित काम बाल अपराध की श्रेणी में आती है।"

गिलीन और गिलीन के शब्दों में "समाजशास्त्री के नजरिये से बाल-अपराधी या अपराधी एक ऐसा व्यक्ति है जो उस तरह के काम का अपराधी है जिसको वह समूह, जिसकी खुद की विश्वासों को कार्यान्वित करने की क्षमता है, समाज को हानिकारक समझता है अतः ऐसा कार्य करना मना है।"

सामान्यता बाल-अपराध को पारिभाषित करते समय हम उन लक्षणों तथा विशेषताओं की भी चर्चा करते हैं जो उनमें पाई जाती है, जैसे स्कूल से अनुपस्थित रहना, जूए के अड्डों पर रहना, चोरी, डकैती में लिप्त रहना, गुण्डागर्दी, आवारागर्दी करना, वेश्याओं या अन्य बुरे आदमियों की संगत में रहना अथवा रात में इधर-उधर घूमना आदि ऐसे काम जो असामाजिक होते हैं। ऐसे कार्यों को करने वाले को बाल-अपराधी कहा जाता है।

रॉबिन्स के शब्दों में बाल-अपराधियों में कुछ महत्त्वपूर्ण लक्षण पाये जाते हैं जैसे "दुर्व्यवहार, आवारागर्दी और भीख माँगना, बुरे इरादे से शैतानी करना और उद्दण्डता।"

संयुक्त राष्ट्र संघ के अनुसार, वह नवयुवक जिसने निश्चित आयु के अन्दर दण्ड-विधान के अधीन अपराध को अंजाम दिया बाल अपराधी कहलाता है। अपराधी को न्याय-अदालत या बाल-कल्याण समिति जैसी विशेष संस्था के समक्ष पेश किया गया है जिससे उसकी ऐसी चिकित्सा का प्रबन्ध हो सके, जिससे वह समाज द्वारा दोबारा स्थापित यानी स्वीकृत हो जाए। अधिकतर मामलों में कानून बाल-अपराध की अधिक से अधिक उम्र ही नहीं, कम उम्र भी निर्धारित कर देता है फलस्वरूप अपने अपराधों के लिए उससे कम आयु का बच्चा उत्तरदायित्व नहीं होता है।

बाल-अपराध का जन्म

किस तरह के व्यवहार व्यक्ति किस कारणवश और किन परिस्थितियों में करते है या बालक अमुक तरह का व्यवहार कब करता है मानव समाज यह मालूम करने के लिए सदा उत्सुक रहा है। समाजशास्त्रियों तथा मनोवैज्ञानिकों को यह

बात मालूम करने की जिज्ञासा उत्पन्न हुई कि बच्चों के व्यवहार क्षण-क्षण में और हँसी-मजाक के साथ क्यों बदलते रहते हैं? किन परिस्थितियों में बच्चे के व्यवहार अलग तरह के होते हैं।

बाल-अपराध की समस्या काफी पुरानी है। परन्तु कुछ विचारक कभी-कभी यह कहते हैं कि इस समस्या की उत्पत्ति आधुनिक युग में हुई है। यथार्थ में यह सच नहीं है। इतना जरूर है कि अपराध की संख्या में अवश्य वृद्धि हो रही है और उसके स्वरूप में विविधता आ गई है। यह भी कहना सच है कि समय के साथ बालकों के व्यवहार करने के नये-नये तरीके स्वतः जन्म लेते हैं और पुराने खत्म होते रहते हैं। आधुनिक युग में बच्चों के विभिन्न प्रकार के व्यवहारों तथा अपराध के अलग-अलग स्वरूपों का अध्ययन आरम्भ हो गया है। दो सदी पूर्व बच्चों के साथ उनकी प्रकृति के अनुसार व्यवहार नहीं किया जाता था। यदि उन्होंने अपराध किया है तो उन्हें भी दण्ड दिया जाएगा। सन् 1831 में जॉन बेल नामक एक 13 वर्षीय बच्चों को मेडस्टोन में मृत्यु-दण्ड दिया गया। बच्चों को साधारण तौर से समान अपराध के लिए कठोर दण्ड प्राप्त होता था।

मेगोल्ड का मत है कि "यह आततायी मत आधुनिक मनोवैज्ञानिकों द्वारा पूर्णतया ठुकरा दिया गया है व इसके स्थान पर यह सिद्धान्त आ गया है कि अधिकतर उनके चारों तरफ प्रभावों व अनुभवों का उत्पादन या योग है। वे अहम् या स्वयं के कमजोर समूह में रहते हैं। जब तक कि वे मस्तिष्क तथा शरीर में लचीले हैं तब तक उनके कार्यों के जिम्मेदारी का अन्तः सम्बन्ध दिमागी अपरिपक्वता में होता है।"

वास्तव में बाल-अपराध की धारणा का सम्बन्ध बाल-न्यायालय आन्दोलन के साथ जुड़ा है। **संयुक्त राज्य अमेरिका एवं कनाडा में सर्वप्रथम बाल-न्यायालय की शुरुआत हुई।** बाल-न्यायालय का प्रमुख उद्देश्य बालक के व्यवहारों में सुधार करना है। समाज की उन्नति के साथ बाल-अपराधियों का समाजशास्त्रीय व मनोवैज्ञानिक तरीके से सुधार किया जाने लगा है।

मनोवैज्ञानिक एवं कानूनी नजर में बाल-अपराध

कानूनी दृष्टिकोण के अनुसार किसी भी देश के कानून के अंतर्गत कम आयु के बच्चों द्वारा किये गये अपराध अथवा निश्चित उम्र में जो बाल समाज विरोधी काम करते हैं, वे बाल-अपराध कहलाते हैं।

मनोवैज्ञानिक दृष्टिकोण के अनुसार, इसमें वे सभी बालक तथा बालिकाएँ आयेगीं, जिन्होंने किसी भी तरह का असामाजिक व्यवहार किया हो। भले ही वह कानून की दृष्टि से बच निकलें दूसरों की छतों पर खेलना, हँसी-हँसी में किसी को नदी में ढकेल देना, चलती रेलगाड़ी पर ईंटें फेंकना, खेल-खेल में आग लगा देना आदि।

वैधानिक दृष्टिकोण

निम्नलिखित कार्यों को न्यूयार्क नगर के बाल कानून (Children's Court Act of the City of New York, 1933) के आधार पर बाल अपराध की श्रेणी में रख सकते है जैसे

(1) सार्वजनिक स्थानों पर भीख माँगना।

(2) गैर कानूनी कार्यों में संलिप्त रहना।

(3) जो बिना किसी ठोस कारण के और बिना अपने माता-पिता, संरक्षक की सम्मति के अपना घर या रहने के स्थान को त्याग दे।

(4) जो माता-पिता एवं कानूनी नियंत्रण में नहीं हो।

(5) स्कूल में अनुपस्थित रहना।

(6) अनैतिक या दुश्चरित्र व्यक्तियों के साथ रहता है।

(7) जो सुधार से परे, उद्दण्ड या आदतन अवज्ञाकारी हो।

(8) संयुक्त राज्य अमेरिका या इस प्रान्त या न्यूयार्क नगर के किसी कानून का उल्लंघन करे।

(9) सोच-विचार कर ऐसा व्यवहार करना जिससे उसकी व अन्य व्यक्तियों की नैतिकता अथवा स्वास्थ्य को क्षति पहुँचे।

(10) आदतन अश्लील या अभद्र भाषा का प्रयोग करना।

लेकिन अमेरिका में 21वीं सदीं में बहुत बदलाव देखने को मिलता है।

मिस्र के दण्ड विधान 124 के अनुरूप बाल-अपराधी वह है जिसकी उम्र 18 वर्ष से कम है व जो

(1) लफंगों, गुण्डों या बदनाम लोगों का साथ देता है।

(2) सिगरेट के जले हुए टुकड़े सड़क पर फेंकता है।

(3) सड़क पर बेकार चीजें बेचता है, कसरती खेल दिखाता रहता है या भीख मांगता है।

(4) संभोग के अन्य अपराधों, वेश्यावृत्ति, जूए आदि में लिप्त है या ऐसे अपराधियों का साथ देता है।

(5) जिसके अभिभावक मर गये हैं, जेल में हैं या लापता हैं एवं जिसकी जीविका का कोई कानूनी सहारा नहीं है।

(6) चरित्रहीन है तथा अभिभावकों के नियंत्रण में नहीं है।

(7) जिसके रहने का कोई निश्चित स्थान नहीं है व जो आदतन सड़कों पर सोता रहता है।

वर्गीकरण

कार्यों और प्रवृत्तियों के आधार पर बाल अपराध को निम्नांकित श्रेणियों में रखा जा सकता है

(1) मौन एवं चतुर अपराधी ये वे बाल-अपराधी हैं जो अपराध करने के बाद अन्य स्थानों पर उसका प्रकटीकरण नहीं करता है तथा अपने कार्य में बहुत चतुर होता है। इस श्रेणी में कम बोलने वाले लड़के एवं लड़कियाँ भी आती हैं।

(2) शोर मचाने वाले बाल-अपराधी वे बाल-अपराधी जो शारीरिक दृष्टि से हृष्ट-पुष्ट होते हैं। वे मार-पीट, तोड़-फोड़, चोरी आदि का कार्य ही सिर्फ नहीं करते है, बल्कि वे अपना गिरोह बना कर उसके नेता भी बन जाते हैं। प्रायः इस प्रकार के कार्यों को करने वाले ज्यादातर बच्चे होते हैं, भारत में इस तरह के अपराध बालिकाएं न के बराबर करती है।

(3) नासमझ बाल-अपराधी खेल-खेल और हंसी मजाक में विभिन्न बाल अपराध अनजाने-अनसमझे ही इस तरह के काम करते है। ये काम बाल-अपराधियों के कार्यों में शामिल किए जाते हैं।

(4) बाल-अपराधी के गिरोह ये अपराध के काम में निपुण होते है। इस प्रकार के बाल-अपराधियों का अपना गिरोह होता है और उस गिरोह का एक नेता होता है, जिसके नेतृत्व में अपराधी काम करवाये जाते हैं।

भारतीय परिदृश्य में बाल अपराध

भारतीय दण्ड संहिता के आधार पर 1981 में बाल-अपराधी द्वारा कुल 61,019 अपराध किये गए थे। 1987 में इनकी संख्या 52,610 मापी गयी है। 1981 में बाल अपराध का प्रतिशत कुल अपराध का 4.4 प्रतिशत और 1987 में 3.7 प्रतिशत पाया गया है। इस प्रकार कुल अपराधों में बाल अपराध का प्रतिशत कम हुआ है। 1988 में बाल-अपराधियों की संख्या 24,827 पाई गयी जो कि कुल अपराध का 1.7 प्रतिशत थी। 1991 में 12,588 बाल अपराध पंजीयन हुये और

इस प्रकार जहाँ 1988 में बाल अपराध का कुल अपराध की दृष्टि से प्रतिशत 1.7 था वहीं 1991 में वह 0.8 पाया गया है। उल्लेखनीय है कि किशोर न्याय अधिनियम 1986 के अनुसार बाल-अपराधियों की उम्र अब 7 वर्ष से 16 वर्ष के मध्य निर्धारित की गई है। बालिकाओं के लिए यह उम्र 7 वर्ष से 18 वर्ष के बीच निर्धारित की गई है। देश में 1981 से 1991 के मध्य बाल अपराध की स्थिति को निम्न सारणी में प्रस्तुत किया जा रहा है

सारणी : भारत में कुल अपराध, बाल अपराध (संख्या एवं प्रतिशत)

वर्ष	*कुल अपराध*	*बाल अपराध*	*कुल अपराधों में बाल अपराध का प्रतिशत*	*प्रति 1 लाख जनसंख्या में अपराध का दबाव*
1981	13,85,757	61,019	4.4	8.8
1982	13,53,904	59,345	4.4	8.4
1983	13,49,866	55,473	4.1	7.7
1984	13,58,660	42,803	3.2	5.8
1985	13,84,731	49,317	3.6	6.6
1986	14,05,835	55,887	4.0	7.3
1987	14,06,992	52,610	3.7	6.7
1988	14,40,356	24,827	1.7	3.1
1989	15,29,44	18,457	1.2	2.3
1990	16,04,449	15,230	0.9	1.8
1991	16,78,375	12,588	0.8	1.5

सारणी : विभिन्न शीर्षकों में बाल अपराध

बाल अपराध	1981	1986	1991
हत्या	1,228	1,241	348
हत्या का प्रयास			171
असावधानी के कारण मृत्यु	92	118	24
बलात्कार	438	638	189
अपहरण एवं व्यवहरण	527	607	141
डकैती	613	415	52

डकैती की तैयारी			9
लूट	1,057	755	164
गृहभेदन	6,720	5,042	1,553
चोरी	17,516	11,873	4,638
बलवा	19,979	6,303	1,270
अपराधिक विश्वास घात	272	228	21
छल-कपट	285	252	47
नकली सिक्के	15	5	2
अन्य आई. पी.सी. अपराध	22,277	28,410	3,959
योग	**61,019**	**55,887**	**12,588**

बाल-अपराधियों के साथ कार्यवाही

पुलिस अनुसंधान व विकास ब्यूरो के अनुसार 1991 में कुल 29,591 बाल-अपराधियों को न्यायालयों के सामने प्रस्तुत किया गया था। इनमें से 1,797 को समझाने के पश्चात तथा 7,735 को प्रविष्टी पर उनके संरक्षकों को सौंप दिया गया था। 1,352 बाल-अपराधियों को विशेष-गृह पाठशालाओं में भेजा गया था। 2,450 पर जुर्माना किया गया था और 2,584 को अपराध से स्वतंत्र कर दिया गया था। शेष 13,673 मामलें किशोर न्यायालय में लम्बित पाये गये हैं। बाल-अपराधियों के साथ की गई कार्यवाही को निम्न सारणी में दिखाया गया है।

सारणी : बाल अपराधियों के साथ की गई कार्यवाही, 1991

	संख्या	*प्रतिशत*
समझाने के बाद मुक्त किया गया	1,797	6.07
प्रोबेशन पर छोड़ दिया गया	7,735	26.13
विशेष-गृह पाठशाला भेजा गया	1,352	4.56
जुर्माना (अर्थ दण्ड)	2,450	8.27
अपराध से मुक्त किया गया	2,584	8.73
लम्बित मामले	13,673	46.24
योग	**29,591**	**46.24**

बाल अपराध समस्त अपराध में एक सामाजिक समस्या है। भारत वर्ष में सामाजिक समस्या के रूप में बाल-अपराध का विवेचन निम्नांकित आधारों पर किया जाएगा

1. पृष्ठभूमि सामाजिक समस्याओं की बाल अपराध भारतवर्ष में कोई नई समस्या नहीं है। हमेशा बालकों द्वारा छोटी-बड़ी शरारतें और समाज-विरोधी कार्य होते रहे हैं। यह समस्या बहुत ही पुरानी है, लेकिन वर्तमान समय में इस समस्या को बहुत ही गहन और महत्वपूर्ण समझा जा रहा है। कानूनों का उल्लंघन चाहे बच्चों द्वारा हो या वयस्कों द्वारा एक राष्ट्रीय समस्या है। आधुनिक समाज की सबसे गंभीर समस्या यह है कि बालकों और युवकों में सामंजस्य की मात्रा खत्म होती जा रही है। वर्तमान में समाज सामाजिक बदलाव और सामाजिक विघटन की परिस्थिति से गुजर रहा है। समाज में असामंजस्य की स्थिति तब पैदा होती है जब समाज में तेजी से असन्तुलित बदलाव होता है। इन तीव्र परिवर्तनों से बच्चों का मस्तिष्क बुरी तरह प्रभावित हो रहा है। आज की जनता अपराधों और बालकों के मामले में ज्यादा जागरूक है, अपेक्षाकृत पिछली जनसंख्या से। इसका कारण यह है कि आज प्रचार अधिक होते हैं, जो जनता तक शीघ्रता से पहुँचते हैं। इसकी पृष्ठभूमि में मौजूद अनेक समस्याओं के संबंध में जानकारी ज्ञात कर बाल अपराध को समझ सकते है। इसका कारण यह है कि बाल अपराध का संबंध समाज की अनेक समस्याओं से है।

वर्तमान समय की सभी समस्याओं की जड़ प्राचीन में है लेकिन इसका परिणाम वर्तमान और भविष्य की पीढ़ी को भुगतना पड़ता है। किसी भी कठिन समस्या की पृष्ठभमि को समझने के लिए उस समस्या से जुड़ी निम्नांकित तथ्यों का ज्ञान जरूरी है

1. ऐतिहासिक और सांस्कृतिक पृष्ठभूमि;
2. इस समस्या को प्रभावित करने वाली दशाएँ; और
3. समस्या के मौलिक तत्व।

जब तक उपर्युक्त तत्वों का अध्ययन नहीं कर लिया जाएगा, इस समस्या को समझना मुश्किल होगा। मौलिक उद्देश्य वर्तमान युग में इस समस्या की प्रकृति और इसके विस्तार से सम्बन्धित हैं। इसके साथ ही इस समस्या से सम्बन्धित कारणों पर प्रकाश डालने का प्रयत्न किया जाएगा। आधुनिक समाज भारत में तेजी से बदल रहा है। इस गतिशीलता के कारण समाज में व्यक्तियों के कार्यों और उनकी भूमिकाओं में अन्तर आता है। सामाजिक मूल्यों और व्यक्तिगत

दृष्टिकोणों में असामंजस्य की स्थिति उत्पन्न हो जाती है। फलस्वरूप समाज विघटित हो जाता है। अतः यदि भारत में बाल अपराध की सामाजिक समस्या का अध्ययन करना होगा, तो इसकी पृष्ठभूमि में निहित सामाजिक बदलाव और सामाजिक विभाजन को भी समझना होगा। सामाजिक विघटन बाल-अपराध की पृष्ठभूमि में है।

2. सामाजिक विघटन बनाम सामाजिक स्थिरता समूह में रहना सार्वभौमिक है। यह सामूहिकता केवल मनुष्यों में ही नहीं पाई जाती बल्कि पशुओं और पक्षियों में भी पाई जाती है। सामाजिक प्रक्रिया मानव-जीवन का केन्द्र बिन्दु है। मनुष्य के अस्तित्व की रक्षा के लिए सामाजिक अन्तः क्रियाएँ और सहयोगी जीवन अनिवार्य है। ये तत्व व्यक्तिगत और संस्कृति के विकास, सामाजिक व्यवस्था की रक्षा और सामाजिक कल्याण के लिए अनिवार्य हैं। एक सफल समाज वह है जिसमें संरचनात्मक और कार्यात्मक सन्तुलन पाया जाता है व समाज में आवश्यक मात्रा में कार्यक्षमता होती है। समाज के दृष्टिकोणों में और उद्देश्यों में एकता का होना अनिवार्य है। सामाजिक एकता का यह अर्थ कदापि नहीं है कि समाज के समस्त व्यक्ति एक ही प्रकार से सोचें और सामाजिक मूल्यों में समान हिस्सा लें। सहयोगी कार्यों के लिए 'पूर्ण एकता' एक कोरी कल्पना है। लेकिन सन्तुलन का होना भी जरूरी है, चाहे समाज के तत्व कुछ मात्रा में विरोधी ही क्यों न हों।

अशिक्षित समाजों में स्थिरता और एकता अधिक मात्रा में पाई जाती रही है। इसके साथ ही आदिम समाजों में सामाजिक नियन्त्रण ज्यादा मात्रा में प्रभावशाली रूप में पाए जाते थे। आज का समाज स्थायी नहीं रह गया है, उसमें कुछ ऐसे तत्व शामिल हैं तथा ऐसी परिस्थितियां विकसित हो गई हैं जिनके कारण समाज विभाजन की ओर गतिशील है। आज का भारतीय समाज एकता खोता जा रहा है व भाषा, जाति, सम्प्रदाय और वर्ग आदि को लेकर अनेक विभेद उत्पन्न हो गए हैं। गतिशील समाज में समूह-जीवन खत्म हो जाता है। सामाजिक विभेदीकरण के कारण एकता समाप्त होती जा रही है। जटिल और परिवर्तित समाज में अनेक समस्याओं की उत्पत्ति होती है। ये समस्याएँ बाल-अपराधों की मात्रा में उन्नति करती है।

3. सक्रमण की स्थिति में वर्तमान समाज वर्तमान भारत में बाल अपराधों में उन्नति का एक कारण यह भी है कि आधुनिक भारतीय समाज संक्रमण की स्थिति से गुजर रहा है। संक्रमण की अवस्था में नये और पुराने के

बीच असामंजस्य की स्थिति उत्पन्न होती है। भारत में संक्रमण का कारण है विज्ञान और प्रौद्योगिकी की उन्नति। भारत की कुछ पुरानी धारणाएँ और परम्पराएँ थीं। ये धारणाएँ और परम्पराएँ वर्तमान से भी अधिक विकसित विज्ञान के सिद्धांतों पर आधारित थीं।

समय के साथ ही इन धारणाओं और परम्पराओं में बदलाव हुआ। परिवर्तन के साथ ये परम्पराएँ अपनी वैज्ञानिकता खो बैठीं और मात्र एक रूढ़ि बनकर रह गईं। इन रूढ़ियों को हमने सदियों तक अपने जीवन में अपनाया। अतः आज ये रूढ़ियां जीवन के अविभाज्य अंग के रूप में स्वीकार की जाती हैं। विज्ञान के दोबारा उदय और विकास के साथ हमारी परम्पराओं की उपयोगिता पर प्रश्नवाचक चिन्ह लगाए जाने लगे।

वर्तमान में इन रूढ़ियों को संदेह की नजर से देखा जाता है और अनुपयोगी कहकर अस्वीकार किया जाता है। इस कारण नवीन और प्राचीन के संघर्ष के कारण समाज संक्रमण की स्थिति से गुजर रहा है जिससे अपराधों की संख्या में उन्नति हो रही है।

भारतीय समाज की संक्रमण की स्थिति का कारण औद्योगीकरण तथा नगरीकरण है, जिससे वर्तमान समाज में मौलिक परिवर्तन हुए हैं। हमारी प्राचीन संस्थाएँ भी टूट रही हैं जिससे भारतीय समाज में सांस्कृतिक विलम्बना की स्थिति उत्पन्न हो गई है। यह विलम्बन समाज को विभाजित कर देता है, इससे भी बाल अपराधों को बढ़ावा मिलता है।

4. सामाजिक समस्याओं के मौलिक पहलू सामाजिक समस्या सामाजिक विभाजन के लिए प्रमुख आधार है। सामाजिक समस्याओं के पहलूओं या तत्वों को मुख्यत तीन भागों में विभाजित किया जा सकता है

(क) सामाजिक और व्यक्तिगत विघटन की कर्म-विषयक स्थिति;

(ख) इस स्थिति की स्वीकृति;

(ग) सामाजिक नियन्त्रण और सामाजिक क्रिया की जरूरत।

संघर्ष, अशान्ति या विचलन सामजिक स्थिति के अन्तर्गत किसी-न-किसी मात्रा में विद्यमान रहता है। जब समूह में किसी-न-किसी तरह का संघर्ष होगा तो सामाजिक विघटन होगा। इस संघर्ष से सामाजिक समस्याओं की उत्पत्ति और विकास होता है।

समाज का अन्दरूनी पक्ष भी सामाजिक विघटन के लिए कम जिम्मेदार नहीं है। जब भी सामाजिक संस्थाएँ अपना कार्यात्मक सन्तुलन खो देती हैं तभी समाज

विभाजन की ओर बढ़ता है। समाज में जितनी भी समस्याएँ होती हैं वे उत्पत्ति और प्रकृति में सामाजिक होती हैं। अतः इन समस्याओं के परिणाम भी सामाजिक ही होते हैं; अकेला व्यक्ति इस समस्या का हल नहीं कर सकता है। इन समस्याओं का समाधान उसी समूह के अन्तर्गत किया जा सकता है।

5. कानून का उल्लंघन वर्तमान समाज की सबसे महत्वपूर्ण समस्या कानून का उल्लंघन है। कानून का उल्लंघन तब होता है जबकि समाज में तेजी से परिवर्तन होते हैं, साथ ही सामाजिक विभाजन बहुत बड़े पैमाने पर होता है। निम्नलिखित कारणों से वर्तमान समाज में कानून का उल्लंघन होता है और अपराधों की संख्या में बढ़ोत्तरी होती है

(क) दिन प्रतिदिन जनसंख्या वृद्धि;

(ख) कानूनों की विविधता;

(ग) कानून लागू करने वाले साधनों का विस्तार;

(घ) जीवन में रहन-सहन का बदलाव;

(ङ) कानून के पुराने स्वरूपों की अपर्याप्तता; और

(च) सामाजिक बदलाव व समाज की कठिनाई

समाज में उपर्युक्त तत्वों के कारण कानूनों का उल्लंघन होता है। कानूनों का उल्लंघन दो प्रकार का होता है

(क) जागरूक अवस्था, और

(ख) अजागरूक अवस्था में।

समाज को हानि दोनों अवस्था में होती है चाहे कानून का उल्लंघन जागरूक अवस्था में हो या अजागरूक अवस्था। कभी-कभी कानून की जटिलता और व्यक्ति की निरक्षरता के कारण भी कानूनों का उल्लंघन होता है, लेकिन बाल अपराध वह समाज-विरोधी क्रिया है जो जागरूक अवस्था में इरादे के साथ की जाती है। वर्तमान में बालक तथा बालिकाओं में एक ऐसी आदत का विकास होता जा रहा है जिससे कानून का उल्लंघन करने में उन्हें आनन्द का अनुभव होता है।

निष्कर्ष : बाल अपराधों की संख्या भारत में तेजी से बढ़ रही है जिससे अनेक समस्याओं की उत्पत्ति हो रही है। वर्तमान समय का बालक आने वाले समय के लिए देश का कर्णधार होता है। उसके कन्धे पर समुदाय, परिवार और राष्ट्र का भार होता है। अगर वह पहले से गलत रास्तों पर चलना सीख जाएगा तो देश का उद्धार होना असम्भव हो जाएगा। अतः बदलती भारत की परिस्थितियों

में बाल अपराध को सामाजिक समस्या के रूप में स्वीकार करना होगा और इसी रूप में इसका निवारण करना होगा।

राज्यों में बाल अपराध

1991 में देश में कुल 12,588 बाल-अपराधों का पंजीयन किया गया था। राज्यों में सर्वाधिक बाल अपराध महाराष्ट्र में हुये, जिनकी कुल संख्या 3,396 है। महाराष्ट्र के पश्चात मध्य प्रदेश गुजरात, तमिलनाडु और हरियाणा का स्थान है। जहाँ बाल अपराधों की कुल संख्या क्रमशः 2,806, 1,562, 1,158 व 980 है। इस तरह उपर्युक्त पाँच राज्यों में देश में कुल अपराधों का 78.66 प्रतिशत है। शेष राज्यों में व केन्द्रशासित क्षेत्रों में इस प्रकार बाल अपराध का कुल 21.34 प्रतिशत है। भारत में विभिन्न राज्यों तथा केन्द्रशासित प्रदेशों में बाल अपराध की संख्या को निम्न सारणी में दिखाया गया है।

सारणी : राज्यानुसार बाल अपराध की संख्या, 1991

क्र. संख्या	*राज्य*	*बाल अपराध की संख्या*
1	आन्ध्र प्रदेश	329
2	अरुणाचल प्रदेश	23
3	आसाम	347
4	बिहार	556
5	गोवा	34
6	गुजरात	1,158
7	हरियाणा	980
8	हिमाचल प्रदेश	84
9	जम्मू-कश्मीर	07
10	कर्नाटक	332
11	केरल	87

12	मध्य प्रदेश	2,806
13	महाराष्ट्र	3,396
14	मणिपुर	03
15	मेघालय	18
16	मिजोरम	43
17	नागालैंड	28
18	उड़ीसा	63
19	पंजाब	06
20	राजस्थान	380
21	सिक्किम	06
22	तमिलनाडू	1,562
23	त्रिपुरा	26
24	उत्तर प्रदेश	38
25	पश्चिम बंगाल	43

सारणी : केन्द्रशासित प्रदेशों में बाल अपराध की संख्या, 1991

क्रम संख्या	*केन्द्रशासित प्रदेश का नाम*	*बाल अपराध की संख्या*
1	अंडमान-निकोबार द्वीप समूह	06
2	चण्डीगढ़	05
3	दादरा और नागर हवेली	01
4	दमन एवं दीव	12
5	दिल्ली	181
6	लक्षद्वीप	02
7	पाण्डिचेरी	26

विभिन्न अवस्थाओं में बाल अपराध

पुलिस अनुसंधान तथा विकास ब्यूरो ने बाल अपराधियों को निम्न तीन आयु समूहों में विभाजित किया है।

1. 7 से 12 वर्ष (बालक व बालिका)
2. 12 से 16 वर्ष (बालक व बालिका)
3. 16 से 18 वर्ष (केवल बालिका)

1991 में बाल-अपराध में बच्चे 12 से 16 वर्ष समूह के तथा बालिकायें 16 से 18 वर्ष आयु समूह में विभाजित किए गए है। 1991 की स्थिति को प्रान्तवार निम्न सारणी में दर्शाया गया है

सारणी : बाल अपराधियों की संख्या (राज्य व आयु के आधार पर), 1991

		आयु समूह वर्ग							
		7-12 वर्ष		*12-16 वर्ष*		*16-18 वर्ष*			*कुल योग*
क्रम सं.	*राज्य का नाम*	*बालक*	*बालिका*	*बालक*	*बालिका*	*केवल*	*बालक*	*बालिका महिलायें*	
1	आन्ध्रप्रदेश	71	01	358	14	118	429	133	562
2	अरु. प्रदेश	01	0	19	01	09	20	10	30
3	आसाम	37	1	556	12	15	593	28	621
4	बिहार	278	22	1,294	158	356	1,572	536	2,108
5	गोवा	10	1	33	02	03	43	06	49
6	गुजरात	162	44	786	80	253	948	377	1,325
7	हरियाणा	0	0	174	04	42	174	46	220
8	हिमा. प्रदेश	04	0	68	06	33	72	39	111
9	जम्मू-कश्मीर	01	0	68	06	33	72	39	111
10	कर्नाटक	0	2	329	9	39	379	50	429
11	केरल	01	0	235	03	01	236	04	240
12	मध्यप्रदेश	642	35	3,227	97	575	3,869	707	4,576
13	महाराष्ट्र	386	39	2,547	104	232	2,933	375	3,308
14	मणिपुर	00	0	2	0	05	2	05	07
15	मेघालय	06	0	14	0	0	20	0	20
16	मिजोरम	06	0	41	0	35	47	35	82
17	नागालैंड	0	0	05	0	0	05	0	05

18	उड़ीसा	24	0	71	01	0	95	01	96
19	पंजाब	0	0	0	0	06	0	06	06
20	राजस्थान	40	0	471	40	99	511	141	652
21	सिक्किम	01	02	22	0	01	23	01	24
22	तमिलनाडू	188	0	757	30	46	945	84	1029
23	त्रिपुरा	07	08	0	0	24	07	24	31
24	उत्तर प्रदेश	0	0	51	0	44	51	46	97
25	पश्चिमी बंगाल	06	0	51	02	0	57	02	59
26	के.शा. क्षेत्र	09	2	166	09	45	175	56	231
कुल योग		**1,930**		**11,283**	**574**	**1,983**	**3,213**	**2,714**	**15,927**

देश के कुछ प्रमुख शहरों में बाल-अपराध की स्थिति

मुंम्बई 1991 में बाल अपराध में सबसे आगे रहा है। जहाँ कुल 280 प्रकरण का पंजीयन किया गया। मुंम्बई के पश्चात दिल्ली और मद्रास का स्थान है। बाल अपराध के क्रमशः 181 तथा 140 प्रकरण दर्ज किये गये। विभिन्न शहरों में बाल अपराध के आँकड़ों को निम्नांकित सारणी में दर्शाया गया है

सारणी : प्रमुख शहरों में 1991 में बाल अपराध,

क्र. संख्या	*शहर*	*पंजीकृत बाल अपराधों की संख्या*
1	अहमदाबाद	115
2	बंगलौर	117
3	मुंम्बई	280
4	कलकत्ता	05
5	दिल्ली	181
6	हैदराबाद	35
7	जयपुर	53
8	लखनऊ	06
9	मद्रास	140
10	नागपुर	10
11	पूना	91

बाल अपराध में लड़कियों एवं लड़कों की भागीदारी

बाल अपराध का अध्ययन भारत में लिंग के आधार पर करने से स्पष्ट है

कि कुल अपराध की संख्याओं का वर्धनीय बाल अपराध हो रहा है। अपराध के अन्तर्गत लड़कियों की सहभागिता में लगातार बढ़ोतरी हो रही है। विभिन्न वर्षों में लिंग के आधार पर बाल अपराध की स्थिति को निम्न सारणी में दर्शाया गया है

सारणी : बाल-अपराधियों की संख्या (लिंग के आधार पर), 1981-91

क्रम.सं.	*वर्ष*	*बालक*	*बालिका*	*योग*	*बालिकाओं का प्रतिशत*
1	1981	1,81,888	8,679	1,90,567	4.6
2	1982	1,57,664	10,673	1,68,337	6.3
3	1983	1,60513	11,101	1,71,614	6.5
4	1984	1,49,755	12,505	1,62,260	7.7
5	1985	1,57,107	11,392	1,68,499	6.8
6	1986	1,59,977	10,172	1,70,149	6.0
7	1987	1,66,407	13,555	1,79,962	7.5
8	1988	33,065	5,103	38,168	13.4
9	1989	21,777	11,615	36,392	31.9
10	1980	25,269	5,547	30,816	18.0
11	1991	23,201	6,390	29,591	21.6

जैसा कि पहले लिखा जा चुका है कि 1988 के पूर्व बाल अपराध के अन्तर्गत 21 वर्ष से कम उम्र के बालक-बालिकाओं की गणना की जाती थी। लेकिन 1988 से बालकों की उम्र 7 से 16 वर्ष के मध्य तथा बालिकाओं के लिए 7 से 18 वर्ष के मध्य निर्धारित हुई है।

सामाजिक आर्थिक परिदृश्य में बाल अपराध

अपराधी बच्चों की सामाजिक-आर्थिक दशा के बारे में पुलिस अनुसंधान और विकास ब्यूरो ने सूचनाओं को संग्रहीत किया था। ब्यूरो द्वारा प्रस्तुत कुछ निष्कर्ष इस प्रकार हैं

1. शैक्षणिक स्थिति 1991 में 25,591 बाल अपराधियों की शैक्षणिक स्थिति 1991 निम्न प्रकार रही है

(क) इनमें 11,365 (38.4 प्रतिशत) अशिक्षित थे।

(ख) 10,772 (36.4 प्रतिशत) प्राथमिक शिक्षा प्राप्त थे।

(ग) 5,480 यानी 18.5 प्रतिशत प्राथमिक शिक्षा से अधिक लेकिन हाईस्कूल से कम शिक्षित थे और

(घ) 1974 यानी 6.7 प्रतिशत हाईस्कूल या इससे अधिक शिक्षा प्राप्त थे।

बाल-अपराधियों की शैक्षणिक स्थिति देश के विभिन्न भागों में एक समान नहीं है। प्रो. अखिलेश शुक्ल ने एक क्षेत्रीय अध्ययन में पाया है कि मध्य प्रदेश के रीवा संभाग में पाये गये बाल-अपराधियों में 20 प्रतिशत प्राइमरी, 40 प्रतिशत निरक्षर या उससे कम, 18 प्रतिशत कक्षा 8 तक उत्तीर्ण, 18 प्रतिशत हाईस्कूल से कम तथा 4 प्रतिशत हाईस्कूल व उससे ज्यादा शिक्षित रहे हैं।

2. पारिवारिक स्थिति ब्यूरो द्वारा प्रस्तुत निष्कर्ष के अनुसार सभी राज्यों व केन्द्र शासित क्षेत्रों की स्थिति एक समान नहीं है। अध्ययन का निष्कर्ष इस प्रकार है

(क) 69.75% बाल-अपराधी माता-पिता के साथ रहते है।

(ख) 19.75% बाल अपराधी अपने संरक्षकों के साथ रहते है।

(ग) 10.68% बाल अपराधी गृहविहिन है।

3. आर्थिक पृष्ठभूमि निम्नलिखित पाँच शीर्षकों के अन्तर्गत अपराधी बालकों के माता-पिता व संरक्षकों की आर्थिक स्थिति का अध्ययन किया गया था।

(क) 17,887 बाल-अपराधी निम्न आय वर्ग (500 रु. मासिक आय) वाले पाये गये हैं।

(ख) निम्न मध्य आय वर्ग परिवारों (501-1,000 रु. प्रतिमाह आय वाले) के 6,770 बाल अपराधी पाये गये है।

(ग) 1,000 से 2,000 रु. आय वाले मध्य आय वर्ग के परिवारों से 2,987 बाल-अपराधी हैं।

(घ) उच्च-मध्य आय (2,001 से 3,000 रु. प्रतिमाह) परिवारों के 1,431 बाल अपराधी पाये गये हैं।

(ङ) उच्च आय वर्ग (3,000 रु. से अधिक आय वाले) के 516 बाल-अपराधी पाये गये हैं।

निष्कर्षः 1991 में 60.44 प्रतिशत बाल-अपराधी निम्न आय वर्ग, 22.87 प्रतिशत निम्न मध्य वर्ग, 10.09 प्रतिशत मध्य आय वर्ग, 4.83 प्रतिशत उच्च मध्य आय वर्ग व 1.77 प्रतिशत उच्च आय समूह परिवारों के थे।

4. पुनरावृद्धि पुनरावृद्धि का भी अध्ययन किया गया था। 1991 में 29,5191 बाल अपराधियों में 24.87 प्रतिशत निम्न मध्य वर्ग, 10.09 प्रतिशत मध्य आय वर्ग, 4.83 प्रतिशत उच्च मध्य वर्ग व 1.77 प्रतिशत उच्च आय समूह परिवारों के थे।

5. धर्म बाल-अपराधियों के धर्म के आधार पर संकलित की गई सूचना में यह पाया गया कि इनमें से अधिकतर अपराधी हिन्दू थे। धर्म के आधार पर बाल-अपराधियों का वितरण इस प्रकार पाया गया।

सारणी : धर्मानुसार बाल-अपराधियों का वितरण, 1991

धर्म	*वितरण प्रतिशत*
हिन्दू	65.90
मुस्लिम	18.56
सिक्ख	1.27
इसाई	7.67

6. समुदाय समुदाय के आधार पर बाल-अपराधियों का अध्ययन करके यह निष्कर्ष निकाला गया था कि 25.58 प्रतिशत बाल-अपराधी अनुसूचित जाति के व 16.67 प्रतिशत बाल अपराधी अनुसूचित जन जाति समुदायों से आये थे व शेष 57.75 प्रतिशत अन्य समुदायों से सम्बन्धित थे।

बाल अपराध : नियंत्रण के विविध तरीके

बाल अपराध संसार के करीब समस्त देशों की एक गम्भीर समस्या बन गई है। लेकिन इस समस्या की पृष्ठभूमि में जो कारक हैं वे समान न होकर अलग हैं। उनके स्वरूप भिन्न-भिन्न हैं। यह सिर्फ गरीब देशों की समस्या नहीं हैं, बल्कि धनी देशों की भी है। अन्तर केवल सामाजिक, आर्थिक एवं राजनैतिक ढाँचे का है जिससे यह समस्या विभिन्न रूपों में विभिन्न समाजों में उदय होती है।

यह समस्या वास्तव में गंभीर है, जिसका निवारण किसी एक पहलू या नजरिये से नहीं किया जा सकता है, चूँकि इस समस्या में बहुत सी समस्याएँ जुड़ी हैं। यथा शारीरिक, अनाथ बालक, मानसिक दृष्टिकोण से अविकसित बालक, परिवार सम्बन्धी कारक, निर्धनता, अशिक्षा, स्कूल की समस्याएँ, आवारागर्दी शोषण की प्रवृत्ति आदि। अस्तु यह समस्या जो ऊपरी सतह से बहुत सतही दिखायी देती है उसकी तह में जाने की जरूरत है। 'उपचार की अपेक्षा रोकथाम उत्तम है' (Prevention is better than cure) के सिद्धान्त को अपनाना होगा।

हर्बर्ट के लेखानुसार "सामाजिक कार्यकर्त्ता को सतही स्थिति को स्वीकार नहीं करना चाहिए, अपितु समस्या की गहराई देखनी चाहिए, ऐसे वातावरण की तलाश करनी चाहिए जिसमें विश्वास किया जा सके और पारस्परिक समझ प्राप्त की जा सके।"

बाल अपराध की समस्या को निम्नांकित प्रकार से कम किया जा सकता है

(1) शिक्षा की भूमिका शिक्षा से तात्पर्य यह है कि किस तरह की शिक्षा बच्चों को परिवार तथा स्कूल में दी जाय जिनसे उनके व्यक्तित्व का सृजन स्वस्थ तरीके से हो सके। जहाँ परिवार में प्रारम्भ से उचित निर्देशन देने की आवश्यकता होती है, वहाँ स्कूल और कालेजों के अध्यापकों का यह कर्त्तव्य है कि वे बच्चों को उचित व अनुचित, नैतिक व अनैतिक, धर्म तथा अधर्म के कार्यों के बारे में समझायें।

पाठ्यक्रम इतना बोझिल न हो कि बालकों की समझ में न आये, अन्यथा बालक पढ़नें में अरुचि दिखलाते हैं, स्कूल से भागने का प्रयास भी करने लगेंगे।

(2) पारिवारिक उत्तरदायित्व एवं कर्त्तव्य यह अभिभावकों का पुनीत कर्त्तव्य है कि वे अपने बच्चों का पालन-पोषण स्नेहपूर्ण तरीके से करें। उन्हें स्वप्न में भी इसका एहसास नहीं होना चाहिये कि उनकी मानसिक दुर्बलता, शारीरिक एवं कुरूपता के कारण परिवार में उनकी निन्दा हो रही है। अभिभावकों का नियंत्रण एवं अनुशासन इतना कठोर न हो कि बालक घर को जेल समझने लगे। उन पर स्नेहयुक्त नियन्त्रण होना चाहिये। बच्चों के उत्सुकतापूर्ण प्रश्नों को मनोवैज्ञानिक ढ़ंग से समझना चाहिये जिससे कि उनके प्रश्न का जवाब उनके व्यक्तित्व पर पड़े या उनके व्यक्तित्व निर्माण में मददगार हो सके। इस बात का भी प्रयत्न करना चाहिये कि उनकी आवश्यकताओं की पूर्ति हो सके। वरना वे इसे किसी दूसरे माध्यम से पूर्ण करने का प्रयत्न करेंगे।

मार्टिन न्यूमेर का विचार है कि, "अधिकांश परिवार अपने मुख्य काम को अपनी अधिकतम क्षमता के अनुसार कर रहे होते हैं किन्तु बहुत से दूसरे परिवारों में बच्चों की मौलिक जरूरतें भी उचित रूप से पूर्ण नहीं हो पाती हैं।"

(3) मनोरंजन बालक जहां और जैसे चाहे खेलता रहे मनोरंजन का यह अर्थ कभी नहीं होता है। बल्कि मनोरंजन प्रशिक्षित (Supervised Recreation) होता है, जिससे बालक का मानसिक विकास स्वस्थ हो सके। मनोरंजन का एक स्वस्थ उद्देश्य है। इस उद्देश्य की प्राप्ति तभी हो सकती है कि जब मनोरंजन के साधनों का निरीक्षण व परीक्षण के माध्यम से अपने व्यक्तित्व का सृजन अनुशासित तरीके से कर सके।

मनोरंजन की दृष्टि से बालक-बालिकाओं की समस्याएं अलग-अलग है। अच्छा होता कि सभी छोटे और बड़े मोहल्लों में एक पार्क की व्यवस्था हो जिसमें

बच्चों के खेल-कूद के पर्याप्त साधन उपलब्ध हो तथा जो बच्चे शारीरिक रोग से पीड़ित हैं उनके घर में खेले जाने वाले खेलों की व्यवस्था हो। इस प्रकार के खेलों के लिए भी नगर, मोहल्ले और महानगर में कई बाल-क्लब हों जिसमें खेलने के साथ ही अच्छी बालोपयोगी पुस्तकें भी हों जिससे कि उनका ज्ञानवर्द्धन हो सके।

(4) आर्थिक सुविधाएँ हमें यह मालूम है कि गरीब परिवारों से बाल-अपराधी संबंध रखता है। इसलिए सामाजिक एवं सरकारी तौर पर इस प्रकार का प्रबन्ध करना चाहिये कि गरीब परिवारों के बालक भी समुचित शिक्षा प्राप्त कर सकें। उन्हें शिक्षा सम्बन्धी सभी सुविधाएं उपलब्ध कराई जाए। उनके लिए निःशुल्क शिक्षा हो और संभव हो सके तो ऐसे विद्यार्थी को कुछ आर्थिक सहयोग देना चाहिए। आर्थिक मदद से बालकों और बालकों के परिवारों को प्रेरणा प्राप्त होगी कि वे अपने बालकों को शिक्षित बनायें। स्कूल में इस तरह की शिक्षा का प्रबंध ा किया जाए जिसमें छात्र पढ़ने के साथ कुछ और भी हासिल कर सकें। इन कार्यों से बच्चों में प्रारम्भ से ही स्वावलम्बी बनने की प्रवृत्ति उत्पन्न होगी और वे अपने खाली समय का उपयोग भी कर सकेंगे।

(5) बाल सुधार गृह भारत में बाल सुधार गृह काफी कम है और जो हैं भी वे सन्तोषजनक नहीं हैं। विशेषतौर से वे गृह जो जनता द्वारा चलाये जा रहे हैं, उनका उद्देश्य सरकार से अधिक मदद लेना है, न कि अपराधियों को सुधारना। आवश्यकता इस बात की है कि इस प्रकार के गृह अधिक संख्या में खोले जायँ, साथ ही समय-समय पर इस तरह के गृहों की कार्य पद्धति का निरीक्षण होना चाहिए। इस प्रकार के सुधार गृह उन बालकों के लिए बहुत महत्वपूर्ण हैं, जिनका इस दुनियाँ में कोई नहीं है या जो अवैध सन्तान के रूप में हैं या जिनकी आदतें खराब हो चुकी हैं या वे जिनकी प्रवृत्ति भगोड़ा बन चुकी इत्यादि। इस तरह के बालकों का सुधार इन गृहों में काफी अच्छा हो सकता है, बशर्ते उनके साथ ईमानदारी और लगन के साथ काम किया जाय और यह तभी हो सकता है जब हमारी मिशनरी भावना हो।

(6) मनोवैज्ञानिक अस्पताल अधिकांश बच्चों में इस प्रकार की भावना गृह कर जाती है और जिसे साधारण व्यक्ति या अभिभावकों नहीं समझ पाते हैं। किसी जख्मी भावना के फलस्वरूप उनमें संघर्ष, द्वेष, ईर्ष्या आदि विरोधी जटिल भावनाओं का एक साथ जन्म हो जाता है। इन विरोधी भावनाओं के कारण उनका व्यवहार दिन-प्रतिदिन असामाजिक बनता जाता है। इस प्रकार के बच्चों

का मनोवैज्ञानिक विश्लेषण के द्वारा उनका आक्रोश जानने का प्रयत्न किया जाता है। उनकी चिकित्सा भी मनोवैज्ञानिक तरीके से की जाती है। हमारे देश में इस प्रकार चिकित्सालयों का काफी अभाव है। न्यूनतम छोटे-बड़े नगरों में इस प्रकार के अस्पताल होने चाहिये।

(7) सामुदायिक नेतागिरी सामुदायिक नेतागिरी की कमी से बाल अपराध को नियन्त्रित करने का काम मुश्किल हो जायेगा। परन्तु **कार** ने समुदाय नेता के काम के बारे में निम्नवत् बातें कही हैं

(1) बाल-अपराधियों की मुश्किलों को समझें।

(2) समस्या के समाधान हेतु प्रस्ताव एवं परामर्श उद्धृत करें।

(3) संगठन को शक्तिशाली तथा दृढ़ बनाएं।

(4) रचनात्मक कार्यक्रम बनाएं जिससे स्थानीय समस्याओं का समाधान हो सके तथा उनकी आवश्यकताओं की पूर्ति हो सके।

(8) संयुक्त परिषद अनेक देशों में बाल-अपराधों को रोकने हेतु संयुक्त परिषदों की स्थापना हुई है। इन परिषदों का निर्माण स्कूल, माता-पिता, पुलिस-विभाग, किशोर-न्यायालय, प्रोबेशन विभाग के प्रतिनिधियों को लेकर किया जाता है। इस परिषद का मुख्य उद्देश्य है, बालकों के अपराधी कार्यों को ज्ञात करना तथा उनके समाधान के तरीकों की खोज करना। यह परिवार के स्तर के साथ ही सामुदायिक परिस्थितियों को सुधारने का प्रयास करते हैं, जिनसे बाल अपराध की उत्पत्ति होती है।

(9) बाल कल्याण समितियाँ सामाजिक संस्थाओं का यह उत्तरदायित्व है कि वह नगर के विभिन्न भागों में बाल कल्याण समितियों की स्थापना करे। इन समितियों का यह उत्तरदायित्व है कि वे अपने क्षेत्र के बच्चों का अध्ययन करें। उसके खाली समय का किस तरह से अधिकाधिक रूप में सदुपयोग किया जाय, इसके लिये उपाय निकालें। इस प्रकार की समितियों में अनुभवी तथा क्षेत्रीय व्यक्तियों को अधिक-से-अधिक स्थान प्राप्त होने चाहिये। चूँकि बाल अपराध की क्षेत्रीय समस्या बहुत कुछ अन्य क्षेत्र से अलग हो सकती है अतएव इसका निवारण कैसे हो सकता है, वहाँ के अनुभवी व्यक्ति बता सकते हैं।

बाल-अपराधियों के सुधार के उपाय

बाल अपराधों की समस्या अन्य अपराधियों से अलग है तब समाजशास्त्रियों ने इसके निवारण हेतु नये तरीकों पर विचार करना आरंभ किया। इसके फलतः

बाल-अपराधियों के सुधार में नयी-नयी पद्धतियों का प्रयोग होने लगा। इसके निम्नलिखित उदाहरण हैं

बोर्सटल स्कूल चेन्नई में इस स्कूल की स्थापना सर्वप्रथम 1961 में हुई। उसके पश्चात उत्तर प्रदेश में बोर्सटल अधिनियम पास किया गया और बरेली बाल-बन्दीगृह की स्थापना हुई। बरेली के बाल-जेलों में केवल निम्न प्रकार के बालक आते हैं

(1) 18 वर्ष से कम उम्र के बालक जिसे कठोर दण्ड प्राप्त होता हो।
(2) अपराधी के कुल और जाति का ज्ञान न हो।
(3) मस्तिष्क तथा स्वस्थ शरीर हो।
(4) धारा 109, 110 या 113 (भारतीय दण्ड विधान) के अधीन उसे दण्ड न मिला हो।

इस प्रकार के बाल-अपराधियों को व्यावसायिक प्रशिक्षण भी दिया जाता है जिससे वे स्वावलम्बी बन सकें। दूसरी कई विशेषताऐं भी इस गृह की है। इस गृह में जो भी बालक अनुशासनयुक्त रहता है, उसे पुरस्कार भी दिया जाता है। बालकों को ऊँची शिक्षा देने की भी व्यवस्था है।

बाल न्यायालय बाल-न्यायालय में बच्चों के अपराध का फैसला किया जाता है। इस न्यायालय का उद्देश्य बालक को सजा न देकर उनका सुधार करना है। यह बालकों के अपराध का विश्लेषण कर उसे मनोवैज्ञानिक विधि से सुधारने का प्रयत्न करता है। इनमें बाल-अपराधी को कटघरे में नहीं बन्द किया जाता है। भारत में ऐसा न्यायालय मुम्बई में है। इस न्यायालय में जज के स्थान पर मनोवैज्ञानिक, चिकित्सक व समाजशास्त्री आदि होते है। इसका अध्यक्ष एक वेतन प्राप्त मजिस्ट्रेट होता है। इस न्यायालय में बालकों के मस्तिष्क एवं हृदय पर किसी तरह का बुरा प्रभाव न पड़े इसके लिए इस न्यायालय में पुलिस भी सादी पोशाक पहनती है। अस्तु, बाल-न्यायालय बाल अपराध के क्षेत्र में मुख्य भूमिका निभा रहे हैं।

बाल सुधार गृह वास्तव में, ये सुधार-गृह औद्योगिक संस्थायें हैं। बच्चों को जेल में न भेजकर इन घरों में रखा जाता है। इन्हें यहीं पर अलग-अलग प्रकार की आवश्यकतों को पूरा करने के लिए स्वयं अपना कोई काम करना सिखाया जाता है इस प्रकार के सुधार-गृह, नासिक, शोलापुर, लखनऊ, बरेली, दिल्ली आदि स्थानों पर हैं।

बाल अपराध पर नियंत्रण

बाल-अपराध की समस्या भारत में गंभीर रूप धारण करती जा रही थी। इसलिए कुछ राज्यों ने इस गम्भीर समस्या के हल हेतु प्रयास करना शुरू कर दिया। कुछ राज्यों द्वारा उठाये गए प्रयास निम्नानुसार हैं

उत्तर प्रदेश

उत्तर प्रदेश में चिल्ड्रेन एक्ट 1935 में पारित किया गया। इस एक्ट की निम्नांकित विशेषतायें हैं

(1) वे उद्दंड बच्चे जो सुधार-गृह द्वारा सुधारे नहीं जा सकते हैं, उन्हें जेल भी भेजा जा सकता है।

(2) किसी बालक की देखभाल अगर अभिभावक अथवा संरक्षक सही तरीके से नहीं करता है तो मजिस्ट्रेट सूचना पाते ही इस बालक को किसी के भी संरक्षण में रख सकता है या सुधार गृह में भी भेज सकता है जहाँ उसकी उचित देख-रेख हो सके और उसके व्यक्तित्व का निर्माण सही तरीके से हो सके।

(3) ऐसे वातावरण में किसी बालक को नहीं रखा जाए, जिससे कि वह अपराधी बन जाऐ।

(4) वह परिस्थिति जो बाल अपराध को बढ़ाने में मददगार होती है उस परिस्थिति का सुधार करना।

(5) जमानत पर स्वतंत्र किये गये बच्चों का समय-समय पर प्रोबेशन अधिकारी परीक्षण करता है।

(6) बाल-अपराधी की रोकथाम के लिए अभिभावकों को भी शिक्षा व व्यवहार-सम्बन्धी निर्देशन दिये जाते हैं।

(7) बच्चों को सुधार के लिए जेल न भेजकर सुधार गृह भेजा जाता है।

(8) बाल अपराध रोकथाम सम्बन्धी संस्थाएं अलग-अलग क्षेत्रों में स्थापित की जाती हैं जो इस समस्या को रोकने का प्रयत्न करती है।

(9) बालक के मनोरंजन के लिए क्रीड़ा-स्थल की व्यवस्था है, जहाँ उसके उन्मुक्त व्यवहार से उसके आचरण तथा आदतों को समझने का प्रयास किया जाता है।

महाराष्ट्र (मुम्बई)

मुम्बई बाल अपराध के क्षेत्र में काफी जागरूक है। वहाँ समय-समय पर

सेवा संस्थाओं व कानूनों के द्वारा इस समस्या के समाधान के लिए प्रयास किया जाता है। 1924 का बाम्बे चिल्ड्रेन एक्ट महत्त्वपूर्ण प्रगतिवादी तथा व्यापक एक्ट है, जिसके द्वारा 14 वर्ष से कम उम्र के बालकों को सुरक्षा प्रदान की जाती है। इससे अधिक आयु के बालकों का, जिनकी उम्र 16 वर्ष से कम है, परीक्षण न्यायालय द्वारा होता है उन्हें दण्ड देने का भी विधान है किन्तु दण्डित समय में उसे सुधारने का प्रयास किया जाता है। इस उम्र का निर्धारण बाल न्यायालय द्वारा किया जाता है। इस एक्ट के आधार पर प्रोबेशन अधिकारी की भी नियुक्ति हो सकती है। इस एक्ट के आधार पर चार प्रकार के बच्चे माने गये हैं

(1) उद्दण्ड बालक

(2) उपेक्षित और एकाकी बालक अथवा समाज द्वारा पीड़ित बालक

(3) बाल-अपराधी अथवा युवक आक्रमणकारी

(4) अपराध ग्रसित बालक।

1924 के एक्ट को 1948 में संशोधित किया गया था, जो वर्तमान में भी लागू है। नये अधिनियम के अनुरूप बालक की सुरक्षा, उसका उपचार व उसकी पुनर्स्थापना करना; 16 वर्ष से कम उम्र के युवक अपराधी का न्यायालय में परीक्षण करना; युवक अपराधी की पुनर्स्थापना करना; इन्हें सजा न देकर सुधारने का प्रयास करना। नये एवं संशोधित एक्ट की सबसे खास विशेषता है बाल-अपराधी को सुधारना तथा उसकी पुनर्स्थापना करना, न कि उसे सजा देना। इस नये अधिनियम ने भारतीय स्तर पर बाल-अधिनियम को बनाने के लिए प्रोत्साहित किया। इसी की प्रेरणा से 1960 में अखिल भारतीय बाल-अधिनियम बना। इतना ही नहीं, वरन् अनेक चिल्ड्रेन बिल पारित किये गये जिनका उद्देश्य बाल-कल्याण है। सिर्फ सौराष्ट्र ही ऐसा प्रदेश था जिसने इस एक्ट को किसी भी प्रकार की मदद प्रदान नहीं की थी और वह युवक अपराधी को दण्ड देने में विश्वास रखता था।

मुम्बई का 1948 का बाल अधिनियम रिमाण्ड होम्स, बाल-न्यायालय, प्रमाणित स्कूल और अन्य संस्थाओं की स्थापना करता है। इन सभी को इस एक्ट के अनुसार काम करना पड़ता है। बाल अपराधियों के लिए अलग बाल-न्यायालय की स्थापना इसी एक्ट ने की है। यहाँ तक कि यदि बाल-अपराधी ने किसी की हत्या भी कर दी है तो उसका बाल-न्यायालय में परीक्षण होगा। इस एक्ट की दूसरी विशेषता यह है कि यह बाल-अपराधी के अपराध पर इतना ध्यान नहीं देता है, जितना उसको सुधारने में।

निम्नलिखित प्रकार के बच्चों को रिमाण्ड होम में भर्ती किया जाता है

(1) बाल-अपराधी।

(2) उद्दण्ड बालक।

(3) शारीरिक एवं मानसिक रोग से ग्रसित बालक।

(4) पीड़ित एवं एकाकी बालक।

(5) सामाजिक दृष्टि से ग्रसित बालक।

न्यायालय द्वारा जब तक फैसला नहीं सुनाया जाता है तब तक बालकों को रिमाण्ड होम में रखा जाता है।

सुधार-गृह अधिनियम के विस्तृत रूप बाल अधिनियम थे। अपराध पर इस अधिनियम के अंतर्गत सिर्फ नियन्त्रण करने का प्रयास ही नहीं किया जाता था, बल्कि साधनहीन, निराश्रित बालकों की रक्षा, उन्हें सुधारने का प्रयास तथा पुनर्स्थापना का प्रयास भी किया जाता है।

वर्तमान समय में जो मुख्य एक्ट विभिन्न राज्यों में प्रचलित है, वे निम्नलिखित है

(1) चिल्ड्रेन एक्ट मुंम्बई (1948), मद्रास (1950), पश्चिमी बंगाल (1951), आंध्र (1951), दिल्ली (1941), केरल (1945), कोचीन (1946), मैसूर (1933), पंजाब (1949), उत्तर प्रदेश (1943)

(2) रिफार्मेटरी स्कूल एक्ट (1987)

(3) केन्द्रीय सरकारी एक्ट-7

(4) प्रोबेशन आफ आफेंडर्स एक्ट मुंम्बई (1938), मद्रास (1936), मध्य प्रदेश (1936), उत्तर प्रदेश (1938), मैसूर (1943)।

बाल-अपराधी तथा अपराधी में भिन्नताएं

उम्र में अन्तर जैसा कि हम देख चुके हैं कि बाल-अपराधियों की उम्र एक निश्चित सीमा में बँधी हुई है। यह उम्र की सीमा भिन्न-भिन्न देशों में पृथक्-पृथक् तरह की पायी जाती है। अस्तु, बाल-अपराधी और अपराधी में प्रथम अन्तर उम्र का है, जबकि दोनों के काम असामाजिक होते हैं। एक निर्धारित उम्र के बाद जो बालक अथवा बालिका समाज-विरोधी काम करते है, वे अपराधी घोषित किए जाते है, जैसे भारत में 18 वर्ष के पश्चात जो बालक कानून का उल्लंघन करता है वह बाल-अपराधी न होकर अपराधी की श्रेणी में आता है।

उद्देश्यों में अन्तर अपराधी सामान्यतया योजना बनाकर अपराध करता है। वह पहले से जानता है कि वह किस प्रकार का अपराध करने जा रहा है और उससे उसे कितना और कैसा लाभ प्राप्त होने वाला है। उसे यह भी मालूम होता है कि अमुक प्रकार के कानून के उल्लंघन की सजा किस प्रकार की है। जबकि बाल-अपराधी प्रायः योजना बनाकर अपराध नहीं करते एवं न उनका उद्देश्य अपराध करने का होता है, अपितु अधिकांश अपराध उनसे खेल में अनजाने में हो जाते हैं। अतः बाल-अपराध को खाली समय का काम कहते हैं।

दण्ड विधान में अन्तर बाल अपराध और अपराधी, दोनों को एक ही कानून के उल्लंघन करने पर अलग-अलग तरीके से सजा दी जाती है। बाल-अपराधियों को सुधार संस्थाओं में रखकर उनका मनोवैज्ञानिक तरीके से उपचार किया जाता है, जबकि अपराधियों को जेल में रखा जाता है। अपराधी को अपराध की दृष्टि से सजा दी जाती है। यद्यपि दोनों दण्डों का उद्देश्य व्यक्ति का सुधार करना है। बाल-अपराधियों को दण्ड का आभास नहीं कराया जाता है। इसलिए दोनों के उपचार और सुधार के तरीके में अन्तर है।

बाल अपराध एक गंभीर समस्या है तब तक सामाजिक, आर्थिक दशाओं में सुधार नहीं होता तब तक इस समस्या का समाधान नहीं हो सकता। हमें उन परिस्थितियों को दूर करना होगा जिनसे बाल-अपराधियों की उत्पत्ति हुई है। हमें उन आर्थिक, सामाजिक खाइयों को खत्म करना होगा जो बालकों को अपराध करने के लिए प्रेरित करती हैं। सिर्फ कानूनों के निर्माण से ही इस समस्या का समाधान नहीं होगा और न दो-चार संस्थाओं की स्थापना से ही हो सकता है। हमें आर्थिक-सामाजिक ढाँचे के वर्तमान स्वरूप को बदलना होगा। सभी बालकों को एक समान सुविधाएँ देनी होगी भले ही उसके अभिभावक जीवित हों या न हों। व्यक्तियों के हृदय में बच्चों के प्रति स्नेह उत्पन्न करना होगा अन्यथा हम कानूनों का निर्माण करते रहेंगे और बाल-अपराधी बढ़ते रहेंगे।

8

भगोड़ापन एवं बाल अपराध

भगोड़ापन 'Truancy' का हिन्दी रूपान्तर है जो दुएण्ड भगोड़ा से बना है। बालकों के लिए इस शब्द का प्रयोग किया जाता है। एक विद्यालय से दूसरे विद्यालय में जब कोई छात्र बिना बतायें चला जाता है तो उसे भगोड़ा कहते है।

फेयरचाइल्ड के अनुसार, "यह बालक का वह अपराध है जो खुद को स्कूल से बिना स्वीकृत अनुमति के अनुपस्थित रखता है।" **मारवर** के अनुसार, "भगोड़ापन बालकों में विकसित वह प्रवृत्ति है जिसके परिणामस्वरूप बालक बिना अनुमति के स्कूल से भागने की आदत को विकसित कर लेते हैं।"

इस तरह के बच्चें स्कूल से भागने के आदी होते है। ये बाल-अपराधी की पृष्ठ-भूमि तैयार करते हैं। जब बिना अनुमति के बालक स्कूल से भागता है और घर लौटकर नहीं जाता है तो उसे अनेक कुअवसर प्राप्त होते हैं, जो उसे अपराध करने को प्रेरित करते हैं। यह सत्य है कि बाल-अपराधी पहले आवारा और भगोड़ा रहा होगा, और जब उसे असामाजिक कार्यों के लिए दण्ड दिया गया होगा बच्चा छोटे-मोटे असामाजिक काम करते-करते अपराधी बन जाता है। और ऐसे कार्य करता है जो सामाजिक दृष्टि से उचित नहीं है। उसे लोग भगोड़ा कहते है।

भगोड़ों का विभाजन

सभी बच्चों का स्वभाव एक जैसा नहीं होता है उसमें कुछ न कुछ विभिन्नता

पायी जाती है। कुछ बच्चों को स्कूल जाना ही अच्छा नहीं लगता है। कुछ बच्चें ऐसे होते है जो स्कूल तो जाते हैं, किन्तु उनका उद्देश्य पढ़ना नहीं होता है। कुछ स्वभाव-भिन्नता के कारण बालकों का निश्चित वर्गीकरण करना असम्भव तो नहीं, किन्तु कठिन अवश्य है।

कुछ भगोड़े निम्न प्रकार के होते है

1. जो कक्षा में देर से आते हैं।
2. जो कभी-कभी स्कूल आते है।
3. जो कभी भी स्कूल नहीं जाते है।
4. जो स्कूल तो जाते है, किन्तु अपनी कक्षा में उपस्थित नहीं रहते।
5. जो स्कूल समाप्त होने के पहले ही दोपहर की छुट्टी में या और किसी समय स्कूल से भाग जाते हैं।
6. जो कक्षा में सिर्फ उपस्थिति के लिए आते हैं और उपस्थिति के बाद कक्षा से भाग जाते हैं।

भगोड़ापन के कारण

भगोड़ापन के क्या कारण है कि बच्चें एक स्कूल को छोड़कर दूसरे स्कूल में चले जाते हैं। उनके अन्दर इस प्रकार की प्रवृत्ति विकसित होती है। वास्तव में इनका कोई एक कारण नहीं है। अनेक परिस्थितियाँ बालकों को स्कूल से भागने के लिए विवश करती है, अतः भगोड़ापन के एक नहीं, अनेक कारण हैं, जोकि अपना विशिष्ट महत्त्व रखते हैं। भगोड़ापन के प्रमुख कारण निम्नलिखित है

1. पारिवारिक पृष्ठभूमि परिवार का बच्चें के ऊपर महत्वपूर्ण प्रभाव पड़ता है। परिवार ही बच्चें की प्रथम पाठशाला है जहाँ पर बच्चा पलता-बढ़ता है। अधिकांश भगोड़े बच्चें उन घरों से आते हैं, जो या तो नष्ट है या अर्द्धनष्ट की स्थिति में है।

माता-पिता में से किसी की मृत्यु के कारण भी अधिकांश बालकों में भागने की प्रवृत्ति का विकास होता है। इसके साथ ही जिन परिवारों में माता-पिता में बालकों के विकास के सम्बन्ध में अनबन रहती है, वे बालक भी स्कूल से भागते हैं। इसके अतिरिक्त अनैतिक परिवार और परिवार की बुरी अर्थव्यवस्था भी बालकों की अपराधी प्रवृत्ति को विकसित करती है। संक्षेप में, भगोड़ापन विघटित व्यक्तित्व का प्रतीक है और मनुष्य के विकास में परिवार की क्या स्थिति है इसका महत्वपूर्ण प्रभाव पड़ता है।

2. परिस्थितिशास्त्रीय दशाएँ इस भावना का विकास उपयुक्त परिस्थिति उपलब्ध नहीं होने के कारण होता है। इस परिस्थिति का सम्बन्ध दो संस्थाओं से है परिवार और स्कूल। जो परिवार और स्कूल बाजारों में, घनी और गन्दी बस्तियों में, चलचित्रों के आस-पास, जुआघरों और मयखानों के पास स्थित होते हैं, वहाँ के परिवार और स्कूल के बच्चें अधिक भागते हैं। इसका कारण यह है कि बालक इनके प्रति आकर्षित होते हैं और जब यह आकर्षण अधिक मात्रा में हो जाता है तो स्कूल से भागना उनकी आदत हो जाती है। मनोरंजन के नये-नये साधन बड़े-बड़े शहरों में प्रत्येक दिन आते रहते हैं। इससे इन बालको में स्वतन्त्रता की भावना का विकास होता है और वे स्कूल तथा परिवार के नियन्त्रण से बाहर हो जाते हैं तथा इन संस्थाओं की उपेक्षा करते हैं।

3. आयु 10-12 वर्ष की उम्र के बच्चे ही अधिकतर भगोड़े होते है। यह आयु ऐसी होती है जबकि उन्हें अच्छे और बुरे का ज्ञान नहीं होता है। 7-8 वर्ष की उम्र में ही स्कूल से भागने की प्रवृत्ति का विकास आर

4. स्कूल और अध्यापक स्कूल और अध्यापक सम्बन्धी निम्न कारक बालकों को स्कूल से भागने के लिए विवश करते हैं।

5. जाति भारतवर्ष में भगोड़ेपन की प्रवृत्ति के लिए जाति का भी महत्त्वपूर्ण स्थान है जिसका आधार जन्म है। औद्योगीकरण के कारण जाति और अर्थव्यवस्था में महान् परिवर्तन हो रहे हैं। सर्वेक्षण में पाया गया है कि उच्च और मध्यम जातियों की तुलना में निम्न जाति के बालक अधिक भगोड़े होते है। इसी प्रकार उच्च जाति की तुलना में मध्यम जाति के बालक स्कूल से अधिक भागते हैं।

6. धर्म जे.के. इन्स्टीट्यूट, लखनऊ द्वारा जो अध्ययन किया गया था उससे यह निष्कर्षक निकाला गया था कि ईसाईयों की तुलना में हिन्दू और मुस्लिम बच्चें अधिक भगोड़े होते हैं। अतः बालकों में भागने की प्रवृत्ति के विकास में ध ार्म का भी महत्त्वपूर्ण योगदान है।

7. शारीरिक दशाएँ शरीरिक दशाओं का भी व्यक्ति के ऊपर बहुत प्रभाव पड़ता है। **मैनगोल्ड** ने लिखा है कि, ''शारीरिक असाधारणाएँ आचरण को प्रत्यक्ष रूप से निर्धारित कर सकती है। रोगग्रस्तता, नलीविहीन ग्रन्थियों का असन्तुलन, शारीरिक रोग, स्थायी बीमारियाँ, दुर्बलता आदि ऐसे अनेक कारण हैं जो बालकों में भगोड़ेपन की प्रवृत्ति को विकसित करने के लिए उत्तरदायी हैं।'' इस प्रकार विशिष्ट शारीरिक दशाओं का भी भगोड़ेपन की प्रवृत्ति से सम्बन्ध है।

8. मनौवैज्ञानिक कारक निम्न मानसिक कारक बालकों में भगोड़ेपन की प्रवृत्ति को प्रोत्साहित करते हैं

(क) मानसिक दुर्बलता,
(ख) बुद्धिमन्दता,
(ग) मानसिक बीमारियाँ,
(घ) विक्षिप्तता,
(ङ) मानसिक चंचलता,
(च) भावात्मक असन्तुलन,
(छ) निराशा की भावना,
(ज) मानसिक चंचलता।

9. विद्यालय और अध्यापक विद्यालय और अध्यापक सम्बन्धी निमन कारक बालकों को विद्यालय से भागने के लिए विवश हो जाता है

(क) स्कूलों में अच्छी आकर्षक बिल्डिंग और अच्छे बगीचों का अभाव।
(ख) कक्षाओं में धार्मिक और ऐतिहासिक चित्रों का अभाव।
(ग) गन्दे और असुविधाजनक कुर्सी-टेबिल।
(घ) अच्छे पुस्तकालय का अभाव।
(ङ) मनोरंजन, क्लब तथा खेल-कूल के पर्याप्त साधनों का अभाव।
(च) शारीरिक और मन-संबंधी पाक्षिक परीक्षा का अभाव।
(छ) पेण्टिंग, डिजाइनिंग तथा कलात्मक कार्यों का अभाव
(ज) धार्मिक और नैतिक पाठों का अभाव।
(झ) अध्यापक और विद्यार्थियों के बीच मधुर सम्बन्धों का अभाव।
(ञ) स्वतः सहायक की प्रवृत्ति का अभाव।
(ट) शारित्रिक शिक्षा तथा स्कूलों में अच्छे चरित्र की सूची का अभाव।
(ठ) अध्यापकों को समुचित सम्मान का अभाव और उनके द्वारा खानापूर्ति।

10. सामुदायिक कारक सामुदायिक और सांस्कृतिक कारक भी बालकों में भगोड़ेपन की प्रवृत्ति को विकसित करने के लिए उत्तरदायी हैं। इन सामुदायिक कारकों में निम्नलिखित प्रमुख हैं

(क) जातीय संरचना,
(ख) सांस्कृतिक आधार,
(ग) परम्पराएँ और जनरीतियाँ और रूढ़ियाँ।
(घ) धार्मिक संरचना।

11. आर्थिक स्थिति आर्थिक स्थिति का भी बालक के ऊपर प्रभाव पड़ता है, बच्चा अमीर है या गरीब इसके कारण भी अनेक प्रकार की भावना का विकास होता है। जिन परिवारों की आर्थिक स्थिति अच्छी नहीं होती हैं, उनके बच्चों में भागने की प्रवृत्ति का विकास हो जाता है। जे.के. इन्स्टीट्यूट। लखनऊ ने जो अध्ययन किया था, उससे यह तथ्य प्रकाश में आया था कि अधिकांश भगोड़े बच्चें उन परिवारों से आते है जिनकी मासिक आय 35 रू. से 75 रू के बीच होती है। निम्न आर्थिक दशाएँ भगोड़ेपन की प्रवृत्ति को प्रोत्साहित करती हैं।

भगोड़ेपन का निवारण

प्रायः यह देखा जाता है कि भगोड़े किस्म के बालक घर से तो स्कूल के लिए चलते है लेकिन स्कूल नहीं पहुँचते है, रास्ते में ही रूक जाते हैं अथवा कक्षा में 1-2 घण्टी पढ़ने के पश्चात् भाग जाते हैं।

जहाँ उन्हें मनोरंजन के पर्याप्त साधन प्राप्त होते हैं, वहीं पर भगोड़े बच्चें घूमते-फिरते दिखाई देते हैं। मौलिक प्रश्न यह उठता है कि भगोड़ेपन को दूर करने के लिए क्या उपाय कारगर हो सकते हैं? भगोड़ापन दूर करना क्यों आवश्यक है? इन समूचे प्रश्नों का ठोस उत्तर इस प्रकार दिये जा सकते है। कि जो बालक परिवार का अलंकार होगा, वही देश की सच्चा कर्णधार होगा। यदि बालक प्रारम्भ से ही भगोड़ा और आवारा है तो निश्चित ही अपराधी होगा। उससे देश के कल्याण की कामना करना निरर्थक है।

अतः इसके लिए यह आवश्यक है कि बालक की भगोड़ापन की प्रवृत्ति को दूर किया जाए। इस समस्या का निवारण निम्न प्रकार से किया जा सकता है

1. परिवार एवं आसपास के लोग परिवार एवं आस-पास का बालक के ऊपर महत्वपूर्ण स्थान पड़ता है जिस कारण बालक भगोड़ा हो जाता है। पारिवारिक पर्यावरण उनके उचित विकास के लिए स्वस्थ्य होना चाहिए। बच्चों के लालन-पालन एवं शिक्षा-दीक्षा आदि के विषय में पूरा-पूरा ध्यान रखा जाना आवश्यक है। परिवार के सदस्यों द्वारा बच्चों को हमेशा अच्छे काम के लिए प्रोत्साहन देना चाहिए। इस प्रकार से बच्चें स्वयं पारिवारिक नियन्त्रण में बँधे रहते हैं और उन्हें ऐसा अवसर ही नहीं प्राप्त होता कि वे भगोड़े हो जाएँ। ठीक इसी प्रकार से पड़ोस का भी अपना महत्व है। बच्चें को यदि पड़ोसी उचित स्नेह तथा आदर सहित देखता है तो बच्चों पर इसका असर पड़ता है। अतः जब बालक इस प्रकार के पर्यावरण में रह रहा है तो उसके भगोड़ा होने की कोई सम्भावना ही नहीं होती।

परिवार एवं आस-पास के लोग सही रहे तो भी बालक को भगोड़ा बनने से रोका जा सकता है।

2. परिवार की आर्थिक स्थिति सचमुच में बाल-भगोड़ापन को सुधारने के लिए घर की आर्थिक स्थिति का अच्छा होना अत्यावश्यक है। यदि घर की आर्थिक स्थिति अच्छी नहीं है तो बच्चों पर माँ-बाप उचित रूप से ध्यान नहीं दे सकते क्योंकि उनके लिए पेट की भूख मिटाना प्राथमिक आवश्यकता रहती है। इस कारण बच्चें नियन्त्रण से बाहर हो जाते है और भगोड़ापन की प्रवृत्ति उनमें घर कर जाती है। अतः इसे दूर करने के लिए यह आवश्यक है कि घर की आर्थिक स्थिति अच्छी हो।

3. स्कूल और अध्यापक परिवार के बाद विद्यालय बच्चें का दूसरा घर होता है। बालक में भगोड़ेपन को रोकने के लिए स्कूल तथा शिक्षक का सर्वोपरि स्थान है। स्कूल में पर्याप्त स्थान होना चाहिए। लड़कों के उठने-बैठने की व्यवस्था सुनियोजित ढंग से होनी चाहिए। स्कूल गिरने वाला ही जैसा नहीं होना चाहिए। बालकों की संख्या के अनुसार ही शिक्षकों की संख्या होनी चाहिए और बच्चों तथा शिक्षकों के बीच का सम्बन्ध अत्यन्त ही स्नेहपूर्ण होना चाहिए। वास्तव में जब गुरू और छात्र का सम्बन्ध मधुर होता है तो बच्चें ऐसा बहुत कम काम करते हैं, जो समाज-विरोधी हो। बच्चें उस समय बड़ों का अधिक सम्मान करते हैं, जब बड़े प्यार करते हैं, इसके अतिरिक्त शिक्षकों का उचित वेतन भी इस दिशा में एक आवश्यकता ही है। स्कूल में शिक्षक और छात्र का एक निश्चित अनुपात होना चाहिए।

4. शिक्षा और मनोरंजन की व्यवस्था शिक्षा के साथ-साथ मनोरंजन भी बहुत आवश्यक है अतः दोनों का उचित प्रबन्ध होना चाहिए, जिससे भगोड़ेपन को रोका जा सकें। क्योंकि अधिकांश भगोड़े 10-12 वर्ष की आयु के बीच के होते हैं, अतः यह आयु ऐसी होती है कि बच्चें को अच्छे और बुरे का ज्ञान नहीं होता। इस प्रकार यह आवश्यक है कि प्रत्येक लड़के को 12 वर्ष की आयु तक अनिवार्य रूप से शिक्षा दी जानी चाहिए तथा उनके मानसिक विकास पर विशेष ध्यान देना चाहिए।

बच्चों के लिए स्वस्थ मनोरंजन की व्यवस्था करनी चाहिए। उनके सामने अश्लील एवं भद्दे चित्रों को कभी नहीं दिखाना चाहिए। इसका प्रभाव उन पर खराब पड़ सकता है। बच्चों को सदैव निर्देशित एवं नियन्त्रित रूप से खेल-कूद कराना चाहिए, ताकि उनका शारीरिक एवं मानिसिक विकास पूर्णरूपेण हो सके। इस प्रकार बाल-भगोड़ेपन को रोका जा सकता है।

5. जाति-प्रथा की समाप्ति जब तक जात-पात का भेद समाप्त नहीं किया जायेगा तब तक भगोड़ेपन की समस्या में किसी प्रकार का सुधार नहीं होगा क्योंकि सर्वेक्षण में पाया गया है कि उच्च जाति की तुलना में मध्यम जाति के बालक अधिक भगोड़े होते हैं। इसका मात्र कारण यह है कि वे एक तुलना में निम्न जाति के बालक अधिक भगोड़े होते है। इसका मात्र कारण यह है कि वे एक तो निम्न जाति के होते हैं, दूसरे उनकी आर्थिक स्थिति ठीक नहीं होती। उनके माँ-बाप बाजार, होटल, ढाबें आदि जगहों पर दिन-भर कार्य करने के लिए चले जाते हैं तथा बालकों पर कोई नियन्त्रण नहीं रह जाता, जिसके परिणामस्वरुप बच्चें अधिक भगोड़े होते हैं तथा समाज भी उनको इतना अधिक स्नेह प्रदान नहीं करता जितना कि चाहिए क्योंकि वे निम्न जाति में पैदा हुए है। अतः बाल-भगोड़ापन को रोकने के लिए यह आवश्यक है कि जाति-प्रथा को समाप्त किया जाए ताकि इस समस्या से छुटकारा पाया जा सके।

भगोड़ापन एवं बाल अपराध

भगोड़ापन को बाल अपराध की श्रेणी में रखा जाता हैं इसको बाल अपराध की पहली अवस्था कहते हैं। आधुनिक समाज में मानव-व्यक्तित्व के निर्माण में शिक्षण-संस्थाओं का महत्व सबसे अधिक है। किसी भी समाज में शिक्षण-संस्थाओं से विद्यार्थियों का भागना जहाँ एक ओर शिक्षण संस्थाओं के विघटन की ओर इशारा करता है, वहीं दूसरी ओर राष्ट्रीय जीवन के सामने अनेक समस्याओं को जन्म देता है। शिक्षण-संस्थाएँ जहाँ एक ओर मानव-व्यक्तित्व को विकसित करती हैं, वहीं दूसरी ओर मानव-व्यवहार को नियन्त्रित करती है, ताकि वह सामाजिक नियमों के उल्लंघन की प्रवृत्ति को विकसित न कर लें। सामाजिक नियमों के उल्लंघन की इस प्रवृत्ति को ही बाल अपराध कहा जाता है। **हीली** ने लिखा है कि, "जो बालक व्यवहार के सामाजिक नियमों का उल्लंघन करता है, अपराधी कहलाता है।"

समाज में तीव्र गति से परिवर्तन होने के कारण अनेक प्रकार की सामाजिक असन्तुलन व अव्यवस्था जन्म ले रही है। सामाजिक असन्तुलन के परिणामस्वरुप संस्थाएँ अपने पूर्वनिर्धारत उद्देश्यों के अनुसार कायो ं का सम्पादन नहीं कर पाती है। यही प्रभाव शिक्षा-संस्थाओं पर भी पड़ा है। शिक्षा-संस्थाओं में जहाँ एक ओर संरचनात्मक दोष उत्पन्न हो गए हैं, वहीं दूसरी ओर कार्यात्मक दोषों का भी विकास हुआ है। इन दोषों के कारण शिक्षा संस्थाएँ अपने वांछित उद्देश्यों को पूरा

नहीं कर पाती हैं पारिणामस्वरूप भगोड़ेपन की प्रवृत्ति का विकास होता है। निम्नलिखित पहलू है जिसके कारण भगोड़ा पन की प्रवृत्ति को बढ़ावा मिल रहा है।

1. प्राथमिक सम्बन्धों का अभाव भगोड़े बालक समाज के अन्य सदस्यों के साथ सामान्य सम्बन्धों की स्थापना नहीं कर पाते हैं। उनमें सामाजिक लगाव के स्थान पर प्रतिशोधात्मक भावना का विकास हो जाता है। यह प्रतिशोधात्मक भावना उन्हें अपराधों की ओर अग्रसर कर देती है।

2. बुरी आदतों का विकास शिक्षा-संस्थाओं से भागने की प्रवृत्ति जहाँ बालकों के व्यक्तित्व को कुण्ठित कर देती है, वहीं दूसरी ओर उनमें ऐसी आदतों का विकास हो जाता है, जिन्हें समाज अहितकर मानता है। भगोड़े बालकों में जिन बुरी आदतों का विकास हो जाता है, उनमें से कुछ निम्नलिखित हैं :

(क) कठोरता एवं दुर्व्यवहार,
(ख) मद्यपान,
(ग) जुआ खेलना,
(घ) जेब काटना,
(ड) भिक्षावृत्ति,
(च) बुरी यौन-आदतें तथा वेश्यावृत्ति और
(छ) धूम्रपान।

बालकों में इन बातों का विकास हो जाने से शीघ्र ही अपराध की ओर अग्रसर हो जाते हैं।

3. व्यक्तित्व विकास में बाधा वर्तमान जीवन में शिक्षा-संस्थाएँ मानव-व्यक्तित्व को विकसित करने का सबसे शक्तिशाली साधन है। शिक्षा-संस्थाओं से भागने पर बालकों के व्यक्तित्व पर निम्न प्रकार का प्रभाव पड़ता है

(क) व्यक्तित्व-विकास में बाधा तथा अज्ञानता का प्रसार।
(ख) अज्ञानता के परिणामस्वरूप सामाजिक उत्तरदायित्व की भावना का अभाव।

बालकों के व्यक्तित्व के विकास में यह बाधा जहाँ उन्हें राष्ट्रीय निर्माणकारी कार्यों को सम्पादित करने से विमुख करती है, वहीं दूसरी ओर समाज-विरोधी कार्यों की ओर भी अग्रसर करती है। यह स्थिति बालकों को अपराधों की ओर अग्रसर करने में सहायक होती है।

4. हीनता की भावना हीनता की भावना महसूस करने पर बालकों में इस प्रकार की भावना का विकास होता है। भगोड़ेपन की प्रवृत्ति जहाँ एक ओर बालक

के चरित्र को पतित कर देती है, वहीं दूसरी ओर उसके व्यक्तित्व के विकास में भी बाधा उत्पन्न करती है। इसके परिणामस्वरूप बालकों में हीनता की भावना का विकास हो जाता है। हीनता की यह भावना अपराधी बनने का महत्वपूर्ण कारक है। हीनता की भावना से ग्रस्त व्यक्ति न तो अच्छे नागरिक बन पाते है और न ही समाज के साथ अपना सामंजस्य स्थापित कर पाते है। इस प्रकार की स्थिति उन्हें अपराधों की ओर प्रोत्साहित करती है।

5. चारित्रिक पतन बालकों में भगोड़ेपन की प्रवृत्ति का विकास उन्हें चारित्रिक पतन की ओर ले जाता है। भगोड़ापन की प्रवृत्ति जहाँ एक ओर चारित्रिक पतन को प्रेरित करती है, वहीं दूसरी ओर बालकों में ऐसी असामान्य इच्छाओं, आदर्शों, भावनाओं और रूचियों को विकसित करती है, जो सामाजिक आदर्शों के प्रतिकूल होते हैं। भगोड़ेपन की प्रवृत्ति के कारण बालक शीघ्र ही अपराधों की ओर अग्रसर हो जाते हैं।

6. सम्पर्क और संगति ग्लूक (Gluck) ने 500 बाल-अपराधियों का अध्ययन करने के बाद यह निष्कर्ष निकाला कि 95 प्रतिशत बालक इसलिए अपराधी बने कि उनका सम्पर्क गुण्डों, शराबियों, जूआरियों और व्यभिचारियों से था। भगोड़ेपन की प्रवृत्ति बालकों को ऐसी संगति में डाल देती है जिससे उनमें अनेक दुर्गुण विकसित हो जाते हैं, जो उन्हें अपराधों की ओर प्ररित करते हैं।

7. सामाजिक विलगाव सामाजिक विलगाव भी प्रमुख कारण है जिसके कारण इस प्रकार की प्रवृत्ति का जन्म होता है। केवल सामाजिक स्तर पर ही नहीं राष्ट्रीय स्तर पर भी इसका प्रभाव पड़ता है। व्यक्तिगत आदर्शों और मूल्यों की उपेक्षा करने वाला बालक शीघ्र ही सामाजिक मूल्यों की उपेक्षा करने लगता है। उसमें नागरिकता और राष्ट्रीयता जैसे चारित्रिक गुणों का अभाव पाया जाता है। इन सबका परिणाम यह होता है कि बालक समाज-विरोधी प्रवृत्ति को अपना लेते हैं। इस प्रकार भगोड़ेपन की प्रवृत्ति व्यक्ति के व्यक्तित्व का विघटन तो करती ही है, पारिवारिक, सामुदायिक और राष्ट्रीय विघटन की आधारशिला का भी निर्माण करती है।

8. अकर्मण्यता भगोड़े बालकों में अकर्मण्यता की प्रवृत्ति का भी विकास हो जाता है। इस प्रवृत्ति के विकसित हो जाने पर वे अपनी आवश्यकताओं की पूर्ति नहीं कर पाते है। आवश्यकताओं की पूर्ति न होने से भी उन्हें समाज-विरोधी कार्यों की ओर अग्रसर होना पड़ता है।

भगोड़ापन के कारण समाज में अनेक प्रकार की बुराइयों का जन्म होता है।

इन सामाजिक दोषों के कारण उनका व्यक्तित्व विघटित हो जाता है। व्यक्तित्व का यह विघटन उन्हें बाल-अपराधों की ओर प्रेरित करता है। इसलिए ऐसा कहा जाता है कि भेगोड़ेपन की प्रवृत्ति बाल-अपराध की पहली सीढ़ी है।

आवारापन और भगोड़ापन

ये दोनों समाज के लिए नहीं है इससे समाज में अव्यवस्था उत्पन्न होती है। आवारापन और भगोड़ापन किसी भी समाज की सामाजिक सरंचना में उत्पन्न असन्तुलन की समस्याएँ हैं। उपर्युक्त दोनों समस्याएँ जहाँ एक ओर बालकों के व्यवहार से सम्बन्धित हैं, वही दूसरी ओर इन समस्याओं का अप्रत्यक्ष सम्बन्ध सामाजिक मूल्यों और आदर्शों में गिरावट से भी है।

आवारापन और भगोड़ापन में समानताएँ

आवारापन और भगोड़ापन में कुछ निश्चित समानताएँ हैं, ये समानताएँ इस प्रकार है :

1. आवारा और भगोड़े दोनों ही बालक अकर्मण्यता और आलस्य का शिकार होते है। इस प्रवृत्ति के कारण वे किसी भी प्रकार के निर्माणकारी कार्यों की ओर अग्रसर नहीं होते है।
2. आवारापन और भेगोड़ापन दोनों ही सामाजिक बहिष्कार की स्थितियाँ है। इन क्रियाओं को समाज निन्दा की दृष्टि से देखता है।
3. दोनों ही समस्याएँ वर्तमान औद्योगिक समाजों से सम्बन्धित है।
4. आवारापन और भगोड़ापन दोनों ही समस्याएँ एक निश्चित आयु की विशेषताओं से सम्बन्धित है।
5. आवारापन और भगोड़ापन की समस्याएँ उन समाजों में अधिक पाई जाती हैं, जो तुलनात्मक रूप से जटिल होते हैं। इन समाजों में औद्योगिकीकरण तथा नगरीकरण की भी विकसित अवस्था पाई जाती है।
6. दोनों ही समस्याएँ परिस्थितिशास्त्रीय वातावरण से घनिष्ठ रूप से सम्बन्धित है।
7. आवारापन और भगोड़ापन दोनों ही समस्याएँ सामाजिक विघटन और सामाजिक असन्तुलन की द्योतक होती है।
8. दोनों समस्याओं का बाल अपराध से प्रत्यक्ष सम्बन्ध है। बाल-अपराध की यह प्रवृत्ति अन्य अपराधों तथा समाज-विरोधी कार्यों को प्रोत्साहन देती है।

9. आवारापन और भगोड़ापन दोनों समस्याएँ बालकों में गलत प्रवृत्तियों को विकसित करती हैं। इस प्रवृत्तियों के विकसित हो जाने के कारण एक ओर बालकों का व्यक्तित्व विघटित होता है, वहीं दूसरी ओर समाज के विघटन को भी प्रोत्साहित करता है।
10. आवारा और भगोड़े दोनों ही प्रकार के बालक अपने अन्दर प्रतिशोध की भावना को विकसित कर लेते है। प्रतिशोध की भावना के विकास के कारण वे समाज से निरन्तर बदला लेने का प्रयास करते है।

आवारापन और भगोड़ापन में असमानताएँ

आवारापन एवम् भगोड़ेपन में निम्नलिखित भिन्नताएं है

1. भगोड़े बालकों की अपेक्षा आवारा बालक मानसिक दृष्टि से अधिक परिपक्व होते हैं। उनमें साहस और निर्भरता की भावना की मात्रा भी अधिक होती है।
2. आवारापन और भगोड़ापन दोनों ही समस्याएँ बाल अपराधों को प्रोत्साहित करती हैं, किन्तु अपनी प्रकृति में दोनों समस्याएँ एक-दूसरे से भिन्न है। आवारापन जहाँ परिवार से प्रत्यक्ष रूप से सम्बन्धित है, वहीं दूसरी ओर भगोड़ेपन का संबंध शिक्षा संस्थाओं से है।
3. पारिवारिक विघटन तथा पारिवारिक दशाएँ आवारापन की प्रवृत्ति को प्रोत्साहित करती हैं। इसके विपरीत शिक्षा-संस्थाएँ तथा उनकी विशिष्ट दशाएँ भगोड़ापन की प्रवृत्ति के लिए उत्तरदायी होती हैं।

9

आवारापन एवं बाल अपराध

आवारापन अंग्रेजों के "Vagrant" शब्द से बना है जिसका शाब्दिक अर्थ होता है आवारा। इस शब्द का हिन्दी रूपान्तर 'बैगरेन्सी'। फेयरचाइल्ड ने आवारा की व्याख्या करते हुए लिखा है कि "आवारा अप्रतिबन्धित, यात्रा करने वाला और गरीब व्यक्ति है।" उनके व्यवहार और बाह्य हाव-भाव के आधार पर उन्हें अनेक वर्गों में विभाजित किया जा सकता है। आवारा, समाज के द्वारा परिचित व्यक्ति होता है क्योंकि इससे समाज को लगातार खतरा बना रहता है। इसका कारण यह है कि उसका पड़ोस, घर व समुदाय से कोई लगाव नहीं होता है और उसके बारे में ऐसा समझा जाता है कि वह आगे चलकर अपराधी होगा।

बिना किसी उद्देश्य के बच्चों का इधर-उधर घूमना भी आवारापन कहलाता है। कॉमन लॉ में आवारापन की परिभाषा इस प्रकार की गई है "आवारापन का अभिप्राय उस आलसी व्यक्ति से लगाया जाता है जो एक स्थान से दूसरे स्थान को निरुद्देश्य घूमता रहता है, जिसके पास प्रत्यक्ष रूप से आय का कोई साधन नहीं है, जो दान पर आश्रित रहता है और किसी तरह का कार्य नहीं करता है, यद्यपि ऐसा करने के योग्य रहता है।"

आवारा बालक वह है जो अपने माता-पिता, संरक्षक या कानूनी संरक्षक की अनुमति और ज्ञान के बिना घर से बाहर रहता है। इसके अलावा उस बालक को भी आवारा ही कहा जाएगा जो ज्यादा समय तो घर से बाहर नहीं रहता है लेकिन

बाहर रहने का प्रयत्न करता है। ये बालक हमेशा ऐसा प्रयास करते हैं कि उन्हें माता-पिता या संरक्षक के शासन से बाहर ही रहना पड़े, परिवार का उन पर नियन्त्रण न रहे और परिवार की जिम्मेवारियों की ओर उनका ध्यान ही न जाए। ये बच्चे बिना किसी काम के इधर-उधर घूमा करते हैं। ये अधिकतर गन्दी बस्तियों, रेलवे स्टेशनों, सिनेमा हाल, पार्क, पानी की जगहों और बाजारों में घूमा करते हैं। इनका व्यवहार कुछ इस तरह का होता है, जो भले ही समाज के लिए खतरनाक न हो, अनुपयुक्त जरूर होता है। आवारा व्यक्तियों की मुख्य विशेषताओं में जूआ, वेश्यावृत्ति, भविष्य बताना, शराब पीना, भीख माँगना, छेड़छाड़ करना आदि हैं।

आवारापन के कारण

आवारापन के मुख्य कारणों को निम्न भागों में विभक्त किया जा सकता है

1. पारिवारिक पृष्ठभूमि आवारापन के लिए परिवार मुख्य भूमिका निभाता है। परिवार ही वह संस्था है जिसके कारण बच्चों में आवारापन की प्रकृति का विकास होता है। निम्नांकित पारिवारिक दशाएं आवारापन को प्रोत्साहित करती हैं

(क) बर्बाद घर;
(ख) अनैतिक परिवार;
(ग) माताओं का वैधानिक पत्नी न होना;
(घ) बच्चे के प्रति माता-पिता की प्रवृत्तियों में अन्तर;
(ङ) मां का सौतेलापन;
(च) घर में स्त्री के नियन्त्रण की कमी;
(छ) माता-पिता का अधिकतर घर से बाहर रहना;
(ज) परिवार की निम्न आर्थिक स्थिति;
(झ) माता-पिता के पारस्परिक सम्बन्धों में असामंजस्य;
(ञ) परिवार की धार्मिक व नैतिक विशेषताएँ।

2. संगति संगति आवाराओं की समाज-विरोधी कार्यों की ओर प्रोत्साहित करने का सबसे शक्तिशाली माध्यम है। संगति की कमी में आवारापन की कल्पना करना असम्भव है। संगति के बिना आवारा बालक अतृप्त इच्छाओं को पूरा नहीं कर सकते हैं। डॉ. श्रीवास्तव ने संगति के आधार पर आवारा बालकों को तीन भागों में बाँटा है

(क) वे आवारा बालक जिनकी कोई निश्चित संगति हैं;
(ख) वे आवारा बालक जो अंशतः गैंगों से जुड़े होते हैं;
(ग) क्रियाशील गैंग-जीवन बीताने वाले आवारा बालक।

इसके अलावा वयस्कों के गैंगों में भी बच्चों का प्रमुख स्थान रहता है, इसका कारण यह है कि कुछ काम ऐसे होते हैं जिन्हें बच्चे वयस्कों की अपेक्षा अधिक आसानी और सक्रियता से करते हैं। निम्न कारणों से वयस्कों के गैंग में बच्चों का अधिक महत्व होता है

(क) वे अधिक चंचल और क्रियाशील होते हैं अतः कुछ विशेष प्रकार की क्रियाओं का वे सफलता पूर्वक संचालन करते हैं। उदाहरणार्थ जेब काटना, दुकानों से वस्तुएं उठाना और छोटी-मोटी चोरी करना आदि।
(ख) बच्चे नौकर के रूप में दुकानों और मकानों में आसानी से प्रवेश करते हैं।
(ग) वे ऐसी जगहों में सरलता से प्रवेश पा लेते हैं जहां वयस्कों के लिए निषिद्ध रहता है विशेषकर स्त्रियों के वृतखण्ड आदि में। मेले आदि में इस तरह की घटना इन बाल-आवारा बच्चों द्वारा ज्यादातर की जाती है।
(घ) अगर वे पकड़े भी जाते हैं तो जनता की सहानुभूति और कानून की ढिलाईपन का फायदा उन्हें मिलता है। इसके साथ ही उन्हें गैंग के वयस्क व्यक्तियों की ओर से पूर्ण संरक्षण प्राप्त रहता है।
(ङ) बच्चों का संचालन आसान भी होता है और साथ ही उनमें दूर तक विचार करने की शक्ति नहीं रहती है। उन्हें किसी भी काम में आसानी से लगाया जा सकता है, भले ही इससे उन्हें स्वयं को खतरा हो।
(च) बालकों से साझेदारी भी लाभप्रद होती है, इसकी वजह यह है कि वितरण में बच्चों को कम भाग दिया जाता है।
(छ) वे लूट के माल को बेच नहीं सकते हैं।
(ज) वे रेल द्वारा, टिकट की चिन्ता किए बिना भी यात्रा कर सकते हैं। वे किसी भी डिब्बे में बिना रोक-टोक के जा सकते हैं, भले ही ये डिब्बे आरक्षित हों या मात्र स्त्रियों के लिए हों।
(झ) इनका उपयोग एक अच्छे नौकर के लिए भी किया जा सकता है। वयस्कों द्वारा उनके साथ समलिंगीय यौन-सम्बन्ध भी स्थापित किये जा सकते है। ताश आदि के द्वारा भी वयस्क लोग इनका शोषण सरलता से कर सकते हैं।

3. आयु आवारापन-व्यवहार में आयु सबसे महत्वपूर्ण तत्व है। 7-8 वर्ष की आयु के आवारा बच्चे बहुत कम होते हैं। यह ऐसी उम्र है जिसका आवारापन से प्रत्यक्ष सम्बन्ध तो नहीं है लेकिन आवारापन की तैयारी की अवस्था है। इस उम्र में आवारा बालक अपना अधिकतर समय पड़ोस में ही व्यतीत करते हैं। 13-14 वर्ष की उम्र के बालक अधिक पाए गए हैं जिनका आवारापन से सीधा सम्बन्ध है। 14 वर्ष की आयु आवारापन का उत्कर्ष काल होता है। डॉ. श्रीवास्तव ने अपने अध्ययन में यह निश्चित किया है कि आवारा बच्चों की औसत आयु 13. 7 वर्ष होती है। कानपुर में यह औसत आयु 14.2 वर्ष और लखनऊ में 13.2 वर्ष पाई गई है। इस उम्र के बच्चे अधिक चंचल और उत्साही होते हैं, साथ ही इनमें एक ऐसी आदिम मूल प्रवृत्ति पाई जाती है जिससे ये बच्चे अपने माता-पिता या संरक्षकों के नियन्त्रण से बाहर रहने का प्रयत्न करते हैं।

4. धर्म धार्मिक तत्व भी आवारापन में मददगार होते हैं। डॉ. श्रीवास्तव ने बताया है कि हिन्दू धर्म के वे बच्चे अधिक आवारा हैं जिनका समाज में निम्न स्थान है। मुसलमानों में भी आवारा बच्चे निम्न वर्ग से ही आए हैं। ईसाई धर्म में जाति का बन्धन नहीं इसलिए वहां अधिकतर आवारा बालक उन परिवारों से आए हैं जो उच्च हैं और विघटित हैं। धर्म के आधार पर व्यक्ति को समाज में सुख-सुविधाएँ व सम्मान प्राप्त होता है। सम्मान-प्राप्त परिवार के बच्चे आवारागर्दी कम करते हैं क्योंकि इससे उनके परिवार की प्रतिष्ठा समाप्त होती है, साथ ही इनका आवारापन प्रकाश में नहीं आता है। निम्नवर्ग के व्यक्तियों के सामने प्रतिष्ठा का कोई सवाल नहीं होता है, अन्तः वे बिना हिचकिचाहट के आवारागर्दी करते हैं। व्यक्ति की प्रतिष्ठा का बहुत कुछ निर्धारण धर्म पर आधारित होता है।

5. जाति जाति व्यक्ति के व्यवहार-प्रतिमान को निर्धारित करने वाला सर्वाधिक महत्वपूर्ण तत्व है। समाज से वे जो कुछ सीखते हैं उससे उनके मन में प्रतिक्रिया होती है। इससे भी व्यवहार का निर्धारण होता है। निम्न जाति के बालकों में आवारापन की प्रवृत्ति सामान्य बात है। इसकी वजह यह है कि उन्हें परिवार से उचित स्नेह प्राप्त नहीं हो पाता है। अधिकतर आवारा बच्चे मध्यम वर्ग से आते हैं। उच्च वर्ग के बालकों में आवारापन की प्रवृत्ति सर्वाधिक पाई जाती है। अध्ययन में यह पाया गया है कि किसानों के बच्चों में आवारापन की प्रवृत्ति बहुत ही कम है। इसका कारण यह है कि उन्हें कम उम्र से ही किसी-न-किसी कार्य में लगा दिया जाता है। लुहार, सुनार, कुम्हार आदि जातियों के बच्चे बहुत कम आवारा पाए गए हैं।

6. पड़ोस आवारापन की प्रवृत्ति के निर्माण में परिवार के उपरान्त पड़ोस

का स्थान है जो गन्दे बाजार, सिनेमा हाल, सार्वजनिक स्थानों से सटा हुआ होता है। ये बच्चे घर से निकलकर सड़कों पर, बाजारों में, सिनेमा हाल में निरुद्देश्य घूमते रहते हैं चोरी, उठाई गिरी और भविष्य में ऐसा करना उनकी आदत का एक हिस्सा बन जाता है।

बाल-आवारापन और अपराध

बाल-आवारापन का निम्नांकित अपराधों से गहरा सम्बन्ध है

(1) आवारा बालक ऐसी आदत का विकास करते हैं जिससे वे परिवार, पड़ोस व समुदाय की रीति-नीतियों की निन्दा करते हैं।

(2) अधिकतर आवारा बच्चे निर्धन परिवार से आते हैं और माता-पिता के स्नेह और संरक्षण से दूर रहते हैं। इस कारण वे कठोर और दुर्व्यवहार करने को बाध्य हो जाते हैं।

(3) उनमें बुरी यौन-आदतों का विकास हो जाता है जिससे मन और शरीर का साधारण विकास नहीं हो पाता है। गैंग के द्वारा समलिंगीय यौन-सम्बन्ध की प्रवृत्ति का भी विकास होता है। यह समलिंगीय यौन-सम्बन्ध अधिकांश फुटपाथों पर सोने वाले आवारा बच्चों में अधिक पाया जाता है। इसका कारण यह है कि परिवार से सम्बन्ध खत्म होता है व महिलाओं के साथ यौन-सम्बन्ध स्थापित करना महँगा भी होता है।

(4) आवारा बच्चों में जूआ खेलने की प्रवृत्ति भी अधिक होती है।

(5) आवारा बच्चों में बीड़ी-सिगरेट पीना साधारण बात है। यहां तक की इनमें शराब पीने की आदत का भी विकास हो जाता है।

(6) आवारा बच्चों में छोटी-मोटी चोरी, दुकानों से वस्तुओं की चोरी आदि अपराध पाए जाते हैं। आगे चलकर यही भयंकर अपराधों में बदल जाते हैं।

(7) इनके माध्यम से जेब काटने का भी व्यवसाय किया जाता है।

(8) ये जूतों में पालिश लगाने का व्यवसाय करते हैं और भिक्षा मांगते हैं व अवसर मिलने पर छोटे-मोटे सामानों की चोरी करते हैं।

आखिर में इन आवारा बच्चों द्वारा कभी भी किसी भी प्रकार के अपराध किए जा सकते हैं। इनमें प्रदर्शन और गुण्डागर्दी की भावनाएँ भी पाई जाती हैं जो उन्हें अपराध की ओर बढ़ावा देती हैं।

आवाराओं का वर्गीकरण

आवारापन की अनेक अवस्थाएँ होती हैं, अतः आवारा बालकों को भी अनेक वर्गों में विभक्त किया गया है। डॉ. श्रीवास्तव ने आवाराओं को दो वर्गों में विभाजित किया है

1. प्रथम वर्ग में वे आवारा बच्चे आते हैं जिनका शहरों में निजी मकान नहीं होता है। वे आसपास के गाँवों से शहर आते हैं। इनमें से कुछ आवारा बच्चे दूसरे राज्य के भी होते हैं। शहर में इनके किसी भी तरह के रिश्तेदार नहीं होते हैं और ये फूटपाथों पर सोते हैं। अतः इन्हें फूटपाथों पर सोने वाले आवाराओं के नाम से जाना जाता है। ये परिवार से पूर्णतया अलग रहते हैं।
2. द्वितीय वर्ग में वे आवारा बच्चे आते हैं जिनका शहर में निजी मकान तो होता है लेकिन सड़कों पर जीवन व्यतीत करना अधिक पसन्द करते हैं। इस वर्ग के अन्तर्गत ऐसे आवारा बालक भी आते हैं जिनके माता-पिता की मृत्यु हो गई है या वे माता-पिता द्वारा त्याग दिए जाते हैं और मित्रों व सम्बन्धियों पर निर्भर होते हैं। इस वर्ग के निम्न चार उपवर्ग हैं

(क) ऐसे आवारा बालक जिनका शहरों में निजी मकान है, लेकिन ये इससे अपना पूरा सम्बन्ध विच्छेद कर चुके हैं। इन्हें घर से पूर्णतया सम्बन्ध खत्म करने वाले आवाराओं के नाम से जाना जाता है।

(ख) ऐसे आवारा बालक जिनका शहरों में निजी मकान है, लेकिन अधिकांश समय वे घर से बाहर ही रहते हैं। इन्हें आवाराओं के नाम से जाना जाता है।

(ग) तीसरे प्रकार के आवरा बालक वे हैं जिनका शहर में निजी मकान है और इससे सम्बन्ध भी बना हुआ है, लेकिन ये बिना काम के इधर-उधर घूमते रहते हैं और रात को घर लौट आते हैं। ये बालक अधिकतर ऐसे अपराधी या निर्धन परिवार से आते हैं जो या तो विघटित होते हैं या जिनमें अनुशासन की कमी पायी जाती है। इन्हें पूर्व-आवारा के नाम से जाना जाता है।

(घ) अन्तिम वर्ग में ऐसे आवारा बालक आते हैं जो अनैतिक मां-बाप की औलाद या परिवारों से आते हैं। जहाँ आमदनी का मुख्य स्रोत समाज-विरोधी चरित्र है और साधारणतया आय का निश्चित आकार

असम्भव होता है। ऐसे आवारा बालक समाज-विरोधी होते हुए भी परिवार के लिए समस्या नहीं होते हैं। इन्हे अनैतिक अथवा अपराधी परिवारों से सम्बन्धित आवारा कहा जाता है।

आवारापन की अवस्थाएँ

आवारापन कोई आकस्मिक नहीं होता कि जो जब चाहे अचानक उत्पन्न हो जाए। आवारापन एक ऐसा व्यवहार है जिसका विकास विभिन्न अवस्थाओं में होता है। ये अवस्थाएं एक-दूसरे पर निर्भर व एक-दूसरे से अन्तःसम्बन्धित होती हैं। पहली अवस्था में बच्चे कभी-कभी घर से बाहर बिना आज्ञा के जाता है और शनैः शनैः आवारगर्दी करना उसकी आदत हो जाती है। अनेक ऐसी घटनाएँ होती हैं जबकि आवारा बच्चे घर से पूर्णतया सम्बन्ध विच्छेद करते हैं और सड़कों व फुटपाथों पर अपनी जिन्दगी व्यतीत करते हैं। ये आवारा बालक निम्नांकित साधनों से भोजन इकठ्ठे करते हैं

(1) यात्रियों से भिक्षा द्वारा,
(2) होटल और विश्रामगृहों से,
(3) होटलों और विश्रामगृहों में छोटे-मोटे श्रम द्वारा,
(4) दुकानदारों को कोयला आदि देकर,
(5) हाकरों और दुकानों से चोरी करके।

रोकथाम के उपाय

बाल-आवारापन के अनेक कारण हैं, जिनकी चर्चा संक्षेप में ऊपर की जा चुकी है। चूँकि बाल्यावस्था मनुष्य की आरम्भिक अवस्था होती है; यह अवस्था बच्चों के बनने और बिगड़ने की अवस्था कही जा सकती है। 'आज का बालक कल का सुयोग्य नागरिक होगा' की कहावत को चरितार्थ करते हुए उसके विकास हेतु स्वस्थ एवं नैतिक वातावरण का भी होना जरूरी है। इसलिए बाल-आवारापन को रोकने हेतु निम्नांकित बातें आवश्यक हैं

(1) पारिवारिक नियन्त्रण ज्यादातर यह देखने में आया है कि बाल-आवारापन को प्रोत्साहित करने में परिवार का महत्वपूर्ण स्थान है। अतएव इसे रोकने हेतु पारिवारिक नियन्त्रण का होना बहुत आवश्यक है। माता-पिता को बच्चों को उचित मार्गदर्शन करना चाहिए एवं उन्हें अच्छे कार्यों के करने के लिए बढ़ावा देना चाहिए। बच्चों को पर्याप्त स्नेह प्रदान करना भी बहुत जरूरी है।

स्नेहविहीन बालक कठोर और उद्दण्ड स्वभाव का होता है। वह माता-पिता के वचनों का पालन उतनी लगन के साथ नहीं करता जितना की स्नेही बच्चे। इसलिए बाल-आवारापन पर प्रतिबंध लगाने के लिए पारिवारिक नियन्त्रण का होना अनिवार्य है।

(2) पड़ोस बालकों की आवारापन प्रवृत्ति के निर्माण में परिवार के बाद पड़ोस का भी महत्वपूर्ण स्थान है। अगर पड़ोस सिनेमा, बाजार हाल आदि से लगा हुआ है तो बच्चों के निरुद्देश्य घूमने की आदत पड़ जाती है।

इसलिए पड़ोस ऐसा होना चाहिए जिससे बच्चे पर स्वस्थ प्रभाव पड़े। स्वस्थ प्रभाव पड़ने पर बालक में सद्गुणों का विकास होगा और सद्गुणों का विकास होने पर वही बालक प्रतिष्ठा का पात्र होगा। इसलिए पड़ोस ऐसा होना चाहिए जिससे बच्चों पर गलत प्रभाव न पड़े। इस प्रकार बाल-आवारापन को दूर करने में पड़ोस का स्थान सर्वोपरि है।

(3) जाति-व्यवस्था का अन्त बालकों में आवारापन की प्रवृत्ति को रोकने हेतु यह जरूरी है कि जाति-व्यवस्था का पूर्णरूप से समापन होना चाहिए। जाति-व्यवस्था व्यक्ति में संकीर्ण मनोभाव उत्पन्न करती है व व्यक्ति हीन भावना महसूस करता है जिसके कारण वह आवारा घूमता-फिरता है। उदाहरणार्थ डॉ. श्रीवास्तव ने अपने अध्ययन के दौरान यह पाया कि 'अधिकतर बच्चे निम्न जाति के ही मिले', इसका मात्र कारण यह है कि उनके पास कोई कार्य नहीं होता, उनके माँ-बाप बाहर कार्य करते हैं। निम्न जाति में उत्पन्न होने के कारण समाज भी उन्हें नीच दृष्टि से देखता है इसलिए वे निरुउद्देश्य घूमते-फिरते हैं; इसलिए इस संकीर्ण धार्मिक भावना का उन्मूलन बाल-आवारापन पर प्रतिबंध लगाने के लिए जाति-व्यवस्था का अन्त होना चाहिए क्योंकि यह व्यक्ति में हीन भावना पर प्रतिबंध लगाते हैं।

(4) धार्मिक भावना का उन्मूलन बाल-आवारापन को रोकने के लिए यह जरूरी है कि धार्मिक भावना का अन्त कर दिया जाए। यह भावना व्यक्ति को पंगु बना देती है। डॉ. सेन और गुप्त के शब्दानुसार "मुट्ठी बाँधे आए हैं, हाथ पसारे जाएँगे।" के कथन से भी स्पष्ट हो जाता है कि धार्मिक भावना व्यक्ति को इतना संकुचित बना देती है कि वह कोई भी कार्य नहीं करता और निरुद्देश्य घूमता-फिरता है; इसलिए इस संकीर्ण धार्मिक भावना का उन्मूलन बाल-आवारापन को रोकने के लिए बहुत जरूरी है। डॉ. श्रीवास्तव ने भी अपने अध्ययन में पाया कि हिन्दू धर्म के वे बच्चे अधिक आवारा हैं जिनका समाज में निम्न स्थान है।

इसलिए स्पष्ट होता है कि धार्मिक भावना का उन्मूलन बाल-आवारापन को रोकने के लिए जरूरी है।

(5) उत्तम आर्थिक व्यवस्था प्रायः यह देखा जाता है कि जिस परिवार की अर्थव्यवस्था सही में चल जाते हैं जिसके कारण पारिवारिक नियन्त्रण ढीला पड़ जाता है और बच्चों का उचित मार्गदर्शन न होने के कारण वे आवारा हो जाते हैं या निरुद्देश्य घूमते-फिरते हैं। इसलिए बाल-आवारापन को रोकने के लिए उतम अर्थव्यवस्था का होना आवश्यक है।

(6) स्वस्थ मनोरंजन की व्यवस्था बालक-आवारापन को रोकने हेतु यह आवश्यक है कि बच्चों के लिए स्वस्थ मनोरंजन की व्यवस्था होनी चाहिए उन्हें वीर महापुरूषों की कहानियां एवं ऐतिहासिक घटनाओं के सम्बन्ध में जानकारी करानी अत्यावश्यक है क्योंकि बच्चों में जिज्ञासा की प्रवृत्ति विलक्षण होती है जो कार्य-करण जानने को प्रेरित करती है।

इसके फलतः नैतिक भावना का संचार होता है और व्यक्ति अधिकारों एवं कर्त्तव्यों के प्रति जागरूक होता है। बच्चों का स्वस्थ्य बनाए रखने के लिए उन्हें खेलों की ओर प्रोत्साहित करना चाहिए। भद्दे किस्म के उपन्यास, सिनेमा, चित्र आदि बच्चों पर कुप्रभाव डालते हैं जो उन्हें उचित रास्ते से दूर ले जाते हैं। अतः बाल-आवारापन को राकने के लिए स्वस्थ मनोरंजन की व्यवस्था होना अत्यन्त आवश्यक है।

इसके अलावा बाल-आवारापन को रोकने के लिए यह जरूरी है कि अच्छे बच्चों को बुरी संगति से अलग रखने के लिए प्रत्येक प्रयत्न किया जाना चाहिए। परिवार का स्नेहपूर्ण स्वस्थ प्यार, मनोरंजन और अच्छे साथी ही आवाराओं को उचित रास्ते पर लाने में सहायक हो सकते हैं।

आवारापन और बाल अपराध

वर्ष 1979 को 'अन्तर्राष्ट्रीय बाल वर्ष' के रूप में मनाया गया, जिसमें बालकों के सर्वोतम विकास को प्राथमिकता प्रदान की गई व जिसके लिए 'बच्चों की मुस्कान, राष्ट्र की शान' का नारा दिया गया। बच्वें राष्ट्र की धुरी होते हैं, अतः यह कहा जाता है कि 'Child is the Father of Man!' किसी भी समाज में बच्चों का समुचित विकास का न होना और उनमें आवारापन की प्रवृत्ति का विकास चिन्ता का विषय है। बच्चों में आवारापन की प्रवृत्ति का विकास उन्हें अपराधों को सम्पादित करने की प्रेरणा प्रदान करता है, यथा

(1) बच्चों के व्यक्तित्व को विभाजित करके व उन्हें समाज-विरोधी कार्यों को सम्पादित करने की प्रेरणा प्रदान करके,

(2) आवारापन की प्रवृत्ति बच्चों में प्रतिशोध की भावना को जन्म देती है, जिससे वे अपराध-जगत् की ओर उन्मुख हो जाते हैं,

(3) आवारापन उनमें निम्नलिखित बुरी आदतों को विकसित करके अपराध की प्रेरणा प्रदान करता है

(क) मद्यपान

(ख) धूम्रपान

(ग) जूआ

(घ) जेबकतरी

(ङ) यौन-आदतें

(च) भिक्षावृति

(छ) दुर्व्यवहार

(4) आवारापन बच्चों को अकर्मण्य बना देता है। वे अपनी जरूरतों की पूर्ति नहीं कर पाते हैं, व विवश होकर अपराध की ओर मुड़ जाते हैं।

(5) समाज उन्हें निन्दा की दृष्टि से देखता है। ऐसी अवस्था में उनमें समाज से बदले की भावना का विकास होता है।

10

अपराध-निरोध

समाज में कुछ न कुछ अवांछनीय घटनाएं होती रहती है चाहे छोटी हो या बड़ी इसका समाज के ऊपर प्रभाव पड़ती है। अपराध कई तरह के होते हैं जो समाज पर प्रत्यक्ष व अप्रत्यक्ष प्रभावित करते हैं।

अपराध सार्वभौमिक प्रक्रिया है। इससे कानून और सामाजिक प्रथाओं का उल्लंघन होता है तथा सामाजिक कल्याण में बाधा उत्पन्न होती है, साथ ही समाज का नुकसान होता है। इस नुकसान से समाज की रक्षा करने के लिए आदिकाल से विचारक चिन्तित रहे है और अनेक प्रकार की योजनाएँ प्रस्तुत करते रहे हैं। अपराधों की संख्या में कमी लाने के सम्बन्ध में दो प्रकार के शब्दों का प्रयोग किया जाता है।

(क) उपचार या चिकित्सा, निरोध चिकित्सा और निरोध दोनों एक-दूसरे से भिन्न है। इन दोनों में प्रमुख अन्तर निम्नलिखित हैं

	निरोध	अपराध
1.	निरोध अपराध होने से पूर्व की अवस्था है।	उपचार अपराध होने के बाद की अवस्था है।
2.	निरोध इस बात पर आधारित है कि अपराध के समाज लिए उत्तरदायी	उपचार व्यक्ति को दोषी तो नहीं मानता किन्तु यह स्वीकार करता है

	है।	कि वह वातावरण पर नियन्त्रण रख सकता है।
3.	निरोध सामाजिक वातावरण में परिवर्तन पर आधारित है।	उपचार अपराधी व्यक्ति के सुधार पर आधारित है।

अपराध निरोध का अर्थ अपराध को कम करना या उस पर नियन्त्रण रखना ही निरोध है। इस कार्य को निरोध के नाम जाता है। जब समाज का वातावरण परिवर्तित कर, उसे नियन्त्रित कर, अपराधों की संख्या में कमी लाई जाती है, तो इस कार्यक्रम को 'निरोध' के नाम से जाना जाता है।

अपराध-निरोध की आवश्यकता समाज में अपराधों के निरोध की क्या आवश्यकता है? अपराधों का निरोध क्यों किया जाता है? निम्नलिखित कारणों से समाज में अपराध-निरोध की आवश्यकता है।

1. इसका परिणाम यह होता है कि समाज के ढाँचे में शीघ्रता से परिवर्तन होता है।
2. आधुनिक युग में परिवर्तन की गति अपेक्षाकृत तेज है।
3. परिवर्तित समाज का ढाँचा अपराधों की संख्या में वृद्धि करता है।
4. इस उद्देश्य की पूर्ति के लिए विश्व-स्तर की अनेक संस्थाओं का जन्म और विकास हुआ है। इनमें से कुछ निम्नलिखित है
   (क) अन्तर्राष्ट्रीय अपराधशास्त्र समाज,
   (ख) अन्तर्राष्ट्रीय दण्ड कानून संघ;
   (ग) हावर्ड दण्ड सुधार संघ
   (घ) अन्तर्राष्ट्रीय दण्ड कानून संघ
5. इस वृद्धि को रोकने के लिए अपराध-निरोध की आवश्यकता है।

अपराध-निरोध के लिए सुझाव अपराध-निरोध के लिए निम्नलिखित सुझाव दिए जा सकते हैं

1. कानूनों की प्रभावशीलता कानून की अवहेलना करना उसका पालग न करना अपराध है। अपराध कानून का उल्लघंन है। मौलिक प्रश्न यह है कि कानूनों का उल्लंघन क्यों किया जाता है? कुछ व्यक्ति तो जानबूझकर कानूनों का उल्लंघन करते हैं, किन्तु कभी-कभी कानूनों को प्रभावशाली ढंग से लागू नहीं किया जाता है। प्रश्न यह है कि कानूनों को लागू क्यों नहीं किया जाता है? इसके अनेक कारण हैं मानव स्वभाव, व्यक्तिगत स्वार्थो, राजनीतिक दबाव और कर्त्तव्य के

प्रति उदासीनता, आदि। अपराध इसलिए होते हैं कि कर्त्तव्यनिष्ठा के साथ उनका पालन नहीं किया जाता है। कानूनों को प्रभावशाली ढंग से लागू करने से अपराधों को रोका जा सकता है। इसके साथ ही समय और परिस्थितियों के अनुसार कानूनों में संशोधन करना चाहिए। इसके अतिरिक्त शराबियों, पागलों, शारीरिक व्याधि वाले व्यक्तियों के लिए अलग-अलग कानूनों का निर्माण करना चाहिए।

2. कठोर दण्ड दण्ड से भय की अनुभूति होती है। दण्ड के अभाव में कोई कार्य सुचारू रूप से नहीं हो सकता। पशु और पक्षियों में भी यह दण्ड-व्यवस्था पाई जाती है। दण्ड का अर्थ भय से नहीं लगाना चाहिए। दण्ड तो सामाजिक व्यवस्था का ही आधार है। दण्ड अनेक प्रकार के होते हैं, किन्तु दण्ड का उद्देश्य सिर्फ दण्ड के लिए ही नहीं होना चाहिए। इसका एक निर्माणक उद्देश्य भी होता है। कठोर दण्ड का अर्थ सिर्फ शारीरिक और मानसिक यातनाएँ देना ही नहीं है। दण्ड का वास्तविक अर्थ तो अपराधी के मस्तिष्क में पश्चाताप की भावना को जन्म देना है। दण्ड के अभाव में शिशु का समाजीकरण नहीं हो सकता है। अपराधों की संख्या में कमी लाने के लिए दण्ड को स्थायी रखना अनिवार्य है। इसके साथ ही दण्ड वास्तविक होना चाहिए। दण्ड इस प्रकार भी नहीं होना चाहिए कि अपराधी समाज से प्रतिक्रिया करें। कठोर दण्ड के द्वारा ही अपराध की संख्या में कमी की जा सकती है।

3. अनुसन्धान अनुसन्धान के द्वारा नवीन तथ्यों को सामने लाया जाता है जिससे उसकी गुणवत्ता में वृद्धि हो सके। यदि अपराधशास्त्रीय क्षेत्र में कार्य किए जाएँ तो अपराध-निरोध में सहायता मिल सकती है। उदाहण के लिए निम्नलिखित विषयों पर अनुसन्धान कार्य किए जा सकते हैं :

(क) बाल-आवारापन (ख) बाल-भगोड़ापन (ग) पारिवारिक विघटन (घ) अकाल तथा अपराध (ड) होटल में काम करने वाले बालक।

अपराधशास्त्रीय अनुसन्धान करते समय निम्नलिखित बातों को ध्यान में रखना चाहिए

(i) अनुसन्धान की सभी विधियों का प्रयोग करना चाहिए, जैसे अवलोकन, प्रश्नावली, साक्षात्कार, निदर्शन आदि।

(ii) अपराध-निरोध से सम्बन्धित सभी प्रकार के आँकड़े प्राप्त करना।

(iii) अनुसन्धान के विभिन्न पहलुओं से सम्बन्धित सभी प्रकार के विशेषज्ञों से सहायता ली जानी चाहिए, जैसे समाजशास्त्री, अर्थशास्त्री, मनोवैज्ञानिक, राजवेत्ता आदि।

(iv) समाज की उस प्रक्रिया का अध्ययन करना, जो व्यक्तित्व के गुणों और भावनात्मक तनावों को जन्म देती है।

(v) अपराधों की प्रकृति के आधार पर अपराध और बाल अपराध की व्याख्या करन, जैसे यौन-अपराध, हत्या या चोरी आदि।

(vi) बाल अपराधों के दृष्टिकोण का सावधानी से अध्ययन करना।

(vii) श्वेतपोश, डाका, लूट, शोषण आदि का विशेष अध्ययन करना।

(viiii) बाल-अपराधों की वृद्धि में पड़ोस के महत्त्व का अध्ययन करना।

इसके साथ ही प्रत्येक समाज, जो बाल अपराध के अध्ययन की योजना बनाए, उसे निम्नलिखित बातों का ज्ञान होना आवश्यक है

(क) बालक अपराधी क्यों हो जाते है?

(ख) समाज के वे व्यक्ति जो इस समस्या का समाधान कर सकते हैं और निर्णायक कार्य कर सकते हैं। अनुसन्धान के माध्यम से योग्य नागरिक की खोज करना।

(ग) इन व्यक्तियों को अपने उत्तरदायित्व की रक्षा का भार ग्रहण करने के योग्य बनाना।

(घ) जनता के शत्रु जो अपराध के केन्द्र होते है।

इस प्रकार अनुसन्धान के माध्यम से नये तथ्य प्रकाश में आएँगे और ये तथ्य अपराधों की संख्या को कम करने में सहायक होंगे।

5. पूर्व बाल-अपराधियों की खोज बाल-अपराधियों से पूर्व उन बालाकों की खोज करनी चाहिए। जिन बालकों में अपराध की प्रवृत्ति पायी जाती है। इन लक्षणों की खोज की जानी चाहिए, क्योंकि अपराध एक बीमारी है और इसका निदान होना चाहिए। पूर्व-बाल-अपराधियों की खोज से निम्नलिखित माध्यमों से उनकी समस्या का समाधान किया जाना चाहिए।

(i) जो बालक असुरक्षा अनुभव करते हैं, उन्हें सुरक्षा प्रदान की जानी चाहिए।

(ii) जो बालक अत्यन्त ही स्वार्थी तथा व्यक्तिवादी स्वभाव के हैं, उन्हें परार्थवादी बनाया जाए।

(iii) जो एकान्तप्रिय हैं तथा सामाजिक जीवन में घबराते हैं, उन्हें सामाजिक और मिलनसार बनाया जाए।

(iv) कुछ बालक ऐसे भी होते हैं जो स्कूल और घर से बिना खास कारण के और सूचना के भाग जाते हैं, उन्हें ऐसा करने से रोका जाए।

(v) जो अयोग्यता की भावना से पीड़ित हों, उन्हें योग्य बनाने का प्रयास किया जाए।

(vi) जो अश्लील, भोंडी, गँवार और गन्दी भाषा बोलते हैं उन्हें सभ्यता और सुशीलता सिखाई जाए।

(vii) जो बालक अपने को अनचाहा अनुभव करते हैं, उन्हें उचित सहायता दी जाए तथा उनके मन से इस भावना को समाप्त करने का प्रयास किया जाए।

(viii) कभी-कभी कुछ बालकों में ऐसी प्रवृत्तियों का विकास हो जाता है जिससे वे हिंसात्मक और अद्वेगात्मक हो जाते है इसलिए आवश्यकता इस बात की है कि उनकी प्रवृत्तियों को परिवतर्तित किया जाए।

पूर्व-बाल-अपराधियों के लक्षण पूर्व बाल-अपराधियों के लक्षण निम्नलिखित है

(i) दुर्व्यवहार (ii) चोरी (iii) सुस्तता (iv) झगड़ालू (v) आक्रमणकारी (vi) अत्यधिक स्वार्थी (vii) विध्वंसकारी (viii) क्रूरता (ix) फैशनपरस्त (x) आदतन (xi) अनाज्ञाकारी (xii) मूड़ी (xiii) अत्यधिक भयभीत (xiv) बेईमान (xv) एकान्तप्रिय (xvi) डींग मारने वाला (xvii) घृणा से पूर्ण (xviiii) अत्यधिक भावुक (xix) आदतन विपक्षी (xiix) संस्थाओं का आदतन विरोधी।

1. सामाजिक पुनर्वास सामाजिक पुनर्वास का अर्थ यह है कि समाज के आन्तरिक वातावरण में परिवर्तन किया जाए। इस सम्बन्ध में यह सुझाव दिया जा सकता है कि प्रत्येक वार्ड में समितियों का गठन किया जाए। इस समिति में प्रत्येक वर्ग, जाति, यौन और धर्म के व्यक्तियों को उचित प्रतिनिधित्व दिया जाए। इस क्षेत्र में चिकित्सा और मनोरंजन की समुचित व्यवस्था की जाए। साथ ही सामूहिक प्रयास किया जाए, जिससे उस क्षेत्र में अपराधों की संख्या में कमी आए।

2. क्षेत्रीय पुनर्वास क्षेत्रीय पुनर्वास का तात्पर्य यह है कि जिस क्षेत्र में अपराध अधिक होते हैं, उस क्षेत्र की भौतिक परिस्थितियों को परिवर्तित कर दिया जाए। उदाहरण के लिए, मकानों की स्थिति में सुधार किया जाए, गन्दगी को दूर किया जाए और पार्क, स्कूल तथा बगीचों आदि की व्यवस्था की जाए।

4. पुनर्वास अधिकांशतः ऐसा पाया गया है कि समाज का वातावरण ही अपराधों को जन्म देता है। वेश्वावृत्ति, चोरी, डाका, शराब पीना, जूआँ खेलना आदि सामाजिक वातावरण के उत्पादन हैं। इसलिए यदि इस वातावरण को परिवर्तित कर दिया जाता है, तो अपराधों की संख्या में कमी लाई जा सकती है।

5. बाल-निर्देशन अस्पताल बालकों के शारीरिक और मानसिक स्वास्थ्य की दृष्टि से अस्पतालों का निर्माण किया जाना चाहिए। इन अस्पतालों में निम्न विशेषज्ञ होने चाहिए :

(i) एक मनोविश्लेषणशास्त्री, (ii) एक मनोवैज्ञानिक, (iii) दो या तीन सामाजिक कार्यकर्ता।

बड़ा अस्पताल बड़े अस्पतालों में विशेषज्ञों की संख्या निम्नलिखित होगी

(i) एक मनोविश्लेषणशास्त्री, (ii) एक मनोवैज्ञानिक, (iii) समाजशास्त्री, (iv) सामाजिक कार्यकर्त्ता, (v) बालकों के पूर्व-जन्म की विशेषताओं और बीमारियों का विशेषज्ञ, (vi) मनोरंजन विशेषाज्ञ।

ये सभी विशेषज्ञ अपने अलग-अलग कार्य करेंगे, जो इस प्रकार हैं

मनोवैज्ञानिक मनोवैज्ञानिक और मनोविश्लेषणशास्त्री अस्पताल के अन्दर काम करेंगे। ये अनेक प्रकार से व्यवहारों की परीक्षा करेंगे तथा व्यवहारों का परिवार, स्कूल तथा अन्य संस्थाओं से सम्बन्ध स्थापित करेंगे। इसके साथ ही व्यक्ति की रूचि का भी अध्ययन करेंगे।

सामाजिक कार्यकर्त्ता प्रत्येक अस्पतालों में कुछ सामाजिक कार्यकर्त्ता होंगे। इन सामाजिक कार्यकर्त्ताओं का काम चिकित्सालय से बाहर होगा। ये परिवार तथा अन्य संस्थाओं से सम्बन्ध स्थापित करें और चिकित्सालय को अपनी रिपोर्ट प्रस्तुत करें।

समाजशास्त्री समजाशास्त्री सामाजिक व्याख्या प्रस्तुतकरेगा।

अपराध-निरोध के कार्यक्रम में इन संस्थाओं को निम्नलिखित कार्य करना होगा

(i) पूर्व बाल-अपराधियों की खोज में सहायता करना।
(ii) पूर्व-अपराधियों का या तो स्वयं उपचार करना या अन्य संस्थाओं को उपचार कार्यक्रम में सहायता देना।
(iii) जो मामले चुने गए हैं, उनका अध्ययन करना और अनुकूल उपचार प्रदान करना।
(iv) बालक की अपूर्ण आवश्यकताओं से समाज को परिचित कराना और उन्हें इन आवश्यकताओं की पूर्ति की सलाह देना।
(v) दूसरी संस्थाओं को ऐसी प्रेरणा देना, जिससे वे गलत रास्ते पर जाने वाले बालकों का उपचार करें।

कुछ समुदायों में ऐसे व्यक्तियों को प्रशिक्षित करना, जिन्हें ऐसे समस्यामूलक

बच्चों के मामले में विशेषज्ञ होना चाहिए। उपर्युक्त कार्यक्रमों को अपनाने से अपराधों की संख्या में कमी लाई जा सकती है।

पेडिट्रीशियन पेडिट्रीशियन बालकों की बीमारियों और आदतों का विशेषज्ञ होता है, जिसका काम उनकी प्रवृत्तियों से साहचर्य स्थापित करना है। आवश्यकतानुसार छोटे अस्पतालों में भी विशेषज्ञ रखें जाएँ।

6. निर्देशन कार्यक्रम समाज को मार्गदर्शन और निर्देशन देने के लिए प्रत्येक समाज में अर्द्ध-सरकारी संस्थाओं की स्थापना की जानी चाहिए। ऐसा विश्वास किया जाता है कि अपराधी पहले बाल-अपराधी रहे होते हैं। उनके अपराध के साधन परिवार, पड़ोस और खेल के मैदान रहे होते हैं। यदि बालक भय, असुरक्षा या चिन्ता की भावना से ग्रस्त हैं तो उन्हें सहायता दी जानी चाहिए। जो समूह के द्वारा अस्वीकृत हैं, उन्हें समाज के साथ व्यवस्थित करना चाहिए।

7. समूह कार्य ऐसा विश्वास किया जाता है कि अपराध के लिए दो कारण है 'एकान्तप्रियता और खाली समय, सामूहिक कार्यों के माध्यम से अपराधों की संख्या में कमी लाई जा सकती है। सामूहिक कार्यों के अन्तर्गत स्काउट, गर्मियों के कैम्प, खेल, सेमिनार आदि आते हैं। इन सबका उद्देश्य खाली समय की समस्या को समाप्त करना, मनोरंजन करना तथा व्यक्ति को आपराधिक प्रवृत्तियों की ओर मुड़ने से रोकना है। इस प्रकार के सामूहिक कार्यों के माध्यम से कुशल नेतृत्व का प्रशिक्षण भी मिलता है। इन कार्यों में लगाने से बलवान और उद्दण्ड व्यक्ति भी नियन्त्रण में रहते हैं। इन कार्यों के द्वारा अपराध की संख्या कम की जा सकती हैं। जब व्यक्ति अकेला रहता है उस समय तरह-तरह के विचार उसके मन में पनपते रहते हैं, जिस कारण वह अपराधी बन जाता है।

8. भगोड़ेपन का उपचार बाल अपराध के कारणों में भगोड़ेपन की महत्त्वपूर्ण भूमिका है और आधुनिक युग की यह सबसे बड़ी समस्या है। इसको रोक देने से भी बाल-अपराधों की संख्या में कमी लाई जा सकती है। जहाँ तक बाल भगोड़ेपन का प्रश्न है, इसके उपचार के लिए निम्नलिखित सुझाव दिए जा सकते हैं

(i) विद्यालीय वातावरण में सुधार स्कूल के बाहरी वातावरण में निम्नलिखित सुधार करने से अपराधों की संख्या में कमी लाई जा सकती है।

(क) विद्यार्थियों को प्रकृति-प्रेम और ईमानदारी की शिक्षा दी जानी चाहिए।

(ख) स्कूल का अच्छा भवन,

(ग) कक्षाओं में अच्छे चार्ट एवं चित्र,

(घ) स्कूल में पार्क और बगीचे,
(ङ) एक अच्छा पुस्तकालय,
(च) खेल-कूल की पर्याप्त व्यवस्था।
(छ) कक्षाओं के कुर्सी-टेबिल साफ-सुथरे हों, साथ ही विद्यार्थियों के लिए आरामदेह हों।
(ज) स्कूल में कला, कलात्मक कार्य, पेंटिंग और डिजाइनिंग कार्यों को प्रोत्साहन देना,
(झ) पाक्षिक परीक्षाएँ जो शरीरिक तथ मानिसिक दोनों प्रकार की हों,
(ञ) स्वंयसेवा की भावना को जागृत करना,
(ट) ध्यापक और विद्यार्थी के बीच घनिष्ठ सम्बन्ध, आदि।

(ii) चरित्र शिक्षा अगर बालक आचार विहीन है, तब भी उसमें अपराधिक प्रवृत्ति का जन्म होता है। चरित्र-निर्माण या चरित्र-शिक्षा के माध्यम से अपराधों को रोका जा सकता है। प्रत्येक विद्यालय में चरित्र सम्बन्धी गुणों की सूची होनी चाहिए; जैसे आज्ञाकारिता, साहसी, निःस्वार्थी, वैषयिक, निष्ठावान्, सहनशीलता आदि। इन गुणों की प्रशंसा की जानी चाहिए और इन्हीं गुणों के आधार पर व्यक्ति को प्रमाण-पत्र दिए जाने चाहिए।

(iii) मघनिषेध सम्बन्धी शिक्षा मघनिषेघ को प्रभाव से आकलन के विभिन्न अवयवों को प्रभावित करता रहता है जिसमें शारीरिक, मानसिक और आत्मिक विघटन प्रमुख है। साथ ही मद्यसेवन की लत से अपराधों की संख्या में वृद्धि होती हैं। इसलिए ऐसे प्रयास किए जाने चाहिए। जिससे मद्यसेवन से घृणा पैदा हो। इस सम्बन्ध में मद्यसेवन सम्बन्धी शिक्षा दी जाने चाहिए। मद्यसेवन के दुष्परिणामों से विद्यार्थियों को परिचित कराना चाहिए। साथ ही विद्यालयों में मद्यनिषेध से सम्बन्धित कार्यक्रमों को अपनाना चाहिए।

इसी प्रकार नशीली दवाइयों के सम्बन्ध में भी शिक्षा दी जानी चाहिए। न्यूयार्क में ऐसी शिक्षा अनिवार्य है। इस शिक्षा में विषैले द्रव्यों के विशेषज्ञों में भाषण दिलवाना चाहिए, तथा अन्य कार्यक्रम अपनाए जाने चाहिए। इस प्रकार की शिक्षा के द्वारा भी अपराधों की संख्या में कमी लाई जा सकती है।

9. पारिवारिक पुनःसंगठन आधुनिक परिवार संक्रमण की स्थिति में गुजर रहा है, इसमें विघटन की प्रक्रिया प्रारम्भ होती है, जिससे अपराधों की संख्या में वृद्धि होती है। पारिवारिक पुनःसंगठन के द्वारा अपराधों की संख्या में कमी लाई जा सकती है। पारिवारिक पुनःसंगठन में निम्नलिखित तत्व महत्त्वपूर्ण है

(i) माता-पिता बाल-मनोविज्ञान से परिचित हों।

(ii) माता-पिता बच्चों के प्रति उदासीनता को छोड़कर अपने उत्तरदायित्वों का निर्वाह करें।

(iii) भाई-बहन, माता-पिता के बीच आदर्श, स्वस्थ तथा मधुर सम्बन्धों की स्थापना हो।

परिवार सलाहकार मण्डल पारिवारिक विघटन को रोकने के लिए और परिवार को पुनःसंगठित करने के लिए 'परिवार सलाहकार मण्डल' की स्थापना प्रत्येक गाँव, कस्बे और शहर में की जानी चाहिए। इस मण्डल को पारिवारिक पुनःसंगठन के क्षेत्र में निम्नलिखित कार्य करने चाहिए

(i) पारिवारिक संगठन की योजना प्रस्तुत करना।

(ii) पारिवारिक विघटन से सम्बन्धित 'क्षेत्र कार्य' करना।

(iii) जो व्यक्ति इस मण्डल से सलाह लेने आएँ, उन्हें पारिवारिक संगठन के बारे में सैद्धान्तिक और व्यावहारिक शिक्षा प्रदान करना।

10. अध्यापक भेंट अध्यापक और विद्यार्थियों के बीच अच्छे सम्बन्ध इसलिए नहीं बन पाते है, क्योंकि हमारी शिक्षा व्यवस्था दोषपूर्ण है। आजकल अध्यापकों और विद्यार्थियो के सम्बन्ध औपचारिक होते जा रहे हैं, इसलिए अपराध-निरोध के लिए आवश्यक है कि घर, बच्चें, अध्यापक, पड़ोसी और समुदाय के बीच घनिष्ठ सम्बन्धों की स्थापना की जाए। इस सम्बन्ध में निम्नलिखित सुझाव दिए जा सकते है।

(i) विशेष समस्यामूलक बालकों के घर अधिक जाना।

(ii) अध्यापकगण विद्यार्थियों के घर, साप्ताहिक या मासिक, जाएँ।

(iii) ऐसा करने से अध्यापक घर के वातावरण से परिचित होंगे, जिसे वे सावधानी पूर्वक निरीक्षण करके नोट कर लें।

(iv) ऐसा करने से बालकों को सुधारने में सहायता मिल सकती है।

(v) घर के वातावरण को ध्यान में रखकर ही बालकों के साथ व्यवहार किया जाए।

11. मानसिक अस्पताल वर्तमान समय में होने वाले समस्त अपराधों की प्रमुख जड़ मानसिक है। इसलिए अपराधों की संख्या में कमी लाने के लिए मानसिक अस्पतालों की स्थापना की जानी चाहिए। इन अस्पतालों में उद्धेगात्मक और भावनात्मक संघर्षो की जाँच की जाए और उचित उपचार किया जाए। इसके साथ ही 'साइकियाट्रिक' दवाखानों की स्थापना की जाए, जहाँ मानसिक

बीमारियों हिस्टीरिया, मिरगी, पागलपन आदि का उपचार किया जाए। इस प्रकार की व्यवस्था से मानसिक हीनता से सम्बन्धित अपराधों की संख्या में कमी लाई जा सकती है।

12. पड़ोस समिति आस-पास के लोग कैसे है इसका प्रभाव भी व्यक्ति के व्यक्तिगत जीवन पर पड़ता है। इसलिए पड़ोस समिति का निर्माण किया जाए। यह समिति अपराध-निरोध के क्षेत्र में निम्नलिखित कार्य करेगी

(i) यह समिति व्यक्ति के कार्यों का निर्धारण करेगी,

(ii) इसके द्वारा रहन-सहन, शादी-ब्याह, रीति-रिवाजों का निर्धारण किया जायगा।

(iii) यह समिति पड़ोस के सदस्यों में गर्व की भावना को जागृत करने का प्रयास करेगी।

(iv) सदस्यों के कार्यों पर नियन्त्रण रखेगी।

(v) सदस्यों की समस्याओं को समझने का प्रयास करेगी और उनके समाधान का प्रयास करेगी।

13. सामाजिक कुरीतियों को दूर करना प्रत्येक देश और काल में कुछ-न-कुछ कुरीतियाँ होती हैं, जो समाज के बदलते ही हित के बजाय अहित में परिवर्तित हो जाती हैं और इनसे समाज का विघटन तथा अपराधों की संख्या में वृद्धि होती है। उदाहरण के लिए भारती में अनेक ऐसी कुरीतियाँ हैं दहेज-प्रथा, बाल-विवाह-निषेध प्रथा, देवादासी प्रथा आथि। इन प्रथाओं को समाप्त कर देने से या इनमें सुधार कर देने से भी अपराधों की संख्या में कमी लाई जा सकती है।

14. जनता की जिम्मेदारी अपराध को कम करने के लिए सभी को जारूक होना होगा तभी इस पर नियंत्रण लाया जा सकता है। अपराधों की संख्या में कमी नहीं लाई जा सकती है। जनता को यह भूल जाना चाहिए कि अपराध रोकने का काम सिर्फ सरकार का है। अधिकांश नागरिक अपराधों के प्रति उदासीन रहते हैं, इससे भी अपराध बढ़ते है। उदाहरण के लिए घूस से सम्बन्धित अपराध। इसमें घूस देने वाले की जिम्मेदारी लेने वाले से अधिक है। इसी प्रकार जालसाजी में भी जनता का ही साथ होता है।

15. धर्म अपराध निरोध के साधनों में धर्म का महत्वपूर्ण हाथ होता है। धार्मिक व्यक्ति ईर्ष्या, द्वेष, क्रोध, घृणा आदि पर विजय प्राप्त कर लेता है। व्यक्तियों को अधिकाधिक आध्यात्मिक जीवन व्यतीत करना चाहिए। धर्म को जीवन का आधार बनाने से भी अपराध कम हो सकते हैं।

उपर्युक्त सुझावों के अतिरिक्त अपराध-निरोध में निम्नलिखित सुझाव महत्वपूर्ण हो सकते हैं

16. आवास नियोजन आवास का उचित नियोजन न होने से भी अपराधिक प्रवृत्ति के लोग पैदा होते हैं। इसलिए आवास योजना के माध्यम से गन्दी बस्तियों को समाप्त करके अपराधों की संख्या में कमी लाई जा सकती है। मकानों की दशा में निम्नलिखित सुधारों द्वारा अपराधों को कम किया जा सकता है।

(i) आवास क्षेत्र काफी बड़ा होना चाहिए। वहाँ स्कूल, पार्क आदि की उचित व्यवस्था हो।

(ii) ट्रैफिक की सड़कें मकान के चारों ओर से जानी चाहिए, बीच से नहीं।

(iii) व्यापारिक मकान क्षेत्र में एक किनारे पर होने चाहिए।

(iv) मनोरंजन की समुचित व्यवस्था होनी चाहिए।

17. समाज में जातिवाद, वर्ग-भावना, साम्प्रदायिकता, भाषावादिता तथा इसी प्रकार की अन्य भेदभाव की प्रवृत्तियों को समाप्त किया जाए।

18. श्वेतपोश अपराध (White Collar Crime) का समाज में कड़ा विरोध होना चाहिए और इसके लिए कठोर दण्ड की व्यवस्था हो।

19. न्यायालय को अधिक-से-अधिक सरल, सुलभ और न्यायप्रिय संस्था बनाना चाहिए तथा इसे सभी प्रकार के दबावों से मुक्त होना चाहिए।

20. पुलिस-व्यवस्था का सुधार करना चाहिए और इसमें कर्त्तव्यनिष्ठा की भावना का विकास करना चाहिए।

21. औद्योगीकरण और नगरीकरण की बुराइयाँ समाप्त की जाएँ।

22. व्यावसायिक मनोरंजन के दुर्गुणों को दूर किया जाना चाहिए।

23. जेल-व्यवस्था में समुचित सुधार किए जाएँ।

इन उपायों को अपनाकर अपराध की संख्या में कमी लायी जा सकती है तथा इस पर नियंत्रण कर सकते हैं।

11

अपराध-निरोध में पुलिस की भूमिका

मनुष्य समाज में रहते हुए कुछ ऐसे अवांछनीय कार्यों को करता है जो सामाजिक दृष्टि से अशोभनीय है। जिन्हें अपराध की श्रेणी में गिना जाता है। इसीलिए सभी देशों में इन पर नियंत्रण हेतु पुलिस की व्यवस्था की जाती है। प्रत्येक समाज में एक व्यवस्था पाई जाती है। इस व्यवस्था का उद्देश्य सामाजिक प्रगति के साथ ही सामाजिक न्याय की स्थापना भी होता है। समाज सामाजिक सम्बन्धों की एक व्यवस्था है। ये सम्बन्ध अत्यन्त ही जटिल होते हैं। इन सम्बन्धों को आसानी से नहीं समझा जा सकता है। समाज में अनेक व्यक्ति ऐसे भी हैं जो जानबूझकर कानून की अवहेलना करते हैं। कानून और व्यवस्था का उल्लंघन चाहे जागरूक अवस्था में किया जाए या अजागरूक अवस्था में ऐसे कार्यों को समाज-विरोधी करार दिया जाता है और जो व्यक्ति ऐसा करते हैं, उन पर अंकुश लगाया जाता है। पुलिस एक ऐसा संगठन है, जो समाज-विरोधी कार्यों पर नियन्त्रण लगाकर सामाजिक व्यस्वथा और शान्ति की स्थापना करता है जिससे समाज में शान्ति स्थापित हो सके।

बिना सामाजिक नियंत्रण के समाज का उचित विकास नहीं हो सकता। प्रत्येक समाज में सामाजिक नियन्त्रण पाया जाती है। सामाजिक उद्विकास के विभिन्न स्तरों में सामाजिक नियन्त्रण के रूपों में विभिन्नता का पाया जाना नितान्त स्वाभाविक है। विकास की प्रारम्भिक अवस्थाओं में सामाजिक नियन्त्रण

का स्वरूप अनौपचारिक था, जिसमें परिवार, पड़ोस, धर्म, प्रथा और परम्पराओं की भूमिकाएँ महत्वपूर्ण होती थीं। धीरे-धीरे अनौपचारिक नियन्त्रण के साधन समाज में शिथिल होते गए। सभ्यता और संस्कृति के विकास के साथ-ही-साथ औपचारिकता को समाज में महत्त्व दिया जाने लगा जिससे पुलिस, न्यायालय और जेल विकसित हुए। पुलिए द्वारा सामाजिक नियन्त्रण का यही औपचारिक स्वरूप है।

पुलिस का अर्थ

पुलिस अंग्रेजी का शब्द है, जो यूनानी शब्द 'पोलिस' एवं लैटिन शब्द 'पोलिटिया' से बना है। शब्दकोश के अनुसार इसका शाब्दिक अर्थ हैं। नगरपाल या आरक्षी। इस प्रकार पुलिस शब्द का प्रयोग एक ऐसे प्रशासनिक व्यवस्था के लिए किया जाता है जिसका कार्य शान्ति व्यवस्था की स्थापना तथा कानून को लागू करने से होता है।

1. सदरलैंड के अनुसार, ''पुलिस शब्द प्राथमिक रूप से राज्य के उन एजेण्टों की ओंर संकेत देता है, जिनका कार्य कानून और व्यवस्था को बनाए रखना तथा नियमित अपराधी-संहिता को लागू करना है।

2. मोरियार्टी के शब्दों में, ''यह सिविल अधिकारियों की उस संस्था की ओर संकेत करता है जो शान्ति और व्यवस्था को स्थापित करने, अपराध का पता लगाने व उसकी रोकथाम करने एवं कानून को लागू करने में लगे हुए हैं।

3. काडवेल के अनुसार, ''सामान्य रूप से पुलिस का कार्य सामाजिक सुरक्षा करना है। इनका प्रारम्भिक कर्त्तव्य समाज में व्यवस्था बनाए रखना व कानून को लागू करना है।''

पुलिस का कार्यात्मक संगठन

पुलिस का कार्य कानून व व्यवस्था को स्थापित करना और अपराधी-संहिता को लागू करना होता है। इस कार्य को सम्पादित करने के लिए पुलिस का एक प्रशासकीय संगठन होता है। प्रशासकीय संगठन किस प्रकार होता है? इसका निर्धारण देश की शासन-व्यवस्था के द्वारा होता है। प्रत्येक देश की शासन-व्यवस्था में भिन्नता के कारण पुलिस के संगठन में भी भिन्नता होती है। सामान्यतया केन्द्रीय स्तर से लेकर प्रादेशिक और स्थानीय स्तर पर एक विशिष्ट तारतम्य पाया जाता है। इसी तारतम्य में सभी व्यक्ति कार्य करते हैं, जिससे देश की प्रशासन व्यवस्था सुचारू रूप से संचालित होती है।

'पुलिस' शब्द अत्यन्त ही विस्तृत है और इसके अन्तर्गत अन्य अनेक प्रकार के संगठन होते हैं। सामान्यतया पुलिस के कार्यात्मक संगठन को निम्नलिखित भागों में विभाजित किया जाता है

(i) सेना पुलिस, (ii) रेलवे पुलिस, (iii) सामान्य पुलिस, सामान्य प्रशासन में योग दने वाली पुलिस, (iv) गुप्तचार पुलिस, (v) यातायात पुलिस और, (vi) स्त्री-पुलिस आदि।

यद्यपि यह वर्गीकरण पर्याप्त नहीं है, किन्तु भारत में पुलिस सामान्यतया इन्हीं स्वरूपों में कार्य करती है।

कानून और व्यवस्था के निर्धारण में पुलिस की भूमिका

बड़े-बड़े लोग राजनेता तथा पूँजीवादी अपनी सुरक्षा के लिए पुलिस रखते हैं। प्रारम्भिक अवस्थाओं में राजा या शासक दूसरे देशों पर विजय पाने के लिए सेना तो रखते थे, किन्तु पुलिस की व्यवस्था नहीं करते थे। इसका कारण यह था कि पुलिस का काम स्वयं व्यक्ति सामूहिक तौर पर मिलकर कर लेते हैं। इसके साथ ही शासन-व्यवस्था इतनी कठोर थी कि कोई व्यक्ति कानून व्यवस्था के उल्लंघन की हिम्मत नहीं करता था। अतः पुलिस की आवश्यकता का अनुभव ही नहीं हो पाता था। प्रारम्भिक अवस्थाओं में व्यक्ति समाज के नियमों को आदर और श्रद्धा की दृषि से देखते थे तथा सभी व्यक्ति समुदाय के नियमों के पालन में ही अपना गौरव समझते थे। किन्तु बदलती हुई परिस्थितियों के परिणामस्वरूप समुदाय के नियमों को उपेक्षा की दृष्टि से देखा जाने लगा और समाज में अपराधों को अस्तित्व स्वीकार किया गया है। बढ़ते हुए अपराधों को रोकने के लिए तथा समाज में अनेक ऐसे असमाजिक कार्य होते हैं, जिससे अव्यवस्था की स्थिति उत्पन्न होती है। इसी के लिए समाज में पुलिस की आवश्यकता है। इसकी सुरक्षा के लिए सामाजिक दृष्टिकोण से जहां पर पुलिस नहीं होती है, वहां पर सामाजिक व्यवस्था सही तरीके से संचालित नहीं होती है। पुलिस के अभाव में भी कानून और व्यवस्था का किसी भी समाज में पालन किया जा सकता है, किन्तु मानव-स्वभाव कुछ इस प्रकार का होता है कि वह दूसरे का नियन्त्रण स्वीकार नहीं करता है, वह अपनी बात और अपने कार्यों को समाज में सर्वोच्च महत्ता प्रदान करता है। किन्तु यदि समाज के सभी व्यक्ति इसी प्रकार सोचें, तो समाज की स्थिति क्या होगी? ऐसी स्थिति में समाज का ढाँचा डगमगा जाएगा और समाज की प्रगति रूक जाएगी। इसलिए यह आवश्यक हो जाता है कि समाज में कुछ व्यक्तियों को इस

प्रकार के अधिकार दिए जाएँ कि अन्य सभी व्यक्ति उनकी आज्ञाओं की उपेक्षा न करें। साथ ही, समाज में ऐसे व्यक्ति भी होने चाहिए जो समाज के उन व्यक्तियों की उपेक्षा न करें। साथ ही, समाज में ऐसे व्यक्ति भी होने चाहिए जो समाज के उन व्यक्तियों को कर्त्तव्यों का ज्ञान कराएँ, जो अजागरूक होते हैं। ऐसा कार्य करना पुलिस का मौलिक कर्त्तव्य है।

मनुष्य अपने अधिकार का प्रयोग समाज में कैसे करेगा इसकी सही जानकारी पुलिस देती है। पुलिस के अभाव में किसी भी समाज में हम कानून और व्यवस्था के निर्धारण की कल्पना नहीं कर सकते हैं। साथ ही, पुलिस के अभाव में शान्ति की स्थापना करना भी असम्भव है। जैसे-ही-जैसे समाज जटिल होता जाता है, वैसे-ही-वैसे पुलिस की संख्या में निरन्तर वृद्धि की जाती है और पुलिस को शान्ति स्थापित करने के नवीन उपायों का प्रशिक्षण दिया जाता है। इस प्राकर हम संक्षेप में कह सकते हैं कि किसी भी देश में शान्ति और व्यवस्था की स्थापना में और कानूनों का पालन करवाने की दृष्टि से पुलिस की भूमिका महत्त्वपूर्ण होती है।

विलियम वेस्टले ने अपनी पुस्तक में कानून और व्यवस्था की स्थापना में पुलिस द्वारा किए जाने वाले कार्यों या भूमिका को निम्नलिखित तीन भागों में विभाजित किया है

(i) शन्ति स्थापना, (ii) समुदाय को सरंक्षण और (iii) कानून का पालन।

यदि पुलिस के कर्त्तव्यों की विवेचना की जाए, तो उसमें अपराध नियन्त्रित कर शान्ति और व्यवस्था की स्थापना करना तथा अपराध-अनुसन्धान के कार्यक्रमों का सम्पादन करना है। अपराधों को नियन्त्रित करने में पुलिस को जो महत्वपूर्ण कार्य सम्पादित करने पड़ते हैं वे इस प्रकार है

1. अधिकार और कर्त्तव्यों को ज्ञान विश्व के समस्त देशों में वहाँ के नागरिकों के अधिकारों और कर्त्तव्यों का ज्ञान करवाना व देश में कानून एवम् व्यवस्था बनाए रखने में पुलिस की उल्लेखनीय भूमिका होती है। आज समाज निरन्तर जटिल होता जा रहा है। इस जटिलता के कारण समाज में शान्ति और व्यवस्था की स्थापना करना अत्यन्त ही कठिन कार्य है। यही कारण है कि प्रत्येक देश में पुलिस की संख्या में निरन्तर वृद्धि होती जा रही है। इस प्रकार किसी भी देश में कानूनों का पालन, शान्ति और व्यवस्था की स्थापना तथा देश के नागरिकों को अपने अधिकारों और कर्त्तव्यों के बारे में जानकारी प्रदान करने में पुलिस की महत्त्वपूर्ण भूमिका होती है। अधिकार और कर्त्तव्यों की जानकारी प्रदान करने से

नागरिक शान्ति-व्यवस्था की स्थापना और कानूनों के पालन में मदद करते हैं। इससे अपराधों की संख्या में कमी आती है।

2. सामाजिक सामंजस्य की स्थापना समाज में आपसी तालमेल स्थापित करना पुलिस का प्रमुख कर्तव्य होता है। लोगों की समस्या का निवारण करना तथा तथा उनके बीच सामंजस्य स्थापित करना प्रमुख कार्य है। प्रत्येक वर्तमान दो संघर्षों को साथ-साथ लेकर सम्पादन करता था। इसके साथ ही शासन-व्यवस्था इतनी कठोर थी कि कोई भी व्यक्ति कानून का उल्लंघन नहीं करता था। प्रारम्भिक अवस्थाओं में व्यक्ति समाज के नियमों को आदर और श्रद्धा की दृष्टि से दखते थे। सभी व्यक्ति समुदाय के नियमों के पालन में ही गौरव का अनुभव करते थे। आज बदली हुई परिस्थितियों में समुदाय के नियमों को उपेक्षा की दृष्टि से देखा जाने लगा है। यही कारण है कि समाज में अपराधों की संख्या में निरन्तर वृद्धि होती जा रही है। पुलिस प्राचीन और नवीन विचारधारा में सामंजस्य स्थापित करके अपराधों की संख्या में कमी लाने में महत्वपूर्ण भूमिका का निर्वाह करती है।

3. अपराध-अनुसन्धान पुलिस का दूसरा महत्वपूर्ण कार्य है, अपराधों का अनुसन्धान करना। इस क्षेत्र में पुलिस जिन महत्वपूर्ण कार्यों को सम्पादित करती है, वे इस प्रकार हैं

(क) रोजनामचे में अपराध-प्रतिवेदन को लिखना।

(ख) अपराध-स्थल की जाँच करना।

(ग) अपराध-सूत्रों को संकलित करना

(झ) अपराधियों के गिरहों में जाकर अपराध का पता लगाना।

अपराध-अनुसन्धान कार्यक्रमों को सम्पादित करके अपराधों की रोकथान में पुलिस महत्त्वपूर्ण भूमिका का निर्वाह करती है।

4. खानातलाशी और पूछताछ सशंकित व्यक्तियों को हिरासत में लेने के बाद अपराध-अनुसन्धान के क्षेत्र में पुलिस निम्न दो कार्य सम्पादित करती है

(क) अपराधियों की जेबों, कपड़ों, मकान तथा अन्य सशंकित स्थानों की खानातलाशी लेना।

(ख) संशकित व्यक्ति से अपराध-घटनाओं और अपराध-सूत्रों के बारे में जानकारी प्राप्त करना।

5. सशंकित व्यक्तियों को हिरासत में लेना अपराधों की रोकथाम में पुलिस का यह महत्वपूर्ण कार्य होता है। वह संशकित व्यक्तियों से अपराध-सूत्रों की जानकारी एकत्रित करे। इस कार्य को सम्पादित करने के लिए पुलिस को कुछ

विशेष अधिकार प्रदान किए गए हैं। भारतीय दण्ड प्रक्रिया संहिता में पुलिस अधिकारियों को सशंकित अपराधियों को पकड़ने के सम्बन्ध में विस्तृत अधिकार दिए गए हैं। इन व्यक्तियों के द्वारा भी पुलिस को अपराध-सूत्रों का पता चलता है।

6. अपराधियों को पकड़ना समाज में न्याय-व्यवस्था की स्थापना के लिए यह आवश्यक है कि पुलिस अभियुक्त को बन्दी बनाए। अपराधी को बन्दी बनाने के दो अर्थ है

(क) अपराधी की वैयक्तिक स्वतन्त्रता पर अंकुश लगाना।

(ख) भविष्य में अपराधों के सम्पादन को नियन्त्रित करना।

पुलिस अधिकारियों को 'भारतीय दण्ड संहिता' के अन्तर्गत इस आशय का अधिकार प्राप्त है। आवश्यकता पड़ने पर आवारा, अभ्यस्त लुटेरे, बदमाश, अपने बारे में प्रर्याप्त जानकारी न देने वाले, पैरोल पर छोड़े गए व्यक्ति द्वारा शर्त भंग करने की स्थिति में बिना किसी वारण्ट के उनको बन्दी बनाया जा सकता है। संक्षेप में अगर पुलिस अधिकारी को यह आशंका हो जाए कि अमुक व्यक्ति से समाज की शान्ति और व्यवस्था को खतरा है, तो वह उस व्यक्ति को हिरासत में ले सकता है। पुलिस को यह अधिकार है कि शक होने पर किसी भी व्यक्ति को गिरफ्तार कर सकती है।

अपराधों की रोकथाम में पुलिस को जिन महत्त्वपूर्ण कार्यों को सम्पादित करना पड़ता है, वे इस प्रकार हैं

(i) मानव-आचार-व्यवहार नियन्त्रित करना,

(ii) अपराधियों का दमन करना तथा ऐसे वातावरण का निर्माण करना जिससे भविष्य में व्यक्ति अपराधों की ओर अग्रसर न हों,

(iii) अपराधों को रोकथाम के लिए समुचित प्रयास करना।

भारत में पुलिस का प्रयोग निजी लाभ और सामाजिक सुरक्षा के लिए किया गया है। अंग्रेजों ने पुलिस का उपयोग जान-माल की रक्षा करने व जन-आन्दोलन को दबाने के लिए किया था। पुलिस के रवैये में आज परिवर्तन करने की आवश्कयकता है। पुलिस को दो बातों की ओर ध्यान देना चाहिए, प्रथम वे देश के नागरिक हैं और अपने ही देश की संवृद्धि के लिए उनका उपयोग किया जा रहा है; द्वितीय, दमनात्मक प्रवृत्ति का त्याग। आज पुलिस में शासक और शासित के बीच की दीवार को भी समाप्त करने की आवश्यकता है। विशेषकर भारत जैसे कल्याणकारी राज्य में पुलिस को मानवतावादी दृष्टिकोण को अपनाने की आवश्यकता

है। जब तक पुलिस कर्मचारी मानवतावादी दृष्टिकोण को अपनाकर मानव के लिए अपने को समर्पित नहीं करेंगे तब तक अपराध इसी तरह बढ़ता रहेगा। इस पर नियंत्रण करने के लिए कर्तव्य व निष्ठा से कार्य करना होगा।

पुलिस की असफलता के कारण

किसी भी समाज की शासन-व्यवस्था में पुलिस की महत्त्व को स्वीकार करने के बाद मौलिक प्रश्न यह खड़ा होता है कि पुलिस को अपने कार्यों में पूरी सफलता क्यों नहीं मिल पाती है? ऐसी कौन-सी परिस्थितियाँ है जो पुलिस को कर्त्तव्य-निर्वाह में बाधा उपस्थित करती हैं? पुलिस की असफलता का कारण एकाकी नहीं है। इसमें सिर्फ पुलिस का ही उत्तरदायित्व नहीं है, अपितु इसमें पुलिस का जितना उत्तरदायित्व है, उतना ही उत्तरदायित्व जनता और समाज की शासन-व्यवस्था का भी है। पुलिस की असफलता के जो प्रमुख कारण हैं उन्हें निम्नलिखित भागों में विभाजित किया जा सकता है।

1. भ्रष्टाचार भ्रष्टाचार आधुनिक समाज का शिष्टाचार होता जा रहा है। आज के जन-जीवन में भ्रष्टाचार का अत्यन्त ही बाहुल्य है। पुलिस वाले भी इस भ्रष्टाचार से अपने को अछूता नहीं रख पा रहे हैं, इससे वे अपने कर्तव्यों का निर्वाह नहीं कर पाते हैं। भ्रष्टाचार की चर्चा करते हुए श्री गिरधारीलाल जी ने लिखा है कि "आज अनेक पुलिस अधिकारी अनैतिक प्रभावों से सम्बन्धित हैं, जिसके परिणामस्वरूप उन्हें अपने निहित स्वार्थो की पूर्ति के लिए अपराधियों से व्यक्तिगत समझौता करना पड़ता है।"

2. दमनात्मक प्रवृत्ति को प्रोत्साहन पुलिस अपने कर्त्तव्यों के सम्पादन में इसलिए सफल नहीं हो पाती है कि जनता के साथ उसका व्यवहार अत्यन्त ही कठोर होता है। कभी-कभी यह कठोरता असभ्यता की सीमा तक पहुँच जाती है। दमनात्मक प्रवृत्ति के कारण जनता में पुलिस के प्रति प्रतिशोधात्मक और विरोधात्मक प्रवृत्ति को अपना लेती है। इसका परिणाम यह होता है कि पुलिस अपने कर्त्तव्यों का निर्वाह नहीं कर पाती है और समाज में कानून तथा व्यवस्था की स्थापना में असफल रहती है। जिसके कारण समाज में अनेक असामाजिक घटनाये होती रहती है, उनमें येन-केन प्रकरेण भ्रष्टाचार का प्रमुख हाथ होता है।

3. सिद्धान्त और व्यवहार में अन्तर पुलिस की असफलता का दूसरा महत्त्वपूर्ण कारण यह है कि पुलिस के सैद्धान्तिक कार्यों और उनके व्यवहारिक स्वरूपों में अन्तर होता है। अनेक परिस्थितियों में सिद्धान्त और व्यवहार में काफी

अन्तर पाया जाता है। अनेक ऐसी परिस्थितियाँ आती हैं जब पुलिस जनता की रक्षा करना भूल जाती है और बदलें में जनता भय और आंतक से भर जाती है। कोतवाली का नाम सुनकर व्यक्ति घबराते हैं। पुलिस भय और आतंक का प्रतीक होती है। पुलिस का आतंक इतना अधिक होता है कि मचलते बच्चों को शान्त करने के लिए माता-पिता पुलिस का नाम लेकर डराते है। रात के सन्नाटे में पुलिस का भय अत्यन्त ही वीभत्स स्वरूप प्रस्तुत करता है। इसीलिए सदरलैण्ड ने लिखा है कि "पुलिस वालों की रात की छड़ी के ऊपर कानून अधिक निर्भर करता है, अपेक्षाकृत उच्चतम न्यायालय के निर्णय के।" इससे स्पष्ट होता है कि पुलिस वालों की रात की छड़ी अत्यन्त ही भयावह हो जाती है। ऐसी अवस्था में पुलिस अपने कर्त्तव्यों का पालन करने में असमर्थ रहती है।

4. अशिक्षा पुलिस की असफलता का प्रमुख कारण पर्याप्त शिक्षा प्राप्त नहीं करना है। मात्र हाईस्कूल पास विद्यार्थी पुलिस की नौकरी में आ जाते है, जबकि उन्हें उच्चतर शिक्षा प्राप्त करनी चाहिए। पर्याप्त शिक्षा के अभाव में उन्हें अपने कर्त्तव्यों और अधिकारों का सही-सही ज्ञान नहीं हो पाता है। इससे उन्हें अपने कर्त्तव्यों के पालन में बाधा उत्पन्न होती है।

5. व्यक्तिगत कमजोरी हर व्यक्ति में कुछ-न-कुछ व्यक्तिगत कमजोरियाँ होती है। इन कमजोरियों के कारण व्यक्ति अपने कर्त्तव्यों का अच्छी तरह सम्पादन नहीं कर पाते हैं। पुलिस वाले व्यक्ति भी इसी प्रकार की अनेक व्यक्तिगत कमजोरियों के शिकार रहते हैं। इससे भी वे निष्पक्षता और निर्भीकता से अपने कर्त्तव्यों का निर्वाह करने में असमर्थ रहते हैं।

6. घूसखोरी अपराध का प्रमुख कारण घूसखोरी है। घूसखोरी को समाप्त करके ही इस समस्या से निजात पाया जा सकता है। घूसखोरी के कारण पुलिस वाले निष्पक्षता से अपने कार्यों का सम्पादन करने में असमर्थ रहते हैं। रिश्वत के कारण सच्चे अपराधी को छोड़ दिया जाता है या उसकी उपेक्षा कर दी जाती है और अनापराधी व्यक्तियों को पकड़कर बेकार में परेशान किया जाता है। इससे अपराधी प्रोत्साहित होते है और अनापराधियों में भय और निराशा की भावना भर जाती है।

7. सुविधाओं की न्यूनता पुलिस वालों की तनख्वाह ही कम होती है और शासन की ओर से उन्हें जो सुविधाएँ प्राप्त होती हैं वे अत्यन्त ही न्यून मात्रा में होती है; इससे वह अपनी आवश्यताएं पूरी नहीं कर पाते हैं। परिणामस्वरूप उन्हें रिश्वत का सहारा लेना पड़ता है। इससे पुलिस अपने कर्त्तव्यों का पालन करने में असमर्थ रहती है।

8. खानापूर्ति और स्थानापूर्ति पुलिस की असफलता का कारण खानापूर्ति और स्थानपूर्ति को प्रोत्साहित करना है। उदाहरण के लिए पदोन्नति के लिए निर्धारित अपराधियों को पकड़ना जरूरी है। इससे जबर्दस्ती केस दर्ज किए जाते हैं और अपराधियों के न मिलने पर दूसरे व्यक्ति को पकड़कर स्थानपूर्ति कर ली जाती है।

9. प्रशिक्षण का अभाव प्रशिक्षण के अभाव के कारण भी अधिकांश पुलिस अपने सही कर्तव्यों से वंचित रह जाती है। अधिकांशतः व्यक्ति अल्प प्रशिक्षण प्राप्त है और प्रशिक्षण भी सिर्फ खानापूर्ति के लिए किया गया है। ऐसा क्यों किया जाता है? प्रशिक्षण का क्या उद्देश्य होता है इसका पुलिस वालों को ज्ञान नहीं होता है। इससे कानून और व्यवस्था के बारे में पुलिस वालों को अच्छा ज्ञान नहीं हो पाता है। इससे भी वे अपने कार्यों में सफल नहीं हो पाते हैं।

10. जनता का सहयोग जनता पुलिस को सहयोग प्रदान नहीं करती है और उसे भय तथा उपेक्षा की दृष्टि से देखती है। इससे पुलिस अपने कार्यों में असफल रहती है।

11. राजनीतिक हस्तक्षेप भारत में रानीतिक हस्तक्षेप भी जोरों पर है। यह हस्तक्षेप पुलिस पर भी है। पुलिस अपने राजनीतिक हस्तक्षेप से अलग रखने में असमर्थ है। राजनीतिक व्यक्ति पुलिसवालों को अपने कार्यों का निष्पक्षता से निष्पादन करने में बाधा उत्पन्न करते हैं। इससे समाज-विरोधी व्यक्तियों को प्रोत्साहन मिलता है और पुलिस अपने कर्त्तव्यों का अच्छाई से पालन नहीं कर पाती है।

सफलता के लिए सुझाव पुलिस की सफलता के लिए इसकी कमियों को दूर किया जाना जरूरी है। संक्षेप में पुलिस की सफलता के लिए कुछ सुझाव निम्नलिखित है

1. जनता के सहयोग के द्वारा भी पुलिस अपने कर्त्तव्यों के पालन में अधिक कामयाबी हासिल कर सकती है।
2. पुलिस के सिद्धान्त और व्यवहार के बीच में जो अन्तर है, उसे समाप्त करना चाहिए।
3. पुलिस की सफलता के लिए जरूरी है कि दमन प्रवृत्ति को प्रोत्साहित न करें और इसके स्थान पर वे कर्त्तव्य की प्रवृत्ति को अधिक महत्व दें।
4. पुलिस वालों को समय-समय पर उचित प्रशिक्षण भी प्रदान किया जाना चाहिए। इस प्रशिक्षण के द्वारा वे अपने कर्त्तव्यों का अच्छाई के साथ पालन कर सकेंगे।

5. पुलिस वालों में इस प्रकार की भावना का विकास किया जाए जिससे वे अपने कर्त्तव्यों को समझ सकें और जनता की सेवा में योग दें। साथ ही, गलत हथकण्डों का अपनाना छोड़ दें।
6. पुलिस वालों के वेतन-भत्तों में वृद्धि की जाए और उन्हें पर्याप्त सुविधाएँ प्रदान की जाएँ।
7. पुलिस में अशिक्षा को समाप्त किया जाए और उन्हें उचित शिक्षा प्रदान की जाए। जो व्यक्ति पुलिस में भर्ती किए जाएँ वे पर्याप्त शिक्षा प्राप्त होने चाहिए।
8. पुलिस के ऊपर राजनीतिक हस्तक्षेप कम करके भी सुधार किया जा सकता है।
9. खानापूर्ति और स्थानापूर्ति के स्थान पर वास्तविक कर्त्तव्यों को महत्त्व दिया जाए और कार्यों के आधार पर ही पदोन्नतियां की जाएँ और पुरस्कार आदि दिए जाएँ।
10. पुलिस वाले नैतिकता को सर्वोच्च महत्ता प्रदान करें। वे यह सोच लें कि अपना सुधार किए बिना जनता का सुधार नहीं किया जा सकता है।
11. भ्रष्टाचार को समाप्त किया जाए। पुलिस वालों को इस ओर सावधान किया जाए और उन्हें भ्रष्टाचार से दूर रहना चाहिए क्योंकि उनका कार्य समाज में व्याप्त भ्रष्टाचार को समाप्त करना है।
12. पुलिस वालों को जनता के साथ सहिष्णुता का व्यवहार करना चाहिए। साथ ही, जनता के साथ व्यवहार करते समय सहिष्णुता को प्राथमिकता दें।
13. **पुलिस-जनता सम्बन्ध** पुलिस का प्रमुख कार्य जनता की रक्षा करना है न कि उसका शोषण। पुलिस को जनता का विश्वास प्राप्त करना चाहिए व सहयोग देना चाहिए। पुलिस और जनता के बीच सम्बन्धों को सुधारने के लिए निम्नलिखित उपाय महत्त्वपूर्ण है

    (क) जनता का शिक्षित होना,

    (ख) जन-शिकायतों का आदर,

    (ग) थर्ड डिग्री मेथेड का कम-से-कम उपयोग।

    (घ) पुलिस की कार्यात्मक दक्षता तथा अनुशासन।

    "स्वाधीनता से पूर्व पुलिस भले ही अपने विदेशी शासकों के प्रति निष्ठावान् रही हो, किन्तु स्वतन्त्रता प्राति के पश्चात् प्रजातान्त्रिक शासन-पद्धति में अत्याचार और दमन की कार्यवाइयों को कतई स्थान नहीं दिया जा सकता है।"

14. **पुलिस आचार संहिता** पुलिस को निम्नलिखित आचार-संहिता का पालन करना चाहिए

(i) निष्ठा, (ii) सौजन्यता, (iii) विश्वसनीयता, (iv) चारित्रिक गरिमा, (v) जनसेवक।

15. **ईमानदारी** "पुलिस जनों के लिए सबसे पहली बात यह है कि उनकी ईमानदारी सर्वश्रेष्ठ हो और ईमानदारी के विषय में पहली मौलिक बात है, आर्थिक ईमानदारी। हमें सार्वजनिक जीवन में भ्रष्टाचार को समाप्त करना चाहिए और सार्वजनिक जीवन में पुलिस भी शामिल है।"

12

अपराध नियंत्रण के लिए दण्ड प्रक्रिया संहिता

अधिनियम 2, 1974 द्वारा प्रदत्त नई दण्ड प्रक्रिया संहिता 1973 (The Code of Criminal Procedure) **1 अप्रैल 1974 से सारे देश पर समान रूप से लागू कर दी गई।** पूर्व की दण्ड प्रक्रिया संहिता के अनुपालन में आ रही कर्मियों का दूर करने के लिये संशोधन द्वारा 1973 की दण्ड प्रक्रिया संहिता स्वीकृत की गयी।

अपराध का आशय

दण्ड प्रक्रिया संहिता में दी गई परिभाषा के अनुसार "कोई भी ऐसा कार्य या चूक अपराध माना जाता है जो उस समय लागू किसी कानून द्वारा दण्डनीय हो एवं उसमें कोई ऐसा कार्य भी सम्मिलित है जिसके बारे में पशु अतिचार अधिनियम 1971 के अन्तर्गत परिवाद दिया गया हो।"

अपराध की परिभाषा भारतीय दण्ड संहिता की धारा-40 में परिभाषित की गयी है। जिसके अनुसार इस संहिता या किसी अन्य विधि में जिसे अपराध घोषित किया गया है उसे अपराध कहते हैं। न्यायालय की प्रक्रिया में बाधा डालना या उसकी मानहानि करना भी अपराध है, परन्तु न्यायालय द्वारा किये गये निर्णय के विरुद्ध नियमानुसार उच्च न्यायालय में अपील करना या पत्नी, बच्चों के भरण-पोषण

हेतु न्यायालय द्वारा भरण भरण-पोषण की एक निश्चित धनराशि भुगतान करने को बाध्य किया जाना आदि सम्बन्धित पक्ष का अपराध नहीं माना जायेगा।

जमानती तथा गैर-जमानती अपराध

दण्ड प्रक्रिया संहिता के अध्ययन से जमानती एवं गैर जमानती अपराध में निम्नलिखित अन्तर हैं

(i) जमानती अपराधों का तात्पर्य एक ऐसे अपराध से है जिसको प्रथम अनुसूची में जमानती दिखाया गया है एवं जिसको किसी अन्य लागू हो रहे कानून द्वारा जमानत योग्य बनाया गया हो, जबकि गैर-जमानती अपराधों में अन्य सभी अपराध आ जाते हैं।

(ii) जमानती अपराध, गैर जमानती अपराध की तुलना में कम दण्ड से दण्डनीय होते हैं। गैर-जमानती अपराधों में 7 वर्ष या अधिक की सजा होती है।

(iii) जमानती अपराधों में गिरफ्तारी से पूर्व या बाद में किसी पुलिस अधिकारी द्वारा या न्यायालय द्वारा जमानत स्वीकार की जा सकती है, किन्तु जमानती अपरोधों में सिर्फ कुछ विशेष परिस्थितियों में ही न्यायालय द्वारा जमानत स्वीकार की जा सकती है।

(iv) यदि किसी जमानती अपराध में कोई व्यक्ति गिरफ्तार किया जाता है या उसको न्यायालय में प्रस्तुत किया जाता है एवं वह अपनी जमानत देने को तैयार है तो उस व्यक्ति से दण्ड प्रक्रिया संहिता की धारा 436 (i) के अनुसर न्यायालय जमानत लेने के उसके बाद की अवधि में अपने उपस्थित रहने की प्रतिभूति रहित बन्ध-पत्र निष्पादित कराकर मुक्त करने के आदेश दे सकते हैं। गैर-जमानती अपराधों में इस प्रकार की कोई व्यवस्था नहीं है।

(iv) जमानीय अपराधों में जमानत की मांग न्यायालय से अधिकारों के रूप में की जा सकती है जबकि गैर-जमानती अपराधों में न्यायालया से सिर्फ जमानत का निवेदन किया जा सकता है।

संज्ञेय तथा असंज्ञेय अपराध

संज्ञेय अपराध दण्ड प्रक्रिया संहिता में अपराधों को संज्ञेय तथा असंज्ञेय अपराध के रूप में वर्गीकृत किया गया है। संज्ञेय अपराध के मामले में पुलिस के बिना वारण्ट किसी व्यक्ति को गिरफ्तार कर सकती है जबकि असंज्ञेय मामले में ऐसा नहीं कर सकती। (धारा 2 (ग)) संज्ञेय अपरा अधिकतर गंभीर प्रकृति के

होते हैं जिनमें आजन्म कारावास या मृत्युदण्ड तक की व्यवस्था होती है। दंड प्रक्रिया संहिता में संलग्न अनुसूची में ऐसे अपराधों की विस्तृत सूची दी गई हैं, जिसमें यह स्पष्ट रूप से वर्णन किया गया है कि किन-किन श्रेणी के अपराधों में पुलिस बिना वांरट के गिरफ्तार कर सकती है एवं किनमें नहीं। इसका कारण यह है कि इस प्रकार के अपराध करने वाले अपराधी समाज हेतु घातक बन जाते हैं। उनको तुरन्त हिरासत में लेना आवश्यक होता है। यदि पुलिस अधिकारी उनके वारंट प्राप्त करने में समय लगायेंगे तो ऐसे अपराधी या तो कोई और जघन्य अपराध कर बैठेंगे या फरार हो जायेंगे। अतः कानूनी औपचारिकताओं को थोड़े समय हेतु भूलकर उनको गिरफ्तार किया जाये। संज्ञेय अपराधों में मानव-वध, डकैती या हत्या आदि मुख्य रूप से आते हैं।

संज्ञेय अपराधों में गिरफ्तारी का उद्देश्य अपराधी को न्यायालय में प्रस्तुत करना है ताकि विधि के अनुसार उनको दण्ड दिया जा सके। ऐसे मामलों में जमानत सामान्यतः स्वीकार नहीं की जाती किन्तु न्यायालयों को यह विवेकाधिकार दिया गया है कि वे निम्नलिखित परिस्थितियों को ध्यान में रखकर उस विषय में अपना निर्णय ले सकते हैं (1) अभियोग की प्रकृति एवं उसकी गम्भीरता। (2) दण्ड की अधिकतम सीमा (3) जमानत पर छूटने पर अपराधी के भागने की आशंका की सीमा। (4) अपराधी का चरित्र। (5) सामाजिक स्तर। (6) अपराध दुहराये जाने की आशंका। (7) साक्षियों को तोड़ने की आशंका।

असंज्ञेय अपराध ये वे अपराध होते हैं जिनमें ऐसा मामला अभिप्रेत है जिसमें पुलिस को बिना वारंट के गिरफ्तार करने का अधिकार नहीं होता।

परिवाद

परिवाद एक लिखित या मौखिक कथन है जो किसी मजिस्ट्रेट द्वारा कार्यवाही के समय की जाती है।

आरोप

'आरोप' शब्द की दण्ड प्रक्रिया संहिता में कोई परिभाषा नहीं की गई है। उसकी धारा 2 (ब) में केवल इतना ही उल्लेख किया गया है कि जब आरोप में एक से अधिक शीर्ष हों तो आरोप में कोई सा भी शीर्ष शामिल हो सकता है।

आरोप का निर्माण किसी व्यक्ति द्वारा किये गये अपराधों की सूचना देने के लिये होता है। इसके अन्तर्गत उस व्यक्ति को यह सूचित किया जाता है कि उस घटना के घटित होने में उसका कितना उत्तरदायित्व है? यह कहा जा सकता है कि 'आरोप' का तात्पर्य किसी व्यक्ति पर जाँच के बाद कोई अभियोग आरोपित किया

जाना हैं अतः आरोप किसी व्यक्ति के विरुद्ध किसी विशिष्ट की संक्षिप्त सूचना है जिसको वह कार्यवाही शुरू होने से पहले पहली अवस्था पर ही जानने का अधिकारी है।

सूचना

इस शब्द ऐसी सूचना अभिप्रेत है जिसके द्वारा पुलिस या अन्य अधिकृत पदाधिकारी को किसी अपराध घटित होने की जानकारी होती है जिसके आधार पर वे आगे की कार्यवाही करते हैं।

अधिसूचना अधिसूचना से तात्पर्य किसी तथ्य को राजकीय पत्र के माध्यम से जानकारी में लाना है। दण्ड प्रक्रिया संहिता तथा भारतीय दण्ड संहिता में प्रथम सूचना एक महत्वपूर्ण तथ्य होती है जिसके आधार पर सारा वाद काफी सीमा तक निर्भर करता है। पुलिस थाने में प्रथम सूचना किसी भी व्यक्ति द्वारा जिसे अपराध घटित होने की जानकारी हो, दी जा सकती है। इसके लिये यह आवश्यक नहीं है कि केवल पीड़ित व्यक्ति या उसके निकट सम्बन्धी ही प्रथम सूचना दें।

जाँच

दण्ड प्रक्रिया संहिता की धारा 2 (ज) के अनुसार जाँच का तात्पर्य उन सभी जाँचों से है जो संहिता के अधीन न्यायालय या मजिस्ट्रेट द्वारा की जाती है। इसमें परीक्षण शामिल नहीं है।

अन्वेषण

अन्वेषण से तात्पर्य उन सभी कार्यवाहियों से है जो इस संहिता के अधीन साक्ष्य एकत्र करने हेतु किसी पुलिस अधिकारी द्वारा या किसी अन्य व्यक्ति द्वारा (मजिस्ट्रेट को छोड़कर) जिनको मजिस्ट्रेटों द्वारा अपनी ओर से अधिकृत किया जाता है की जाती है।

महानगरीय क्षेत्र

दण्ड प्रक्रिया संहिता में परीक्षण की कही भी इसे परिभाषित नहीं किया गया है। इस संहिता की धारा 8 में यह प्रावधान किया गया है कि राज्य सरकार किसी भी कस्बे या नगर का कोई भाग जिसकी जनसंख्या 10 लाख से अधिक हो उस विधि से जो उसमें उल्लिखित हो अधिसूचना द्वारा मैट्रोपोलिटन क्षेत्र घोषित कर सकती हैं। उपर्युक्त प्रावधान के अनुसार इस संहिता के लागू होती है। अप्रैल 1974 से बम्बई, कलकत्ता, दिल्ली, मद्रास एवं अहमदाबाद को मैट्रोपोलिटन क्षेत्र के रूप में माना जाने लगा।

परीक्षण

दण्ड प्रक्रिया संहिता की धारा 8 वतलाती है कि कौन सा क्षेत्र मेट्रोपालिटिन क्षेत्र है। परन्तु इस शब्द का अभिप्रायः उन सभी कार्यवाहियों से है जिनमें किसी अपराधी को दोषी या दोष-मुक्त करने की न्यायालय को शक्ति हो। परीक्षण शब्द किसी अपराधी के परीक्षण हेतु प्रयुक्त होता है न कि अन्य विधिक कार्यवाहियों हेतु।

दण्ड प्रक्रिया संहिता में किसी अपराध के घटित होने पर अन्वेषण एवं जाँच के बाद परीक्षण का कार्य प्रारम्भ होता है जिनमें मुख्यतः अपराध पर विचार करना होता है।

न्यायिक कार्यवाही

न्यायिक प्रक्रिया में ऐसी कोई भी कार्यवाही शामिल है जिसके द्वारा शपथ पूर्वक साक्ष्य लिया जाता है या लिया जा सकता है। (Judicial proceeding include any proceeding in the cousre of which evidence is or may legally taken on oath. Sec 2 (i))

लोक अभियोजक

दण्ड प्रक्रिया संहिता की धारा से लोक अभियोजक की नियुक्ति की प्रक्रिया दी गयी है एवं उसमें वे व्यक्ति भी शामिल हैं जो लोक अभियोजक के निर्देशानुसार कार्य करते हों।

अतिरिक्त लोक अभियोजक

इस संहित की धारा 24 (3) के अनुसार राज्य सरकार एक या अधिक अतिरिक्त लोक अभियोजकों की किसी जिले में नियुक्ति कर सकती हैं उसके कार्य एवं दायित्व वहीं होंगे जो लोक अभियोजक के होते हैं।

सहायक लोक अभियोजक

संहिता की धारा 25(1) के अनुसार राज्य सरकार आवश्यकतानुसार एक से अधिक सहायक लोक अभियोजक नियुक्त कर सकती है। उसके लिए उपधारा (3) के प्रतिबन्ध को छोड़कर किसी भी पुलिस अधिकारी को लोक अभियोजक नियुक्त नहीं किया जा सकेगा। यदि कोई भी व्यक्ति सहायक लोक अभियोजक के पद पर नियुक्त किये जाने हेतु उपलब्ध नहीं है (धारा 25 (3)। तो जिला मजिस्ट्रेट किसी अन्य व्यक्ति को उस वाद के प्रभाव में मुक्त सहायक लोक अभियोजक के रूप में इस शर्त पर नियुक्त करेगा कि एक पुलिस अधिकारी निम्नलिखित परिस्थिति में इस प्रयोजन हेतु नियुक्त न किया जाए

(अ) यदि उसने उस अपराध का कोई अन्वेषण किया है या भाग लिया है जो अभियुक्त पर लगाया गया है।

(ब) यदि वह इन्सपेक्टर से नीचे पद वाला व्यक्ति है (धारा 25 (3)।

समन मामले

समनवाद से वह मामला अभिप्रेत है जिसका सम्बन्ध किसी अपराध से है एवं जो वारन्ट केस नहीं है। (Summons case means a case relating to an offence and not being a warrant case. Sec. 2 (w).)

वारन्ट मामले

वारन्ट वाद से ऐसा मामला अभिप्रेत है जो किसी ऐसे अपराध से सम्बन्धित है जिसकी सजा मृत्युदण्ड या आजन्म कारावास या 2 वर्ष से अधिक का कारावास होती है।

पुलिस थाने का भारसाधक अधिकारी

जब पुलिस थाने का भारसाधक अधिकारी अनुपस्थित हो या अस्वस्थ हो या अन्य कारण से अपने कर्तव्यों का पालन करने में असमर्थ हो तब थाने में उपस्थित ऐसा पुलिस अधिकारी है, जो ऐसे अधिकारी से पंक्ति में ठीक नीचे है एवं कांस्टेबल की पंक्ति से ऊपर है, या जब राज्य सरकार ऐसा निर्देश दे तब इस तरह उपस्थित कोई पुलिस अधिकारी भी दे सकता है।

अधिवक्ता

अधिवक्ता से तात्पर्य ऐसे व्यक्ति से है जो न्यायालय की कार्यवाही में न्यायालय को सहयोग प्रदान करता है। जिसको किसी कानून द्वारा लागू उस न्यायालय में कार्य करने हेतु अधिकृत किया गया हो। इसमें वे व्यक्ति भी शामिल हैं जिनको न्यायालय की अनुमति लेकर वाद की कार्यवाही करने हेतु नियुक्त किया जाता है।

पुलिस रिपोर्ट

संहिता की धारा 173 (2) के आधीन पुलिस अधिकारी द्वारा निर्मित रिपोर्ट पुलिस रिपोर्ट कहलाती है।

दण्ड न्यायालयों का गठन

दण्ड प्रक्रिया संहिता की धारा 6 के अनुसर भारतवर्ष में उच्च न्यायालयों एवं विधि द्वारा गठित किसी अन्य प्रकार के न्यायालयों के अतिरिक्त निम्नलिखित

चार तरह के न्यायालय और होंगे (अ) सत्र न्यायालय; (ब) प्रथम श्रेणी के न्यायिक मजिस्ट्रेट एवं किसी मैट्रोपोलिटन क्षेत्र में मैट्रोपोलिटन मजिस्ट्रेट; (स) द्वितीय श्रेणी के न्यायिक मजिस्ट्रेट; और (द) कार्यपालिका मजिस्ट्रेट।

दण्ड प्रक्रिया संहिता में न्यायिक कृत्यों को प्रशासनिक कृत्यों से अलग करने के उद्देश्य से मजिस्ट्रेटों को दो वर्गों में बांटा गया है

(अ) न्यायिक मजिस्ट्रेट; तथा

(ब) कार्यपालिका मजिस्ट्रेट

(अ) न्यायिक मजिस्ट्रेट प्रत्येक न्यायिक मजिस्ट्रेट न्यायिक प्रकृति के वादों की सुनवाई करता है तथा सम्बन्धित उच्च न्यायालयों के अधीन कार्य करते है। इस कार्य हेतु समस्त क्षेत्र को महानगरीय क्षेत्रों और गैर-महानगरीय क्षेत्रों में बांटा जाता हैं। गैर-महानगरीय क्षेत्रों में प्रथम एवं द्वितीय श्रेणी के, जितने राज्य सरकार उचित समझें, उच्च न्यायालय के परामर्श अनुसार उद्घोषणा करके न्यायिक न्यायालय स्थापित किये जा सकते हैं (धारा 11)। न्यायिक मजिस्ट्रेटों की भी दो श्रेणियों होती हैं (अ) प्रथम श्रेणी के न्यायिक मजिस्ट्रेट एवं (ब) द्वितीय श्रेणी के न्यायिक मजिस्ट्रेट।

न्यायालयों की शक्तियाँ अपराध की प्रकृति के आधार पर संहिता में न्यायालयों को तीन भागों में वर्गीकृत किया गया है (अ) भारतीय दण्ड संहिता के अन्तर्गत अपराध; (ब) किसी अन्य विधि के अपराध; तथा (स) किशोर अपराधी द्वारा दिये गये अपराध।

(अ) दण्ड संहिता के अन्तर्गत किये गये अपराधों का विचारण संहिता की धारा 26 (अ) के अनुसार भारतीय दण्ड संहिता के अन्तर्गत किये गये अपराधों का विचारण निम्नलिखित में से किसी भी न्यायालय द्वारा किया जा सकता है (i) उच्च न्यायालय द्वारा (ii) सत्र न्यायालय द्वारा, (iii) किसी भी ऐसे न्यायालय द्वार विचारण होना जिसे प्रथम अनुसूची में दर्शित किया गया है।

(ब) किसी अन्य विधि द्वारा किये गये अपराधों पर विचारण दण्ड प्रक्रिया संहिता की धारा 26(2) के अनुसार किसी अन्य विधि के अन्तर्गत किये गये अपराध का विचारण उस विधि में उल्लिखित न्यायालय द्वारा ही किया जायेगा। यदि उस विधि में इस प्रकार का कोई उल्लेख न हो तो उस अपराध का विचारण निम्नलिखित न्यायालयों द्वारा किया जायेगा (अ) उच्च न्यायालय द्वारा। (ब) अन्य किसी ऐसे न्यायालय द्वारा जिनके द्वारा विचारण होना प्रथम अनुसूची में दिखाया गया है। दण्ड प्रक्रिया संहिता से भिन्न किसी विधि में परिभाषित

अपराध की सुनवाई हेतु यदि उस विधि में न्यायालय की व्यवस्था नहीं की गयी है तो ऐसे अपराध का विचार सम्बन्धित उच्च न्यायालय द्वारा किया जा सकता है।

धारा 26 (ख) अनुसूची 1 भाग 3 के अनुसार जब कोई व्यक्ति आग्नेय शस्त्र या बम इत्यादि रखने के अपराध में पकड़ा जाये तो उसका विचारण केवल सत्र न्यायालय द्वारा ही किया जा सकता है न कि किसी मजिस्ट्रेट द्वारा।

(स) किशोर अपराधियों द्वारा किये गये अपराधों पर विचारण यदि कोई अपराधी न्यायालय के समक्ष उपस्थित होता है जिसकी आयु 16 वर्ष से कम है और जिसने मृत्यु दण्ड या आजीवन कारावास हेतु निर्धारित दण्ड पाने वाला अपराध न किया हो तो उसके अपराध का विचारण मुख्य न्यायिक मजिस्ट्रेट अथवा किसी ऐसे न्यायालय द्वारा किया जायेगा जिसे बाल अधिनियम 1960 (Children Act 1960 (Act 60 of 1960) या तत्समय लागू हो रही किसी अन्य विधि द्वारा जिनको उन किशोर अपराधियों के उपचार, प्रशिक्षण एवं पुनर्वास (rehabilitation) हेतु अधिकृत किया गया हो। दण्ड प्रक्रिया संहिता की धारा 28 से 31 में विभिन्न न्यायालयों द्वारा दण्डादेश देने की शक्तियों का वर्णन किया गया है। इसमें एक उल्लेखनीय बात यह है कि दण्ड की सीमा अपराध की गम्भीरता के आधार पर निर्भर करती है।

उच्च न्यायालय एवं सत्र न्यायालय दण्ड प्रक्रिया संहिता के अनुसार उच्च न्यायालय विधि द्वारा अधिकृत कोई भी दण्ड दे सकता है।

सत्र न्यायालय या अतिरिक्त सत्र न्यायालय विधि द्वारा अधिकृत मृत्यु दण्ड अथवा किसी अन्य प्रकार के दण्ड देने का आदेश दे सकेगा। मृत्यु-दण्ड की पुष्टि उच्च न्यायालय द्वारा होनी आवश्यक होती है। (धारा 28 (2))

सहायक सत्र न्यायाधीश विधि द्वारा अधिकृत किसी भी प्रकार का दण्डादेश से सकेगा, इसके अतिरिक्त कुछ अन्य दण्ड निम्नलिखित हैं (1) मृत्यु दण्ड; (2) आजीवन कारावास; तथा (3) 10 वर्ष से अधिक कारावास का दण्डादेश।

मजिस्ट्रेटों द्वारा दण्डादेश दण्ड प्रक्रिया संहिता की धारा 29 (1) के अनुसार मुख्य न्यायिक मजिस्ट्रेट मृत्यु दण्ड, अथवा आजीवन कारावास, अथवा सात वर्ष के कारावास के अतिरिक्त अन्य किसी प्रकार का, विधि द्वारा अधिकृत दण्डादेश दे सकता है।

दण्ड प्रक्रिया संहिता की धारा 29 (2) के अनुसार प्रथम श्रेणी का न्यायाधीश 3 वर्ष तक का कारावास एवं 5,000 रु. जुर्माना या दोनों के दण्डादेश दे सकता

है। दण्ड प्रक्रिया संहिता में धारा 29(3) के अनुसार द्वितीय श्रेणी के मजिस्ट्रेट में एक वर्ष तक का कारावास एवं 1000 रु. तक का जुर्माना या दोनों दण्डादेश दे सकता है।

दण्ड प्रक्रिया संहिता की धारा 29 (3) के अनुसार मुख्य महानगरीय मजिस्ट्रटों को मुख्य न्यायिक मजिस्ट्रेटों या प्रथम श्रेणी के न्यायिक मजिस्ट्रेटों की शक्तियां होती हैं।

जुर्माना न देने पर कारावास का दण्डादेश अपराधी व्यक्ति द्वारा जुर्माना न अदा करने पर मजिस्ट्रेट जुर्माने की विधि द्वारा अधिकृत कारावास में बदल सकता है। कारावास की अवधि भारतीय दण्ड संहिता की धारा 63 से 67 के अनुसार होती है परन्तु शर्त यह होती है कि (1) यह अवधि उतनी से अधिक नहीं हो सकती जितनी तक कि शक्ति उसे धारा 29 के अन्तर्गत प्राप्त है। (2) जहां कारावास मुख्य दण्डादेश के भाग के रूप में अधिनिर्णीत किया है वहाँ वह उस कारावास की अवधि के चौथाई से ज्यादा न होगी जिसको मजिस्ट्रेट उस अपराध हेतु जुर्माना न देने के व्यतिक्रम होने पर दण्ड के तौर पर देने हेतु सक्षम है।

इस धारा के अधीन दिया गया कारावास का दण्डादेश धारा 29 के कारावास के दण्ड के अलावा हो सकता है।

व्यक्तियों की गिरफ्तारी

व्यक्तियों की गिरफ्तारी से सम्बन्धित प्रक्रिया का वर्णन दण्ड प्रक्रिया संहिता की धारा 46 में किया गया है जिसके अनुसार व्यक्ति का पुलिस अभिरक्षा में खुद को देना गिरफ्तारी के लिय पर्याप्त है। यदि वह अपने आप आत्म-समर्पण कर दे तो वैसा करना भी आवश्यक नहीं है। गिरफ्तारी हेतु यदि आवश्यक हो तो केवल उतना ही बल प्रयोग किया जा सकता है जितने से गिरफ्तारी हो सके। (धारा 46)(1)।

अपराधी द्वारा गिरफ्तारी का विरोध करने या भागने की स्थिति में उसको गिरफ्तार करने हेतु पुलिस समस्त साधनों का प्रयोग कर सकती है जिसके अन्तर्गत व्यापक अर्थों में सभी साधनों के अलावा अन्य लोगों की सहायता लेना भी अनिवार्य है। गिरफ्तार करने से बल प्रयोग द्वारा मृत्यु सिर्फ उन व्यक्तियों को दी सकती है जिन्होंने मृत्यु-दण्ड या आजीवन कारावास के दण्ड का अपराध किया हो। वे बचकर भाग निकलने के प्रत्यत्न में हों अथवा भयंकर हानि पहुँचाना चाहते हो। (धारा 46 (2) (3))

गिरफ्तारी के प्रकार गिरफ्तारी के निम्नलिखित तीन प्रकार है

1. पुलिस अधिकारी द्वारा बिना वारन्ट के गिरफ्तार करने की समर्थता।

2. पुलिस द्वारा या मजिस्ट्रेट द्वारा वारन्ट प्राप्त करने के बाद गिरफ्तार करना।

3. दण्ड प्रक्रिया संहिता की धारा 41 में उन परिस्थितियों का वर्णन किया गया है जिनमें पुलिस अधिकारी बिना वारंट के किसी व्यक्ति को गिरफ्तार कर सकता है। ये निम्नलिखित हैं

(1) यदि किसी व्यक्ति ने संज्ञेय अपराध किया हो या किसी संज्ञेय अपराध से सम्बद्ध रह चुका हो या जिसकी युक्तिसंगत शिकायत की गई हो या जिसके बारे में अपराधजनित विश्वसनीय सूचना प्राप्त हुई हो या उचित सन्देह विद्यमान हो।

(2) यदि उस व्यक्ति के पास गृह-भेदन का कोई उपकरण पाया जाए जिसे रखने का वह विधि-संगत कारण न बता सके।

(3) घोषित अपराधी।

(4) कोई ऐसा व्यक्ति जिसके पास चोरी की वस्तु पायी जाये या कोई ऐसी युक्ति युक्त कारण हो जिसके आधार पर उस पर इस तरह का संदेह किया जा सके।

(5) जो व्यक्ति पुलिस अधिकारी के कर्तव्य पालन के कार्य में अवरोध पैदा करे।

(6) भारतीय सेना, नौ सेना या वायुसेना का कोई भगोड़ा हो।

(7) कोई ऐसा व्यक्ति जिसका सम्बन्ध किसी ऐसे अपराध से रहा हो, या उसके विरुद्ध परिवाद किया गया हो या उस कार्य में संलग्न होने की विधि संगत शंका हो, जो कि भारत के बाहर घटित किया गया हो एवं यदि वह भारत में घटित होता तो दण्डनीय अपराध होता एवं उसकी गिरफ्तारी आवश्यक हो जाती।

(8) कोई ऐसा दोष-सिद्ध अभियुक्त जो छोड़ा गया हो परन्तु उसने धारा 356 की उपधारा (5) के अनुसार बनाये गये किसी नियम को भंग किया हो।

(9) मौखिक या लिखित रूप से जिस व्यक्ति की गिरफ्तारी की मांग की गई हो।

पुलिस स्टेशन का कोई भी इन्चार्ज अधिकारी धारा 109 एवं 110 में वर्गीकृत किये गये व्यक्तियों को इस संहिता में दी गई प्रक्रिया के अनुसार गिरफ्तार

कर सकता या करवा सकता है। किसी व्यक्ति को गिरफ्तार करने के बारे में पुलिस की शक्ति केवल वहीं तक सीमित है जहाँ व्यक्ति (अ) अपराधी हो या (ब) किसी अपराध में संलग्न हो या (3) उसके सम्बन्ध में किसी अपराध किए जाने का सन्देह हो। केवल इस आधार पर किसी व्यक्ति को गिरफ्तार नहीं लिया जा सकता है कि कई वर्ष पूर्व उसने अवैध हथियार रक्खा था। इसलिए अब भी वह अवैध हथियार जरूर रखता होगा। ऐसी गिरफ्तारी अवैध है जो केवल अनुमान पर आधारित हो।

निजी व्यक्तियों द्वारा गिरफ्तारी दण्ड प्रक्रिया संहिता की धारा 43 (1) में निजी व्यक्ति द्वारा गिरफ्तारी की प्रक्रिया दी गयी है जिसके अनुसार कोई निजी व्यक्ति, किसी ऐसे व्यक्ति को, जो उसकी उपस्थिति में या जानकारी में संज्ञेय एवं गैर-जमानतीय अपराध करता है या गिरफ्तार करवा सकता है। इसके अलावा यदि कोई उद्घोषित अपराधी है तो उसको भी निजी व्यक्ति गिरफ्तार करवा सकता है। इसके लिए निजी व्यक्ति उस अपराधी को निकटतम पुलिस थाने के अधिकारी के पास ले जाकर या पुलिस बुलाकर सुपुर्द कर सकता है। (धारा (1))

यदि पुलिस अधिकारी के पास इस बात का विश्वास करने का पर्याप्त आधार है कि वह व्यक्ति धारा 41 के अन्तर्गत आता है तो उसको गिरफ्तार कर लिया जायेगा (धारा 43 (2))। पुलिस अधिकारी उस व्यक्ति का नाम व पता पूछेगा एवं यदि उसे यह विश्वास हो जाये कि सम्बन्धित व्यक्ति ने अपना नाम, पता सही बताया है तो उसे तुरन्त छोड़ दिया जायेगा अन्यथा धारा 42 के अनुसार कार्यवाही की जायेगी। (धारा 43) (3))

मजिस्ट्रेट द्वारा गिरपतारी यदि किसी न्यायिक मजिस्ट्रेट गा कार्गपालक अधिकारी की उपस्थिति में कोई अपराध घटित होता है तो मजिस्ट्रेट स्वयं या आदेश देकर उस व्यक्ति को गिरफ्तार कर सकता है एवं जमानत के प्रावधान से पृथक्, उसको जेल भेज सकता है। (धारा 44 (1))। कोई भी मजिस्ट्रेट चाहे वह प्रशासनिक हो अथवा न्यायिक अपने स्थानीय क्षेत्राधिकार के अन्दर किसी ऐसे व्यक्ति को गिरफ्तार कर सकेगा या गिरफ्तारी के आदेश दे सकेगा जिसकी गिरफ्तारी हेतु वह उस समय एवं उन परिस्थितियों में वारंट करने हेतु सक्षम हो। (धारा 44 (2))

सेना के सदस्यों का गिरफ्तारी से संरक्षण दण्ड प्रक्रिया संहिता की धारा 45 में सशस्त्र सेनाओं के सदस्यों को उनके द्वारा किये गये उन अपराधों से संरक्षण प्रदान किया गया है जिसे उन्होंने अपने उच्च अधिकारियों के आदेश से वैधानिक

कर्तव्य पालन करते हुए किये हैं अन्यथा उक्त आदेश के अभाव में वे कार्य दण्डनीय अपराध होते हैं। अतः धारा 41 से 44 तक में किसी बात के निहित होते हुए भी ऐसे मामलों में बिना केन्द्रीय सरकार की स्वीकृति के उन्हें गिरफ्तार नहीं किया जा सकता है। (धारा 45 (1))

यदि लोक प्रशान्ति की स्थापना हेतु सशस्त्र सेना के सदस्यों पर कार्य भार सौंपा गया है और वे उसके अधीन सेवा कार्य कर रहे हैं तो राज्य सरकार अधिसूचना द्वारा ऐसे उपलब्ध उक्त श्रेणी के व्यक्तियों पर भी लागू करने को अधिकृत कर सकती है। ऐसी स्थिति में 'केन्द्र सरकार' शब्द के स्थान पर 'राज्य सराकार' शब्द प्रतिस्थापित किया जायेगा।

उपस्थिति बाध्य करने की प्रक्रिया

किसी व्यक्ति को दण्ड न्यायालय में उपस्थित होने को बाध्य करने हेतु दण्ड प्रक्रिया संहिता में मुख्यतः प्रावधान किये गये हैं

(1) समन;
(2) वारन्ट;
(3) समनों के बदल वारन्ट;
(4) भागे हुये व्यक्ति की उद्घोषण;
(5) सम्पत्ति की कुर्की; तथा
(6) बन्धक प्रतिभूतियों सहित या रहित।

उपर्युक्त व्यवस्थायें ऐसी हैं कि कोई भी व्यक्ति अपने आपको न्यायालय के समक्ष प्रस्तुत करने हेतु बाध्य हो जाता है।

(1) समन समन किसी न्यायालय द्वारा किसी व्यक्ति की न्यायालय में उपस्थिति हेतु एक बुलावा पत्र है। धारा 61 में लिखा है कि, समन दो प्रतियों में लिखित रूप में होगा। इस पर उस न्यायालय के या अन्य किसी न्यायालय हेतु जिसके लिए उच्च न्यायालय समय-समय पर निर्देश दे पीठासीन अधिकारी के हस्ताक्षर होंगे एवं मुहर होगी। समन में न्यायालय का पद, नाम, उस व्यक्ति का नाम व पता जिसको बुलाना है और स्थान एवं विधि का स्पष्ट शब्दों में उल्लेख किया जायेगा।

समन की तामील समन की तामील के निम्नलिखित तरीके हैं (1) वैयक्तिक तामील (2) निगमों एवं समितियों पर तामील (3) उपलब्ध न होने वाले व्यक्ति के परिवार पर समन की तामील (4) राजकीय कर्मचारियों पर तामील

(5) स्थानीय सीमाओं के बाहर समन की तामील एवं (6) साक्षी पर डाक द्वारा तामील।

वैयक्तिक तामील समन की तामील मुख्यतः दो व्यक्तियों द्वारा की जाती है। पहला, पुलिस अधिकारी द्वारा तथा दूसरा, उस न्यायालय के किसी अधिकारी द्वारा जिसने समन जारी किया है। ये दोनों व्यक्ति राज्य सरकार द्वारा निर्मित नियमों के अधीन कार्य करते हैं। (धारा (2) (1))। समन किये गये व्यक्ति को ही समन की प्रति दी जायेगी (धारा 62 (2))। ऐसा व्यक्ति एक समन की द्वितीय प्रतिलिपि के पीछे हस्ताक्षर करके एक प्रतिलिपि स्वयं ले लेगा (धारा 62 (3)।

नियम निकायों एवं समितियों पर तामीली निगमित निकायों एवं समितियों पर समन की तामील उसके सचिव, स्थानीय प्रबन्धक या किसी अन्य प्रधान अधिकारी पर की जा सकती है। रजिस्टर्ड डाक से उस निकाय के मुख्य अधिकारी के पते पर भेज कर समन की तामील की जा सकती है एवं ऐसी स्थिति में समन की तामील हुई तब समझी जायेगी जब वह पत्र सामान्य अनुक्रम में उस कम्पनी या निगम में पहुँच जायेगा। (धारा (63))। इस सम्बन्ध में यह उल्लेखनीय है कि निगम की इस धारा का तात्पर्य किसी भी उस निगमित कम्पनी या किसी अन्य निगमित निकाय से है जिसमें वे समितियां भी शामिल हैं जिनका पंजीकरण 'सोसाइटीज रजिस्ट्रेशन एक्ट 1860' के अन्तर्गत हुआ है।

जहाँ आहत व्यक्ति न मिले तथा उसके परिवार के किसी सदस्य पर समन तामील हो जब किसी व्यक्ति या समन की तामील होनी है और वह नहीं मिलता है तो वहां समन की एक प्रतिलिपि उसके कुटुम्ब के किसी वयस्क पुरुष के पास छोड़ दी जायेगी एवं समझा जायेगा कि उक्त सामन तामील हो गया। यदि समन तामील करने वाला अधिकारी आवश्यक समझे तो समन प्राप्त करने वाले व्यक्ति से समन की दूसरी कापी के पीछे हस्ताक्षर ले सकता है। (धारा 64)

व्याख्या इस धारा में परिभाषित 'कुटुम्ब' में नौकर शामिल नहीं होते हैं।

यदि धारा 62 से 64 में दिये गये तरीकों से समन की तामील न हो सके तो समन को तामील करने वाला अधिकारी उन दो प्रतियों में से एक को समन किये गये व्यक्ति के घर या वास भूमि जहां पर साधारणतया वह रहता है, सहज दिखाई देने वाले भाग में चिपका देगा और ऐसा होने पर न्यायालय स्वविवेक से घोषित कर सकती है कि समन की तामील हो गयी है।

सरकारी कर्मचारी पर समन की तामील सम्बन्धित विभाग के विभागाध्यक्ष को न्यायालय द्वारा दो प्रतियों में समन भेज कर की जाती है। विभागाध्यक्ष धारा

62 के अनुसार समन की प्रतिलिपि कर्मचारी को तामील कराकर उसकी एक प्रतिलिपि जिस पर कर्मचारी द्वारा प्राप्ति के हस्ताक्षर होते है, न्यायालय को वापस भेज देगा। हस्ताक्षर युक्त समन की प्रतिलिपि की वापसी सम्बन्धित कर्मचारी पर उसकी तामील मानी जाएगी। (धारा 66 (1) (2))।

व्याख्या इस धारा में साधारणतया शब्द का तात्पर्य, आदेशात्मक नहीं है क्योंकि इस धारा में यह शब्द केवल अपवादजन्य परिस्थितियों में ही आदेशिका जारी करने का उपबन्ध करती है न कि आदेशात्मक रूप में।

स्थानीय सीमाओं के बाहर समन की तामील जब न्यायालय को अपनी स्थानीय सीमा से परे किसी व्यक्ति पर समन की तामील करनी होती है तो वह समन की दो प्रतियों में से एक उस मजिस्ट्रेट को भेज देगा जिसके क्षेत्राधिकार में समन किया जाने वाला व्यक्ति रहता है।

साक्षी पर समन की डाक द्वारा तामील किसी साक्षी को समन जारी करने की स्थिति में उस अध्याय की पूर्ववर्ती धाराओं में किसी बात के होते हुए भी न्यायालय, समन को जारी करने के साथ-साथ यह भी निर्देश दे सकता है कि उसको रजिस्टर्ड डाक द्वारा उस स्थान पर भेजा जाय जहाँ वह व्यक्ति साधारणतया निवास कर रहा है या लाभ हेतु व्यक्तिगत रूप से कार्य कर रहा हो। (धारा 69 (1))। जब किसी समन की प्राप्ति पर गवाह की हस्ताक्षर युक्त अभिस्वीकृति प्राप्त ही जाती है या डाक कर्मचारी द्वारा यह पृष्ठांकन कर दिया जाता है कि साक्षी ने समन लेने से इन्कार कर दिया तो समन जारी करने वाला न्यायालय यह घोषणा करे कि समन तामील हो गया। (धारा 69 (2))

समन तामील का सबूत न्यायालय की स्थानीय सीमा से बाहर समनों की तामील होने की स्थिति में जिस अधिकारी ने समन तामील किया हो वह मामले की तो एक शपथ-पत्र कि समन तामील हो गया था एवं समन की दूसरी प्रतिलिपि जिस पर उस व्यक्ति हेतु पृष्ठांकन जिस पर समन छोड़ा गया था, न्यायालय में साक्ष्य के रूप में मान्य जब तक कि कुछ विपरीत सिद्ध न हो। (धारा 68 (1))

उक्त शपथ पत्र समन की दूसरी प्रतिलिपि के साथ संलग्न करके न्यायालय को वापस किया जायेगा। (धारा 68 (2))

गिरफ्तारी वारन्ट

प्रत्येक गिरफ्तारी का वारन्ट न्यायालय या मजिस्ट्रेट द्वारा किसी व्यक्ति के नाम से जारी किया जाता है और यह आदर्श के रूप में होता है। दण्ड प्रक्रिया

संहिता की धारा 70 (1) के अनुसार ऐसा वारन्ट लिखित होता है तथा उस पर सम्बन्धित न्यायालय के पीठासीन अधिकारी की मुहर एवं हस्ताक्षर होते हैं। ऐसा वारण्ट उस समय तक लागू रहेगा जब तक कि वह न्यायालय द्वारा जारी करने वाले के द्वारा निरस्त न कर दिया जाये या फिर उसकी तामील न हो जाए। (धारा 70 (2))

वैध वारण्ट की निम्नलिखित वांछनीयतायें हैं (1) लिखित हो। (2) न्यायालय के पीठासीन अधिकारी की मुहर व हस्ताक्षर हो। (3) व्यक्ति का नाम व पता जिसको गिरफ्तार किया जाना है। (4) पुलिस अधिकारी या किसी अन्य अधिकृत अधिकारी का नाम एवं उसका पदनाम, जिसको वारन्ट तामील करना है। (5) अपराध का उल्लेख हो। (6) जमानतीय अथवा गैर-जमानतीय होने का स्पष्ट उल्लेख।

गिरफ्तारी के वारन्ट दो प्रकार के होते हैं (अ) जमानतीय, (ब) गैर-जमानतीय।

जमानतीय वारन्ट न्यायालय व्यक्ति की गिरफ्तारी का वारण्ट जारी करते समय वारण्ट पर पृष्ठांकन करके यह निर्देश दे सकती है कि वह व्यक्ति जिसके लिए वारन्ट जारी किया गया है, अपने आपको न्यायालय के समक्ष निश्चित समय पर एवं उस समय तक जब तक न्यायालय विपरीत निर्देश न दे, उपस्थित करने हेतु पर्याप्त जमानतकर्ताओं सहित बन्ध पत्र निष्पादित करे। तब उस वारन्ट को तामील करने वाला अधिकारी उस व्यक्ति को बन्ध-पत्र युक्त जमानत लेकर छोड़ देगा। (धारा 71 (1))। इस तरह के पृष्ठांकन में निम्नलिखित विवरण आवश्यक हैं (अ) जमानतदारों की संख्या (ब) वह धनराशि जिसके लिए क्रमशः जमानतकर्ता एवं वह व्यक्ति जिसकी गिरफ्तारी हेतु वारन्ट जारी किया गया है, बन्ध-पत्र द्वारा आबद्ध होते हैं। (स) समय जब उसको न्यायालय में उपस्थित होना है (धारा 71 (2))।

उक्त धारा 71 के अन्तर्गत ली गई जमानत को वारन्ट तामील करने वाला अधिकारी बन्ध-पत्र सहित सम्बन्धित न्यायालय को अग्रसारित कर देगा (धारा 71 (3))।

(ब) गैर-जमानतीय वारन्ट दण्ड प्रक्रिया संहिता की धारा 71 (1) (2) से सम्बन्धित पृष्ठांकन गैर-जमानतीय ही वारण्ट में नहीं होता है। वारन्ट जारी किये गये व्यक्ति को पहले न्यायालय के समक्ष प्रस्तुत किया जाता है और उसके बाद न्यायालय द्वारा उचित समझे जाने पर ही जमानत पर छोड़ा जाता है। इस प्रकार के वारन्ट मुख्यतः गंभीर और संज्ञेय अपराधों हेतु जारी होते हैं।

समन के बदले वारन्ट

यदि न्यायालय किसी व्यक्ति की उपस्थिति हेतु समन को अपर्याप्त समझता है तो वह समन के स्थान पर वारण्ट जारी कर सकता है। वह उन कारणों का लिखित में उल्लेख करते हुए उस समन के बदले या समन के साथ-साथ वारण्ट जारी कर सकता है परन्तु इसके लिए कुछ निम्नलिखित शर्तें हैं (1) उस समन को जारी करने से पहले या बाद में न्यायालय को यह विश्वास करने के पर्याप्त आधार हों कि वह व्यक्ति समन का पालन नहीं करेगा। (2) यदि न्यायालय में यह प्रमाणित कर दिया जाय कि उस पर समन की तामील सम्यक् रूप से ऐसे समय पर दी गई थी कि उसको उपस्थित होने का पूर्ण अवसर था परन्तु वह निश्चित समय पर उपस्थिति होने में एवं असफलता हेतु कोई उचित प्रतिहेतु नहीं दिया है।

संहिता की धारा 88 में उपरोक्त समस्या के समाधान हेतु उपबन्ध किया गया है जिसमें कहा गया है कि वह व्यक्ति जिसकी उपस्थिति या गिरफ्तारी हेतु वारन्ट जारी करने के समय न्यायालय या किसी अन्य न्यायालय में जिसमें उसका मामला विचार हेतु भेजा जाए अपनी उपस्थिति हेतु बन्ध-पत्र जमानतयुक्त या रहित निष्पादन करें (धारा 88)। यदि अपने बन्ध-पत्र द्वारा आबद्ध व्यक्ति न्यायालय में उपस्थित न हो तो उस न्यायालय के पीठासीन अधिकारी द्वारा यह निर्देश देते हुए वारन्ट जारी किया जा सकेगा कि वह व्यक्ति गिरफ्तार किया जाए एवं उसको न्यायालय के समक्ष प्रस्तुत किया जाय।

समन एवं वारन्ट के जारी करने एवं तामील करने सम्बन्धी व्यवस्थायें जो इस अध्याय में दी गई हैं वे प्रत्येक समन एवं वारन्ट के केस में, जो इस संहिता के अधीन जारी किये हैं, लागू होंगी।

तलाशी का वारन्ट

दण्ड प्रक्रिया संहिता में वस्तुओं की उपस्थिति न्यायालय के समक्ष प्रस्तुत करने हेतु तलाशी वारण्ट जारी करने की व्यवस्था की गयी है। तलाशी का वारन्ट निम्नलिखित प्रयोजनों हेतु निकाला जा सकेगा

(1) किसी अभिलेख या वस्तु को प्रस्तुत करने हेतु, (2) किसी ऐसे गृह की तलाशी हेतु जिसमें चोरी किये गये अभिलेखों या सामानों के पाये जाने का संदेह हो, (3) किसी जब्त किये गये प्रकाशनों को अधिग्रहण करने हेतु तथा (4) दोषपूर्ण रीति से रोके गए व्यक्ति का पता लगाने हेतु।

तलाशी का वारन्ट जारी करने की परिस्थितियां जिन परिस्थितियों में तलाशी वारण्ट जारी किया जा सकता है उनका वर्णन धारा-93 में किया गया है जो निम्नलिखित है

(1) यदि न्यायालय को यह विश्वास हो जाय कि अपेक्षित वस्तु की प्रस्तुति न्यायालय में बाध्य करने हेतु समन से काम नहीं चलेगा।

(2) यदि न्यायालय को यह पता नहीं चल पाए कि वह विशिष्ट वस्तु किस व्यक्ति के कब्जे में है।

(3) यदि किसी जाँच, परीक्षण या किसी अन्य कार्यवाही का प्रयोजन सामान्य तलाशी या निरीक्षण द्वारा पूरा न हो सके।

संहिता की धारा 92 (2) में न्यायालय को यह अधिकार है कि यदि वह चाहे तो वारण्ट में उस स्थान को चिह्नित कर सकती हैं जिस स्थान की तलाशी ली जायेगी।

उपर्युक्त धारा में उल्लिखित कोई बात जिला मजिस्ट्रेट या मुख्य न्यायिक मजिस्ट्रेट से अलग किसी मजिस्ट्रेट को डाक व तार अधिकारी की अभिरक्षा में किसी अभिलेख, पार्सल या अन्य वस्तु की तलाशी हेतु वारण्ट जारी करने हेतु अधिकृत नहीं करती (धारा 93 (3))।

दण्ड प्रक्रिया संहिता की धारा 94 (1) के अनुसार सूचना प्राप्त होने पर और जाँच के आधार पर जिला मजिस्ट्रेट, परगना मजिस्ट्रेट, प्रथम श्रेणी कार्यपालक मजिस्ट्रेट या न्यायिक मजिस्ट्रेट को यह विश्वास करने का कारण हो कि चोरी की सम्पत्ति छिपाने हेतु बिक्री या उत्पादन हेतु किसी स्थान को प्रयोग में लाया जा रहा है तो मजिस्ट्रेट आवश्यकतानुसार पुलिस के सिपाही की पंक्ति के ऊपर के पद पर आसीन किसी पुलिस अधिकारी को यह वारन्ट दे सकेगा कि वह

(1) उस स्थान में अपेक्षित सहायता लेकर घुसे,

(2) वारन्ट में निर्देशित की राई रीति से तलाशी ले,

(3) वहां पाई गई उस सम्पत्ति को अपने कब्जे में ले ले सिको वह चुराई हुई होने या इस धारा में वर्जित आपत्तिजनक सम्पत्ति होने का उचित सन्देह करे।

(4) ऐसी सम्पत्ति या वस्तु को मजिस्ट्रेट के पास ले जाया जाये या उसको उसी स्थान पर तब तक पहरे में रखे जब तक कि सम्बन्धित अधिकारी को मजिस्ट्रेट के समक्ष न ले जाये, अन्यथा उसे किसी अन्य सुरक्षित स्थान में रखे।

(5) उस स्थान पर पाये गये उन व्यक्तियों को भी अपनी अभिरक्षा ;बनेजवकलद्ध में ले एवं उन्हें मजिस्ट्रेट के सामने प्रस्तुत करे जिनके बारे में यह प्रतीत हो कि वे उस वस्तु को चुराने, बिक्री करने या उत्पादन करने से सम्बन्धित हैं। वैसा यह जानते हुए और उस संदेह का उचित कारण रखते हुए किया जायेगा कि वह चुराई गई या ऐसी आपत्तिजनक वस्तु है जो इस धारा के अन्तर्गत आती है। (धारा 94 (1))

आपत्तिजनक वस्तुओं का विवरण, जो इस धारा के अन्तर्गत आती हैं, उपधारा (2) में दिया गया है जो निम्नलिखित है

(1) कूटकृत सिक्का।
(2) धातु टोकन अधिनियम की 1889 के उल्लंघन में निर्मित अथवा सीमा शुल्क अधिनियम 1962 की धारा 11 के अन्तर्गत उस समय लागू अधिसूचना के उल्लंघन में लगाए गए धातु के टुकड़े।
(3) कूटकृत करन्सी नोट और टिकट।
(4) कूटकृत दस्तावेज।
(5) नकली मुद्रायें
(6) भारतीय संहिता की धारा 292 में उल्लिखित अश्लील वस्तुयें
(7) उपर्युक्त खण्ड (1) से (6) तक में उल्लिखित वस्तुओं में से किसी वस्तु के उत्पादन हेतु उपयोग में लाये गये उपकरण या सामान।

इस प्रकार किसी सूचना या आरोप के अभाव में यह धारा लागू नहीं हो सकती है और सूचना ऐसी होनी चाहिए जिससे मजिस्ट्रेट को यह विश्वास हो जाये कि किसी स्थान विशेष का उपयोग किसी ऐसी चोरी की सम्पत्ति के छिपाने (depose) या विक्रय हेतु या उत्पादन हेतु किया जाता है, जिसमें यह धारा लागू होती है अथवा उसमें कोई आपत्तिजनक वस्तु (निषिद्ध) है।

शान्ति बनाये रखने एवं अच्छे आचरण हेतु प्रतिभूति

इस संहिता में शान्ति बनाये रखने हेतु न्यायालय को यह अधिकार प्राप्त है कि वे दोषसिद्ध व्यक्तियों से जमानत की मांग कर सके। धारा 106 में यह व्यवस्था की गई है कि सत्र न्यायालय या प्रथम श्रेणी मजिस्ट्रेट के नयायालय द्वारा किसी व्यक्ति को उपधारा (2) में निर्वेशित अपराधी या किसी अपराध हेतु या किसी ऐसे अपराध हेतु दुष्प्रेरण देने हेतु दोष-सिद्ध ठहराया जाए एवं जो उसकी

राय में आवश्यक हो। न्यायालय शान्ति स्थापित रहने हेतु प्रतिभूति की मांग कर सकता है। प्रतिभूति प्रस्तुत करने की ऐसी मांग का आदेश वह अभियुक्त को दण्ड का आदेश देते समय कर सकता है। वह प्रतिभूति बन्ध-पत्र सहित या रहित उतने समय तक ही होगी जितने समय तक वह उचित हो लेकिन किसी भी स्थिति में यह अवधि तीन वर्ष से अधिक नहीं हो सकती है (धारा 106 (1))।

उपर्युक्त उपधारा में जिन अपराधों का वर्णन किया गया है वे निम्नलिखित हैं

(1) भारतीय दण्ड संहिता के अध्याय 8 के अधीन दण्डनीय कोई अपराध जो इसी संहिता की धारा 153 या 153 ब या 154 के अधीन न हो।

(2) कोई ऐसा अपराध जिसमें हमला आपराधिक बल प्रयोग या रिष्टि शामिल हो या मिश्रित हो।

(3) आपराधिक अभिप्रास।

(4) कोई ऐसा अपराध जिसमें शान्ति भंग हुई हो या भंग होने की आशंका हो या जिसके बारे में जानकारी थी कि उससे शान्ति भंग होने की आशंका है। (धारा 106 (2))

यदि दोष सिद्धि को अपास्त कर दिया जाये तो निष्पादित किए गये बन्ध पत्रों को अपास्त कर दिया जायेगा (धारा 106 (3))।

इस धारा के आदेश किसी अपील न्यायालय या किसी उच्च न्यायालय द्वारा किया जा सकेगा। (धारा 106 (4))

अन्य अवस्थाओं में शान्ति रखने हेतु प्रतिभूति दोष सिद्ध अपराधियों के अलावा अन्य व्यक्तियों से भी प्रतिभूति मांगने की व्यवस्था इस संहिता में की गयी है और उसमें यह कहा गया है कि यदि किसी कार्यापालिका मजिस्ट्रेट को सूचना मिलती है या विश्वास करने का कारण मौजूद है कि कोई व्यक्ति ऐसा कार्य करने वाला है जिससे शांति व्यवस्था भंग हो सकती है तो वह अपेक्षा कर सकता। वह व्यक्ति कारण बताये कि क्यों न उसको इतने समय हेतु जितना वह मजिस्ट्रेट उचित समझे एवं एक वर्ष से अधिक न हो, शान्ति बनाए रखने हेतु बन्ध-पत्र का निष्पादन करने हेतु आदेशित किया जाये (धारा 107 (1))।

यह कार्यवाही किसी कार्यपालिका मजिस्ट्रेट के समक्ष तथा की जा सकेगी जब या तो वह, वह स्थान जहां शान्ति भंग या विध्न होने की आशंका हो उसकी स्थानीय अधिकारिता के बाहर शान्ति भंग या लोक प्रशान्ति विघ्न की सम्भावनाओं से युक्त हो अथवा कोई दोषयुक्त कार्य करेगा। (धारा 107(2))

लोक व्यवस्था एवं शान्ति

(धारा 129 से 148)

राज्य की आन्तरिक शान्ति व्यवस्था को बनाये रखना राज्य का बहुत महत्वपूर्ण प्राचीन कार्य है। इसके लिए आवश्यकता पड़ने पर सैनिक या असैनिक शक्ति की आवश्यकता पड़ती है क्योंकि समाज के सारे लोग उपद्रवी एवं अराजकतावादी नहीं होते। केवल थोड़े से लोग ही जो अपराधी प्रवृतियों के हों या अत्यधिक व्यक्तिगत स्वार्थों में लिप्त होते हैं शान्ति एवं व्यवस्था को बिगाड़ने का प्रयत्न करते हें। इसी के अन्तर्गत विधि के विरुद्ध जमाव भी होता है जो भारतीय दण्ड संहिता के अनुसार दो प्रकार के हैं

(1) भारतीय दण्ड संहिता की धारा 141 में उल्लिखित विधि के विरुद्ध जमाव।

(2) पांच या पांच से अधिक व्यक्तियों का किसी स्थान पर, किसी गैर-कानूनी काम के उद्देश्य से एकत्रित होना, जिसकी वजह से सार्वजनिक शान्ति भंग होने की सम्भावना हो।

(अ) असैनिक सहायता से भीड़ को विसर्जित करना उपरोक्त स्थिति से निपटने के लिये जमाव को तितर-बितर करना आवश्यक होता है चाहे भले ही इसके लिये बल प्रयोग क्यों न करना पड़े। अतः इस तरह की स्थिति से निपटने हेतु दण्ड प्रक्रिया संहिता में निम्नलिखित व्यवस्था की गई है

(1) कोई भी कार्यपालक मजिस्ट्रेट या थाने का इन्चार्ज पुलिस अधिकारी या उसकी अनुपस्थिति में ऐसा सहायक इन्चार्ज जो कि सब इन्सपेक्टर से नीचे के पद का न हो, किसी विधि के विरुद्ध जमाव या पांच या पांच से अधिक व्यक्तियों के जमाव को जिससे लोक शान्ति भंग होने की आशंका हो, विसर्जित होने का आदेश दे सकता है एवं तब ऐसे जमाव के सदस्यों को तितर-बितर होना पड़ेगा। (धारा 129)(1)) (2)। यदि वह जमाव ऐसा आदेश होने पर भी तितर-बितर नहीं होता है या ऐसा आदेश दिये बिना भी इस प्रकार का व्यवहार करे जिससे भीड़ के विसर्जित होने का विचार न दिखाई पड़े तो कार्यपालक मजिस्ट्रेट या उपधारा (1) में निर्देशित पुलिस अधिकारी उस भीड़ को विसर्जित करने हेतु बल प्रयोग की कार्यवाही कर सकेगा एवं किसी व्यक्ति से जो सशस्त्र बल का अधिकारी या सदस्य हो एवं उस नाते कार्य कर रहा हो तो ऐसे जमाव को विसर्जित करने के प्रयोजन हेतु सहायता ले सकता

है जिससे कि किसी व्यक्ति को जो जमाव का एक भाग हो, आवश्यकता पड़ने पर गिरफ्तार किया जा सके एवं कानून के अनुसार दण्ड दिलवाया जा सके।

(ब) सशस्त्र बल का प्रयोग यदि उच्च श्रेणी का मजिस्ट्रेट यह अनुभव करे कि उसके आदेश के बाद भी विधि-विरुद्ध भीड़ तितर-बितर नहीं हो रही है जबकि सार्वजनिक शान्ति तथा सुरक्षा हेतु ऐसा होना आवश्यक है तो वह अपनी उपस्थिति में सशस्त्र बल को भीड़ तितर-बितर करने का आदेश दे सकेगा। (धारा 130))

ऐसा मजिस्ट्रेट सशस्त्र-बल के उस अधिकारी से जो कि बल की किसी टुकड़ी का नेतृत्व कर रहा है, यह अपेक्षा करेगा कि वह उस भीड़ को अपने निर्देशन में सशस्त्र बल की सहायता से विसर्जित कर दे एवं उस भीड़ में से उन व्यक्तियों को, जिनके लिए मजिस्ट्रेट निर्देश दे या जिनको भीड़ समाप्त करने या दण्ड दिलाने हेतु गिरफ्तार करना आवश्यक हो, गिरफ्तार करे एवं रोके (धारा 130 (2))। इस स्थिति में सशस्त्र बल का नेतृत्व करने वाला अधिकारी ऐसी अध्यपेक्षा का पालन उस तरीके से करेगा जैसा कि वह उचित समझें, परन्तु फिर भी न्यूनतम बल प्रयोग करेगा एवं व्यक्ति तथा सम्पत्ति को न्यूनतम एवं उतनी ही क्षति पहुँचायेगा जितनी कि उस भीड़ को तितर-बितर करने या किसी व्यक्ति की गिरफ्तारी के लिये जरूरी हो। (धारा 130 (3)

पुलिस विभाग प्रशासन का एक प्रमुख अंग है। उसका उत्तरदायित्व अपराधों की रोकथाम करना एवं समाज में शान्ति व्यवस्था बनाये रखना है। दण्ड प्रक्रिया संहिता में इस बारे में निम्नलिखित प्रावधान किए गए हैं

(1) संज्ञेय अपराधों का निवारण इस संहिता में प्रत्येक पुलिस अधिकारी को यह अधिकार दिया गया है कि वह अपनी पूरी कोशिश से संज्ञेय अपराध को रोके।

(2) अपराध किये जाने की योजना बनाने की सूचना प्रत्येक पुलिस अधिकारी जिसे किसी संज्ञेय अपराध के नियोजन की सूचना मिले एवं ऐसी सूचना उस पुलिस अधिकारों से जिसके वह अधीन हो और दायित्व हो तो वह ऐसे अपराध को घटित होने से रोकेगा। (धारा 150)।

(3) संज्ञेय अपराधों को रोकने हेतु गिरफ्तारी इस संहिता के अधीन जब किसी पुलिस अधिकारी को किसी संज्ञेय अपराध में होने की परिकल्पना का पता चलता है एवं उस अपराध को होने से रोकने के अतिरिक्त अपराधियों की

गिरफ्तारी के कोई दूसरा विकल्प नहीं है तो ऐसी स्थिति में पुलिस अधिकारी बिना वारन्ट के गिरफ्तार कर सकेगा (धारा 15 (1)) तथा गिरफ्तार किए गए व्यक्ति या व्यक्तियों को 24 घंटे से अधिक समय तक उसी स्थिति में रखा जायेगा। जब उसका ऐसे रोका जाना इस संहिता के अधीन किसी उपलब्धि के अनुसार या तत्समय लागू किसी अन्य कानून के अनुसार उचित एवं अधिकृत हो। (धारा 151 (2))

(4) सार्वजनिक सम्पत्ति की क्षति रोकना यदि किसी पुलिस अधिकारी की दृष्टि में किसी सार्वजनिक चल या अचल सम्पत्ति को नुकसान पहुँचता है या सार्वजनिक भूमि-चिह्न या नौपरिवहन के उपयोग में लाये जाने वाले चिन्हों को मिटाने या क्षति पहुँचाने को रोकना हो तो अपने अधिकार का प्रयोग करके हस्तक्षेप करेगा एवं उस अपराध को होने से रोकेगा। (धारा 152)

बांटों और मापों का निरीक्षण यदि किसी थाने में पुलिस अधिकारी को अपने क्षेत्र में यह विश्वास करने का कारण है कि किसी व्यक्ति द्वारा प्रयोग में लाए जाने वाले बांट या माप खोटे हैं, ऐसे बांट, माप या उपकरणों का बिना वारण्ट के जाँच या निरीक्षण कर सकेगा। (धारा 153 (1)) (ii)। यदि वह उस स्थान में कोई ऐसे बांट, माप या तोलने के उपकरण पाता है तो वह उन्हें जब्त कर सकेगा एवं ऐसी जब्तों की सूचना वह उस क्षेत्राधिकार वाले मजिस्ट्रेट को देगा। (धारा 153 (2))

उपर्युक्त सभी अधिकार ऐसे हैं जिनका प्रयोग पुलिस अधिकारी द्वारा आवश्यकता पड़ने पर अपनी विवेक शक्ति से करने चाहिए। यदि पुलिस द्वारा ऐसे अधिकारों का प्रयोग मात्र भ्रमपूर्ण संदेहों पर किया जाये तो समाज में अव्यवस्था फैलेगी एवं वे उद्देश्य जिसके लिए उक्त अधिकार दिए गए हैं, फलीभूत नहीं होंगे।

पुलिस को सूचना एवं जाँच करने की शक्ति

प्रथम सूचना प्रतिवेदन प्रथम सूचना रिपोर्ट किसी अपराध के घटित होने की पुलिस अधिकारी को दी गयी सूचना है जो शिकायतकर्ता (complainant) द्वारा स्वयं या उसकी ओर से किसी अन्य व्यक्ति द्वारा दी जाती है। इस सूचना का उद्देश्य कथित दण्ड कार्यवाहियों के विवरण को लिपिबद्ध करके अनुसंधान की कार्यवाही प्रारम्भ करना है यह एक लिखित पारिभाषित विवरण है जिसको इसलिए लिख दिया जाता है कि घटना क्रम एवं विवरण को भुलाया न जा सके या बाद में बढ़ाया न जा सके। प्रथम सूचना रिपोर्ट किसी भी अपराध की जाँच करने हेतु

प्रथम चरण (First step) है जिसके बाद पुलिस अधिकारी अपराध की प्रकृति (nature of offence) को देखकर आगे की कार्यवाही शुरू करते हैं।

प्रथम सूचना रिपोर्ट (F.I.R) यथासम्भव शीघ्र दर्ज करवानी चाहिए। परन्तु यदि किसी ऐसे कारण से F.I.R. करने में विलम्ब हो जाये जिसमें किसी झूठी सूचना देने पर विद्वेषपूर्ण ढंग से गलत सूचना देने की भावना निहित न हो ऐसे विलम्ब (delay) का कोई महत्व नहीं होता।

साक्ष्य के रूप में प्रथम सूचना रिपार्ट की उपयोगिता यह है कि उसे तथाकथित घटना की पुष्टि हेतु साक्ष्य के रूप में या उस घटना की सत्यता का खण्डन करने हेतु प्रयोग किया जा सकता है। उसका तात्विक साक्ष्य (substantial evidence) के रूप में प्रयोग नहीं किया जा सकता है।

संज्ञेय अपराधों के मामले में सूचना जब किसी पुलिस अधिकारी को किसी संज्ञेय अपराध के घटित होने की सूचना मौखिक रूप से दी जाती है तो वह उसको संक्षिप्त करके लिखेगा या अपने निर्देश में लिखवायेगा एवं उसे सूचना देने वाले व्यक्ति को पढ़कर सुनाया जायेगा। ऐसी सूचना जो मिलेगी या लिखकर संक्षिप्त की जायेगी, उस व्यक्ति से हस्ताक्षरित कराई जायेगी एवं राज्य सरकार द्वारा निर्धारित उस पुसतक में संक्षिप्त रूप से अंकित की जाएगी। जो पुलिस अधिकारी इस कार्य हेतु रखता है। (धारा 154 (1))। उच्चतम न्यायालय ने **इकबाल बेग** बनाम **आन्ध्र राज्य** के मामले में निर्णीत किया है कि अभियुक्त का नाम नहीं लिया है तो इस आधार पर उसके साक्ष्य को अस्वीकार नहीं किया जा सकता।

प्रथम सूचना प्रतिवेदन (F.I.R) में किसी ग्रामीण महिला द्वारा, जो विधि की कार्यवाही से पूर्व अपरिचित हो, कुछ घटनात्मक तथ्य लिखवाने में उससे चूक हो जाये तो उससे अपराध की गम्भीरता कम नहीं होती।

अतः उच्चतम न्यायालय ने उपर्युक्त चूक की उपेक्षा करते हुये अपराधियों को आजीवन कारावस का दण्ड दिया।

पुलिस अधिकारी की सज्ञेय अपराध में अनुसंधान करने की शक्ति किसी मजिस्ट्रेट के आदेश के बिना पुलिस थाने का इन्चार्ज अधिकारी किसी संज्ञेय अपराध की जाँच (investigation) उस क्षेत्र के अन्तर्गत कर सकता है जिसमें उस मजिस्ट्रेट को स्थानीय अधिकारिता हो एवं उसकी जाँच व वाद के परीक्षण करने का अध्याय 13 (Chapter Xiii) के अनुसार अधिकार हो (धारा 156 (1))

अनुसन्धान की प्रक्रिया यदि पुलिस थाने के इन्चार्ज अधिकारी को सूचना मिलती है या यह विश्वास करने का कारण है कि कोई संज्ञेय अपराध घटित

हुआ है जिसके लिए वह जाँच करने को धारा 156 के अनुसार समर्थ है तो वह उस मजिस्ट्रेट को जो पुलिस रिपोर्ट पर अपराध हेतु कार्यवाही करने को समर्थ है, घटना की रिपोर्ट भेजेगा और स्वयं घटना-स्थल पर रवाना (proceed) होगा या अपने अधीनस्थ किसी अन्य अधिकारी को जो उस पद से कम न हो, जिसे राज्य सरकार किसी सामान्य या विशिष्ट आदेश द्वारा निर्धारित करें, घटना-स्थल पर पहुँचाने एवं तथ्यों को जाँच करने, मामले की परिस्थिति समझने एवं यदि आवश्यक हो तो माल बरामद करने में उपाय एवं गिरफ्तारी करने हेतु नियुक्त कर सकता है बशर्ते कि (1) यदि अपराध की सूचना अपराधी व्यक्ति के नाम के साथ ही जाये एवं वह अपराध संगीन प्रकृति (serious nature) का न हो। ऐसी स्थिति में पुलिस थाने के इन्चार्ज अधिकारी को स्वयं या किसी अन्य अधीनस्थ अधिकारी को घटना-स्थल पर भेजने की आवश्यकता नहीं है। (2) यदि पुलिस थाने के इन्चार्ज अधिकारी को यह प्रतीत हो कि उस मामले में जाँच करने हेतु पर्याप्त आधार नहीं है तो मामले की जाँच नहीं करेगा। (धारा 157 (1))

उपर्युक्त (अ) एवं (ब) व्यवस्थाओं में पुलिस थाने का इन्चार्ज उपधारा (1) के अनुदेशों का पूर्णरूप से पालन न करने के कारणों को अपनी रिपोर्ट में लिपिबद्ध करेगा एवं सूचनाकर्त्ता को वह किसी तरीके से जिसे राज्य सरकार निर्धारित करे, इस तथ्य की सूचना देगा कि वह उस मामले की जाँच नहीं करेगा। (धारा 157 (2))

उच्चतम न्यायालय के अनुसार दण्ड प्रक्रिया संहिता की धारा 157 के अधीन पुलिस अन्वेषण तभी प्रारम्भ कर सकती है जब प्रथम सूचना रिपोर्ट से प्रथम दृष्टया संज्ञेय अपराध का किया जाना प्रकट होता हो जहां प्रथम सूचना रिपोर्ट से संज्ञेय अपराध का किया जाना प्रकट न होता है वहां न्यायालय हेतु अन्वेषण में हस्तक्षेप करना एवं उसे अभिखण्डित करना न्यायोचित है।

धारा 157 के अनुसार मजिस्ट्रेट को भेजी जाने वाली रिपोर्ट, जैसा राज्य सरकार निर्देश करे, किसी ऐसे वरिष्ठ पुलिस अधिकारों द्वारा जिसे राज्य सरकार किसी विशेष या सामान्य आदेश द्वारा नियुक्त करे, भेजी जायेगी, (धारा 158 (1))। ऐसा उच्च पुलिस अधिकारी उस रिपोर्ट को अविलम्ब मजिस्ट्रेट को प्रस्तुत कर देगा एवं पुलिस थाने के इन्चार्ज अधिकारी को ऐसे निर्देश, जैसा वह उचित समझे देगा एवं उन निर्देशों को उस रिपोर्ट में अंकित कर देगा। (धारा 158 (2))

उच्चतम न्यायालय ने **उत्तर प्रदेश राज्य बनाम गोकरन** आदि के मामले में यह अभिनिर्धारित किया है कि धारा 157 के अन्तर्गत जिलाधिकारी को भेजी

जाने वाली विशेष रिपोर्ट के भेजे जाने में प्रत्येक विलम्ब से यह अनुमान तो नहीं लगाया जा सकता कि प्रथम सूचना रिपोर्ट उस समय पर नहीं की गई थी जो उसमें अंकित है। उसे पूर्व-समयित (ante-timed) अथवा पूर्व दिनांकित (ante-dated) कर दिया गया है अथवा अपराध का अनुसन्धान न्यायपूर्ण नहीं है एवं ईमानदारी से नहीं किया गया।

ऐसी रिपोर्ट प्राप्त होने पर मजिस्ट्रेट जाँच के आदेश दे सकेगा एवं यदि उचित समझे तो स्वयं या अपने अधीन किसी मजिस्ट्रेट की घटनास्थल पर पहुँचने, प्रारम्भिक जाँच करने या इस संहिता के अधीन मामले को निपटाने हेतु निर्देश दे सकेगा (धारा 159)।

राज्य सरकार द्वारा निर्धारित किसी निर्धारित नियम द्वारा या जिला अथवा परगना मजिस्ट्रेट द्वारा किसी सामान्य या विशिष्ट आदेश के माध्यम से अथवा निर्दिष्ट न किया गया हो उसे स्थान पर जाकर वहां के दो या दो से अधिक प्रतिष्ठित व्यक्तिओं की उपस्थिति में मृतक व्यक्ति के घावों, अस्थि भंग (fracture), नीलों (contusions) एवं क्षति के अन्य चिह्नों की, जो उसे शरीर पर पाये जायें, जाँच करेगा एवं अपनी रिपोर्ट में मृतक व्यक्ति के शरीर में पाये गये उपकरणों के चिह्न एवं मृत्यु के कारणों का भी उल्लेख करेगा। (धारा 174 (1))

इस रिपोर्ट पर पुलिस अधिकारी द्वारा और इससे सहमत व्यक्तियों द्वारा हस्ताक्षर किया जायेगा, तब उसको जिला मजिस्ट्रेट या परगना मजिस्ट्रेट के पास आगे की कार्यवाही हेतु भेज दिया जायेगा। (धारा 174 (2))

जब पुलिस अधिकारी को किसी व्यक्ति की मृत्यु के बारे में शंका हो या किसी अन्य कारण से उसका यह विचार हो कि ऐसा करना समीचीन है तो राज्य सरकार द्वारा इस निमित्त बनाए गए नियमों के अधीन रहते हुए मृतक के शव की परीक्षा हेतु निकटतम सिविल सर्जन के पास भेजेगा या उस स्थिति में जब मौसम ऐसा हो एवं दूरी इतनी हो कि रास्ते में ऐसी सड़क के जोखिम के बिना जिसमें ऐसी परीक्षा व्यर्थ हो जाए, राज्य सरकार द्वारा इस निमित्त नियुक्त किसी योग्यता प्राप्त चिकित्सक के पास भेजेगा। (धारा 174 (3))

मृत्यु-समीक्षा जिला मजिस्ट्रेट परगना मजिस्ट्रेट या राज्य सरकार द्वारा इस निमित्त प्राधिकृत किया गया कोई प्रशासनिक मजिस्ट्रेट मृत्यु समीक्षा कर सकता हैं (धारा 174 (4)): (i) यदि कोई व्यक्ति पुलिस की अभिरक्षा में पर जाये तो मृत्यु के कारणों की जाँच किसी पुलिस अधिकारी द्वारा किए जाने के अतिरिक्त वह निकटस्थ मजिस्ट्रेट करेगा जो मृत्यु की समीक्षा करने को प्राधिकृत होगा या धारा

174(1) में उल्लिखित किसी अन्य मामले में अधिकृत किया गया कोई मजिस्ट्रेट कर सकेगा एवं ऐसा करने में उसे जाँच करने की वे सभी शक्तियां प्राप्त होंगी जो किसी अपराधी की जाँच करने में उसे स्वयं होती है। (धारा 176 (1)) (ii) जाँच करने वाला मजिस्ट्रेट उस सम्बन्ध में लिए साक्ष्यों को इसमें उल्लिखित किसी भी तरीके से एवं परिस्थितियों के अनुसार लिपिबद्ध करेगा। (धारा 176 (2)) (iii) यदि गाड़ दिये किसी मृतक व्यक्ति की शव-परीक्षा से उसके मरने के कारणों का पता चल सकता है तो मजिस्ट्रेट द्वारा ऐसा करवा सकेगा। (iv) जब इस धारा के अधीन कोई जाँच की जाने वाली हो तो जहां तक व्यावहारिक होगा, मजिस्ट्रेट मृतक के उन सम्बन्धियों को सूचना देगा, जिनके नाम एवं पते उपलब्ध होंगे एवं उन सब सम्बन्धियों को जाँच के दौरान उपस्थित रहने की अनुमति देगा।

व्याख्या इस धारा के अन्तर्गत 'सम्बन्धी' शब्द का प्रयोग माता-पिता, बच्चे, भाई-बहन एवं पति-पत्नी हेतु किया गया है।

मजिस्ट्रेटो के समक्ष प्रस्तुत किए गए परिवाद

इस संहिता के अधीन किसी आपराधिक कार्यवाही की शुरुआत मजिस्ट्रेट के सामने परिवाद प्रस्तुत करके भी की जा सकती है। इन शक्तियों का धारा 200 से 203 में वर्णन किया गया है कि जो इस प्रकार है

(1) परिवादकर्ता एवं उसके साक्षियों का परीक्षण परिवादों के आधार का संज्ञान करने वाला मजिस्ट्रेट (अ) परिवादकर्ता एवं साक्षियों को शपथ दिलाकर उनका परीक्षण करेगा। (ब) उस परीक्षण का सारांश लिखेगा जिस पर परिवादकर्ता एवं उपस्थित साक्षी हस्ताक्षर करेंगे परन्तु परिवाद लिखित रूप से प्रस्तुत करने पर वह कार्यवाही नहीं करनी पड़ेगी जब (i) परिवाद किसी सरकारी कर्मचारी द्वारा उसके कर्तव्य निर्वहन के बारे में हो या न्यायालय द्वारा किया गया हो। (ii) मजिस्ट्रेट उस मामले को धारा 192 के अनुसार किसी और मजिस्ट्रेट को सौंप दे परन्तु यदि मजिस्ट्रेट परिवादी या साक्षियों का पहले परीक्षण करके उस मामले को धारा 192 के अन्तर्गत सुपुर्द कर दे तो इस स्थिति में दुबारा परीक्षण नहीं होगा। (धारा 200)

(2) आदेशिका को जारी किए जाने को स्थगित करना यदि परिवाद पर कार्यवाही करते समय मजिस्ट्रेट यह समझता है कि अग्रिम कार्यवाही हेतु परिवाद में पर्याप्त आधार नहीं है अभियुक्त के विरुद्ध आदेशिका जारी किया जाना स्थगित कर सकता है, एवं वह या तो स्वयं जाँच कर सकेगा या किसी पुलिस

अधिकारी अथवा किसी अन्य व्यक्ति को जिसे उचित समझे जाँच करने हेतु निर्देश दे सकेगा परन्तु निम्न मामलों में जाँच का आदेश नहीं दे सकेगा (अ) जब मजिस्ट्रेट को यह विदित हो कि परिवाद में बताया गया अपराध सिर्फ सत्र-न्यायालय द्वारा ही विचारणीय है, अथवा (ब) जब परिवाद न्यायालय द्वारा नहीं किया गया हो एवं उसमें उपयुक्त धारा 200 के अनुसार परिवादकर्ता और साक्षियों का परीक्षण न कर लिया हो। (धारा 202)

सत्र-न्यायालय द्वारा विचारणयोग्य मामलों में आदेशिका जारी किया जाना अनन्य मामलों में सत्र-न्यायालय द्वारा विचारणीय मामलों में आदेशिका जारी किये जाने से पूर्व मजिस्ट्रेट हेतु यह आवश्यक है कि वह परिवादों के समस्त साक्षियों के कथन लेखबद्ध करे। आदेशिका जारी किये जाने से पूर्व सभी साक्षियों के कथनों को लेखबद्ध करना एक पूर्ववर्ती शर्त है।

(३) परिवादों को खारिज किया गया परिवादी एवं साक्षियों की शपथपत्र पर परीक्षा करने के बाद और जाँच परीक्षण मौका का अवलोकन करने के बाद अगर मजिस्ट्रेट की यह सन्तुष्टी हो जाये कि उस मामले में आगे की कार्यवाही करने की कोई आवश्यकता नहीं है तो अपने ऐसे विचार के कारणों को लिखकर उस परिवाद को खारिज कर देगा। (धारा 203)

जब मजिस्ट्रेट किसी मामले का संज्ञान करने में समर्थ न हो यदि कोई परिवाद ऐसे मजिस्ट्रेट के समक्ष प्रस्तुत कर दिया गया है जो उस मामले का विचारण करने की लिये सक्षम नहीं है। ऐसी स्थिति में निम्नलिखित व्यवस्था की जाती है

मजिस्ट्रेट किसी अपराध के विचारण हेतु सक्षम न होने पर (i) यदि शिकायत लिखित हो तो उसको सम्बन्धित न्यायालय में उपस्थित करने हेतु लौटा देगा, परन्तु ऐसा पृष्ठांकन करना पड़ेगा। (ii) यदि परिवाद लिखित रूप से नहीं है तो परिवादी को समुचित न्यायालय में जाने का निर्देश देगा (धारा 202)।

मजिस्ट्रेट के समक्ष कार्यवाही का प्रारम्भ किया जाना

जब कोई परिवाद मजिस्ट्रेट के समक्ष प्रस्तुत किया जाता है तो धारा 202 के अनुसार यदि जाँच एवं परीक्षण की कार्यवाही करने के पर्याप्त आधार हो एवं यदि उसको यह प्रतीत हो कि (अ) वह समन वाद है तो अभियुक्त हो उपस्थित होने हेतु समन जारी करेगा। या (ब) वह वारन्ट केस है तो अभियुक्त को किसी निर्दिष्ट समय पर उपस्थित होने या उपस्थित करने हेतु एवं यदि वह मामला

उसकी अधिकारिता में न हो तो अन्य किसी सक्षम मजिस्ट्रेट के समक्ष प्रस्तुत करने हेतु वारन्ट जारी कर सकता है।

उपस्थिति क्षमा करना मजिस्ट्रेट समन जारी किये गये किसी व्यक्ति को उसकी व्यकितगत उपस्थित क्षमा कर उसे अपने वकील के माध्यम से उपस्थित होने की आज्ञा दे सकता है। (धारा 205 (1) परन्तु यदि वह यह समझे कि किसी स्थिति में उस अभियुक्त की उपस्थित आवश्यक है तो सम्बन्धित प्रक्रिया के अनुसार ऐसी उपस्थिति हेतु निर्देश कर सकता है। (धारा 205 (2))

व्यक्तिशः उपस्थिति से अभिमुक्ति केवल समन मामलों में ही नहीं बल्कि उन सभी मामलों में दी जा सकेगी जिनमें मजिस्ट्रेट समन जारी कर सकता है अर्थात् वारन्ट मामलों में भी जहां मजिस्ट्रेट धारा 204 के अन्तर्गत तथा विवेकानुसार समन जारी कर सकता है। अभियुक्त को व्यक्तिशः उपस्थिति से अभिमुक्ति दी जा सकेगी। लेकिन जहां किसी मामलों में वारन्ट जारी किया गया है, वहां मजिस्ट्रेट इस धारा के अधीन अपनी विवेकीय शक्ति का प्रयोग नहीं कर सकता है।

आरोप की अन्तर्वस्तु संहिता की धारा 211 के अनुसार आरोप में निम्नलिखित बातें सम्मिलित होनी चाहिए 1. जो अपराध अभियुक्त पर लगाया गया है उसका विशिष्ट नाम एवं परिभाषा। (धारा 211(1)) 2. यदि किसी कानून के अनुसार उस अभियोग का, जो उस व्यक्ति पर लगाया गया है, कोई और नाम हो, तो उस नाम का उल्लेख (धारा 221 (2)) 3. यदि उस कानून में, जिसके अनुसार अभियोग उत्पन्न हुआ है, उसके लिए कोई विशिष्ट नाम (specific name) नहीं है तो अपराध की उतनी परिभाषा जिससे कि अभियुक्त को उस मामले के बारे में पता चल जाये जिसके लिए उसे आरोपित किया है। (धारा 211 (3)) 4. वह विधि एवं उसकी धारा जिसके अनुसार आरोप बनता है। (धारा 211 (4)) 5. यह तथ्य कि आरोप लगा दिया गया है इस कथन के समान है कि विधि द्वारा आरोपित प्रत्येक शर्त जिसके लिए आरोपित अपराध बनता है वह विशिष्ट मामलों में पूरी हो गई है। (धारा 211 (5)) 6. आरोप को न्यायालय की भाषा में लेखबद्ध किया जायेगा। (धारा 211 (6)) 7. यदि अभियुक्त अपने किसी पूर्ववर्ती अपराध की दोषसिद्धि के कारण बढ़े हुए दण्ड का भागी है, वहां ऐसे पूर्ववर्ती दोषसिद्धि के तथ्य तिथि एवं स्थान का उल्लेख होगा। (धारा 211 (7))

13

भारत में अपराध

पाश्चात्य व भारतीय देशों के अपराध के कारणों में अन्तर है। यद्यपि कारणों में कोई पक्की विभाजक रेखा नहीं खींची जा सकती है कि एक विशेष प्रकार के अपराध सिर्फ पश्चिमी देशों में ही होते हैं और भारत में नहीं होते हैं। प्रश्न केवल इतना है कि किन कारणों से अपराध ज्यादा या कम होते हैं। भारत में अपराध के प्रमुख कारण आर्थिक एवं सामाजिक है, जबकि पश्चिमी देशों में अपराध का मुख्य कारण मानसिक और आर्थिक है। इसका कारण यह है कि औद्योगिक विकास पाश्चात्य देशों में ज्यादा हुआ है। अस्तु वहाँ मानसिक तथा संवेगात्मक अपराध अधिक होते हैं। **हीले** तथा **ब्रानर** का विचार है कि 91% अपराधी मानसिक समस्या से ग्रस्त हैं। **बर्ट** का मानना है कि 48.1% व्यक्ति अस्थिरता से पीड़ित हैं, जबकि 11.8% व्यक्ति साधारण व्यक्ति हैं। अन्य देशों के इसके विपरीत भारत की धार्मिक, सांस्कृतिक, आर्थिक तथा राजनीतिक परिस्थितियाँ भिन्न रही हैं और इन अलग परिस्थितियों के कारण अनेक प्रकार के अपराध जन्म लेते हैं।

भारत में अपराध : एक नजर

1981 में भारतीय दण्ड संहिता के अधीन पुलिस ने अपराध के कुल 13,85,757 मामले दर्ज किये थे जबकि 1991 में ऐसे अपराधों की संख्या 16,78,375 हो गयी। इस प्रकार 1981 की तुलना में 1991 में 2,92,618 अपराध अधिक दर्ज

किये गये। 1981 एवं 1991 के दशक में देश में अपराधों में 21.1 प्रतिशत की वृद्धि हुई जबकि जनसंख्या में 23.1 प्रतिशत की वृद्धि हुई। पुलिस द्वारा दर्ज आपराधिक मामलों में बाल अपराध से जुड़े आँकड़े भी शामिल हैं। आगे दिए गये तालिका में देश में जनसंख्या, अपराध एवं अपराध-दर में बढ़ोतरी को दिखाया गया है।

भारत में जनसंख्या अपराध तथा अपराध-दर (1981-91)

वर्ष	अनुमानित जनसंख्या (करोड़ में)	भारतीय दण्ड संहिता के तहत अपराध	प्रति 1 लाख जनसंख्या पर अपराध दर
1981	69.01	13,85,757	200.8
1982	70.52	13,53,904	192.0
1983	72.04	13,49,866	187.4
1984	73.56	13,58,660	187.7
1985	75.09	13,84,731	184.4
1986	76.61	14,05,835	183.5
1987	78.14	14,06,992	180.1
1988	79.66	14,40,356	180.8
1989	81.18	15,29,844	188.5
1990	82.70	16,04,449	194.0
1991	84.63	16,78,375	197.5
1981 से वृद्धि	+23.1%	21.1%	-1.6%

यह इस तथ्य के प्रमाण हैं कि मनुष्य मानवता से कहीं नीचे गिर गया है। वह जानवर से भी नीचे गिरा हुआ है। अपितु उसे पुरुष कहने में शर्म आती है। जो व्यक्ति 6 वर्ष या 10 वर्ष की लड़की के साथ बलात्कार करता है उसे पक्के तौर पर कठोर सजा मिलनी चाहिए। दहेज के कारण आपराधिक घटनाएँ मध्यम और उच्च परिवारों में अधिक घट रही हैं। दहेज के लिए लड़कों की बोली लगती है। लड़की वाले के पास जितनी क्रय-शक्ति है वह उतनी ही बड़ी बोली लगाकर लड़के को खरीदता है। आई. ए. एस. बने लड़के की कीमत 20 से 50 लाख के बीच में होती है। अब तो एक सामान्य बाबू का विवाह भी पाँच लाख रुपये में होता है।

विवाह में दहेज लेकर लड़के वालों का पेट सामान्यता नहीं भरता। वह लड़की वालों का लगातार दोहन करते हैं। जब कभी कन्या पक्ष, लड़के वालों की

इच्छा पूर्ण करने में असमर्थ रहते हैं तो ससुराल वाले बहु को सताते हैं और इसमें उसकी जान भी जा सकती है। दहेज-लोभी लोगों को कम से कम आजीवन कारावास की सजा मिलनी चाहिए। सरकार न करे तो जनता को एकत्रित होकर ऐसा करना चाहिए। सामाजिक बहिष्कार इसका इलाज है।

महिलाओं के विरुद्ध अपराध भारतीय संस्कृति संसार में अपना एक अस्तित्व रखती है। भारतीय धार्मिक ग्रन्थों में स्त्रियों की भूरि-भूरि प्रशंसा की गयी है। उसके बिना कोई धार्मिक काम संपन्न नहीं माना जाता है। सरस्वती, दुर्गा, लक्ष्मी ये शक्ति, कला और वैभव एवं धन की देवियां हैं जिनकी पूजा, आराधना तथा साधना करते हम नहीं थकते हैं। हमें अफसोस है कि हमारे आदर्श हिमालय की तरह विशाल और गंगा की तरह पवित्र हैं किन्तु व्यावहारिक जीवन में हम जानवर से भी बदतर हैं। हमारी पाशविक प्रवृत्तियाँ स्त्रियों के साथ किस-किस प्रकार का अपराध करती हैं यह जान-सुनकर पुरुष समाज का शर्म से सर झुक जाता है। वे कलंकित होते हैं। अपराध तो कुछ ही व्यक्ति करते हैं परन्तु पूरे पुरुष समाज के मुँह पर कालिख पुतती है।

स्त्रियों के विरुद्ध उत्तर प्रदेश में दुराचार आबादी के आधार पर उत्तर प्रदेश सबसे बड़ा राज्य है और अपराध के मामले में यह राज्य किसी से कम न होकर सबसे आगे है। निम्नलिखित तालिका इस तथ्य की गवाह है

क्रमांक	अपराध	1996	1997	1998
1.	दहेज हत्या	5,513	6,006	6,917
2.	बलात्कार	14,846	15,336	15,033
3.	छेड़खानी	28,939	30,764	31,046
4.	अपहरण	14,877	15,617	16,381
5.	यौन उत्पीड़न	5,671	5,796	8,123
6.	यातना	35,246	36,592	41,318

पिछले दो दशक से अपहरण एक नियोजित संगठित अपराध हो गया है। यह माफिया गैंगों का व्यवसाय हो गया है। अपहरणकर्ता बड़े-बड़े सेठ, व्यापारी, अधिकारियों और राजनेताओं के बच्चों, युवाओं, लड़कियों का अपहरण कर मुंहमांगी कीमत की माँग करते हैं। इधर फिल्मी शख्सियतों का अपहरण किया गया है। अपहरण की घटनाएँ निरन्तर नगरों व महानगरों में बढ़ती जा रही हैं क्योंकि इस अपराध में बहुत थोड़े समय में काफी ज्यादा धन प्राप्त होता है।

अपहरणकर्ता का आतंक काफी होता है। अतः इसमें लगातार वृद्धि हो रही है। सन् 1996 से 1998 तक के आँकड़े इसके साक्षी हैं। उपरोक्त तालिका के आँकड़े इस बात के प्रमाण हैं कि उत्तर प्रदेश में स्त्रियों के खिलाफ विभिन्न प्रकार के अपराधों में वृद्धि हुई है।

यह चौंकाने वाला दृश्य है कि 1998 में महिलाओं के खिलाफ दर्ज मामलों की संख्या 1,31,338 थी। सरकार, कर्मचारी तन्त्र के अधिकारी तथा पुरुषों के लिए बहुत शर्म की बात है कि हम अपनी बहू, बेटी, पत्नी व भारतीय महिला की रक्षा करने में असफल रहे हैं। ये अपराध पुरुष समाज के लिए कलंक हैं। उपरोक्त आँकड़े वे हैं जो पुलिस में दर्ज कराए गए हैं। महिलाओं के विरुद्ध असंख्य अपराध ऐसे भी होते है जो पुलिस विभाग में किन्हीं कारणों से दर्ज नहीं होते हैं। गाँवों और सुदूर गाँव के असंख्य अपराध पुलिस विभाग तक पहुँचते ही नहीं हैं।

असंख्य परिवार ऐसे हैं जो अपनी इज्जत के खातिर पुलिस विभाग में अपराध को दर्ज करवाते ही नहीं हैं। इस प्रकार अपराधों की वास्तविक संख्या कई गुना ज्यादा है। प्रजातांत्रिक शासन व्यवस्था में अपराधी की प्रवृत्ति में जिस प्रकार से वृद्धि हो रही है वह चिन्ता का विषय है। सरकार के लिए भी चुनौती है कि वह किस प्रकार बढ़ते हुए अपराध पर अंकुश लगाए।

शासन और पुलिस व्यवस्था में कहीं पर ऐसी गड़बड़ी और अव्यवस्था है जो बढ़ते अपराध पर प्रतिबंध लगाने में असमर्थ है। माफिया का जमघट सुनियोजित तरीके से अपराध करता है। इसकी जानकारी शासन और बड़े अधिकारियों को होती है। कटु सच तो यह है कि इनकी आपसी समझदारी की नीयत ने अपराधियों को प्रोत्साहित किया है।

उत्तर प्रदेश की राजधानी लखनऊ में जहाँ सरकार और प्रशासनिक व्यवस्था चुस्त दुरुस्त होनी चाहिए वहाँ ये आँकड़े बताते हैं कि अपराधी घटनाओं में तीव्रता से वृद्धि हुई लखनऊ के पुलिस रिकार्ड में दर्ज अपराधों की गिनती जो एक जनवरी, 96 से तीस जून, 96 तक की थी, के अनुसार लूट की 40, गृह भेदन की 144, साइकिल चोरी की 85, वाहन चोरी की 196, बिजली की तार की चोरी करने की 21, अन्य चोरी 399, चेन स्नेचिंग 27, हत्या 103, हत्या की कोशिश 82, गम्भीर चोट 123, सदोष मानव वध 15, अपहरण 37, दहेज हत्या 18, एवं बलात्कार की 22 घटनाएं हुईं।

केन्द्रीय शासन के नाक के नीचे अपराध केन्द्रीय शासन से यह उम्मीद की जाती है कि वह संपूर्ण भारत में बढ़ते हुए अपराधों पर अंकुश लगायेगी।

किन्तु दिल्ली में चौंकाने वाले अपराध घटित होते हैं। इसका मुख्य कारण यह है कि यहाँ अधिक प्रभावशाली व्यक्ति, सत्ताधारी, राजनीतिज्ञ और बड़े से बड़े अधिकारियों के झुंड हैं। अपराधियों का सीधा रिश्ता इनसे है।

दिल्ली में नैना साहनी हत्याकाण्ड चौंकाने वाला एक गंभीर हादसा था। अफसोस इस बात का है कि अपराधी राजनीतिज्ञ थे। दिल्ली में जहाँ पूरे भारत के मुकाबले ज्यादा सुविधाएं हैं वहाँ अपराधों में वृद्धि हो रही हैं। "जहाँ शासन-व्यवस्था तीन स्तरों पर है। एक लाख से अधिक वी. आई. पी. यहाँ रहते हैं। इनमें दस हजार से अधिक वी. वी. आई. पी. हैं। 2100 पुलिस गाड़ियाँ वॉकी-टॉकी से लैस दिन भर दौड़ती हैं। जितना दूसरे शहरों की पुलिस का कुल व्यय है उतना दिल्ली पुलिस केवल अपने विज्ञापनों पर वर्ष भर में व्यय करती है।" स्त्रियों पर हुए अत्याचारों पर गौर करें। उदाहरणार्थ "उस दिल्ली पुलिस से एक महिला क्या आशा रखे जिसके 16 जवान मिलकर पुलिस बूथ में एक 12 साल की अबोध लड़की के साथ महीनों रेप करते हैं? उस राजनीतिज्ञ व्यवस्था से महिला क्या उम्मीद रखे जहाँ प्रतिनिधिजनों ने इस काण्ड के बारे में यह कहा कि शिकार लड़की बांग्लादेशी है। दिल्ली पुलिस के सारे जवान टहल रहे हैं।" इस तरह की घटनाएं सम्पूर्ण भारत में हो रही हैं।

पुलिस विभागों से कम से कम जनता यह आशा ही नहीं करती है कि वह भी अपराधी बन जायेगी। उत्तराखण्ड के सामूहिक बलात्कार मामले में पुलिस पर सीधे-सीधे आरोप लगाये गये हैं। सी. बी. आई. की जाँच से यह प्रमाणित हो गया है कि वहाँ की स्त्रियों के साथ पुलिस ने बलात्कार किया है। यह पुलिस विभाग के लिए बेहद ही शर्म की बात है जो जनता की रक्षा करने के लिए बना है कानून-व्यवस्था को बनाये रखने में जो अहम भूमिका अदा करती है। उसी विभाग के कुछ कर्मचारी अपराधी बन जाएं। एक मछली संपूर्ण तालाब को गंदा करती है। आशा है कि स्वतंत्र भारत की पुलिस भक्षक नहीं रक्षक बनेगी।

देश की राजधानी दिल्ली बहुत से मामलों में जहाँ बहुत आगे है वहाँ हत्या, बलात्कार और अपहरण के मामले में भी पीछे नहीं हैं। अपराध अनुसंधान और विकास ब्यूरो ने अपनी अध्ययन रिपोर्ट में कहा है कि इन अपराध विशेषज्ञों में दिल्ली सबसे आगे है।

दिल्ली और इसके निकट के क्षेत्र में पच्चीस बड़े अन्तर्राज्यीय अपराधी गिरोह हैं जो नियोजित तरीके से अपराध करते और करवाते हैं। इनमें से भी अनेक ऐसे गिरोह हैं जिनका सीधा सम्बन्ध अन्तर्राष्ट्रीय अपराधी गिरोहों से है।

इन गिरोहों का मुख्य आपराधिक काम हत्या, अपहरण, डकैती, फिरौती, भाड़े पर हत्यायें और वाहन चोरी आदि करना है। अपराधों की बड़ी संख्या से ज्ञात होता है कि दिल्ली राजनीति की ही धुरी नहीं है अपितु अपराधियों और माफिया गैंगों के लिए भी धरती का स्वर्ग है।

भारत में अपराध के कारण

1. संयुक्त परिवार एवं अपराध इसमें कोई दो राय नहीं है कि संयुक्त परिवार में आज भी एकता और संगठन है। समस्त व्यक्ति एक के लिए नहीं सभी के लिए होते हैं। परन्तु संयुक्त परिवार ने भी दो प्रकार से अपराध उत्पन्न किया है

(अ) संयुक्त परिवार के नियम इतने अधिक कठोर होते हैं कि व्यक्ति की सारी इच्छाएं, स्वतंत्रता, महत्वाकांक्षा आदि कुंठित हो जाती है। महिला जो घर की चारदीवारी में एक बार बंद हो जाती है तो मृत्यु के पश्चात ही बाहर आती है। नव वधू को संयुक्त परिवार का सारा काम ही नहीं करना पड़ता, अपितु अत्याचार भी सहने पड़ते हैं। ऐसी स्थिति में वह आत्महत्या कर लेती है अथवा घर से भागकर बुरे और अपराधी लोगों के मध्य फंस जाती हैं। ये व्यक्ति उससे अनैतिक काम करवाते हैं।

(ब) संयुक्त परिवार की दूसरी स्थिति है कि स्त्री-पुरुष दोनों संयुक्त परिवार के बन्धन से स्वतंत्र होना चाहते हैं और अब वे बहुत कुछ स्वतंत्र हो गये हैं। व्यक्ति नियंत्रण तोड़कर मुक्त हो गया। उसके व्यवहार पर किसी का अंकुश नहीं रह गया है। अब वह समूह, समुदाय, पास-पड़ोस, परिवार आदि की पहले की तरह चिन्ता नहीं करता है, क्योंकि अपने परिवार से सम्बन्धित मूल्यों में उसकी आस्था नहीं के बराबर रह गयी है।

2. **दहेज-प्रथा** हमारे समाज के लिए दहेज-प्रथा एक अभिशाप है। यह अभिशाप समय के साथ और अधिक होता गया है। दहेज प्रथा अर्थात वर-मूल्य, वर कितना अच्छा है, कितने ऊँचे ओहदे पर है और किस कुल का है? इसके साथ उसका मूल्य बढ़ता जाता है। कन्या पक्ष वाले वर-मूल्य दे देते हैं अन्यथा बेमेल-विवाह होते हैं। साधारणतया देखा जाता है कि पिता अपनी पुत्री के विवाह के लिए धन इकट्ठा करना चाहता है, परन्तु वह केवल वेतन से नहीं हो सकता। उसे अनेक उल्टे-सीधे काम करने पड़ते हैं। वह रिश्वत भी लेता है। अनेक वस्तुओं की हेरा-फेरी भी करता है। कई बार वह गबन जैसे गंभीर अपराध भी करता है। एक निश्चित आयु तक लड़की अपनी मर्यादा का पालन करती है, किन्तु एक

निश्चित उम्र के बाद उससे यौन अपराध होने लगते हैं। युवतियाँ अभिभावकों को अपने विवाह की चिन्ता से लगातार ग्रस्त देखती है। उदाहरणार्थ कानपुर की तीन सगी बहनों ने दहेज के कारण आत्महत्या कर ली थी।

3. अपहरण इस प्रकार का अपराध देश में नया नहीं है। पुराने समय में भी ऐसे अपराध होते थे, किन्तु आज इनकी जितनी संख्या बढ़ गयी है, उतनी तब नहीं थी। अपहरण अपराध की पृष्ठभूमि में अनेक कारण उपलब्ध हैं जो निम्नवत हैं

(क) अपहरण की जाने वाली लड़कियों की उम्र काफी कम होती है।
(ख) नासमझ लड़कियाँ दूसरों के बहकावे में जल्दी आ जाती हैं।
(ग) ये गरीब परिवार की होती हैं।
(घ) निर्धन परिवार की लड़कियाँ जीविका के लालच में शीघ्र ही आ जाती हैं।
(ङ) कुछ पेशेवर स्त्रियाँ लड़कियों के अपहरण में सहायता करती हैं।
(च) कुछ लड़कियों को विलासिता का आकर्षण दिखाया जाता है और उनका अपहरण किया जाता है।
(छ) अमीर परिवार के बच्चों का अपहरण करके अपराधी बड़ी रकम की माँग उस परिवार से करते हैं।
(ज) आतंकवादी अपने साथियों को छुड़ाने के लिए महत्त्वपूर्ण लोगों के परिवार के सदस्यों का अपहरण करते हैं।

4. **बाल-हत्या** यह देश बहुत ही अजीब है और इसकी प्रथाएं और भी विचित्र हैं। इन प्रथाओं से सम्बन्धित बातों का न आदि है और न अन्त। बस एक अन्धा चलन जो किसी सामाजिक, धार्मिक धारणा से आरम्भ हुआ था, उसके अवशेष वर्तमान में भी जीवित हैं। किसी समय राजपूत अपनी नवजात कन्या की हत्या कर देते थे यह सोचकर कि समाज में उनका माथा लड़की उत्पन्न होने से नीचा होता है। वे वर-पक्ष के मुकाबले निम्न समझे जाते थे। कभी-कभी भगवान या इष्ट गुरु की आज्ञा सुनकर व्यक्ति मंत्र सिद्धि हेतु बच्चों की हत्या कर देते थे।

5. **आत्महत्या की दर में निरन्तर वृद्धि** आत्महत्या एक अपराध है। हर वर्ष इसमें बढ़ोतरी होती है। भारत आर्थिक-सामाजिक रूप से प्रगति कर रहा है फिर भी करोड़ों युवक बेरोजगार हैं। यहाँ तक कि डॉक्टर और अभियन्ता भी बेरोजगार हैं। आत्महत्या के असंख्य कारण हो सकते हैं। मनोवैज्ञानिकों का कहना है व्यक्ति कई कारणों से अपनी जीवन लीला समाप्त करने की ठान लेता है।

उदाहरणार्थ प्रेम प्रसंग में विफल होना, बेरोजगार होना, परीक्षा में फेल होना, पारिवारिक कलह आदि। अमेरिका और स्वीडन जैसे संपन्न देश में आत्महत्या की दर अधिक है, जहाँ व्यक्ति का एकाकी जीवन, हताश जीवन, प्रेम और स्नेह के अभाव में निराश व्यक्ति को आत्महत्या करने की प्रेरणा देता है।

आश्चर्यजनक बात तो यह है कि पश्चिमी बंगाल में सर्वाधिक आत्महत्या की घटनाएं होती हैं। यहाँ तो साम्यवादी सरकार लगभग 30 वर्षों से है। कम से कम इस प्रदेश में व्यक्ति को आर्थिक तंगी के कारण तो आत्महत्या नहीं करनी चाहिए। नेशनल क्राइम रिकार्ड्स ब्यूरो से प्राप्त आँकड़ों के आधार पर निम्न प्रदेशों में वर्ष 1993 में आत्महत्या की दर निम्नवार है

प्रदेश	आत्महत्या
पश्चिम बंगाल	11,381
महाराष्ट्र	100,338
केरल	8,124
कर्नाटक	8,055
आन्ध्र प्रदेश	7,850
मध्य प्रदेश	6,251
उत्तर प्रदेश	5,947
दिल्ली	883
पांडिचेरी	616

वर्ष 1993 में भारत में कुल 84,244 आत्महत्याओं के मामले दर्ज हुए। आत्महत्या की घटनाओं की पृष्ठभूमि में जिन कारणों की व्याख्या की गयी उनमें प्रमुख है कि 14.2 प्रतिशत आत्महत्याएं घातक बीमारी के कारण हुईं। 11.3 प्रतिशत लोग सास, श्वसुर या पत्नी या पति से कलह होने के कारण एवं आर्थिक हालत खराब होने के कारण, 1,155 पुरुषों और 214 महिलाओं ने आत्महत्याएं कीं। 1989 से 1993 के मध्य 54.2 प्रतिशत आत्महत्याएं दहेज के कारण की गयीं। 24.5 प्रतिशत व्यक्ति फाँसी लगाकर और 10 प्रतिशत ने डूबकर आत्महत्या की।

जहाँ तक उम्र और आत्महत्या का सवाल है सबसे अधिक 43.4 प्रतिशत आत्महत्या के मामले 18 से 30 वर्ष की उम्र के लोगों में पाये जाते हैं। 32.7 प्रतिशत लोग साधारणतः 30 से 50 वर्ष की उम्र के लोग होते हैं। हैरानी की बात

यह भी है कि 11.2 प्रतिशत बच्चों ने आत्महत्या की। उत्तर प्रदेश में दूसरे राज्यों की अपेक्षा आत्महत्या की दर काफी कम है।

रिकार्ड से यह भी प्राप्त होता है कि पुरुषों में आत्महत्या की दर कहीं अधिक है, अपेक्षाकृत स्त्रियों के। 1994 में 8,952 महिलाएं और 17,873 पुरुषों ने आत्महत्या की। उपरोक्त तथ्यों से यह पता चलता है कि अन्य अपराधों की तरह आत्महत्या की दरों में निरन्तर वृद्धि हो रही है। इस अपराध का पृष्ठभूमि में मुख्य कारण आर्थिक-सामाजिक व्यवस्था है। जिस समाज में व्यक्ति दो समय का भोजन भी आसानी से अर्जित नहीं कर पाता है, वह बीमारी से अपना इलाज कैसे करा सकता है। आर्थिक तंगी पारिवारिक कलह का कारण है। बेरोजगारी, निराशा, युवा पीढ़ी में तनाव कुण्ठा को जन्म देती है। संक्षेप में स्वस्थ समाज में आत्महत्या की घटनाएं कम होंगी और बीमार तथा विकृत समाज में कहीं ज्यादा। केन्द्र और राज्य की सरकारें विशेष ध्यान दें कि भावी-पीढ़ी आर्थिक-सामाजिक कुरीतियों के कारण आत्महत्या न कर सके।

6. **धर्म और अपराध** संसार का कोई भी धर्म किसी भी प्रकार से अपराध करने की प्रेरणा नहीं देता है, किन्तु धर्म के साथ असंख्य अंधविश्वास जो समय के साथ, धर्म से नत्थी कर दिये गये हैं, वे अपराध के माध्यम हैं जिनके आधार पर व्यक्ति अपराध करता है। धर्म के नाम पर बच्चों की बलि चढ़ा देते है। बड़े-बड़े मन्दिर के मठाधीश इन मन्दिरों की ओट में जाने कितने प्रकार के अनैतिक कार्य और भ्रष्टाचार करते हैं। धर्म के नाम पर ठगी का धंधा होता है। धार्मिक स्थलों पर जितनी लूट-खसोट और ठगने का काम प्रचलित है शायद ही कहीं हो। साधु और संन्यासियों के भेष में ठग, चोर, डाकू, तस्करी करने वाले आदि व्यक्ति बड़े पैमाने पर देखे जा सकते हैं।

7. **आर्थिक हालात एवं अपराध** आर्थिक स्थिति बहुत कुछ अपराध की संख्या का नियमन करती है। केवल इतना ही नहीं विभिन्न प्रकार के अपराध, आर्थिक दशाओं के कारण ही होते हैं। कुछ लोग इसलिए अपराध करते हैं कि उन्हें दो समय का भोजन भी नहीं मिलता है। कुछ व्यक्ति इसलिए भी अपराध करते हैं कि उनकी आमदनी या वेतन इतना कम है कि उनकी अनिवार्य आवश्यकताएं भी उसमें पूरी नहीं हो पाती हैं। कुछ इसलिए अपराध करते हैं कि उन्हें नौकरी प्राप्त नहीं होती है। कुछ व्यक्ति इसलिए अपराध करते हैं कि वे अमीर बनना चाहते हैं, जबकि अमीर व्यक्ति इसलिए अपराध करता है कि वह और अमीर हो जाय। इसमें श्वेत वस्त्रधारी अपराधी आते हैं।

8. **औद्योगिक अपराध** भारतीय परम्परात्मक समाज में औद्योगिक विकास

काफी तीव्रता से हो रहा है। औद्योगिक उन्नति ने नगरों की सभ्यता और संस्कृति को बदल दिया है। नगर की भौतिकवादी सभ्यता और संस्कृति ने यहां के आकर्षण में चार चाँद लगा दिये हैं। निःसन्देह औद्योगीकरण से देश की उन्नति हुई, इससे अपराधों की संख्या में भी पर्याप्त वृद्धि हुई है। इसके अनेक कारण हैं जो संक्षेप में निम्नवत हैं

(क) जिस अनुपात में काम की तलाश में गाँव से आने वालों की संख्या दिन-प्रतिदिन बढ़ती जा रही है उस अनुपात में काम नहीं बढ़ रहा है। अतः ये नगर आकर अनेक गंदी आदतें सीख लेते हैं यथा, नशा, जूआ और वेश्यावृत्ति आदि।

(ख) जिस अनुपात में नगरों में जनसंख्या में वृद्धि हो रही है उस अनुपात में व्यक्तियों को यहाँ जीविका प्राप्त नहीं होती है। अस्तु वे असंवैधानिक तरीके से धन एकत्रित करते हैं।

(ग) शहरों में जनसंख्या के अनुपात में घर नहीं होते हैं। अतः कच्ची/गन्दी बस्तियाँ स्वयं बस जाती हैं, जहाँ एक ही कमरे में कई व्यक्ति रहते हैं। इन बस्तियों में अधिकतर व्यक्तियों को बुरी आदतें होती हैं। ये जूआ, अनैतिक यौन-सम्बन्धों का व्यापार, शराब बनाना, तस्करी करने आदि के अड्डे होते हैं।

(घ) नगरों में पुरुषों की संख्या महिलाओं के मुकाबले ज्यादा होती है। अतः यहाँ यौन-सम्बन्धी अपराध होते हैं।

(ङ) स्त्रियों की स्थिति भी यहाँ अजीब होती है। अनेक महिलाएं बाहर जीविका अर्जित करने के लिये जाती हैं। उन्हें जब नौकरी प्राप्त नहीं हो पाती है, तो भिन्न-भिन्न प्रकार के गिरोहों से अपना सम्बन्ध स्थापित कर लेती हैं, जो इनसे अवैध काम करवाते हैं।

(च) नगरों में व्यक्ति रातों-रात अमीर बनना चाहता है। अतः काला धन्धा करना, घूस-लेना, मिलावट करना, नकली सामान बनाने आदि का काम वह करता है।

9. **बढ़ती जनसंख्या और अपराध** देश की जनसंख्या में जिस गति से वृद्धि हो रही है, उसका वास्तविक कारण है, सरकार के पास ठोस योजनाओं की कमी। भारत सरकार के पास ऐसी योजनाएं नहीं हैं जिनसे बढ़ती हुई आबादी को खपाया जा सके। प्रसिद्ध कहावत है कि खाली दिमाग शैतान का घर होता है। जिस व्यक्ति के पास काम नहीं है वह देश में गुण्डागर्दी, चोरी, चाकूबाजी, बदमाशी,

जबरन गिरहकटी, माल को छीनना, कत्ल जैसी वारदात करता है जिससे देश में अपराधों की संख्या में लगातार वृद्धि होती जा रही है।

10. **चलचित्र** भारत इस व्यवसाय में काफी उन्नति कर चुका है। यह उन्नति कई अर्थों में है, एक अर्थ तो यह है कि यहाँ प्रतिवर्ष अनेक सिनेमा घरों का निर्माण होता है और दूसरा अर्थ यह है कि इसने अपने भारतीय परम्परात्मक आदर्श को छोड़कर पश्चिमी सभ्यता को बढ़ावा दिया है। भारतीय चलचित्रों में यौन-सम्बन्धी दृश्य खुले रूप में दिखाये जाने लगे हैं कि उनमें भारतीयता दिखाई नहीं पड़ती। इन फिल्मों में जहाँ एक ओर यौन सम्बन्धी दृश्य और अपराधों की भरमार होती है, वहीं विलासी रहन-सहन, खान-पान, फैशन की पराकाष्ठा, मारपीट, हत्या आदि के भी सुनहरे दृश्य होते हैं, इनका कुप्रभाव समाज पर पड़ता है। वर्तमान में तो शायद ही कोई फिल्म ऐसी बनती हो जिसमें तस्करी, गुण्डागर्दी, अपराधी गिरोहों को न दिखाया जाता हो। इन चीजों का बुरा प्रभाव युवा पीढ़ी पर पड़ रहा है।

अपराधिक प्रवृत्ति के नये रुझान

स्वतंत्रता प्राप्ति के पश्चात भारत में कुछ अपराध अपने नये स्वरूप में उत्पन्न हुए हैं। हम यह नहीं कहते कि ये अपराध पूर्णतया नये हैं, लेकिन इनका स्वरूप और ढाँचा अवश्य नया है। ये निम्नवार हैं

(1) **अपराध एक व्यक्ति नहीं समूह करता है** स्वतन्त्रता के पश्चात अपराध क्षेत्र में नयी-नयी प्रवृत्तियों को देखा जा सकता है। लगभग दो दशक पूर्व साधारणतः व्यक्ति अकेला अपराध करता था। न वह व्यावसायिक अपराधी था और न ही आदतन। लेकिन आज अपराध सुनियोजित तरीके से किये जा रहे हैं। कई अपराधी समूह हैं जिनका जाल राज्य स्तर, राष्ट्रीय स्तर और अन्तर्राष्ट्रीय स्तर पर है। उदाहरणार्थ तस्करी से लेकर महत्त्वपूर्ण व्यक्तियों की हत्याएं भी इन्हीं संगठित अपराधी गिरोह के माध्यम से करायी जाती हैं।

(2) **अपराधियों की समानान्तर व्यवस्था** वर्तमान समय में भारत और संसार में अपराधियों की समानान्तर व्यवस्था है। इनके अपने नियम कायदे हैं, इनका अपना अनुशासन है। इनके अपने प्रशिक्षण केन्द्र और कैम्प हैं जहाँ अनेक तरह के व्यक्तियों को नियोजित तरीके से अपराध करने का प्रशिक्षण दिया जाता है। इस समानान्तर व्यवस्था में बड़े-बड़े अधिकारियों और राजनीतिज्ञों की सीधे अथवा परोक्ष रूप से भागीदारी है। इनका कमीशन बंधा होता है। अतः सीमा क्षेत्र से अपराधी घुसपैठ करते रहते हैं। समुद्री मार्ग में भी इनकी साठ-गाँठ महत्त्वपूर्ण

लोगों से होती है इसलिए अरबों रुपये का विदेशी सामान, चाँदी की ईंटें, सोने के बिस्कुट, हीरे जवाहरात आदि आते-जाते रहते हैं और भारत से विदेशों में जाते हैं। बड़े पैमाने पर पुरानी मूल्यवान अष्टधातु की मूर्तियों का व्यापार इन्हीं अपराधियों के माध्यम से किया जाता है। ये ऐसे अपराधी हैं जिन्होंने सत्ता तथा शासन के सम्पूर्ण ढाँचे को विभाजित कर रखा है। कानून व्यवस्था की इन्हें कोई चिन्ता नहीं होती क्योंकि कानून के रक्षक स्वयं बिके होते हैं। इस तरह समाज में अपराधियों की समानान्तर व्यवस्था है जिस पर सरकार नियंत्रण करने में अभी तक सफल नहीं हो पायी है।

(3) **राजनीति में यौनाचार और अपराधी** राजनीति में यौनाचार कोई नयी घटना नहीं है। शताब्दियों से राजनीति में यौनाचार होता रहा है लेकिन एक स्वतंत्र और जनतांत्रिक देश में राजनीतिज्ञ अपनी सैक्स की हवस को जिस तरह पूरा करता है यह शर्मनाक बात है। राजनीति के क्षेत्र में कई महत्वकांक्षी स्त्री, युवती या विवाहिता स्वतः स्वयं को समर्पित करती है और विवश होकर फंसकर शोषण का शिकार होती है और जब मामले का पर्दाफाश होता है तो स्त्री को मौत के घाट उतार दिया जाता है। पत्रकार मृणाल पांडे के अनुसार राजनीति में यौनाचार के किस्से सामान्य हो गये हैं। जो चीजें पहले दबी-छिपी थीं, अब खुलती जा रही हैं।

सिर्फ परस्त्री या परपुरुषगमन के प्रकरण ही सामने नहीं आ रहे हैं, अपितु एक साथ कई-कई स्त्रियों या पुरुषों से संबंध रखना भी राजनीति में अब आम हो चला है फिर भी दोष तो राजनीतिज्ञों के सिर ही डाला जाना चाहिए। दूसरे जिस पद और प्रतिष्ठा का भोग वे कर रहे हैं, उसमें उनसे सार्वजनिक ही नहीं व्यक्तिगत जीवन में भी पारदर्शिता की आशा रहती है। इस तरह यह कह सकते हैं कि देश के राजनीतिज्ञों ने भारतीय महिलाओं को ही नहीं अपितु स्वयं को भी कलंकित किया है। सैक्स की हवस पूर्ण करने के बाद उसकी हत्या करवाना एक जघन्य अपराध है। ऐसे अपराधी को कठोर सजा दी जानी चाहिए चाहे वह कितना ही प्रभावशाली और बड़ा राजनीतिज्ञ क्यों न हो। समाज के सम्मुख सत्ता को यह उदाहरण प्रस्तुत करना होगा। वरना शासन और सत्ता कलंकित होगी। ऐसे अपराधी नेताओं को चुनाव लड़ने की आज्ञा नहीं दी जानी चाहिए।

(4) **साम्प्रदायिकता** भारत में साम्प्रदायिकता की जड़ें अत्यंत गहरी हैं, परन्तु स्वतंत्रता के पश्चात जो इसका रूप उभरा है, वह पहले से अलग है। धर्म के नाम पर विभिन्न धर्मों के मध्य और विशेषतौर से हिन्दू और मुसलमान के मध्य

साम्प्रदायिक दंगे-फसाद होते रहे हैं। स्वतन्त्रता के पश्चात साम्प्रदायिकता, दंगे-फसादों में राजनैतिक स्वार्थों का विशेष स्थान हो गया है। इस प्रकार के दंगों की पृष्ठभूमि में राजनीतिक दलों की विशेष भूमिका रहती है। यदि साम्प्रदायिक दंगों का समय देखें तो सामान्यतः यह चुनाव के समय अथवा चुनाव के कुछ समय पूर्व घटित होते हैं। स्वतंत्रता के बाद भारत में जितने साम्प्रदायिक दंगे, लड़ाई, खूनखराबे, झगड़े हुये, उतने स्वतंत्रता के पहले नहीं हुये थे। साम्प्रदायिक दंगों में आग लगाना, हत्या, विध्वंसकारी काम करना, लूट-पाट आदि की घटनाएं सामान्य होती हैं। ये सभी अपराध की श्रेणी में आती हैं।

(5) **राजनीति और राजनीतिज्ञ** स्वतंत्रता के पश्चात हमारे देश में केवल राजनैतिक गतिविधियों में तेजी ही नहीं आई, बल्कि सैकड़ों की संख्या में राजनैतिक दलों का भी उदय हुआ है। विरोधी दलों का काम एक दूसरे को भला-बुरा कहना और आलोचना करना है। इससे अनेक दलों के सम्बन्ध घृणा, तनाव और ईर्ष्या में बदल जाते हैं। इसका परिणाम यह है कि दल अपने-अपने सिद्धान्तों के अनुसार जनता को गुमराह करते हैं। थोथी अफवाहें, झगड़े, मारपीट, हड़ताल, देश में लड़ाई, तनाव आदि में बढ़ोतरी होती हैं।

(6) **अपराध का राजनीतिकरण** भारत की आजादी के पश्चात सामाजिक, आर्थिक और राजनैतिक क्षेत्र में जितनी विकृत तस्वीरें अपराध और भ्रष्टाचार ने गढ़ दी हैं उसका अनुमान लगाना भी कठिन है। माफिया गैंग, अपराधी से संबंधित हो गये। इनका सीधा संबंध बड़े राजनीतिज्ञों और बड़े-बड़े अधिकारियों से है। ये अपराधी होते हुए भी स्वतंत्र हैं, अपराध करने और करवाने के लिए। पिछले दो दशक में राजनीति का जितना पतन हुआ वह कल्पना से भी अधिक है। सांसद, विधायक, मंत्री और राजनीतिज्ञों पर देश के निर्माण की जिम्मेदारी है, लेकिन इन्हें अपने ही घर को भरने से फुर्सत नहीं। बगैर किसी काम और नौकरी के ये करोड़पति हैं। अपने परिवार से विरासत में इन्हें कुछ नहीं मिला लेकिन ये करोड़ों का व्यापार करते हैं। कौन पकड़ेगा इन्हें। इनके हाथ बहुत लम्बे हैं। कुछ समय पहले पूर्व चुनाव आयुक्त टी. एन. शेषन ने कहा था कि उत्तर प्रदेश के 425 विधान सभा सदस्यों में से 180 का आपराधिक इतिहास रहा है। 1993 के विधानसभा के चुनाव के बाद जब नवनिर्वाचित जनप्रतिनिधियों के इतिहास की छानबीन की गयी तो इसमें 143 का किसी न किसी रूप में आपराधिक रिकार्ड था। इनमें से कुछ विधायक ऐसे भी हैं जिन पर एक-दो से लेकर 17 मुकदमे दर्ज हैं।

इस विश्लेषण का कदापि यह अर्थ नहीं है कि पहले राजनीति में अपराधी नहीं थे। अन्तर इतना है कि पहले राजनीतिक नेता अपराधियों को पालते थे अब ठीक इसके विपरीत हो गया है। चौंकाने की बात यह है कि अब अपराधी राजनीतिज्ञों के आर्थिक सहयोगी बन गये हैं। अपराधियों का जब राजनीतिकरण हो गया तो इन पर अंकुश कौन लगायेगा। अतः सम्पूर्ण देश में अपराधियों की संख्या में वृद्धि हो रही है क्योंकि इन्हें राजनीतिक संरक्षण प्राप्त है।

(7) **सरकार और अपराध** लोकतांत्रिक सरकारें जनता के चुने हुए प्रतिनिधियों के द्वारा बनती हैं। प्रतिनिधि जनता द्वारा चुने जाते हैं। अतः ये जनता का बहुत ध्यान रखते हैं। ये जनता को सही-गलत दोनों तरह की सेवा प्रदान करते हैं। उदाहरणार्थ सिफारिश का काम, नौकरी से लेकर हत्या के अपराध तक के मामलों में नेताओं की सिफारिशें होती हैं। सरकारें, अपराध को प्रोत्साहित भी करती हैं, जैसे संसद में जाने कितनी बार यह प्रश्न उठाया गया कि वनस्पति तेलों में कोई रंग मिलाया जाय, परन्तु सरकार ने इसे हमेशा यह कहकर टाला है कि अभी ऐसे रंग की खोज नहीं हो पायी है जो वनस्पति तेलों में मिलाया जा सके।

वास्तव में नेताओं को चुनावों में पूँजीपतियों से आर्थिक मदद मिलती है, तो भला वे उसकी हानि ही क्यों चाहेंगे। बात यहीं समाप्त नहीं होती, जब हमारे देश के नेता भ्रष्टाचारी हैं और वे कई प्रकार के अपराध करते हैं तो फिर वह दूसरों को कैसे रोक सकते हैं। जब नेता ही अपराधी और भ्रष्टाचारी हैं, तो फिर वह जनता को अपराध करने से कैसे रोक सकते हैं। सम्पूर्ण देश की राज्य सरकारें ही जब भ्रष्टाचारी खम्भों पर खड़ी है तो फिर राष्ट्र का क्या होगा। दाऊद, रोमेश, तेलगी, हर्षद मेहता का जन्म इस देश में कैसे हुआ यह वर्तमान का ज्वलन्त प्रश्न है।

(8) **व्यक्तिवाद और अपराध** भारत वर्ष में व्यक्तिवाद उभरकर सामने आया है। व्यक्ति ने स्वयं को अधिक महत्त्व दिया है और समूह, समुदाय को कम। वह किसी प्रकार के बन्धन में नहीं रहना चाहता है। वह बन्धन-मुक्त है, जो वह करना चाहता है उस पर किसी का नियंत्रण नहीं है। वह रात को घर देर से लौट सकता है, अपने एकाकी जीवन से परेशान होकर वह नशा कर सकता है क्योंकि इससे उसे खुशी मिलती है। शहर की एकल जिंदगी से जब वह ऊबता है तो वह अनेक बुरी आदतों में फँस जाता है। यह उसे एक-न-एक दिन अपराधी बनाकर छोड़ती है।

(9) **नये कानून और अपराध** सरकार नये कानून बनाती है। ये नये कानून सभी राज्यों और सभी राजनीतिक दलों के लिए मान्य नहीं होते हैं। इन

कानूनों के विरोध में एक ओर जनता क्रान्ति करती है। नये कानूनों को जारी करने में सरकार को अनेक कठिनाइयों का सामना करना पड़ता है, उसे जनता और राजनीतिक दलों से मोर्चा लेना पड़ता है। इस मोर्चे पर संघर्ष होते हैं, अनेक बार विरोधी दलों के व्यक्तियों से जेलें भर जाती हैं। हिंसा, तोड़-फोड़, आगजनी के अपराध इतने अधिक बढ़ जाते हैं कि देश में अशान्ति की लहर फैल जाती है।

(10) **वन माफियाओं द्वारा हत्याएं एवं चोरी** स्वतंत्रता के पश्चात भारतीयों ने यह कल्पना की थी कि देश महानता की ओर बढ़गा। इस देश के निवासियों की आर्थिक स्थिति सुदृढ़ होगी। इस देश की सम्पत्ति में वृद्धि होगी और उसका वितरण समान रूप से साधारण जनता में होगा। पूरे देश के निवासियों की आर्थिक-सामाजिक स्थिति बेहतर होगी। उनका रहन-सहन का स्तर ऊँचा उठेगा। अफसोस की बात यह है कि मुट्ठी भर लोग इस देश को खुले रूप में लूट रहे हैं। इन माफियाओं के संगठनों ने देश में लूट की संस्कृति की स्थापना की है। ये मंत्रियों और बड़े अधिकारियों से मिलकर धन सम्पत्ति को मनचाहे रूप से हजम कर रहे हैं और सीना तानकर समाज में जी रहे हैं। वीरप्पन का नाम सब जानते हैं।

वन हमारे सम्पत्ति के भन्डार है। हमारे जीवन का आधार हैं। माफियाओं ने वनों को भी लूटना शुरू कर दिया है। वनों को इन्होंने उजाड़ दिया। इन्हें जो रोकता है उसे मौत के घाट उतार देते हैं। पिछले छह वर्षों में वन क्षेत्रों से 1597. 86 लाख रुपयों की वन सम्पत्ति की चोरी की है। जब इन्हें रोके जाने का प्रयत्न किया गया तो इन्होंने सैकड़ों कर्मियों की हत्या कर दी और 63 अन्य को घायल कर दिया। उत्तर प्रदेश के वनों से करोड़ों रुपयों की चोरी हो रही है। इसमें निरन्तर वृद्धि हो रही है, लेकिन यहां की सरकारों को इस वन-चोरी पर प्रतिबंध लगाने हेतु जितने कठोर कदम उठाने चाहिए उसने नहीं उठाये हैं। इसका सीधा अर्थ यह भी निकलता है कि बड़े अधिकारियों, माफिया और शासन में कहीं गहरी सांठ-गांठ है।

(11) **आयात-निर्यात में व्यापारियों की कैपिटल फ्लाइट व धोखाधड़ी** भारत के अरबपति असंख्य तरह के आर्थिक अपराध करते हैं, फिर भी समाज में वे बेताज बादशाह हैं। जमाखोरी, काला बाजारी, खाद्य पदार्थों तथा अन्य उपभोक्ता सामग्रियों में मिलावट, नकली वस्तुओं का निर्माण आदि से हम अवगत हैं। ये वे श्वेतधारी अपराधी हैं जो समाज और सरकार दोनों को अरबों रुपयों का नुकसान पहुँचाते हैं और समाज के प्रतिष्ठित व्यक्ति भी कहलाते हैं। इसे

देश का दुर्भाग्य ही कहेंगे कि सरकार इनका बाल भी बांका नहीं कर सकती क्योंकि इनकी सांठ-गांठ सीधे सरकार से है। कैपिटल फ्लाइट की धोखाधड़ी का प्रकरण सामने आया है। इसमें 14 हजार करोड़ रुपए के घोटाले का पर्दाफाश हुआ। यह सबसे बड़ा आर्थिक घोटाला है। आश्चर्य यह है कि सरकार को जानकारी होते हुए भी इनके खिलाफ कड़ी कार्यवाही नहीं की गई।

कैपिटल फ्लाइट घाटे में रहकर व्यापार करने और कालाधन विदेश में जमा करने का एक अजूबा तरीका है। इसका अभिप्राय यह है कि व्यापारी अमेरिका से कई प्रकार की वस्तुएँ ऊंची कीमत में खरीदते हैं और अपने देश में निर्मित वस्तुओं को अमेरिका में विश्व-बाजार की कीमत से बहुत सस्ते दामों में बेचकर अपने व्यापार को घाटे में दिखाते हैं, यह टैक्स चोरी का भी एक गंभीर अपराध है। 1993 के आंकड़े यह बताते हैं कि भारतीय व्यापारियों द्वारा 14 हजार करोड़ रुपये अमेरिका में जमा किये गये। अब तो यह कई गुना बढ़ गया होगा।

(12) **राजनीतिज्ञ और अपराध** यह भारतीय राजनीति और भारत का दुर्भाग्य है कि जिनके कंधों पर भारत के विकास का उत्तरदायित्व है वे ही सबसे बड़े लुटेरे हैं। विकास के नाम पर ये अरबों रुपये के आर्थिक घोटाले कर रहे हैं। भारत जैसे गरीब देश की जनता के साथ धोखा कर रहे हैं। ये डकैत न होते हुए भी डकैतों से बड़े हैं। विगत पंद्रह वर्षों में मंत्रियों, राजनीतिज्ञों और बड़े अधिकारियों के चौंकाने वाले घोटाले सामने आये हैं। यह क्रम लगातार है। **बोफोर्स काण्ड** दबा दिया गया **हर्षद मेहता** काण्ड उजागार हुआ। जैन की डायरी ने मंत्रियों और राज्यपालों को कटघरे में खड़ा कर दिया। बिहार के **पशुचारा काण्ड** ने कई मंत्रियों, मुख्य मंत्री और अनेक अधिकारियों को घोटाले में शामिल पाया। **यूरिया काण्ड** ने भूतपूर्व प्रधानमंत्री नरसिम्हाराव के परिवार पर सीधा आरोप लगाया गया है। **चीनी घोटाला** काण्ड में **कल्पनाथ राय** पर सीधे उंगली उठायी गई और उन्हें 10 वर्ष कैद की सजा दी गई। क्योंकि चीनी घोटाले में देश के सामान्य लोगों को पाँच हजार करोड़ रुपए से भी अधिक ही क्षति हुई थी। हाल 2G स्पेक्ट्रम काण्ड एवं कामनवेल्थ खेल से बड़े उदाहरण क्या हो सकते है जिसमें मन्त्री, बड़े अधिकारी नेता एवं पूंजीवादी शामिल है।

संक्षेप में हम यह कह सकते हैं कि वर्तमान समय में अधिकांश राजनीतिज्ञ देश का धन लूटने में लगे हुए हैं। आवश्यकता है ऐसे कानून बनाने की जिससे विधायक सांसद और मंत्री बनने से पूर्व व्यक्ति अपनी सम्पत्ति की सही घोषणा करे। ठीक इसी प्रकार का कानून बड़े अधिकारियों के लिए बनना चाहिए, वरना

ये देश को लूटते रहेंगे और आम जनता बेकारी, गरीबी और भूख से तड़पती रहेगी। विकास केवल इसी वर्ग का होगा गरीब और मध्यम वर्ग का नहीं।

भारतीय परिप्रेक्ष्य में अपराध के कारण

अपराध के लिए एक नहीं अपितु अनेक कारण उत्तरदायी होते हैं। यह संसार के हर समाज में व्याप्त है। यह एक सार्वभौमिक घटना है। इसके कुछ कारण ऐसे होते हैं जो प्रत्येक स्थान तथा प्रत्येक समय के लिए लागू हो सकते हैं। किन्तु इस बात से भी इन्कार नहीं किया जा सकता कि अपराध की परिस्थिति देश, काल एवं परिस्थितियों से भी सम्बन्धित होती हैं। इसलिए यह कहा जा सकता है कि भारत वर्ष में भी अपराध के लिए वे कारक जिम्मेवार हैं जो अन्य समाजों के लिए जिम्मेवार हैं। साथ ही यहाँ की सांस्कृतिक, सामाजिक और आर्थिक परिस्थितियाँ भी अपराध की घटना को बढ़ावा देने के लिए उत्तरदायी हैं। भारत में अपराध के लिए जिम्मेदार प्रथाएँ और सामाजिक दशाएँ निम्नांकित हैं

बेमेल विवाह बेमेल विवाह के कारण भारत में अनेक प्रकार के अपराधों की उत्पत्ति होती है। कम आयु की लड़कियों का विवाह अधिक उम्र के पुरुषों के साथ कर दिया जाता है जिसके कारण स्त्रियों के काम-वासना की सन्तुष्टि नहीं हो पाती है और वे अवैध यौन-व्यापार की शिकार हो जाती हैं। साथ ही अधिक आयु के पुरुषों के साथ विवाह के फलतः महिलाओं के यौवनावस्था में प्रवेश करते ही विधवा हो जाने की सम्भावना रहती है। विधवाओं को समाज द्वारा पुनर्विवाह की आजादी नहीं रहती है। परिणामस्वरूप बहुत-सी विधवाएँ विवश होकर वेश्यावृत्ति के पेशे को अपना लेती हैं और इस प्रकार वे एक अपराधी बन जाती हैं। इसलिए यह कहा जा सकता है कि बेमेल विवाह भारत में अपराध की उत्पत्ति का एक कारण है।

विधवा विवाह भारत में अपराध का एक कारण विधवा पुनर्विवाह का निषेध होना कहा जा सकता है। विधवाओं के पुनर्विवाह पर प्रतिबंध लगने से वे बेसहारा हो जाती हैं। समाज के लोगों का दृष्टिकोण भी उनके प्रति गलत ही रहता है। फलस्वरूप वे यौन अपराधों की ओर बढ़ रहे हैं। इस तरह यह कहा जा सकता है कि विधवा पुनर्विवाह पर निषेध का होना भी अपराध का एक मुख्य कारण है।

बाल विवाह भारत में अपराध का एक कारण बाल विवाह का प्रचलन भी कहा जा सकता है। बाल विवाह के प्रचलन की वजह से कम उम्र में ही सन्तान उत्पन्न होने लगती है। इसके कारण जनसंख्या में बढ़ोतरी होती है तथा गरीबी एवं

बेकारी की समस्या उत्पन्न होती है। निर्धनता एवं बेकारी की समस्या सम्पत्ति के खिलाफ अपराध के लिए उतरदायी है। इस तरह अप्रत्यक्ष रूप से बाल विवाह प्रथा के कारण विधवाओं की संख्या में बढ़ोतरी होती है और नैतिकता के दोहरे मापदण्ड के कारण यौनिक अपराधों में बढ़ोतरी होती है। इसलिए यह कहा जा सकता है कि बाल विवाह के प्रचलन के कारण भी भारत में अपराध दिन-प्रतिदिन फैलता जा रहा है। भारत में पुराने समय में देवदासी प्रथा का प्रचलन था।

देवदासी प्रथा भी भारत में अपराध का एक कारण था। हालाँकि वर्तमान में कानून के द्वारा इस प्रथा पर प्रतिबंध लगा दिया गया है। परन्तु पहले महाराष्ट्र, तमीलनाडू तथा उड़ीसा आदि राज्यों में कुछ लड़कियों को जन्म लेते ही देवताओं को अर्पित कर दिया जाता था। देवताओं की सेवा करने की आड़ में मन्दिर के महन्तों, पुजारियों एवं पृष्ठ पोषकों की यौन संबंधी जरूरतों की पूर्ति देवदासियाँ करती थीं। परिणामस्वरूप इस प्रथा के कारण यौन अपराधों में बढ़ोतरी होती थी। 'Committee on Social and Moral Hygeine' ने भी वेश्यावृत्ति का प्रमुख कारण देवदासी प्रथा का प्रचलन माना। इसके साथ ही समाज में प्रचलित नित्य मंगली प्रथा ने भी यौन अपराधों को बढ़ाने में मदद की।

कुलीन विवाह, बाल हत्या, नस्ली प्रथा आदि ने भी अपराधों को बढ़ावा देने में सहायता का काम किया। इस प्रकार यह प्रतीत होता है कि समाज में प्रचलित पृथक्-पृथक् कुप्रथाओं ने भारत में अपराध को बढ़ावा देने में मदद की है। हालाँकि ये कुप्रथाएँ बहुत सीमा तक समाज से खत्म हो चुकी हैं किन्तु वे अपनी कुछ-न-कुछ छाप तो छोड़ ही गई हैं।

दहेज प्रथा भारत में वर-मूल्य प्रथा का प्रचलन अपराध का एक कारण कहा जा सकता है। इस प्रथा के कारण बहुत-सी लड़कियों को आत्महत्या करनी पड़ती है। जिनके अभिभावक इतने सक्षम नहीं रहते कि वे वर-मूल्य चुकाकर अपनी लड़कियों की शादी कर सकें उनकी लड़कियाँ प्रायः आत्महत्या का रास्ता अपना लेती हैं। इस प्रथा के कारण काफी उम्र तक लड़कियों का विवाह नहीं हो पाता है। फलस्वरूप अवैध यौन संबंधों या यौन अपराधों में बढ़ोतरी होती है। इसलिए यह कहा जा सकता है कि भारत में अपराध का कारण वर-मूल्य प्रथा भी है।

जाति प्रथा भारत में अपराध का एक मूल कारण अप्रत्यक्ष रूप से जाति प्रथा भी है। वर्तमान में आए दिन जातियों के मध्य संघर्ष का मामला प्रकाश में आता रहता है। लोगों में जातिवाद का जहर इस सीमा तक घुल चुका है कि जाति

के नाम पर नरसंहार एवं हत्या एक मामूली-सी घटना बनकर रह गई है। साथ ही भारत में जातीय व्यवस्था के कारण बहुत सीमा तक बाल विवाह तथा कुलीन विवाह आदि में वृद्धि हुयी है। विधवा विवाह पर प्रतिबंध भी जाति प्रथा की ही देन है। इस तरह यह पता चलता है कि जाति प्रथा ने अप्रत्यक्ष रूप से भारत में अपराध को प्रश्रय दिया है। इसलिए भारत में अपराध का कारण अप्रत्यक्ष रूप से जाति प्रथा भी है।

महँगी शादी भारत में अपराध का एक कारण महँगे समारोह भी कहे जा सकते हैं। यहाँ मृत्यु, जन्म, विवाह एवं अन्य समारोहों पर अत्यधिक व्यय किए जाते हैं। लोग इसे अपनी प्रतिष्ठा से जोड़कर देखते हैं। साथ ही थोड़ा बहुत दबाव समाज का भी रहता है। इसका परिणाम यह होता है कि व्यक्ति पर कर्ज का बोझ बढ़ता चला जाता है। इसे वे किसी अनैतिक या गलत तरीके से ही पूरा करते हैं। जैसे रिश्वत लेकर, चोरी, डकैती या गबन करके कर्ज अदा की जाती है। फलस्वरूप विभिन्न अपराधों में बढ़ोतरी होती है। इस तरह यह कहा जा सकता है कि महँगे समारोह भी भारत में अपराध को बढ़ावा देने का अप्रत्यक्ष कारण हैं।

संयुक्त परिवारों का बिखराव भारत में अपराध का एक कारण संयुक्त परिवारों का विभाजन होना कहा जा सकता है। यद्यपि यह परिवार भी बुराइयों से स्वतंत्र नहीं था और न है किन्तु इसके बहुत से लाभ भी थे। संयुक्त परिवार व्यवस्था अपने सदस्यों को आर्थिक सुरक्षा प्रदान कर मानसिक सुरक्षा भी प्रदान करती थी। साथ ही यह अपने सदस्यों पर बहुत सीमा तक नियंत्रण भी रखती थी। इसके विभाजित होने से आर्थिक निर्धनता की स्थिति पैदा हुई तथा व्यक्तिवादी दृष्टिकोण का विकास हुआ।

समाज में सामाजिक नियंत्रण के साधन के रूप में परिवार का महत्त्व घटने लगा। फलस्वरूप समाज, परिवार तथा समुदाय में विभाजन की स्थिति उत्पन्न हुई। यह स्थिति पृथक्-पृथक् अपराधों को जन्म देने का कारण बन गई। इसलिए यह स्पष्ट होता है कि संयुक्त परिवार का विभाजन भी भारत में विभिन्न अपराधों का एक कारण है। उक्त विवेचनाओं से पता चलता है कि विभिन्न सामाजिक तथा सांस्कृतिक परिस्थितियों ने भारत में अपराध को बढ़ावा देने का काम किया है। इस संबंध में हेकरवाल ने भी लिखा है, ''हर देश में सामाजिक कारण और परिस्थितियाँ अपराध को बढ़ावा देती हैं।''

सांस्कृतिक तथा सामाजिक परिस्थितियों के अलावा कुछ आर्थिक परिस्थितियाँ भी हैं जो भारत में अपराधों को बढ़ाने में सहयोग देती है। वास्तव में आर्थिक परिस्थितियों ने एक ऐसी पृष्ठभूमि तैयार की है जिसके कारण अपराधी प्रवृत्ति में

बढ़ोतरी हो रही है। जो आर्थिक परिस्थितियाँ अपराध को बढ़ावा देती हैं वे निम्नांकित हैं

गरीबी निर्धनता एक प्रमुख आर्थिक कारण है जिससे अपराधी प्रवृत्तियों में बढ़ोतरी होती है। एक ऐसा भी समय था जब भारत में दूध की नदियाँ बहती थीं। उस समय लोग घरों में ताले भी नहीं लगाते थे। वर्तमान में आलम यह है कि उसी देश भारत में गरीबी की छत्रछाया है। किन्तु आज भारत की आर्थिक स्थिति निम्न है व इसकी गिनती गरीब देशों में होती है। यहाँ प्रति व्यक्ति आमदनी अमेरिका, आस्ट्रेलिया, कनाडा तथा कुवैत आदि देशों की अपेक्षा में बहुत कम है। निर्धनता की स्थिति में व्यक्ति अवैध तरीके से धन की प्राप्ति कर अपनी आवश्यकताओं की पूर्ति करना चाहता है। फलस्वरूप सम्पत्ति के खिलाफ अपराधों की संख्या में बढ़ोतरी होती है।

आर्थिक निश्चयवादियों तथा अपराधशास्त्रियों ने निर्धनता को विभिन्न अपराधों का कारण माना है। आर्थिक जीवन में सफल न होने तथा जरूरी आवश्यकताओं की पूर्ति न कर सकने की स्थिति में व्यक्ति अपना मानसिक सन्तुलन खो बैठता है तथा सम्पत्ति के विरुध अपराध कर बैठता है। एक बार अपराध करने पर आगे ऐसा करना उसकी आदत बन जाती है। परिवार का अपराधी वातावरण बाल अपराध को उत्पन्न करने में योगदान देता है। यह बाल-अपराध ही आगे चलकर अपराध का रूप धारण करता है। वेश्यावृत्ति पर किए गए सर्वेक्षण अध्ययन से यह मालूम होता है कि बहुत-सी लड़कियाँ इस धन्धे में गरीबी के कारण ही आईं।

बेरोजगारी भिक्षावृत्ति भी भारत में अपराध का एक कारण कही जा सकती है। यद्यपि वर्तमान में इस बात को स्वीकार किया जा रहा है कि सभी भिक्षुक गरीब नहीं होते हैं। किन्तु इससे यह अर्थ भी निकलता है कि कुछ भिक्षुक निर्धन भी होते हैं। जीविका का कोई साधन नहीं होने पर वे भिक्षावृत्ति को अपनाते हैं। साथ ही शराब तथा जूआ आदि अपराधों की बढ़ोतरी में भी निर्धनता योगदान देती है। जूए के द्वारा पैसा प्राप्त करने की इच्छा के कारण व्यक्ति इस ओर आकृष्ट होता है। वह शनैः शनैः जूए का आदी हो जाता है। शराब, मानसिक तनावों और आर्थिक संकटों से कुछ समय के लिए छुटकारा दिलाने में सहायता करता है। इस उद्देश्य से निर्धन व्यक्ति मद्यपान करता है तथा शनैः शनैः उसका आदी हो जाता है। इसलिए यह स्पष्ट होता है कि भारत में निर्धनता ने पृथक्-पृथक् प्रकार के अपराधों में वृद्धि की है। इस तरह गरीबी भारत में अपराध का एक कारण कही जा सकती है।

नगरीयकरण भारत में अपराध का एक मुख्य आर्थिक कारण अच्छी फसलों का न होना कहा जा सकता है। डॉ. हेकरवाल के कथनानुसार "अपराध के थर्मामीटर का पारा अच्छी और बुरी फसल के साथ ही गिरता और उठता है" भी इस तथ्य की पुष्टि करता है। भारत एक कृषि प्रधान देश है किन्तु यहाँ कृषि की स्थिति अच्छी नहीं है। कभी सूखा तो कभी बाढ़ भारत की नियति बन गई है। इसके कारण भी पैदावार पर असर पड़ता है। चूँकि यहाँ फसलों की हालत प्रायः विभिन्न कारणों से खराब रहा करती है इसलिए लोग भुखमरी की अपेक्षा चोरी, डकैती एवं अन्य अपराधों के द्वारा अपनी आवश्यकताओं को पूरा करना अच्छा समझते हैं। इसलिए अत्यधिक लोगों की कृषि पर निर्भरता तथा फसलों की दशा अच्छी नहीं होने से भारत में अपराध की मात्रा में बढ़ोतरी होती है। इसलिए अच्छी फसलों का न होना भारत में अपराध का एक कारण कहा जा सकता है। बेरोजगारी की समस्या भारत में अपराध का एक आर्थिक कारण है।

हमारे देश में बेरोजगारों की संख्या दिन-प्रतिदिन बेतहाशा बढ़ती जा रही है। यह एक गंभीर समस्या का रूप धारण कर चुकी है। बेरोजगार व्यक्ति अपने जरूरतों की पूर्ति के लिए सम्पत्ति के खिलाफ अपराध करते हैं। भारत में अनेक ऐसे भी लोग हैं जिनको मौसमी बेरोजगारी का भी सामना करना पड़ता है। बेरोजगारी की स्थिति में अवैध ढंग से ही व्यक्ति अपनी न्यूनतम आवश्यकताओं की पूर्ति करता है। फलस्वरूप विभिन्न प्रकार के अपराधों में बढ़ोतरी होती है। इसलिए बेरोजगारी भी भारत में अपराध का एक कारण कही जा सकती है। भारत में अपराध का एक और कारण औद्योगीकरण तथा नगरीकरण में बढ़ोतरी को कहा जा सकता है।

औद्योगीकरण तथा नगरीकरण के कारण ऐसी परिस्थितियाँ पैदा हुई हैं जिसके कारण अपराधी प्रवृत्तियों को बढ़ावा मिलता है। औद्योगीकरण के कारण ग्रामीण कुटीर उद्योग-धंधों का ह्रास हुआ तथा बेरोजगारी की समस्या में बढ़ोतरी हुई। परिणामस्वरूप अपराधों में बढ़ोतरी हुई। बड़े-बड़े उद्योग-धंधों में कार्य करने वाले श्रमिक अपने साथ अपनी पत्नियों को नहीं रखते हैं। वे एक लम्बे समय के बाद घर आते हैं। इस बीच वे अपनी यौन संबंधी आवश्यकताओं की पूर्ति के लिए प्रायः वेश्याओं का सहारा लेते हैं। फलस्वरूप वेश्यावृत्ति को बढ़ावा मिलता है। औद्योगीकरण के कारण भारत में मलिन बस्तियों का विकास हुआ है। मलिन बस्तियाँ अपराधों का केंद्र होती हैं।

अपराधी वातावरण में बच्चे भी अपराधी बन जाते हैं। साथ ही भारत में औद्योगीकरण ने व्यावसायिक मनोरंजन केंद्रों को उत्पन्न किया है जिनमें वेश्यालय,

शराबघर, जूआघर तथा नृत्यघर आदि प्रमुख हैं। इन केंद्रों के कारण विभिन्न प्रकार के अपराधों की संख्या में बढ़ोतरी होती है। औद्योगीकरण ने बाल-श्रम को प्रोत्साहित किया है जिससे व्यक्तित्व के विकास में अवरोध उत्पन्न हुआ है तथा बाल अपराधों की संख्या में बढ़ोतरी हुई है। बाल अपराधी ही कुछ समय के पश्चात अपराधी की श्रेणी में आ जाते हैं।

औद्योगीकरण ने महिलाओं को रोजगार के अवसर प्रदान कर उन्हें बच्चों की देख-रेख से वंचित कर दिया है। देख-रेख के अभाव में तथा उचित निर्देशन की कमी में बच्चे कुसंगति के शिकार हो जाते हैं व उनमें अपराधी प्रवृत्तियाँ पैदा होती हैं। इस बात से इन्कार नहीं किया जा सकता कि वर्तमान बाल-अपराधी ही कल के अपराधी बनेंगे। इस तरह यह कहा जा सकता है कि औद्योगीकरण तथा नगरीकरण के कारण भारत में अपराधों का जन्म हो रहा है। इस प्रकार औद्योगीकरण तथा नगरीकरण भारत में अपराध का एक कारण कहा जा सकता है। भारत में अपराधों की बढ़ोतरी में सांस्कृतिक, सामाजिक तथा आर्थिक कारकों के अतिरिक्त कुछ अन्य कारकों का भी योगदान रहा है। इनमें सिनेमा, भ्रष्ट राजनीतिज्ञ, फैशन तथा भ्रष्ट अधिकारी आदि प्रमुख हैं।

भारत वर्ष में फिल्मों में मार-धाड़, हिंसा तथा अपराध का बोलबाला रहता है। फिल्में ऐसे कथानक पर बनती हैं जिनमें व्यक्तियों के खिलाफ अपराध तथा सम्पत्ति के खिलाफ ज्यादातर अपराध होते हैं। बार-बार इस तरह के फिल्मों को देखने से व्यक्तियों का झुकाव अपराध की ओर हो जाता है। चूँकि फिल्मों का प्रभाव व्यक्तियों पर शीघ्र ही एवं प्रभावी तरीके से पड़ता है। साथ ही फिल्मों में अभिनेत्रियों के चुस्त एवं अधनंगी पोशाकें तथा बेबाक रोमांस का प्रदर्शन भी युवक तथा युवतियों पर बुरा प्रभाव डालती हैं। वे व्यक्तिगत जीवन में भी उसे अपनाना चाहते हैं। परिणामस्वरूप यौन अपराधों में बढ़ोतरी होती है। इसी प्रकार भ्रष्ट राजनीतिज्ञ तथा भ्रष्ट अधिकारीगण बड़े-बड़े अपराधियों को अपने कल्याण की पूर्ति के उद्देश्य से संरक्षण प्रदान करते हैं जिससे अपराधी का मनोबल और बढ़ जाता है और वह गंभीर-से-गंभीर अपराध करने से नहीं चूकता है। इस तरह अपराध को बढ़ावा मिलता है। इसलिए यह कहा जा सकता है कि सिनेमा, भ्रष्ट राजनीतिज्ञ, फैशन तथा भ्रष्ट अधिकारी भी भारत में अपराध उत्पन्न करने के कारण हैं। उपर्युक्त विवेचनाओं के आलोक में यह कहा जा सकता है कि भारत में अपराध किसी एक कारक का परिणाम नहीं है अपितु विभिन्न कारणों से भारत में अपराधों की वृद्धि हो रही है।

भारतीय दण्ड संहिता में अपराध

समाज कोई स्थिर अवधारणा नहीं है। यह एक गतिशील प्रक्रिया है। गतिशीलता की वजह से इसमें लगातार बदलाव होते रहते हैं। इन परिवर्तनों के कारण समाज के ढाँचे और कार्यों में भी बदलाव होता है। ढाँचे और कार्यों में परिवर्तन होने से समाज में असामंजस्य की स्थिति उत्पन्न होती है। इस असामंजस्य से समाज में अव्यवस्था की उत्पत्ति होती है। हर समाज का एकमात्र लक्ष्य यह होता है कि व्यवस्था बनी रहे। मौलिक प्रश्न यह है कि समाज में किस प्रकार की व्यवस्था की स्थापना की जा सकती है? वे कौन सी विधियाँ हैं जिनके द्वारा समाज को अधिक व्यवस्थित किया जा सकता है? समाज में व्यवस्था की स्थापना के दो साधन हैं (1) अलिखित; और (2) लिखित।

अलिखित साधनों के अन्तर्गत समाज की प्रथाएँ, परम्पराएँ, जनरीतियाँ, रूढ़ियाँ, धार्मिक विश्वास आदि तत्व सम्मिलित हैं। अलिखित साधन समाज की परम्पराओं में होते हैं और उनका स्वतः ही एक पीढ़ी से दूसरी पीढ़ी को हस्तान्तरण होता रहता है। ये अलिखित साधन आदिम तथा अशिक्षित समाजों में काफी मात्रा में प्रचलित और स्थायी होते हैं। किसी भी समाज में जैसे-जैसे सभ्यता और संस्कृति का विकास होता है अलिखित साधन प्रभावहीन और पिछड़े प्रतीत होने लगते हैं। समाज इनकी निन्दा करने लगता है और समाज से इनकी उपयोगिता शनैः शनैः उठने लगती है। ऐसी स्थिति में यह आवश्यक हो जाता है कि अलिखित परम्पराओं का संरक्षण किया जाए। यही संरक्षण लिखित कानूनों के रूप में परिणत हो जाता है।

लिखित संरक्षण मनुष्य की जागरूकता का परिणाम होते हैं। समाज में जैसे-जैसे जागरूकता का विकास होता जाता है, मनुष्य अपने लिए आवश्यक वस्तुओं को लिखित रूप देता है। राज्य का संरक्षण प्राप्त करने पर उसमें वैधानिकता का रंग चढ़ जाता है, फिर यह सभी देश, वर्ग आदि के व्यक्तियों पर समान रूप से लागू होता है।

'इण्डियन पेनल कोड', जैसा कि इसके नाम से स्पष्ट होता है, भारतवर्ष की सीमा में लागू अपराधों और दण्डों की एक पुस्तक है। संहिताएँ अनेक तरह की होती हैं, यथा आचार, धार्मिक, प्रथा, फैशन, कानून आदि। इनमें 'भारतीय दण्ड संहिता' एक प्रकार की वैधानिक संहिता है। यह उन कानूनों और नियमों का संकलन है जो राज्य और शासन के द्वारा मान्यता-प्राप्त होते हैं और राज्य की विशिष्ट परिस्थितियों में इनको लागू किया जाता है। इसका संचालन भारत की

राजनीतिक शक्ति के द्वारा होता है। न्यायालय और पुलिस इस संहिता को लागू करवाने का प्रयत्न करते हैं।

भारतीय दण्ड संहिता 'प्रथम कानून आयोग' के माध्यम से तैयार की गई थी। इस आयोग के अध्यक्ष मैकाले थे। भारतीय दण्ड संहिता के आधार में 'इंग्लैण्ड के कानून' के अस्तित्व को अस्वीकार नहीं किया जा सकता है। भारतीय दण्ड संहिता के निर्माण में 'फ्रांस दण्ड संहिता' और 'लौसियाना संहिता' को भी देखा गया था। भारतीय दण्ड संहिता की जो रूपरेखा तैयार की गई थी उसका रिवीजन कलकत्ता हाई कोर्ट के न्यायाधीशों ने बड़ी सतर्कता और आलोचनात्मक दृष्टि से किया था। इसी ड्राफ्ट ने 1860 में कानून का रूप प्राप्त कर लिया और इसे सार्वभौमिक रूप से भारत में स्वीकार किया गया। भारतीय दण्ड संहिता की व्याख्या के अन्तर्गत अपराधों और दण्डों की व्याख्या को शामिल किया जाता है। इसे संहिता के लिए हानिकारक माना गया है। समय और परिस्थितियों के अनुसार भारतीय दण्ड संहिता में अनेक संशोधन और सुधार हुए व वर्तमान दण्ड संहिता इन्ही संशोधनों का परिणाम है।

अपराधों का वर्गीकरण

अपराध के कई प्रकार हैं। भारतीय दण्ड संहिता में अपराध को सुविधा की दृष्टि से निम्न सात भागों में विभक्त किया गया है :

1. सम्पत्ति के विरुद्ध अपराध भारतीय दण्ड संहिता में सम्पत्ति के खिलाफ जिन अपराधों की चर्चा की गई है, उनमें से कुछ निम्नांकित हैं

(1) चोरी जब कोई व्यक्ति किसी दूसरे व्यक्ति की चल सम्पत्ति को किसी तरह की अधिकार-सीमा से बिना उस व्यक्ति की अनुमति के बाहर करता है, तो इस क्रिया को चोरी का नाम दिया जाता है।

(2) अवैध धनापहरण जब कोई व्यक्ति किसी दूसरे व्यक्ति को मारने-पीटने, बदनाम करने या अन्य प्रकार का डर देकर उससे कुछ पैसा प्राप्त करता है तो इसे अवैध धनापहरण के नाम से जाता जाता है। उदाहरणार्थ 'अ' किसी प्रकार 'ब' का बदनामी-पत्र छपवाना चाहता है और 'ब' से ऐसा कहता है कि 1000 रुपये देने पर निन्दा-पत्र नहीं छपाया जाएगा। यह 1000 रुपये की राशि अवैध धनापहरण के नाम से जानी चाएगी।

2. मानव-शरीर के विरुद्ध अपराध निम्न अपराध मानव-शरीर को प्रभावित करते हैं

(क) गैरकानूनी मानव-हत्या एक व्यक्ति के द्वारा दूसरे व्यक्ति की हत्या

करना ही 'मानव-हत्या' है। किसी भी व्यक्ति की मृत्यु हो सकती है, लेकिन यह मृत्यु किसी दुर्घटना के कारण हो और इसके लिए किसी को दोषी न ठहराया जाए, तो इसे मानव-हत्या नहीं कहा जाएगा; अतः इसको किसी भी हालत में अपराध की संज्ञा नहीं दी जा सकती है। मानव-हत्या दो तरह की हो सकती है

(अ) जागरूकता के कारण हत्या की नीयत से, और

(आ) उदासीनता के कारण।

भारतीय दण्ड संहिता में सुविधा के लिए प्रत्यक्ष भिन्नता की वजह से गैरकानूनी मानव-हत्या को निम्न चार वर्गों में विभाजित किया गया है

(अ) मानव-हत्या का दोषी।

(आ) हत्या।

(इ) अपराधशील क्रिया द्वारा मानव-हत्या।

(ई) आत्महत्या का प्रयास करना।

(ख) गर्भपात भारतीय दण्ड संहिता में गर्भपात करना या इसी तरह की अन्य क्रियाएँ अपराध के अन्तर्गत आती हैं और इसके लिए दण्ड की व्यवस्था की गई है।

(ग) शिशु प्रगटीकरण और शिशु जन्म को छिपाना।

(घ) चोट चोट दो प्रकार की होती है

(अ) साधारण।

(आ) **गम्भीर** गम्भीर चोट के अन्तर्गत निम्नलिखित शारीरिक चोटों को शामिल किया जाता है

(अ) बन्ध्याकरण करना,

(आ) दोनों या किसी एक आँख की ज्योति स्थायी तौर पर खत्म कर देना,

(इ) दोनों या किसी एक कान की श्रवण शक्ति को स्थायी या अस्थायी तौर पर समाप्त कर देना,

(ई) किसी सदस्य से पृथक कर देना,

(ए) किसी भी सदस्य की शक्ति को समाप्त कर देना,

(उ) किसी के सिर या चेहरे को बिगाड़ देना,

(अः) दाँत या शरीर के किसी भाग की हड्डी को तोड़ देना या जोड़ हटा देना,

(अं) कोई भी ऐसी चोट जिससे जीवन को खतरा हो या ऐसी चोट करना जिससे शरीर में असह्य दर्द हो और जीवनयापन को संचालित करने में मुश्किल हो।

(ङ) गलत प्रतिरोध वह व्यक्ति जो किसी व्यक्ति को रोकता है व उसे किसी भी दिशा में नहीं जाने देता है, जहाँ कि उस व्यक्ति का अधिकार है, गलत प्रतिरोध करने वाले व्यक्ति का अधिकार है, गलत प्रतिरोध करने वाले व्यक्ति के नाम से जाना जाता हैं।

(च) गलत बन्धन बन्धन, जैसा कि नाम से स्पष्ट होता है, बाँधने से सम्बन्धित है। किसी व्यक्ति को किसी कमरे में अथवा चारदीवारी के अन्दर रखना और उसे उसकी इच्छा के अनुसार बाहर न जाने देना गलत बन्धन के नाम से जाना जाता है।

(छ) अपराध शक्ति अपराध शक्ति का अर्थ व्यक्ति की उस क्रिया को कहा जाता है जिसके द्वारा वह दूसरों की गति, गति-परिवर्तन आदि में बाधा डालता है। जब ऐसी क्रिया नीयत के साथ की जाती है, इसके पीछे अपराध की नीयत होती है। साथ ही इस नीयत के द्वारा किसी दूसरे व्यक्ति को चोट, डर अथवा पीड़ा उत्पन्न होती है।

(ज) आक्रमण जो व्यक्ति ऐसी तैयारी करता है जिससे शक्ति के साथ किसी व्यक्ति को चोट पहुँचाता है, तो इस क्रिया को आक्रमण कहा जाता है। आक्रमण का अभिप्राय इच्छा और शक्ति के साथ किसी व्यक्ति पर अचानक हमला करना है।

(ञ) भाग जब कोई व्यक्ति किसी दूसरे व्यक्ति को उसकी सहमति और संरक्षक की आज्ञा के बिना एक स्थान से बिना किसी सूचना के ले जाता है, तो इस क्रिया को दुष्प्रयोजन पूर्ण भागना कहते हैं। इसके साथ ही कुछ निश्चित उम्र होती है जिसके नीचे के बालक और बालिकाओं को अवस्यक माना गया है; और उन्हें भगाना ज्यादा गम्भीर अपराध है।

(ट) बलपर्वूक अपहरण करना जब कोई व्यक्ति किसी व्यक्ति को शक्ति-प्रयोग के द्वारा किसी स्थान से जाने के लिए मजबूर करता है, तो इसे अपहरण कहते हैं,

(ढ) बलात्कार करना उस व्यक्ति को बलात्कार का दोषी कहा जाएगा जिसने किसी स्त्री के साथ यौन-सम्बन्धी सम्भोग किया हो, व जिसमें निम्न पाँच तत्वों का अभाव पाया जाता है।

(अ) स्त्री की इच्छा के विपरीत;

(आ) स्त्री की सहमति के बिना;

(इ) उसकी सहमति से लेकिन यह सब उसकी सहमति स्त्री को मृत्यु का डर

या चोट के आधार पर प्राप्त की गई हो;

(ई) उसकी सहमति से जबकि पुरुष जानता है कि वह उस स्त्री का पति नहीं है, लेकिन यह सहमति स्त्री ने इस आशा से दी है कि पुरुष उस स्त्री के साथ विवाह कर लेगा; और

(ए) चाहे स्त्री की सहमति से या असहमति से, अगर स्त्री की आयु 16 वर्ष से कम है।

(ड) अप्राकृतिक अपराध उपर्युक्त समस्त अपराध व्यक्ति के शरीर, बल, शक्ति व मस्तिष्क से सम्बन्धित हैं और इनके लिए दण्ड की व्यवस्था की गई है। इन सभी अपराधों की व्याख्या भारतीय दण्ड संहिता में की गई है।

(3) लूट सभी तरह की लूट की क्रियाएं या तो चोरी के अन्दर आती हैं या अवैध धनापहरण के अन्तर्गत। वह चोरी लूट कही जाएगी अगर चोरी के साथ ही व्यक्ति को मार डाला जाता है, चोट पहुँचाई जाती है, गैरकानूनी बाधा उत्पन्न की जाती है या मृत्यु का डर दिया जाता है आदि। अवैध धनापहरण भी लूट के रूप में बदल जाता है यदि अवैध धन का अपहरण करने वाला व्यक्ति मृत्यु का डर अथवा चोट का भय देकर धन प्राप्त कर लेता है।

(4) डकैती जब पाँच या पाँच से ज्यादा व्यक्ति किसी को लूटते हैं या लूटने की क्रिया करते हैं, तो इन व्यक्तियों की क्रिया को डकैती का नाम दिया जाता है।

(5) अपराधी-गलत-स्वायत्तीकरण जब कोई व्यक्ति बेईमानी के साथ किसी दूसरे की चल सम्पत्ति को अपनी सम्पत्ति बनाना चाहता है अथवा अपने प्रयोग के रूप में बदलना चाहता है तो इस क्रिया को अपराधी-गलत-स्वायत्तीकरण के नाम से जाना जाता है।

(6) अपराधी-विश्वासघात यह भी अपराधी-गलत-स्वायत्तीकरण के ही समान है। इसमें पहले व्यक्ति विश्वास प्राप्त करता है और बाद में इस विश्वास को तोड़ता है। उदाहरण 'राम' का स्थानान्तरण केवल 4 माह के लिए हो जाता है। जाते समय वह अपना कुछ वजनी सामान 'श्याम' के पास यह कहकर रख जाता है कि जब वह चार महीने बाद वापस आएगा, तो ले लेगा। राम के जाने पर श्याम उसका सारा सामान बेच देता है। इस तरह श्याम की क्रिया अपराधी-विश्वासघात के अन्तर्गत आएगी।

(7) चुराई सम्पत्ति प्राप्त करना चुराई सम्पत्ति वह है जो चोरी, बलात् लूट, धनापहरण, अपराधी-गलत-स्वायतीकरण या डाके के द्वारा प्राप्त की गई हो।

अगर यह सम्पत्ति किसी दूसरे व्यक्ति को दी जाती है तो इसे चुराई सम्पत्ति प्राप्त करने के नाम से जाना जाता है।

(8) धोखा देना या शरारत इसके लिए व्यक्ति की नीयत, जागरूकता और आर्थिक नुकसान अनिवार्य है। जब कोई व्यक्ति जानते हुए और इरादे के साथ कुछ ऐसा कार्य करता है जिससे दूसरे व्यक्ति की सम्पत्ति क्षीण हो जाती है, उसका मूल्य या उपयोगिता कम होती है या इसे बुरी तरह प्रभावित करती है, तो इसे शरारत कहते हैं। उदाहरणार्थ 'अ' 'ब' की अंगूठी को नदी में फेंक देता है। इस कार्य के पीछे 'अ' का उद्देश्य 'ब' को नुकसान पहुँचाना होता है, तो इस कार्य को शरारत के नाम से जाना जाता है।

(9) कपटी कार्य व्यक्ति का वह कार्य छल-कपट की क्रियाओं से जुड़ा है जब कोई व्यक्ति बेईमानी से, कपटी क्रियाओं से दस्तखत करता है, किसी क्रिया का सम्पादन करता है अथवा गवाही को एक पार्टी के रूप में प्रस्तुत करता है जिससे सम्पत्ति का अपहरण, सम्पत्ति परिवर्तन या ब्याज में अन्तर आता है। साथ ही गलत गवाही देकर गलत कार्यों से सहमति प्रकट करता है, तो इस क्रिया को कपटी कार्य के नाम से जाना जाता है।

(10) सम्पत्ति का कुप्रबन्ध जो व्यक्ति बेईमानी के साथ कपटी कार्य के माध्यम से किसी व्यक्ति की सम्पत्ति को दूसरे के नाम स्थानान्तरित करता है, रद्द् करता है, या बेच देता है और इस क्रिया के पीछे कोई तर्कसंगत कारण नहीं रहता है, तो इस क्रिया को सम्पत्ति के कुप्रबन्ध के नाम से जाना जाता है। उदाहरणार्थ 'अ' 'ब' की सम्पत्ति का संरक्षक बनाया गया है। अब अगर 'अ' बिना किसी कारण के 'ब' की सम्पत्ति को बेचता है या स्थानान्तरित करता है जिससे उसके इस कार्य में छल-कपट का एहसास होता है, तो इस क्रिया को सम्पत्ति के कुप्रबन्ध से जुड़े अपराध के नाम से जाना जाता है।

(11) अपराधी-अतिक्रमण जब कोई व्यक्ति किसी जगह पर प्रवेश करता है जिससे अधिकारी व्यक्ति की सम्पत्ति का अपहरण, बाधा-पीड़ा, बेइज्जती आदि उत्पन्न होती है, तो इस क्रिया को अपराधी-अतिक्रमण के नाम से जाना जाता है। अपराधी-अतिक्रमण को निम्नलिखित 5 वर्गों में विभक्त किया जाता है।

(1) मकान में अतिक्रमण;

(2) मकान में अतिक्रमण की घात में रहना;

(3) रात को मकान में अतिक्रमण की घात में रहना;

(4) मकान गिराना;

(5) रात्रि में मकान गिराना।

(क) जाली कार्य जब कोई व्यक्ति ऐसा लेख अथवा प्रमाणपत्र प्रस्तुत करता है जिससे किसी व्यक्ति या सामान्य जनता को हानि होती है या चोट पहुँचती है, या धोखा देता है, तो इस क्रिया को जाली कार्य या कूटकरण के नाम से जाना जाता है। उदाहरणार्थ 'अ' को किसी महाजन का दस्तखत किया हुआ खाली चेक प्राप्त हो जाता है जिसमें ऐसा लिखा है कि चेक लाने वाले को पैसा दे दिया जाए। 'अ' खाली चेक में 10,000 रुपये लिखकर बैंक से पैसा निकाल लेता है, 'अ' का यह कार्य जाली कार्य के अन्तर्गत आएगा। उस व्यक्ति को गलत प्रमाणपत्र प्रस्तुत करने का दोषी ठहराया जाएगा, जो

(अ) दूसरे व्यक्ति का दस्तखत, उसकी मोहर अथवा ऐसे कार्यों का सम्पादन करता है या प्रमाणपत्र प्रस्तुत करता है, जो कि अधिकारी या सम्बन्धित व्यक्ति ने नहीं किए हैं;

(आ) जो बेईमानी के साथ प्रमाणपत्र को बदलता है या रद्‌द् करता है अथवा उसमें किसी तरह का संशोधन करता है; अथवा

(इ) जो व्यक्ति बेईमानी की नीयत से दूसरे व्यक्ति को गलत प्रमाणपत्र प्रस्तुत करने, दस्तखत करने अथवा मोहर लगाने को मजबूर करता है।

(ख) गलत सम्पत्ति-चिन्ह का प्रयोग व्यक्ति इस चल राम्पत्ति को अपना बताने के लिए एक विशेष चिन्ह का प्रयोग करता है। इस चिन्ह को 'सम्पत्ति-चिन्ह' के नाम से जाना जाता है। इस सम्पत्ति-चिन्ह पर उस व्यक्ति का पूर्ण अधिकार होता है। जब दूसरा व्यक्ति इस चिन्ह का इस्तेमाल अपनी सम्पत्ति, अपने माल या माल के पैकेट के लिए करता है, तो इसे सम्पत्ति के चिन्ह का गलत इस्तेमाल कहा जाता है।

(ग) गलत व्यापार-चिन्ह (ट्रेडमार्क) का प्रयोग वह चिन्ह जो किसी व्यापारी या निर्माणक द्वारा अपनी वस्तु के प्रचलन, प्रसार और स्थायित्व के लिए प्रयुक्त किया जाता है, तो इसे व्यापार-चिन्ह के नाम से जाना जाता है। एक व्यापारी अपनी वस्तुओं के लिए एक निश्चित चिन्ह का उपयोग करता है। कभी-कभी जब वह वस्तु काफी लोकप्रिय हो जाती है तो दूसरे व्यक्ति उसकी नकल करते हैं और उसके 'व्यापार-चिन्ह' के द्वारा अपनी वस्तुओं का प्रचार और प्रसार करते हैं, तो इस क्रिया को गलत व्यापार-चिन्ह के उपयोग के नाम से जाना जाता है।

(घ) जाली नोट (सिक्के) छापना।

4. सम्पूर्ण जनता को प्रत्यक्ष प्रभावित करने वाले अपराध इन अपराधों की स्थिति राज्य के खिलाफ अपराध और व्यक्ति व सम्पत्ति के खिलाफ अपराधों

के बीच में आती है। इन अपराधों का सम्बन्ध गैर-कानूनी उद्देश्य से होता है जिससे जन-शान्ति समाप्त होती है और जनता में उत्तेजना फैलती है। ये अपराध जनता की सुविधा, नैतिकता, आराम, सुरक्षा व स्वास्थ्य पर हानिप्रद प्रभाव डालते हैं। सम्पूर्ण जनता को प्रत्यक्ष रूप से प्रभावित करने वाले अपराधों को निम्न भागों में विभक्त किया जा सकता है

(क) गैरकानूनी संघ की सदस्यता पाँच या पाँच से ज्यादा व्यक्तियों के संघ को "गैरकानूनी" संघ कहा जाता है, अगर उस संघ के सदस्यों का सामान्य उद्देश्य हो। इस संघ की निम्नांकित विशेषताओं को अपराध के अन्तर्गत शामिल किया जाएगा

(अ) शासकीय कार्यकर्ता, किसी प्रशासक या अन्य शासकीय व्यक्ति के कानूनी शक्ति के संचालन में अपराधी-शक्ति के द्वारा अथवा अपराधी-शक्ति दिखाकर उसे अपने कार्यों को संचालित करने में व्याकुलता पैदा कर देना;

(आ) किसी कानून या कानूनी क्रिया के संचालन में अवरोध उत्पन्न करना;

(इ) किसी प्रकार का अपराधी-अतिक्रमण, शरारत अथवा अन्य अपराध करना;

(ई) किसी व्यक्ति को अपराधी-शक्ति का डर दिखाकर उसे उसकी सम्पत्ति या अन्य अधिकारों सें वंचित कर देना; और

(ए) अपराधी-शक्ति अथवा अपराधी-शक्ति का डर दिखाकर किसी व्यक्ति को ऐसा काम करने के लिए मजबूर करना जो कि उसे नहीं करना चाहिए और उसे ऐसे कार्यों से वंचित कर देना जिन्हें उसे करना चाहिए था, आदि सभी विशेषताएँ संघ के अन्तर्गत आती हैं।

जो मनुष्य जागरूक अवस्था में, तथ्यों को भली-भांति जानते और समझते हुए किसी भी ऐसे संघ का सदस्य बनता है जो गैरकानूनी है, तो उसे इस गैरकानूनी संघ का सदस्य कहा जाता है।

(ख) कलह जब दो या दो से ज्यादा व्यक्ति किसी सामान्य जगह पर झगड़ा करते हैं, जिससे जन-शान्ति नष्ट होती है, तो वे कलह का अपराध करते हुए कहे जाएँगे।

(ग) दंगा जब शक्ति अथवा कानून उल्लंघन की क्रिया किसी गैरकानूनी संघ के माध्यम से की जाती है, या यह क्रिया गैरकानूनी संघ के किसी सदस्य के द्वारा की जाती है जिसके पीछे संघ का सामान्य उद्देश्य निहित होता है, तो इस क्रिया को करने वाले सदस्य अथवा संघ के सदस्य दंगा के अपराध के दोषी कहे जाते है।

(घ) वर्गों के बीच शत्रुता को बढ़ाना हर समाज में अनेक वर्ग पाए जाते हैं। भारतवर्ष को तो इन विभिन्न वर्गों को अजायबघर कहा जाता है। किसी भी माध्यम से विभिन्न वर्गों के मध्य शत्रुता में वृद्धि होती है वह भारतीय दण्ड संहिता के अनुसार अपराध करता है।

(ङ) जन-बाधा उस व्यक्ति को जन-शांति का बाधक कहा जाएगा जो ऐसी किसी भी प्रकार की क्रिया करता है जिससे साधारण जनता को चोट पहुँचती है, क्षति होती है या सम्पत्ति को नुकसान पहुँचता है।

(च) लाटरी केन्द्र स्थापित करना वह व्यक्ति जो जूआ, लाटरी अथवा इसी तरह के अन्य कार्य करता है, जिसमें तथ्यों का आधार चिट्ठी या लाटरी होती है, तो इसे भी अपराध कहा जाता है।

5. राज्य के खिलाफ अपराध राज्य के खिलाफ अपराधों को निम्नांकित भागों में बाँटा जा सकता है

(क) शासक के विरुद्ध युद्ध चलाना,
(ख) राजद्रोह करवाना,
(घ) गदर को उकसाना,
(ङ) गलत मुद्रा अथवा टिकट बनाना,
(च) कानूनी आज्ञा की अवहेलना,
(छ) गलत गवाही देना।

6. मस्तिष्क को प्रभावित करने वाले अपराध मस्तिष्क को प्रभावित करने वाले अपराधों को निम्नांकित भागों में बाँटा जा सकता है

(अ) बदनामी वह व्यक्ति जो प्रकाशित करके, लिखकर, जबानी कहकर अथवा दस्तखत करके दूसरे व्यक्ति की मानसिक शान्ति को प्रभावित करता है, तो इसे बदनामी कहते हैं। उदाहरणार्थ 'अ' 'ब' को ईमानदार कहता और समझता है। 'ब' किसी हालत में 'स' की घड़ी नहीं चुरा सकता है। अगर 'ब' के ऊपर बिना किसी अधिकारिक प्रमाण के घड़ी को चुराने का दोष लगाया जाता है, तो इसे बदनामी के नाम से जाना जाता है।

(आ) अपराधी-धमकी जब एक व्यक्ति किसी दूसरे व्यक्ति को शरीर अथवा सम्पत्ति को समाप्त करने की धमकी देता है या उसकी इज्जत नष्ट करने की धमकी देता है, जबकि कानूनन उसे ऐसा नहीं करना चाहिए, तो इस क्रिया को अपराधी-धमकी के नाम से जाना जाता है। उदाहरणार्थ 'अ' 'ब' को धमकी देता है कि वह उसके मकान में आग लगा देगा, तो 'अ' की इस क्रिया को अपराधी-धमकी के नाम से जाना जाता है।

(इ) दर्द किसी भी व्यक्ति को पीड़ा, रुकावट, बाधा अथवा दुःख पहुँचाना।

7. शासकीय सेवकों द्वारा अपराध शासकीय सेवकों द्वारा किए जाने वाले अपराधों को भारतीय दण्ड संहिता में निम्नांकित भागों में बाँटा गया है

(क) गैर-कानूनी पुरस्कार प्राप्त करना।

(ख) कानून की अवहेलना करना या ऐसे प्रमाणपत्र तैयार करना जिससे किसी व्यक्ति को चोट पहुँचे।

(घ) गैर-कानूनी तरीके से किसी व्यापार में स्वयं को लगाना या सम्पत्ति की नीलामी में बोली देना अथवा खरीदना।

भारत में दण्ड व्यवस्था

भारतीय दण्ड संहिता में अपराधियों के लिए दण्ड-व्यवस्था का वर्णन निम्न प्रकार दिया गया है

1. देश-निष्कासन देश-निष्कासन की सजा का आशय है भारत से बाहर रखना। स्वतन्त्रता के पहले इस प्रकार की सजा दी जाती थी जिसे भारतीय लोग 'काले पानी की सजा' के नाम से जानते थे। देश-निष्कासन वाले अपराधियों को अण्डमान-निकोबार द्वीप में भेज दिया जाता था। स्वतंत्रता के पश्चात् यह सजा खत्म कर दी गई है।

2. दासत्व दासत्व की सजा देश-निष्कासन की सजा के बदले में दी जाती थी। इस सजा के अन्तर्गत अपराधी को जेल के अन्दर रखा जाता है और उससे मजदूरी करायी जाती थी।

3. कारावास कारावास की सजा को दो भागों में बाँटा जा सकता है (1) कठोर और (2) साधारण। निम्न प्रकार के अपराधों में व्यक्ति को कठोर कारावास की सजा दी जाती है

(क) गलत गवाही देने पर;

(ख) देश-निष्कासन की सजा पर गैरकानूनी तरीके से वापस होना;

(ग) इस नीयत से मकान में घुसना जिसके लिए मृत्युदण्ड की सजा दी जाती हो।

निम्न प्रकार के अपराधों के लिए साधारण कारावास की सजा दी जाती है

(क) शासकीय नौकरों के माध्यम से स्वयं को गलत व्यवसाय में लगाना तथा गलत ढंग से सम्पत्ति हड़पना और बेचना;

(ख) शासकीय नौकर के द्वारा सम्मन प्राप्त न करना या भाग जाना;

(ग) ऐसे प्रमाणपत्रों को प्रस्तुत न करना, जिन्हें कानून की दृष्टि से प्रस्तुत

करने के लिए मजबूर हैं;

(घ) शासकीय सेवकों द्वारा शीघ्र दी गई आज्ञाओं का उल्लंघन करना;

(ङ) जेल से भागना;

(च) न्यायिक प्रक्रिया में बैठे शासकीय सेवकों की बेइज्जती करना;

(छ) निरन्तर अवरोध उत्पन्न करना;

(ज) गलत प्रतिरोध करना;

(झ) बदनामी करना;

(ञ) ऐसे शब्दों का उच्चारण करना, जिससे किसी स्त्री की नम्रता की बेइज्जती होती हो;

(ट) मद्य व्यक्ति द्वारा जनसामान्य के स्थानों पर दुर्व्यवहार करना।

4. मृत्यु मृत्युदण्ड की सजा का विधान निम्नांकित अपराधों में किया गया है

(क) हत्या;

(ख) आत्महत्या के लिए पागलों, बालकों और शराबी व्यक्तियों को उकसाना अगर यथार्थ में ऐसा स्पष्ट हो जाए कि आत्महत्या उकसाने की वजह से हुई है;

(ग) उस व्यक्ति के द्वारा हत्या का प्रयास करना, जिसे कि आजीवन देश-निष्कासन की सजा दी गयी हो और अपने इस प्रयत्न में उसने किसी प्रकार की चोट पहुँचाई हो;

(घ) गलत गवाही देना जिससे मासूम व्यक्ति को दोषी पाया जाए और उसे दण्ड दिया जाए;

(ङ) अगर डकैती में हत्या की जाए, तो केवल हत्या करने वाले डाकू को ही प्राणदण्ड की सजा न दी जाए बल्कि उन समस्त व्यक्तियों का मौत की सजा दी जाए जिन्होंने डकैती में भाग लिया हो;

(च) शासक के खिलाफ युद्ध भड़काने वाले को; और

(छ) सेना में गदर की भावना को उकसाना।

5. सम्पत्ति दण्ड सम्पत्ति दण्ड केवल उन्हीं अपराधियों को दिया जाता है जो मुख्यतः राजनीतिक अपराध करते हैं। सम्पत्ति दण्ड को मुख्य रूप से तीन वर्गों में विभाजित किया जा सकता है

(क) पूर्ण सम्पत्ति दण्ड पूर्ण सम्पत्ति का अपहरण निम्न अपराधों में किया जाता है

(1) युद्ध को भड़काने वाली क्रियाएँ करना या शासक के विरुद्ध युद्ध को भड़काना;

(2) युद्ध को उकसाने हेतु व्यक्तियों को एकत्रित करना और अस्त्र-शस्त्र इकट्ठा करना;

(3) व्यक्ति की ऐसी क्रियाएँ जिनके लिए उसे मृत्युदण्ड की सजा मिली है।

(ख) देश-निष्कासन अथवा कारावास के समय में लाभ और किराये को जब्त करना अगर किसी व्यक्ति ने ऐसा अपराध किया है जिसके लिए उसे देश-निष्कासन अथवा छह वर्ष से ज्यादा की सजा मिली है। इस अवधि में राज्य अपराधी की चल सम्पत्ति का किराया, ब्याज और लाभ प्राप्त करने का अधिकार रखता है। राज्य को ऐसा अधिकार न्यायालय के द्वारा प्रदान किया जाता है।

(ग) विशिष्ट सम्पत्ति का अपहरण विशिष्ट सम्पत्ति का अपहरण निम्नांकित अपराधों पर किया जाता है

(1) जो व्यक्ति किसी ऐसे क्षेत्र में प्रवेश करता है जिससे शान्ति और व्यवस्था को आघात पहुँचता है तो शासक अन्य दण्डों की तुलना में सम्पत्ति दण्ड की सजा व्यक्ति को दे सकता है;

(2) जो व्यक्ति सम्पत्ति इस माध्यम से प्राप्त करे जिससे युद्ध अथवा अशान्ति का डर हो, तो राज्य ऐसी सम्पत्ति का अपहरण कर सकता है; और

(3) वह शासकीय सेवक जो अपने पद के आधार पर किसी तरह की सम्पत्ति खरीदता है, जिसे खरीदना उसके लिए निषिद्ध है, तो राज्य ऐसी सम्पत्ति का अपहरण कर सकता है।

6. जुर्माना ज्यादा जुर्माना बहुत ही साधारण अपराधों के लिए किया जाता है। कारावास के स्थान पर इस दण्ड का इस्तेमाल किया जाता है।

7. कोड़े मारना कोड़े मारना भी एक तरह की सजा है जो सामान्य अपराधों के लिए इस्तेमाल में लाया जाता है।

उपरोक्त विवरणों से भारतीय दण्ड व्यवस्था का जो चित्र हमारे समक्ष उपस्थित होता है उसके सम्बन्ध में संक्षेप में हम कह सकते हैं कि यह बहुत अधिक लोचदार है। इसमें इस बात का पूरा प्रयत्न किया गया है कि किसी निर्दोष को सजा न मिले तथा दोषी व्यक्ति को भी उसके अपराध की प्रकृति के अनुसार ही दण्ड मिले।

14

अपराध और भारतीय समाज की बदलती सोच

आज का युवा वर्ग

मनुज-समाज की यात्रा, क्षितिज की यात्रा से कम नहीं होती। जो कभी समाप्त नहीं होती। प्रत्येक आनेवाली पीढ़ी, अतीत और वर्तमान की कड़ी होती है, अगर हम इस बात को मान लें, तो युवावर्ग की भाषा को समझना आसान हो जायेगा। अन्यथा यह विकट है। आज के युवावर्ग, अपनी विरासत से विचार-दर्शन बहुत कम ही पाते हैं, कारण माँ-बाप, दोनों का कामकाजी होना और एकल परिवार का होना। दोनों ही कारण, बच्चों को एकांकी और चिड़चिड़ा बना दे रहा है।

आखिर विचार-दर्शन उन्हें कौन करायेगा, जिसके बिना आज का युवावर्ग चौराहे पर खड़ा है, वे जायें तो किधर जायें। अपनी जीवन-गति का निर्माण करें, तो किस प्रकार करें। कौन बतायेगा। ऐसे में तिराहों पर युवावर्ग का स्तम्भित होना स्वाभाविक है, लेकिन इस भटकाव को हम स्वाभाविक नहीं कह सकते।

देश की आजादी के 66 साल बीत जाने के बावजूद देश की जितनी उन्नति होनी चाहिये थी, नहीं हो सकी। अन्यान्य कारणों के अलावा, नवयुवकों का

बेरोजगार होना तथा सही दि शा-निर्देश से वंचित रहना, मुख्य कारण है। उनमें ध ार्य नहीं है, वे चिंतित जीया करते हैं। अधिकतर जहाँ-तहाँ बैठकर गप्पेबाजी कर समय काटते हैं। वक्त की पाबंदी और अनुशासन का अभाव है। वे हमेशा तनाव की जिंदगी जीते हैं। धैर्य और सहनशीलता के घटते जाने का कारण, टेलीविजन भी कम नहीं है। जो आज घर-घर की आवश्यकता के साथ-साथ बच्चों के जीवन विनाश का माध्यम बन गई है। बच्चे स्वीच आन करने के साथ ही, मार-धाड़, गोलियाँ बरसाना, खून करना, इससे भी बदतर है, गंदे-गंदे दृश्यों को दिखाना।

ज्यादातर परिवार में सिर्फ माँ-बाप और बच्चे होते हैं। माँ-बाप का कामकाजी होने से बच्चों को रोकने-टोकने वाला नहीं होता है। वे दिन भर टी०वी० के आगे बैठकर, उन्हीं गंदे दृश्यों और मार-धाड़ देखते हैं, जिससे उनकी मनोवृति अनुशासानहीन हो जाती है। नतीजा छोटी-छोटी बातों पर अक्रामक और हिंसक हो जाते हैं, जो उनके लिए हानिकारक तो है ही,परिवार के लिये भी बुरा होता है। सरकारी महकमें भी इन युवाओं को भटकाने का काम कम नहीं कर रहे हैं। पुलिस का असामाजिक तत्वों के प्रति नरम रवैया, पीड़ितों की उपेक्षा व रि वतखोरी की लत की वजह से समाज में अपराध बढ़ते जा रहे हैं। पुलिस की लापरवाही व मनमाने व्यवहार से सुरक्षा का भरोसा समाप्त होता जा रहा है। पहले तो अपराधी पकड़े नहीं जाते, अगर कभी पकड़े गये, तो रि वत देकर छूट जाते हैं। बेगुनाहों को पकड़कर जेल भेज देना, उनके साथ मारपीट करना, कभी-कभी तो थाने में मारते-मारते मार देना है। इन सब कारणों से युवावर्ग अपने को असहाय महसूस करते हैं, जिससे गुस्सा और बदले की भावना उत्पन्न हो जाती है और वे संयम खो बैठते हैं।

सरकार की ओर से धर्म व जाति के नाम पर आरक्षण, तो आग में घी डालने का काम कर रहा है। नेता युवाओं का इस्तेमाल, प्रदर्शन, रैली व हड़ताल जैसे कामों के लिए करते हैं। इससे युवा क्या सीखेंगे? इस तरह युवाओं की ऊर्जा गलत जगह प्रयोग कर, ये नेतागण, अपनी पार्टी के वाटों के लिए, इनकी जिंदगी से खिलवाड़ करते हैं। इससे इनके स्वभाव से धैर्य व नैतिकता गायब होने लगा है। माँ-बाप के पास समय नहीं होता। आया या पड़ोसी जैसा सिखाते हैं, बड़े होकर वे उस प्रवृति के हो जाते हैं। इनमें इनका कसूर नहीं, कसूर है, माँ-बाप समाज और सरकार का, जो इन्हें अच्छी राह दिखा नहीं पा रहे हैं, बल्कि दिन व दिन इन्हें गहरी खाई की ओर धकेल रहे हैं। ये भूल रहे हैं, जब-तक युवा नहीं जागेगा, देश नहीं जागेगा।

यौवन जिंदगी का सर्वाधिक मादक अवस्था होता है। इस अवस्था को भोग

रहा युवक वर्ग, केवल देश की शक्ति ही नहीं, बल्कि वहाँ की सांस्कृतिक आत्मा का प्रतीक भी होता है। अगर हम यह मानते हैं कि, यह संसार एक उद्यान है, तो ये नौजवान इस उद्यान की सुगंध हैं। युवा वर्ग किसी भी काल या देश का आईना होता है जिसमें हमें उस युग का भूत, वर्तमान और भविष्य, साफ दिखाई पड़ता है। इनमें इतना जोश रहता है कि ये किसी भी चुनौती को स्वीकारने के लिये तैयार रहते हैं। चाहे वह कुर्बानी ही क्यों न हो, नवयुवक अतीत का गौरव और भविष्य का कर्णधार होता है और इसी में यौवन की सच्ची सार्थकता भी है। हमारे दूसरे वर्ग, बूढ़े-बुजुर्ग जिनके बनाये ढ़ाँचे पर यह समाज खड़ा रहता आया है। उनका कर्तव्य बनता है कि इन नव युवकों के प्रति अपने हृदय में स्नेह और आदर की भावना रखें, साथ ही बर्जना भी। ऐसा नहीं होने पर, अच्छे-बुरे की पहचान उन्हें कैसे होगी आग मत छूओ, जल जावोगे। नहीं बताने से वे कैसे जानेंगे कि आग से क्या होता है? माता-पिता को या समाज के बड़े-बुजुर्गों को भी, नव वर्ग के बताये रास्ते अगर सुगम हों, तो उन्हें झटपट स्वीकार कर उन रास्तों पर चलने की कोशिश करनी चाहिये।

ऐसे आज 21वीं सदी की युवा शक्ति की सोच में, और पिछले सदियों के युवकों की सोच में जमीं-आसमां का फर्क आया है। आज के नव युवक, वे ढ़ेर सारी सुख-सुविधाओं के बीच अंधी दौड़, जीवन शैली को इस कदर अस्त-व्यस्त और विकृत कर दिया है कि आधुनिकता के नाम पर पश्चिमी सभ्यता का अनुसरण, उनके जीवन को बर्वाद कर दे रहा है। उनकी सहनशीलता खत्म होती जा रही है। युवकों के संयमहीन व्यवहार के लिए हमारे आज के नेता भी दोषी हैं। आरक्षण तथा धर्म-जाति के नाम पर इनका इस्तेमाल कर, इनकी भावनाओं को अपने उग्र भाषणों से भड़काते हैं और युवाओं की ऊर्जा का गलत प्रयोग कर अपने स्वार्थ की पूर्ति करते है। जिसके फलस्वरुप आज युवा वर्ग भटक रहा है।

धैर्य, नैतिकता, आदर्श जैसे शब्द उनसे दूर होते जा रहे हैं। पथभ्रट और दि शाहीन युवक, एक स्वस्थ देश के लिए चिंता का विषय है। आज टेलीविजन, जो घर-घर में पौ फटते ही अपराधी जगत का समाचार, लूट, व्यभिचार, चोरी का समाचार लेकर उपस्थित हो जाता है, या फिर गंदे अश्लील गानों को बजते छोड़ देता है। कोई अच्छा समाचार शायद ही देखने मिलता है। ये टेलीविजन चैनल भी युवा वर्ग को भटकाने में अहम रोल निभा रहे हैं। दूसरी ओर इनकी इस दयनीय मनोवृति के लिये उनके माता-पिता व अभिभावक भी कम दोषी नहीं हैं। वे बच्चों की मानसिक क्षमता का आंकलन किये बिना उन्हें आई० ए० एस०, पी०सी०

एस०, डाक्टर, वकील, ईंजीनियर आदि बनाने की चाह पाल बैठते हैं और जब बच्चों दूवारा उनकी यह चाहत पूरी नहीं होती है, तब उन्हें कोसने लगते हैं। जिससे बच्चों का मनोबल गिर जाता है। वे घर में तो चुपचाप होकर उनके गुस्से को भविष्य के लिये और अधिक नाराज करना ठीक नहीं होगा। लेकिन ये युवक जब घर से बाहर निकलते हैं। तब बात-बात में अपने मित्रों, पास-पड़ोसी से झगड़ जाते हैं। इसलिये भलाई इसी में है कि बच्चों की मानसिक क्षमता के अनुसार ही माँ-बाप को अपनी अपेक्षा रखनी चाहिये। अन्यथा उनके व्यक्तित्व का संतुलित विकास नहीं हो पायेगा। जो कि बच्चों के भविष्य के लिये बहुत हानिकारक है।

युवा- शक्ति की भूमिका

युवा-शक्ति की भूमिका पर विचार करता हुआ यह प्रश्न करता है कि यह युग शक्ति नवजागरण और सामाजिक परिर्वतन की प्रेरक शाक्ति बनेगी या पुनरूत्थानवाद और उग्र राष्ट्रवाद की सहायक बनकर परिवर्तन का प्रतिरोध करेगी? आज ये दोनों ही स्थितियाँ दिखाई पड़ रही हैं, इसलिए यह प्रश्न स्वाभाविक है। लेखक का कहना है कि भारत में नवजागरण और साम्राज्य विरोध ी स्वाधीनता-संग्राम जिन मूल्यों, आदर्शों और विचारों पर आधारित था, उन्होंने युवा मानस को पुनरूत्थानवाद से प्रभावित नहीं होने दिया, लेकिन इधर के दर्शकों में स्वाधीनता संघर्ष से उपजी राष्ट्रीय संस्थाओं में आदर्श-विमुखता, नैतिक ह्रास चारित्रिक-विघटन और लक्ष्यहीनता उत्पन्न हो गई है। इसके तहत नैतिक शून्यता की स्थिति पैदा हो गई है और इस स्थिति में पुनरुत्थानवाद को युवा मानस पर फिर से प्रभाव जमाने का मौका मिल गया है। लेखक फिर सवाल करता है कि हमारा युवा राष्ट्रीय आंदोलन से विरासत में मिले मूल्यों से पुनरुत्थानवाद और उग्र राष्ट्रवाद को पराजित करेगा या स्वंय उससे पराजित होगा? हमारे समाज का भावी स्वरुप बहुत कुछ इसी पर निर्भर करता है।

भारतीयपरिवार के भीतर पुरुष और नारी के रि श्तों में आने वाली क्रांति का एक अहम् पहलू यह भी है कि परिवार के बाहर पित सत्तात्मक पारिवारिक ढाँचे के कारण युवकों और युवतियों में जो स्वाभाविक अवरोध, मानसिक कुंठाएं और घुटन पैदा होती है, उनसे उन्हें मुक्त किया जाए।

विवेचन

आजकल प्रायः यह प्रश्न होता है कि आजादी के बाद हमने क्या खोया क्या

पाया? पत्र-पत्रिकाएँ भी विशेष अवसरों पर लेखकों के सामने यह सवाल रखती हैं। लोग अपने-अपने अनुभवों के आधार पर उत्तर देते हैं और वे उत्तर प्रायः अनियंत्रित होते हैं। इस निबंध में जोषी जी ने भी आजादी के बाद आए हुए भारतीय समाज के बदलाव की पहचान करनी चाही है। जोषी जी समाजवादी हैं, इसलिये उन्होंने बदलाव की पहचान कुछ विशेष मानकों के आधार पर की है, जिससे पाने और खोने का एक ठोस और प्रामाणिक स्वरुप सामने उभरता है। पूरनचंद जोषी समाजशास्त्रीय लेखक हैं।

समाजशास्त्रीय लेखक की मूल चिंता समाज के यथार्थ की सही पहचान करने की होती है। इस सन्दर्भ में वह समाजशास्त्रीय प्रतिमानों का प्रयोग करता है। आकड़ों से भी काम लेता है। उनकी चिंता भाषा के सौंदर्य-सृष्टि की नहीं होती। वह तो तथ्य को सही ढंग से प्रस्तुत करने वाली भाषा को ही पसन्द करता है। इसके बावजूद यह लेखक-विशेष पर निर्भर करता है कि वह बोलचाल में आने वाली प्रवाहमान भाषा का प्रयोग करता है या समाजशास्त्रीय अवधारणाओं से जुड़े बड़े-बड़े शब्दों का प्रयोग कर कुछ क्लिष्ट भाषा का सहारा लेता है!

जोषी जी की भाषा में निश्चय ही समाजशास्त्रीय अवधारणाओं का बोझिलपन नहीं है। उनकी भाषा बोलचाल के या प्रचलित शब्दों से सजी हुई है। और प्रवाहमान वाक्यों में ये बड़े सहज ढंग से अपना वक्तव्य रुपायित करते चले हैं। वाक्य-विन्यास में भी हिन्दी का अपनाचरित्र-सुरक्षित है। यानी उस पर अंग्रेजी वाक्य-विन्यास का कोई प्रभाव नहीं दिखाई पड़ता है। जाहिर है कि यह लेख साहित्यिक लेख नहीं है।

इसलिये इसकी भाषा कहीं भी साहित्कि भाषा की छवि ग्रहण नहीं करती। वह आद्यन्त वस्तुवादी रुप धारण किये रहती है। इसी प्रकार इस लेख के चिन्तन प्रधान होने के बावजूद इसकी भाषा में विचारो के भारी भरकमपन का दबाव और जटिलता लक्षित नहीं होती। समग्रतः इस भाषा को चिंतन प्रधान बयान की भाषा कह सकते हैं। इसकी शैली व्यास शैली है।

यानी कि लेखक एक-एक बात को खोल-खोल कर विस्तार से कहता चला है। कोई भी बात संकेतों के हवाले नहीं करता। जो बात भाषा के संबंध में पहले कही जा चुकी है, वही शैली के संबंध में भी कही जा सकती है यानी कि उसकी शैली पर काव्यात्मक शैली का कोई प्रभाव नहीं है। लेखक ने न तो कहीं अप्रस्तुत विधान का सहारा लिया है, न कहीं भावुक हुआ है, न कहीं व्यंजना के भरोसे बात छोड़ी है।

महिलाओं की समाज में भूमिका

नारी सशक्तिकरण पर आधारित इस निबंध में हमने समाज में महिला की भूमिका पर चर्चा की है। आज कल यह बहुत ही चर्चित विषय है। हम यहाँ पर आप सबको समाज में महिलाओं के भूमिका पर अलग अलग शब्दों की सीमा का निबंध चाहे, चुन सकते है। हर निबंध को आसान वाक्यों में तथा शब्द सीमा को ध्यान में रखकर लिखा गया है।

हमारे समाज में महिला अपने जन्म से लेकर मृत्यु तक एक अहम किरदार निभाती है। अपनी सभी भूमिकाओं में निपुणता दर्शने के बावजूद आज के आध ुनिक युग में महिला पुरुष से पीछे खड़ी दिखाई देती है। पुरुष प्रधान समाज में महिला की योग्यता को आदमी से कम देखा जाता है। सरकार द्वारा जागरुकता फैलाने वाले कई कार्यक्रम चलाने के बावजूद महिला की जिंदगी पुरुष की जिंदगी के मुक़ाबले काफी जटिल हो गयी है। महिला को अपनी जिंदगी का ख्याल तो रखना ही पड़ता है साथ में पूरे परिवार का ध्यान भी रखना पड़ता है। वह पूरी जिंदगी बेटी, बहन, पत्नी, माँ, सास, और दादी जैसे रि श्तों को ईमानदारी से निभाती है। इन सभी रिश्तों को निभाने के बाद भी वह पूरी शक्ति से नौकरी करती है ताकि अपना, परिवार का, और देश का भविष्य उज्जवल बना सके।

समाज की गंदी सोच का शिकार होती लड़कियां

दिल्ली में एक डॉक्टर के ऊपर हुए एसिड हमले के बाद सरकार ने तेजी से ये दिखाने की कोशिश की है कि उसने अपना काम कर दिया है। सरकार ने इस जघन्यतम अपराध की श्रेणी में डाल दिया है। इसका सीधा सा मतलब ये हुआ कि इस तरह के अपराध करने वालां को उम्र कैद या फिर फांसी की सजा हो सकती है। लेकिन, क्या इससे इस अपराध पर रोक लग सकेगी। फांसी की सजा या ज्यादा सजा देकर अपराध रोकने का एक सिद्धांत है और वो काफी हद तक काम भी करता है। बलात्कार के मामले में भी इसीलिए बार-बार ये मांग उठती रही कि बलात्कार के अपराधियों को सीधे फांसी की सजा दी जाए। और किसी लड़की के साथ बलात्कार करने जैसा ही है। बल्कि, कई मायने में तो किसी लड़की के शरीर या चेहरे पर तेजाब फेंकना, जान से मारने या बलात्कार करने से भी ज्यादा जघन्य है। क्योंकि, किसी लड़की के शरीर या चेहरे पर तेजाब फेंकने के अपराधियों के खिलाफ सरकारी या कानूनी तरीके से जितनी भी कड़ी से कड़ी सजा दी जाए वो, जायज ही है। सरकार ने अपनी तरफ से इसको लेकर समाज में गुस्से को कम

करने की हर संभव कोशिश की है। और गृहमंत्री राजनाथ सिंह ने जिस तरह से तेजी से इस मसले पर प्राथमिकता दिखाई है उसकी तारीफ की जा सकती है। गृहमंत्रालय की ओर से बयान में कहा गया है ऐसे मामलों में 60 दिनों के भीतर फैसले की कार्रवाई की जाएगी। साथ ही सरकार स्वास्थ्य मंत्रालय के साथ मिलकर एक प्रस्ताव पर काम कर रही है। जिससे एसिड हमले की शिकार लड़की का इलाज बिना किसी भी परे शानी के कैशलेस हो सके। ऐसी पीड़ित महिलाओं को विकलांग श्रेणी में आरक्षण देने, सरकार की तरफ से कर्ज देने और दूसरी सहायता की बात भी सरकार कर रही है। शायद ये सब पिछले साल 16 दिसंबर को हुए निर्भया मामले का भी दबाव है। दिल्ली में पिछले साल हुई 16 दिसंबर के बाद कम से कम लड़कियों के मानवाधिकारों को लेकर संवेदनशीलता बढ़ी है। लेकिन, अभी हमारा भारतीय समाज शायद आधी आबादी को लेकर अपने मनस को संतुलित करने में नाकाम ही रहा है। दरअसल किसी लड़की के ऊपर तेजाब फेंकने की घटना को सिर्फ उसके शारीरिक नुकसान के तौर पर हम देखेंगे तो फिर हर तरह की घटना के बाद सरकारों का हरकत में आना, कड़े से कड़ा कानून बनना और उनके लागू होने को ही हम इस समस्या का हल मान लेंगे। और फिर अगली इसी तरह की नीच सोच की घटना के बाद फिर से जागेंगे। यही दरअसल हम भारतीयों का आधी आबादी की समस्याओं को लेकर ज्यादातर बर्ताव रहता है। इसलिए जरूरी है कि आधी आबादी के खिलाफ पुरुष के बलात्कार और एसिड फेंकने की घटना के मनोविज्ञान पर बात हो।

इसकी निंदा हो। उसकी शिकार महिला को अलग से सम्मान न मिले तो कम से कम तेजाब फेंकने से पहले जैसे सम्मान मिले। दरअसल हमारे समाज में दो तरह की मान्यताएं काम करती है। और दुखद ये कि दोनों ही शर्मनाक मान्यताएं लड़कियों के ही खिलाफ जाती हैं। समाज की पहली मान्यता ये कि लड़की तो सुंदर होने न होने से बहुत ज्यादा फर्क नहीं पड़ता। हमारे गांव देहात में एक कहावत बेहद प्रचलित है कि घी के लड्डू टेढ़ मेढ़। इसका भावार्थ ये कि घी का लड्डू टेढ़ामेढ़ा भी हो तो खास फर्क नहीं पड़ता। मतलब लड़की के जन्म के साथ उसकी सुंदरता को हर पैमाने पर कसना शुरु हो जाता है। और इसी के साथ ये मान्यता भी हमारे समाज में घर कर चुकी है कि अगर किसी लड़की की सुंदरता में जरा भी कमी है या आ गई तो वो कमतर हो जाती है। या इसे थोड़ा और आगे ले जाएं तो कम सुंदर हुई लड़की के लिए ये दंड जैसा ही है। ठीक ऐसी ही सोच समाज लड़कियों के शीलभंग को लेकर रखता है। हालांकि, बदलते समय

के साथ काफी वर्जनाएं टूटी हैं। काफी परिवर्तन हो रहा है। लेकिन, फिर भी किसी लड़की का शीलभंग समाज को बदार्शत नहीं है। ऐसी लड़की के लिए समाज का सामना करना मुि कल होती है। और ये तब है जब हमारा समाज पहले से काफी जाग चुका है। वो बलात्कार की शिकार लड़की या फिर तेजाब फेंकने पर से लड़की के समर्थन में सड़कों पर उतरता दिखता है। आवाज उठाता दिखता है। लेकिन, ये सब सार्वजनिक तौर पर समाज में सभ्य रहने का शाायद दबाव ज्यादा है। क्योंकि, निजी तौर पर अभी भी हमारे समाज में कितने पुरुष या कितनी महिलाएं होंगी जो बलात्कार या तेजाब की वजह से सुंदरता के सामाजिक पैमाने पर कमतर हुई लड़की को सम्मान की नजर से देखते हैं। दरअसल सारी मुश्किल इसी नजर की है। इसीलिए जब किसी पुरुष को कोई महिला उसकी इच्छा के खिलाफ जाती हुई दिखती है तो वो इन्हीं दोनों पैमाने पर लड़की को कमतर करने की योजना बनाता है। समाज के पैमाने पर महिलाओं को अपमानित करने की इसी गंदी, घिनौनी मानसिकता का शिकार लड़कियां हो रही हैं। पुरुष को लगता है कि उसने जिस लड़की का बलात्कार कर दिया तो अब समाज में किसी भी दूसरे पुरुष की नजर उसे सम्मान नहीं मिलेगा ठीक इसी तरह से पुरुष अपनी इच्छा को नकारने वाली लड़की की सुंदरता को सामाजिक पैमाने पर कुरुप करके भी सुख पाता है। क्या किसी लड़की का चेहरा तेजाब से जल जाने या फिर उसके साथ जबर दस्ती शाारीरिक संबंध बना लेने से उस लड़की के मूल व्यक्तित्व में कहीं से भी कोई कमी आती है। इसका जवाब है- बिल्कुल नहीं। लेकिन, समाज की नजर में वो कमतर हो जाती है। या कमतर नहीं तो थोड़ा उदार हृदय समाज के लोग ऐसी लड़की के साथ सहानुभूति जताने लगते हैं। यही ऐसी घटनाओं की मूल वजह है। प्रधानमंत्री नरेंद्र मोदी ने कहा था कि अगर माँ-बाप लड़कों को टोंकने लगे तो हमारा समाज अपने आप सुधर जाएगा। उसे मैं थोड़ा और आगे ले जाता हूं। अगर भारतीय मां-बाप, परिवार, समाज कुकर्मी लड़कों को हिकारत की नजर से देखने लगे। कुकर्म करने वाले लड़कों को अपमानित करके लड़कियों को सम्मान देने लगे तो शायद बलात्कार करके और तेजाब फेंककर लड़की को अपमानित करने की इच्छा रखने वाले पुरुषों की सोच बदले। जरुरत इस नजरिए समाज, परिवार को लड़के की परवरि श करने की है। कड़े कानून, ढेर सारी सहानुभूति मिलना ये तो पीड़ित होने के बाद का है। अगर लड़कियों को इस पीड़ा से बचाना है। लड़कियों को उनके सपने मरने से बचाना है। उनके लिए लड़कों के बराबर के मौके तैयार करना है तो समाज को अपना नजरिया बदलना होगा। वो नजरिया

बदलना होगा जो बलात्कारी या तेजाब फेंकने वाले पुरुष को अपमान देने के बजाए पीड़ित लड़की को अपमानित करता है या फिर उसके साथ सहानुभूति जताता नजर आता है। इस तरह की घिनौनी घटनाओं की असल जड़ यही है।

समाज में पुलिस की भूमिका

ब्रिटिश सरकार ने अपनी हुकूमत की जड़ों को मजबूत करने के लिए तथा भारतीय भावनाओं का दमन करने के लिए जिस पुलिस बल का गठन किया था, वह अत्याचार और आतंक का पर्याय था। दारोगा अपराधियों के बजाय सज्जनों के लिए आतंक थे। राष्ट्रीय आन्दोलन के दौरान पुलिस स्वतंत्रता अपराधियों के बजाय सज्जनों के लिए आतंक थे।

राष्ट्रीय आन्दोलन के दौरान पुलिस स्वंतत्रता संग्राम सेनानियों के साथ भी वही व्यवहार करती थी, जो चोरों और डकैतों के साथ किया जाता है। भारत में ब्रिटिश प्रशासन तीन खम्भों पर टिका हुआ था और वे थे नागरिक सेवा (सिविल सर्विस) सेना और पुलिस उन्नीसवीं शताब्दी के अंत तक पुलिस पर राष्ट्रवादिता का खौफ गहराई से छाया हुआ था।

इसका परिणाम यह हुआकि सिपाहियों और पुलिस अधिकारियों को अधिक से अधिक हथियार दिए गए। पुलिस बल की ताकत भी बढ़ाई गई। प्रक्षिण को अधिक कारगर बनाया गया और ब्रिटिशपरस्ती का भाव पुलिस के लोगों में भरने का पूरा प्रयत्न किया गया। ब्रिटिश राज्य को यह जानकारी थी कि पुलिस प्रशासन पिछड़ा हुआ था। भयंकर रुप से दोषपूर्ण था और उनकी ईमानदारी तथा बुद्धि का स्तर भी दूसरी सेवाओं की अपेक्षा कम था। संसद की एक समिति ने 1913 की अपनी रिर्पोट में बताया है कि पुलिस न शांतिप्रिय निवासियों को उसी तरह लूटा मारा जैसा डकैत करते थे, जबकि डकैतों को दबाने के लिए उसका गठन किया गया था। स्वतंत्रता के बाद आम सोच और मानसिकता में बहुत बड़ा परिवर्तन आया। लेकिन पुलिस में ऐसा कोई परिवर्तन नहीं आया। पुलिस बदलते समाज के साथ नहीं बदली। परिणामस्वरुप जिस पुलिस-समाज संबंध को स्वतंत्रता के बाद बदल जाना चाहिए था वह नहीं बदला। एक तरफ पुलिस बल का खंडित मनोबल, दूसरी और अपराधियों की संबधित क्षमता और तीसरी और राजनीति का अपराध ीकरण फिर व्यवस्था में नए सुधार नई दृष्टि और नई संस्कृति का अभाव पुलिस को वह सार्थक दिशा बोध नहीं दे पाया जिसकी जरुरत मानवीय अधिकारों की दृष्टि से और पुलिस की क्षमता की दृष्टि से थी। 1749 से पहले लोग पुलिस को

विदेश प्रशासन के एक अवयव के रुप में देखने को विवश थे। इस दृष्टि को बदलकर सकारात्मक होना चाहिए था जिसमें पुलिस को जनता के प्रसशानिक नेता और समाज में शांति की रक्षक के रुप में देखा जाता।

दुर्भाग्यवश यह नहीं हुआ। देश की आन्तरिक शांति, सुरक्षा और प्रगति के लिए सिपाही की भूमिका निर्विवाद है। वह कानून का रक्षक होता है। यदि वह अपने कर्तव्यों पर डटा रहे तो देश में चारों ओर सुख, शांति और समृद्धि का बोलबाला रहेगा। जिस प्रकार सैनिक विदेशी शत्रुओं से देश की रक्षा करते हैं, उसी प्रकार राष्ट्र-विरोधी तत्वों से पुलिस हमारी रक्षा करती है। प्रत्येक राष्ट्र के अपने कानून होते हैं। देश के नागारिक उन कानूनों का पालन करते हैं। परन्तु कुछ लोग देश के कानून की अवहेलना कर राष्ट्र विरोधी गतिविधियों में लिप्त रहते हैं, पुलिस विभिन्न अपराधों में उनका चालान कर न्यायालय में प्रस्तुत करती है। गृहरक्षा विभाग के अन्तर्गत आने वाला विभाग होने से देश की कानून व्यवस्था को संभालने का काम पुलिस के हाथ ही होता है। आपराधिक गतिविधियों को रोकने, अपराधियों को पकड़ने, अपराधियों के द्वारा किये जाने वाले अपराधों की खोजबीन करने, देश की आंतरिक सम्पत्ति की रक्षा करने और जो अपराधी हैं और उनका अपराध साबित करने के लिए पर्याप्त साक्ष्य जुटाना ही पुलिस का कार्य है। अपराधी घोषित करने के बाद पुलिस संबन्धित व्यक्ति को अदालत को सौंपती हैं। यह न्यायव्यवस्था की एक महत्वपूर्ण कडी के रुप में काम करती है, लेकिन किसी अपराधी को सजा देना पुलिस का काम नही होता है, सजा देने के लिये अदालतों को पुलिस द्वारा अपराधी के खिलाफ जुटाये गये पुख्ता सबूत और जानकारी पर निर्भर रहना होता है साथ ही इसी जानकारी और सबूतों के आधार पर ही किसी व्यक्ति को अपराधी घोषित किया जा सकता है। अपराध निरोध के अंतर्गत न केवल व्यक्ति एंव संपत्ति संबंधी अपराधों का निरोध और वेश्यवृत्ति संबंधी अधि ानियम को लागू कराने की कार्यवाहियाँ भी सन्निहित हैं। यातायात संबंधी व्यवस्था स्थापन में ट्रेफिक पुलिस द्वारा नगरों में यातायात का सुनियंत्रण एंव मोटर संबंधी अधिनियमों का परिपालन कराने की कार्रवाई की जाती है। राजनीतिक सूचनाओं के एकत्रीकरण का कार्य देश के भीतर एवं अंतरराष्ट्रीय स्तर पर गुप्तचरों द्वारा होता है। इसके निमित्त देश के भीतर विभिन्न समुदायों एंव वर्गों की राजनीतिक प्रवृत्तियों, गतिविधि एंव नीतियों से संबंधित सूचनाएँ एकत्र की जाती हैं। प्रत्येक युग में राजनीतिक षड्यंत्र एंव हत्याकांड होते रहे हैं और पिछले कुछ वर्षों में विश्व में इस संबंध में अनेक घटनाएँ होने के कारण अपने देश के

एंव बाहर के महत्ववाले व्याक्तियों की सुरक्षा का आयोजन प्रत्येक राष्ट्र की पुलिस द्वारा किया जाता है। अंतरराष्ट्रीय स्तर पर मित्र अथवा शत्रु राष्टों की नीतियों के संबंध में सूचनाएँ भी एकत्र की जाती हैं।

गांवों से लेकर महानगरों तक में पुलिस के तानाशाही रवैए से लोग दो-चार हो रहे हैं। पुलिस सुधार की तमाम बातें अभी तक हवा-हवाई ही साबित हुई हैं। बहरहाल, एक अहमसवाल यह है कि लोगों की रक्षा का भार वहन करने वाली पुलिस भक्षक की भूमिका में आखिर क्यों नजर आती है? बुनियादी तौर पर देखा जाए तो इसके पीछे सबसे बड़ी वजह अंग्रेजों के जमाने में बना पुलिस अधिनियम है। 1861 में बने पुलिस अधिनियम के मुताबिक ही देश के अधिकांश राज्यों की पुलिस आज भी काम कर रही है। दरअसल, इसे समझा जाना जरुरी है कि 1861 में बने पुलिस अधिनियम की भूमिका पुलिस के चरित्र को आपराधिक बनाने में कितनी ज्यादा है। भारत में आजादी के पहली लड़ाई के तौर पर 1857 के विद्रोह को याद किया जाता है। जब विद्रोह हो गया और किसी तरह से अंग्रेजों ने इस पर काबू पा लिया तो यह बात उठी की भविष्य में ऐसे विद्रोह नहीं हो पाएं, इसके जरिए अंग्रेजों की यह कोशिश थी कि सरकार के खिलाफ कहीं से भी कोई विरोध का स्वर नहीं उठ पाए और सरकार के हर सही-गलत फरमान पर अमल किया जा सके। पुलिस अग्रेजों की इच्छा के अनुरुप परिणाम भी देती रही।

पर इन सबके बावजूद भारत 1947 में आजाद हो गया। कहने के लिए देश का अपना संविधान भी बन गया। लेकिन नियम-कानून अंग्रेजों के सामने वाले ही रहे। आजाद भारत के इतने साल गुजरने के बावजूद भी व्यवस्था उस की तस बनी हुई है।

पुलिस का खौफनाक रवैया भी यथावत है। हालांकि, कुछ राज्यों ने नए अधिनियम के तहत पुलिस को संचालित करने की कोशिश की है। लेकिन सच यह है कि नए और पुराने अधिनियम में कोई खास फर्क नहीं है। महाराष्ट्र और गुजरात में 1951 का बंबई पुलिस अधिनियम लागू है। कर्नाटक में 1963 में और दिल्ली में 1978 में नया पुलिस अधिनियम बनाकर पुलिस को नियंत्रित करने की कोशिश की गई। पर नतीजा ढाक के तीन पात वाला ही निकला है। इन राज्यों की पुलिस का चरित्र भी दूसरे राज्यों की पुलिस से बहुत अलग नहीं है। इन राज्यों की पुलिस भी मुठभेड़ के नाम पर हत्याएं करती है और नया अधिनियम इनका कुछ नहीं बिगाड़ पाता। 1977 में जनता पार्टी की सरकार बनने के बाद पुलिस सुधार के खातिर राष्ट्रीय पुलिस आयोग का गठन 1979 में किया गया था। इस

आयोग ने रिपोर्ट देने की शुरुआत 1981 से की। इसने आठ रपटें दीं। इसके बाद 1998 में बनी रेबेरो कमेटी ने भी पुलिस सुधार से जुड़ी अपनी रपट सरकार को दे दी।

पुलिस के बुरे बर्ताव का अंदाजा इसी बात से लगाया जा सकता है कि आम लोग पुलिस के पास शिकायत दर्ज कराने में भी हिचकिचाते हैं। आजकल हालत तो यह हो गई लोग पुलिस के पास अपनी शिकायत लेकर जाने की बजाए मीडिया के पास पहुंच रहे हैं।

मीडिया ट्रायल के बढ़ते चलने के लिए कहीं न कहीं पुलिस भी जिम्मेवार है। पिछले कुछ सालों से ऐसा देखने में आया है कि पुलिस का प्रयोग समय-समय पर सरकारें अपने विरोध को कुचलने के लिए भी करती रही हैं। धरना-प्रदर्शन के दौरान लाठीचार्ज हो जाना बेहद आम हो गया है। ऐसा करके एक तरह से लोगों के हाथ से शांतिपूर्ण विरोध करने का औजार छिना जा रहा है और परोक्ष तौर पर ही सही उन्हें हिंसात्मक विरोध करने के रास्ते पर आगे बढ़ाया जा रहा है।

देश की पुलिस व्यवस्था में भ्रष्टाचार की जड़ें भी बेहद गहरी हैं। हर छोटे-बड़े काम के लिए पुलिस दूवारा पैसा वसूला जाना आम बात है। रेहड़ी पटरी वालों से लेकर रेलगाड़ियों में सामान बेचने वाले वेंडरों तक से वसूली करने में पुलिस बाज नहीं आती है। ऐसे में अहम सवाल यह है कि जिस देश की पुलिस का चरित्र ऐसा हो तो वहां से भय और असुरक्षा का माहौल आखिर कैसे दूर हो सकता है?

आखिर पुलिस को मानवीय चेहरा और चरित्र कैसे प्रदान किया जाए? पुलिस का गठन रक्षा करने के लिए हुआ है न कि अराजकता को हवा देने या आम लोगों के साथ तानाशाह जैसा बरताव करने के लिए। पुलिस के व्यवहार में सुधार करने के लिए सबसे पहले तो अंग्रेजों के जमाने के पुलिस अधिनियम में बदलाव की दरकार है। क्योंकि गाइडलाइन को बदले बगैर व्यवस्था को बदलना असंभव सरीखा है। जिस जमाने में यह पुलिस अधिनियम बना था उस वक्त की चुनौतियां आज से काफी अलग थीं। इसलिए मौजूदा दौर की मुश्किलों से निपटने के लिए नए नियमों और कानूनों की जरुरत है। पुलिस की भूमिका और जिम्मेदारियों में भी काफी बदलाव आ गया है। पुलिस के राजनीतिक प्रयोग पर भी लगाम लगाया जाना बेहद जरुरी है। सत्ताधीश अपनी सियासी रोटी सेंकने के फेर में कई बार रक्षक को भक्षक की भूमिका में तब्दील कर देते हैं।

इन सबसे ज्यादा जरुरी है पुलिस की मानसिकता में बदलाव लाना। इस

व्यवस्था में काम करने वालों के मन में यह बात बैठानी होगी कि उनका काम लोगों को डराना-धमकाना नहीं बल्कि इसके खिलाफ आवाज उठाने में सक्षम बनाना है और आम जन को सुरक्षा एक अहसास कराना है। ऐसा किए बगैर लोगों का खाकी वर्दी वालों पर विश्वास कायम होना काफी मुश्किल है। यह निश्चित तौर पर पूरी व्यवस्था की सेहत के लिए काफी नुकसानदेह है।

पुलिस सुधार क्यों?

पुलिस सुधार देश में सुशासन में योगदान देगा। जनता का पुलिस से निरंतर वास्ता पड़ता है कोई भी समस्या कानून-व्यवस्था से जुड़ी हो सकती है और अंततः जिम्मेदारी पुलिस के कंधों पर आ सकती है। राजस्थान में हाल ही में हुआ आरक्षण आंदोलन देख लीजिए।

आतंकवाद और उग्रवाद के अलावा अन्य समस्याओं में भी पुलिस का दखल होता ही है। दिन-प्रतिदिन समस्याओं का स्वरुप गहन होता जा रहा है। इसलिए हमें एक ऐसे पुलिस बल की जरुरत है जो देश के कानूनों के प्रति जवाबदेह हो न कि नेताओं से दिशा निर्देश प्राप्त करे। वह संविधान के अनुसार काम करे। पुलिस सुधार से लोगों के मानवाधिकारों की भी बेहतर तरीके से रक्षा हो पाएगी। लोगों को यह समझना होगा कि अगर हमें इस देश में लोकतंत्र, जिसके प्रति हम बहुत गर्व करते हैं, की रक्षा करना चाहते हैं, उसे फलता-फूलता देखना चाहते हैं तो इसके लिए निष्पक्ष और जवाबदेह पुलिसबल बहुत जरुरी है।

अन्यथा लोकतांत्रिक ढांचे को अपराधी और माफिया तत्वों से खतरा पैदा हो जाएगा। आर्थिक प्रगति के लिए भी बेहतर पुलिस बल जरुरी है जो हमारे आर्थिक केन्द्रों के आस-पास कानून-व्यवस्था बनाए रखे। कई कोशिश के बावजूद पुलिस सुधार का अभी इंतजार है वर्ष 1977 में धर्मवीर की अगुवाई में एक सरकारी संगठन राष्ट्रीय पुलिस आयोग (एनपीसी) का गठन किया गया, जिसका काम भारत में पुलिस व्यवस्था की कार्य प्रणालियों की समीक्षा करना था। साथ ही इस आयोग ने नागरिकों के प्रति पुलिस व्यवस्था को जवाबदेह बनाने के लिए भी कई सुझाव दिए। एनपीसी ने पुलिस सुधार के मामले में आठ विस्तृत रिपोर्ट पेश की और पुलिस कल्याण, प्रशिक्षण एंव सार्वजनिक संबंधों के मामले में भी कई सिफारिशें की। हालांकि जब 1981 में पूर्ववर्ती सरकार सत्ता में लौटी तो उसने राष्ट्रीय पुलिस आयोग को भंग कर दिया और एनसीपी की सभी रिपोर्टों को भी ख़ारिज कर दिया।

इन रिपोर्टों की सिफारि ों धूल फांकने लगीं और यह अफवाह फैली कि एनपीसी की सभी रिपोर्टों को सार्वजनिक लाइब्रेरी से हटा दिया गया। सर्फि आयोग के कुछ अधिकारियों के पास ही इन रिपोर्टों की महज चंद प्रतियां थीं। अगले बीस सालों तक यह रिपोर्ट धूल फांकती रही, पुलिस ग़ैर ज़िम्मेदारी से अपना काम करती रही और आम आदमी भी इसके प्रति अनभिज्ञ बना रहा। 1990 के मध्य में जब राजनीतिक समीकरण बदला तो उम्मीद की एक किरण नज़र आई और कुछ उत्साही लोग इन सुधारों की कोशिश के लिए एक मंच पर आए।

1996 में एन के सिंह एंव प्रकाश सिंह पुलिस महानिदेशक के पद से सेवानिवृत हुए और दोनों इसी उद्देश्य के लिए ग़ैर सरकारी संगठन के ज़रिए एक मंच पर आए। इनके साथ कुछ अन्य लोगों ने उच्चतम न्यायालय में एक जनहित याचिका दायर की, जिसमें एक नए पुलिस अधिनियम की ज़रुरत की बात कही गई। यह भी गलत है कि अपने यहां कानूनों की कमी है। कानून है और सख्त है मगर उस पर अमल की मशीनरी ऐसी लचार है कि कानून का होना बेमानी है। उससे खौफ नहीं बनता है। सचमुच भारत में समाज से बड़ा संकट अपनी व्यवस्था और पुलिस का है। दुनिया के सभ्य समाजों में पुलिस सभ्य है जबकि अपने यहां पुलिस बीमार है। नहीं तो बच्ची से बलात्कार की रिपोर्ट पर क्या थानेदार यह कहता कि लो 2000 रुपए और जाओं या एक एसीपी में यह हिम्मत होती जो विरोध जता रही लड़की के मुंह पर थप्पड़ मारता। ध्यान रहे समाज व्यवस्था से नहीं बनता मगर व्यवस्था से पुलिस बनती है। इसलिए पुलिस को सुधार नहीं सकना, उसे सभ्य नहीं बना सकना भारत राष्ट्र-राज्य की सबसे बड़ी असफलता है।

पुलिस सुधार की बातें अर्से से हो रही हैं। उत्तर प्रदेश के पुलिस प्रमुख रहे प्रकाश सिंह ने सुप्रीम कोर्ट में पुलिस सुधारों को लेकर बाकायदा एक याचिका दायर की हुई है। इस पर सर्वोच्च अदालत ने कुछ निर्देश भी जारी किए थे। इस बात के काफी अरसा गुजर जाने के बाद पिछले दिनों जब पंजाब के तरन तारन में एक महिला की पुलिस द्वारा पिटाई और पटना में आंदोलन कर रही शिक्षकों पर पुलिसिया लाठीचार्ज के वीडियो फुटेज टीवी पर दिखाए गए तब सुप्रीम कोर्ट ने स्वतः संज्ञान लेकर सभी राज्यों से पूछा कि पुलिस सुधारों पर उसके दिए निर्देशों पर कितना अमल हुआ है? लंबे अरसे से पुलिस को बेहतर प्रशिक्षण देने, उन्हें संवेदनशील बनाने, शिक्षा का स्तर बढ़ाने, नैतिकता की शिक्षा देने, पुलिसकर्मियों की संख्या बढ़ाने जैसे अनगिनत सुक्षावों की चर्चा होती है, लेकिन इनमें से किसी

पर अमलनहीं होता है। असल में पुलिस अब भी अपने को वैसा ही समझती है, जैसा अंग्रेज उसे बना गए हैं। भारत में अपराध-न्याय प्रणाली की तमाम धाराएं 1860 में बनी हैं। उस समय अंग्रेजों ने पुलिस को एक गुलाम मुल्क के नागारिकों को डंडे की ताकत से काबू में रखने के लिए बनाया था। आजादी और लोकतंत्र के 65 साल बाद भी पुलिस वैसा ही बरताव करती है। वह खाकी वर्दी से खौफ पैदा करती है। पुलिस सुधार पर केन्द्र और राज्यों को उच्चतम न्यायालय का नोटिस नई दिल्ली उच्चतम न्यायलय ने हाल ही में पंजाब में एक लड़की की पिटाई और पटना में शिक्षकों पर पुलिस लाठी चार्ज की घटना पर कड़ा रुख अपनाते हुए पुलिस सुधार के लिए दिए गए निर्देशों पर अमल के बारे में सोमवार को केन्द्रसरकार और राज्य सरकारों से जवाब तलब किया। न्यायमूर्ति जीएस सिंघवी की अध्यक्षता वाली खंडपीठ ने इन घटनाओं के लिए पंजाब और बिहार सरकार को आड़े हाथ लेते हुए उन्हें निहत्थे लोगों के साथ कथित बर्बर रवैया अपनाने के मामले में सात दिन के भीतर हलफनामा दाखिल करने का भी निर्देश दिया। न्यायाधीशों ने अपने आदेश में कहा, “गृह मंत्रालय के सचिव के माध्यम से केन्द्र सरकार के साथ ही सभी राज्य सरकारों, केन्द्र शासित प्रदेशों, में पुलिस आयोगों पुलिस सुधार के बारे में प्रकाश सिंह प्रकरण में दिए गए निर्देशों पर अमल के संबंध ा में नोटिस जारी किया जाए। न्यायालय ने पंजाब के तरणतारण में लड़की की पुलिस द्वारा कथित पिटाई और बिहार की राजधानी पटना में संविदा शिक्षकों पर लाठी चार्ज के बारे में प्रकाशित मीडिया खबरों का स्वतः ही संज्ञान लेते हुए पिछले सप्ताह ही इन राज्य सरकारों से जवाब मांगा था।

तरणतारण की घटना में चार मार्च को एक ट्रक ड्राइवर और उसके साथियों द्वारा परेशान किए जाने और अभद्र व्यवहार करने की शिकायत करने वाली लड़की की ही पुलिस के जवानों ने कथित रुप से पिटाई कर दी थी। दूसरी घटना में 5 मार्च को लेकर प्रदर्शन कर रहे संविदा शिक्षकों पर लाठी चार्ज करने के बाद आंसू गैस के गोले दागे थे।

यहां यह ध्यान दिलाना महत्वपूर्ण है कि संविधान में पुलिस व्यवस्था की जिम्मेदारी राय सरकारों को दी गई है, लेकिन 1861 का पुलिस अधिनियम अभी भी केंद्र सरकार के अधीन है। पुलिस व्यवस्था को आधुनिक बनाने के लिए राय सरकारों ने थोड़ी-बहुत कोशिश की हैं नई दिल्ली 7 केंद्रीय गृह मंत्री सुशील कुमार शिंदे ने सोमवार को पुलिस सुधार की वकालत करते हुए कहा कि पुलिसकर्मियों को कामकाज के लिए बेहतर माहौल मुहैया कराने की आवश्यकता है। दूसरे

प्रशासनिक सुधार आयोग की रपट पर चर्चा के लिए बेहतर माहौल मुहैया कराने की आवश्यकता है। दूसरे प्रशासनिक सुधार आयोग की रपट पर चर्चा के लिए आयोजित मुख्यमंत्रियों के एक सम्मेलन को संबोधित करते हुए शिंदे ने कहा, 'सार्वजनिक व्यवस्था और पुलिस के सामने आज देश में कई चुनौतियां हैं। बढ़ते सामाजिक दायरे और जन आकांक्षाओं के कारण पुलिस पर दबाव और बढ़ेगा, तथा पुलिस की कार्य प्रणाली में जवाबदेही तथा पारदर्शिता पर विशेष जोर होगा। विज्ञान भवन में आयोजित सम्मेलन में शिंदे ने यह भी कहा कि पुलिस पर बेहतर जांच और अपराध की रोकथाम के साथ-साथ अन्य कई तरह के दबाव होते हैं। इसलिए उन्हें कामकाज का बेहतर माहौल मुहैया कराए जाने की आवश्यकता है। शिंद ने कहा, 'इन स्थितियों में हमारी जिम्मेदारी बनती है कि एकसाथ मिलकर हम मौजूदा स्थिति तथा विचाराधीन सिफारिश का जायजा लें। हाल ही में सीवीसी ने उसी बात को एक बार फिर दोहराया कि डेढ़ सौ साल पुराने साल जिस कानून से पुलिस संचालित हो रही है, उसने पुलिस को कानून लागू करने वाली एजेंसी की जगह सरकार की एजेंट बनाकर रख दिया है।

सतर्कता आयुक्त ने कहा कि पुलिस राज्य के अधीनस्थ सबसे पहला व अहम साधन है, जिसका गठन विशेष मकसद के लिए किया गया। इसे कानून का शासन लागू करना होता है, लेकिन देश में पुलिस व्यवस्था का सहारा आज भी 1861 में निर्मित पुलिस कानून है। हाल ही में महिलाओं को सुरक्षा का अहसास हेतु विभिन्न कानूनों में बदलाव के उपाय सुझाने के लिए गठित जस्टिस वर्मा समिति ने जो तमाम सिफारिशें कीं, उनमें एक सिफारिश पुलिस सुधारों सुप्रीम कोर्ट के निर्देशों पर अमल की भी थीं। लेकिन इन सिफारिशों के आधार पर जब सरकार एक अध्यादेश ले आई, तो उसमें इसका कहीं कोई जिक्र नहीं था। अपराध से निबटने और कानून के क्रियान्वयन के लिए जरुरी है कि इन्हें लागू करने वालों में संवेदनशीलता हो।

लोकतांत्रिक व्यवस्था में कानून और राज्यव्यवस्था के सफल संचालन में पुलिस प्रशासन की सफल भूमिका होती है, मगर यह तभी सभंव है जब पुलिस महकमे का सभी व्यक्ति अपने कर्तव्यों तथा अधिकारों को भली-भांति समझकर उनका ढंग से निर्हवन करें।

लगता ही नहीं की पुलिस लोकतन्त्र की भावनाओं का सम्मान करती है। अंग्रेजों ने भारतीय क्रांतिकारियों पर नियंत्रण के लिए जो पुलिस तंत्र बनाया था आज भी पुलिस उसी पर चल रही है। केन्द्रीय सतर्कता आयोग ने पुलिस बलों में

व्यापक सुधार की आज वकालत की।

उन्होंने कहा कि 150 साल पुराना अधिनियम पुलिस को कानून लागू करने वाली एजेंसी के बजाय सरकार का एजेंट बनाता है। सतर्कता आयुक्त ने कहा कि राज्य के प्रमुख अंग के तौर पर पुलिस को विधि के शासन को लागू करना होता है, लेकिन 1961 का पुलिस अधिनियम जो अब भी देश में पुलिस की रीढ़ है वह पुलिस को कानून के एजेंट की बजाय सरकार का एजेंट बनाता है।

पुलिस का कार्य बड़ा कठिन है। राजनेताओं की विभिन्न रैलियों के दौरान सुरक्षा और यातायात की व्यवस्था बनाये रखना, जलूसों को शान्तिपूर्ण ढंग से सम्पन्न करना, हड़ताल, धरनों और बंद के दौरान असामाजिक तत्वों से राष्ट्र की सम्पत्ति की रक्षा करना, राजनेताओं की व्यक्तिगत सुरक्षा करना, चोर डकैतों और लुटेरों से आम नागरिक की रक्षा करना पुलिस का दायित्व है। पुलिस कर्मचारी चौबीस घंटे खतरों से जूझते हैं। चोर डकैतों से मुठभेड़ के दौरान घायल हो जाते हैं। भीड़ के द्वारा पथराव की स्थिति में चोट खाते हैं। सर्दी, गर्मी, बरसात में ड्यूटी देनी पड़ती है। विभिन्न प्रकार के अपराधियों को पकड़ना और न्यायालय में प्रस्तुत करना पुलिस का कार्य है। पुलिस की भूमिका की समझ विभिन्न वर्गों, समूहों और सामाजिक स्तर के साथ बदल जाती है। विद्यार्थी, श्रमिक, पत्रकार, वकील, जन-प्रतिनिधि, प्रतिष्ठित व्यक्ति-सभी पुलिस से अपनी सोच के अनुरुप अपेक्षाएं रखते हैं। इसके परिणामस्वरुप पुलिस को अपनी भूमिका-निर्वाह में अनेक समस्याओं का सामना करना पड़ता है। देश में जहां कहीं भी अराजक स्थिति पैदा होती है, धर्म, जाति, लिंग आदि के आधार पर एक वर्ग दूसरे वर्ग का षोषण करता है वहां देश की कानून व्यवस्था का उल्लंघन होता है। ऐसी स्थिति में सिपाहियों का कर्तव्यनिष्ठ नागरिक की सहायता और सुरक्षा करे। पुलिस व्यवस्था को आज नई दिशा नई सोच और नए आयाम की आवश्यकता है। समय की मांग है कि, हमारी पुलिस नागरिक स्वतंत्रता और मानव अधिकारों के प्रति जागरुक हो और समाज के सताए हुए तथा दबे कुचले लोगों के प्रति संवेदनशील बने।

अन्य सरकारी कर्मचारियों की तुलना में पुलिस का कार्य विशेष महत्वपूर्ण होता है। समाज में कानून और व्यवस्था को बनाये रखना, सशक्त से अशक्त की रक्षा करना, उनका कानूनी ही नहीं नैतिक दायित्व भी है पर कानून और वयवस्था के नाम पर कभी-कभी कुछ कर्म चारी रक्षक के स्थान पर भक्षक बन जाते हैं। इससे पुलिस की छवि खराब होती है।

अधिकारों की आड़ लेकर किसी को सताना, अपराध स्वीकार कराने के

नाम पर अभियुक्त को पीट-पीटकर मार डालने के समाचार संभ्रात नागरिकों में भय व्याप्त करते हैं। इससे लोगों में पुलिस के प्रति अविश्वास उत्पन्न होता है। पुलिस के सिपाहियों का कर्तव्य है कि वे देश की आन्तरिक सुरक्षा कायम करने में देश के विधि विधानों के अनुरुप कार्य करें। देश का साधारण नागरिक चोर, डाकू और अन्य समाज विरोधी तत्वों से सुरक्षा प्राप्त करने के लिए पुलिस पर ही निर्भर रहता है। अतः देश के नागरिकों को ऐसा वातावरण महैया कराना जिससे वे भय मुक्त होकर सुखमय जीवन व्यतीत कर सकें- पुलिस का कर्तव्य है।

स्वतंत्रता के बाद यह आशा की गई थी कि पुलिस व्यवस्था और पुलिस कार्य प्रणाली में प्रजातांत्रिक मूल्यों के अनुरुप गुणात्मक परिवर्तन आएगा। यह उम्मीद भी की गई थी कि पुलिस अपना दमनात्मक और राज्य के सबल बाहु का स्वरुप त्यागकर जनता की पुलिस बन जाएगी और दमन का सिद्धांत छोड़कर जनहित की अवधारणा से प्रेरित होकर कार्य करने लगेगी किंतु पुलिस प्रशासन को पुलिस अधिनियम 1961, जो ब्रिटिश शासकों द्वारा अपनी आवश्यकताओं के अनुरुप बनाया गया था, के अनुसार ही चलने दिया जा रहा है। आम व्यक्ति को तो अपने लिए ब्रिटिश काल की पुलिस और आज की पुलिस में कोई अंतर नहीं दिखाई देता। पुलिस का दायित्व केवल विधि का शासन लागू करना है किसी को ठीक करना या सबक सिखाना नहीं। ठीक करने या सबक सिखाने के उद्देश्य से कार्यवाई करने पर पुलिस की साख समाप्त हो जाती है, उसमें अमानवीयता बढ़ती है। परिणामस्वरुपजन-विश्वास समाप्त हो जाता है। पुलिस को विधि का शासन लागू करने के लिए केवल वैधानिक तरीकों का उपयोग करना चाहिए। पुलिस को शांति -व्यवस्था का कार्य सौंपकर समाज ने उसे एक पुनीत कर्तव्य सौंपा है। और इस कर्तव्य का निर्वहन पवित्र भावना से करना आवश्यक है। विधि को लागू करने वाले उसे तोड़ने वाले नहीं हो सकते, क्योंकि यदि नमक अपना स्वाद खो देगा तो उसका वह गुण कहां मिलेगा? पुलिस के सिपाही का ईमानदार होना आव यक है। भ्रष्ट सिपाही कभी भी अपने कर्तव्यों का पालन नहीं करता।

सिपाही को किसी के बहकावे में आए बिना देश की आन्तरिक सुरक्षा का दायित्व निभाना चाहिए। पुलिस को अपने आचरण, व्यवहार और कार्य-संपादन से अविश्वास की खाई को पाटना। यदि ब्रिटिश पुलिस ने उन्नीसवीं शताब्दी में इंग्लैंड की नियति न बदल दे। इसके लिए पुलिस-सेवा को मात्र जीवन-यापन का साधन न मानकर इसे एक दर्शन और प्रेरक बल का रुप देना होगा।

पुलिस के लिए केवल एक सीधा रास्ता है, कोई चौराहा नहीं, जहां मार्ग की

पहचान मुश्किल हो। पुलिस अपनी भूमिका को सही ढंग से समझकर विधि द्वारा प्रदत्त अधिकारों और सीमाओं के भीतर रहकर विधि-अनुकूल कार्य करना आरंभ कर दे, तो सभी बाधाएं कुछ समय बाद स्वतः दूर हो जाएंगी। केवल प्रारंभ में कुछ कठिनाईयों को अनुभव हो सकता है। पुलिस को अपनी भूमिका की पहचान करनी होगी। ईमानदारी और जनसेवा का संकल्प लेकर ही हम मीडिया या पुलिस में आते हैं। यह दिखना भी चाहिए। ऐसे समय में जब अविश्वास और प्रामणिकता का संकट सामने हो तब मीडिया का महत्व बहुत बढ़ जाता है क्योंकि वह ही मत निर्माण का काम करती है। एक लोकतंत्र के लिए मीडिया का सक्रिय और संवेदनशील होना जरुरी है और यह शर्त पुलिस पर भी लागू होती है।

भूमंडलीकरण और बाजारीकरण के दौर में मीडिया के काम काज पर सवालिया निशान उठ रहे हैं, उसका समाधान मीडिया को ही तलाशना होगा। पुलिस विभाग आज भी पूराने ढर्रे पर चल रहा है विभाग ने सालो पहले जो नियम कायदे बनाए थे आज भी उसी लीक पर चल रहा है भले ही वर्तमान समय के हिसाब से वह ना काफी हो। आज के दौर मे जहां जनसंख्या कि स्थिति बेतहासा बढी वही अपराधियो के अपराध करने के तोर तरीके भी बहुत बदल गए है आज अपराधी हाईटेक हो गए है जो कि विभिन्न संसाधनो के माध्यम रो जगह अपराध ा को अंजाम दे रहे है जिससे अपराध का ग्राफ प्रतिदिन बढता जा रहा है ऐसे मे पूराने नियम कानून के आधार पर चलना कहां की तूक है।